AF756839

L'Arménie des campagnes

La transition post-soviétique dans un pays du Caucase

ISBN : 2-7475-6412-6
EAN : 9782747564120

Françoise Ardillier-Carras

L'Arménie des campagnes

La transition post-soviétique dans un pays du Caucase

L'Harmattan
5-7, rue de l'École-Polytechnique
75005 Paris
FRANCE

L'Harmattan Hongrie
Hargita u. 3
1026 Budapest
HONGRIE

L'Harmattan Italia
Via Degli Artisti 15
10124 Torino
ITALIE

A Mariam djan

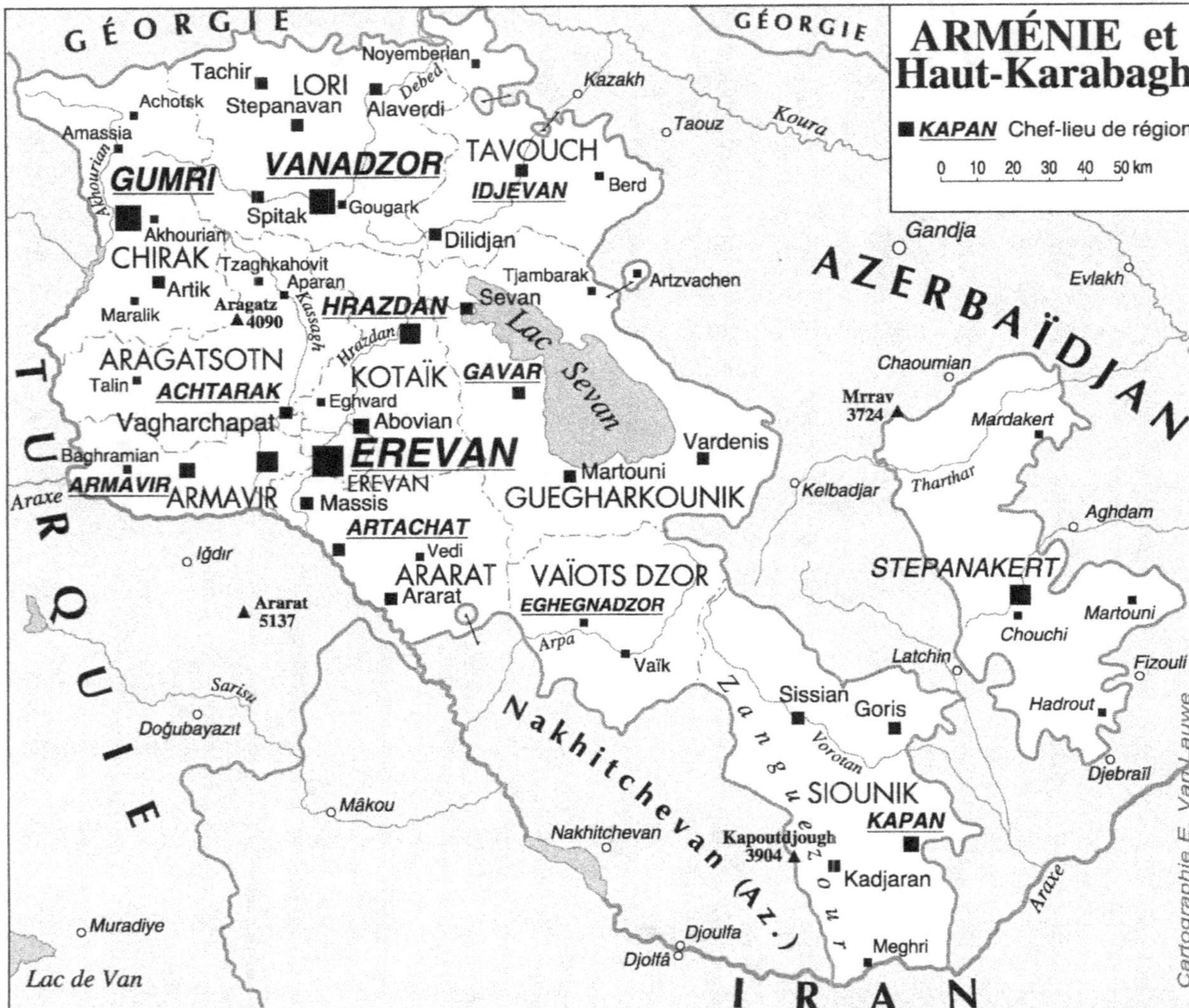

L'Arménie administrative

PREFACE

L'Arménie au fond des yeux

Sans y avoir été poussée par la recherche de ses origines, bien naturelle si elle appartenait à la communauté expatriée, Françoise Ardillier, dans une démarche de pure curiosité scientifique, a choisi de consacrer ses talents de géographe à l'Arménie d'aujourd'hui. Compte tenu de la personnalité attachante de ce petit peuple accroché au Caucase et de son brûlant désir de renouer avec le monde, elle s'est laissée aller à la seule méthode qui vaille : écouter, regarder, tenter de comprendre pour témoigner avec bienveillance. Elle ne donne jamais de leçons, ni d'explications simplistes, mais ne reste pas de marbre pour autant, car elle se livre avec délices à la méthode de l'enquête participative. Très vite, face à ses informateurs, devenus des amis et qu'elle désigne affectueusement par leurs prénoms, elle a éprouvé le besoin de mettre la main à la pâte et de créer une ONG. Lorsqu'elle part en Arménie, sa valise est pleine de moules à fromage ; le savoir-faire des chèvreries du Poitou peut rendre service à celles du Zanguezour. C'est autre chose que de promener un regard informé et blasé sur ces « pauvres gens » qui paient cher les particularismes de leur culture et les drames de leur histoire. Bien sûr que la raison bute sans cesse sur le désastre qu'a entraîné l'absurde système soviétique. Mais on entend d'abord sur place un lancinant regret : « c'était mieux avant ». Et Françoise Ardillier ne l'esquive pas. Elle rend compte à chaque page de ce mélange d'accablement hébété et d'optimisme qui ne demande qu'à se réveiller comme la belle au bois dormant. Ce livre repose sur d'innombrables entretiens qui laissent filtrer la petite musique du sursaut d'énergie, la volonté de dépasser la grisaille du quotidien. Lorsqu'on remonte du cachot sombre et envahi par la fumée des cierges dans lequel fut emprisonné saint Grégoire l'Illuminateur, on est ébloui par la lumière de la vallée de l'Araxe et par la neige étincelante de l'Ararat. Et si c'était une métaphore de l'Arménie de demain ? On se prend à l'espérer en lisant *L'Arménie des campagnes*.

Françoise Ardillier aide à cerner et à aimer ce petit peuple qui est tout sauf arrogant et indomptable, même s'il sait résister. Peu d'autres pays ont perdu le tiers de leur population, soit un million d'habitants, en une dizaine d'années. Non cette fois-ci pour cause de génocide ou d'amputation territoriale, mais d'émigration volontaire. Et naturellement, comme il est d'usage en pareil cas, ce sont les plus jeunes, les mieux formés, les plus inventifs qui ont abandonné le navire.

Ce n'est pas rien que de réinventer la démocratie après des décennies de totalitarisme et d'assistance infantilisante. Lourde tâche que de réapprendre le marché, même si les Arméniens ont été parmi les meilleurs commerçants de l'Orient et que leur diaspora ne manque pas de savoir-faire en la matière. Labeur immense que de reprendre en main un environnement martyrisé par une industrialisation aussi sauvage que provisoire et qui a souillé ces merveilleuses montagnes d'innombrables usines aujourd'hui abandonnées et rouillées. Espoir presque inaccessible que de rétablir la paix et de renouer avec des voisins Turcs qui refusent le passé ou Azéris que tout sépare des Arméniens : l'islam, le Haut-Karabakh, sorte d'Alsace-Lorraine caucasienne, le drame du départ croisé des minorités résidant dans chaque pays. Tout est à reconstruire.

Parmi les forces de ce peuple, Françoise Ardillier pointe le niveau élevé d'éducation et la cohésion de ses structures familiales. Il est indispensable pour son avenir que demeurent sur place suffisamment de jeunes désireux d'engendrer des enfants. Sinon le vieillissement achèvera de le fossiliser. Sa diaspora est aussi une grande chance. On sait le rôle que l'immense peuple des Chinois hors de Chine et de Taïwan joue dans le développement de la Chine Populaire. Une fois passées les premières effusions avec la terre des pères, les Arméniens d'outre-mer doivent revenir plus longuement et investir. À leurs cousins restés au pays de les attirer et de les séduire. Il y a tant à faire. On imagine aussi ce que serait une union caucasienne qui jouerait habilement des complémentarités entre l'Arménie et ses voisins. Elle peut suffire à ses besoins en bien des domaines, agricoles, en particulier, mais aussi exporter des fruits, du vin et du cognac, de la viande, de la laine, du bois, sans oublier l'eau (dès que le lac Sevan aura de nouveau été rempli) et l'hydroélectricité. Pour l'heure, l'infrastructure touristique est quasiment inexistante, à l'exception de quelques accablants vestiges de l'ère stalinienne, comme on en rencontre encore partout dans l'ex-URSS. Et pourtant quels extraordinaires paysages, que d'églises émouvantes de beauté, que de paysans prêts à ouvrir la porte de leur rustique maison et à accueillir des hôtes épris de rencontres enrichissantes. Car par dessus tout, l'Arménie est une montagne pétrie de générosité.

Jean-Robert PITTE

« On ne doit jamais écrire que de ce qu'on aime.
L'oubli et le silence sont la punition qu'on inflige
à ce qu'on a trouvé laid ou commun,
dans la promenade à travers la vie. »
Ernest Renan. *Souvenirs d'enfance.*

AVANT-PROPOS

1991, 21 septembre, l'Arménie devient république indépendante. Une page nouvelle de son histoire est en train de s'écrire. Une période troublée commence. Faire table rase du passé soviétique n'est pas un mince programme. Les campagnes sont particulièrement frappées par les bouleversements qui entraînent le pays dans une nouvelle trajectoire.

1997, en décembre, je débute le travail qui fait l'objet du présent ouvrage ; début de quatre années de découvertes, parfois surprenantes, d'apprentissage d'un terrain peu défriché. Dès le premier instant, apparaissent l'ampleur de la tâche et la richesse du parcours géographique. Depuis la porte, se laisse entrevoir un paysage prometteur, précisément celui qui a le don d'attiser la curiosité du géographe, mais une fois franchi le seuil d'entrée, ce ne fut pas facile.

2003. Quelques années plus tard, le travail peut sembler inachevé. Il reste beaucoup à apprendre, à comprendre, à dire, sur cette piste tout juste dégagée, mais jalonnée de repères pour aller plus loin et plus profondément encore dans les campagnes d'Arménie. Peut-être est-ce la conscience que cet "état intermédiaire" mérite d'être fixé, comme sur un papier photographique, afin de témoigner de l'instant, infime parcelle de temps dans l'histoire et la vie d'un pays, toujours est-il que cet ouvrage livre un instantané, éclairage d'un temps qui fut bref mais intense, en prélude à un autre temps qui, déjà, s'amorce, celui d'une renaissance.

Limoges – Erevan. Juillet 2003

NOTES PRELIMINAIRES

La compréhension de certains éléments de cette étude amène quelques considérations, en particulier à propos de l'utilisation des sources bibliographiques et statistiques et de la transcription de l'alphabet arménien.

L'étude s'étant déroulée après l'effondrement de l'URSS, il a fallu passer alternativement des données datant de l'époque soviétique à celles qui les ont remplacées aujourd'hui. En ce qui concerne la bibliographie géographique sur l'Arménie, en dehors de quelques ouvrages ou articles spécifiquement consacrés à ce pays, elle reste très succinte. C'est pourquoi nous avons surtout cité des ouvrages généraux, portant sur l'URSS ou bien sur la CEI, où l'Arménie est traitée parmi d'autres Etats. Par ailleurs, les ouvrages en arménien et en russe sont mentionnés selon leur transcription phonétique ou bien, s'ils ont été consultés dans une version traduite en anglais ou en français, ils seront signalés dans la langue de la traduction.

Les sources statistiques méritent une mention particulière.

La seule évocation des statistiques pour un travail de recherche sur l'ex-URSS suffit à mettre en lumière la complexité de toute démarche scientifique, qui se voudrait objective, basée sur ces données. Dans cet ouvrage, sont évoquées les incertitudes et autres contradictions émaillant les chiffres. Malgré l'extrême méfiance vis-à-vis de ces sources, nous avons choisi de présenter les tableaux statistiques tels qu'ils ont été publiés par les services officiels de l'époque ou actuels ; ils restent toutefois assortis de toutes les précautions souhaitables afin de mettre en garde contre l'apparence, souvent flatteuse, qu'ils peuvent conférer aux résultats économiques du moment.

Les statistiques proviennent, pour l'Arménie, en général, du Ministère des Statistiques (qui devient le Service des Statistiques de la République d'Arménie, après l'indépendance). Les autres sources sont tout aussi peu fiables. Il s'agit, en particulier, du Ministère de l'Agriculture, de l'Institut des Terres, du Ministère de la Nature, ainsi que des organismes spécialisés comme Hayhidromet, pour les données climatiques et hydrologiques. A ces sources arméniennes, s'ajoutent, pous l'époque soviétique, celles qui se rapportent à l'ensemble de l'ex-URSS. Aujourd'hui, deux nouvelles sources d'information actualisent les précédentes : le recensement de l'agriculture (publié en 2001 et couvrant la période 1990-1999 ou 2000) et le recensement de la population (2001). Ces chiffres ne sont ni plus ni moins fiables que les données antérieures mais ont le mérite d'exister et d'être publiés. Pour diverses raisons (manque de fiabilité, erreurs de calculs, données non actualisées...), nous avons présenté les statistiques en l'état, assorties de leur origine, en mentionnant les précautions d'usage lors de distorsions particulièrement importantes ou lorsque les faits constatés sur le terrain vont à l'encontre des chiffres annoncés. Il conviendra donc, à la lecture de ces données, de garder la plus élémentaire prudence avant de se livrer à leur analyse.

Deuxième point : la transcription de l'alphabet arménien

"La transcription en français des langues orientales pose au géographe un problème irritant et quasi-insoluble" écrit Michel Chevalier, au début de son étude sur les montagnards chrétiens du Hakkâri, et nous reprenons volontiers ses propos.

Les noms arméniens ont été transcrits selon la phonétique qui correspond le mieux à la prononciation de l'arménien oriental, c'est-à-dire la langue parlée et écrite aujourd'hui en Arménie. Exemple : les "gh" et "kh" (qui se prononcent "r" comme la "jota" espagnole) seront transcrits ainsi, selon l'alphabet arménien : kholovatz, khatchkar, Gueghard.

Les noms de lieux situés en Arménie ont subi plusieurs modifications : nous rappellerons généralement les appellations successives en vigueur au cours de l'Histoire :

- soit en raison de l'origine ethnique de leurs habitants (turcophones ou armeniens) ; ainsi Guiotaglu (nom d'origine turque) près de Kapan, qui devient Verin Guetak en 1991.

- soit en raison des vagues d'occupation historique du territoire (Perses, Russes de l'Empire, Soviétiques). Par exemple, Goumaïri (ou Gumri) devient Alexandropol à l'époque des tsars, puis Leninakan sous l'URSS, puis retrouve aujourd'hui son nom d'origine arménienne : Gumri.

Ces précisions seront complétées, selon les cas, au cours de cette étude.

INTRODUCTION

Orient ou Occident ? L'Arménie est située en Transcaucasie, sur la retombée méridionale de la barrière montagneuse du Caucase qui constitue la limite Sud de la partie européenne de l'ex-URSS. Si l'on s'en tient aux critères strictement géographiques de cette frontière naturelle entre Europe et Asie, il apparaît que l'Arménie n'est déjà plus en Europe, mais bien en Asie occidentale, au même titre que l'Anatolie orientale, Arménie historique.

Toutefois, ces critères physiques ne peuvent, à eux seuls, placer le territoire arménien dans un camp ou dans l'autre. Il y a aussi les subtilités de l'appartenance culturelle à un milieu imprégné à la fois de l'Orient et de l'Occident. L'Arménie occupe une situation de contact, à la charnière de plusieurs civilisations qui l'ont profondément influencée. Par contre, si l'on se place dans la logique spatiale de l'ancienne Union soviétique, donc si l'on adopte un angle de vue à partir du Nord, l'Arménie reste à la fois dans l'espace européen de l'ex-URSS et, sans doute aussi en raison de son appartenance au monde chrétien, dans l'orbite de l'Occident, ainsi que du Moyen-Orient avec lesquels elle a entretenu de très anciennes relations. Quand le regard porté depuis Moscou venait buter sur la frontière méridionale de l'Union, hermétiquement fermée, ce territoire apparaissait alors véritablement comme un cul-de-sac outre-Caucase.

Aujourd'hui, dans le contexte de l'ouverture au monde extérieur, l'Arménie n'est plus seulement le sud de l'ancien réseau, dont elle est débranchée, mais devient le nord de l'espace arabo-persique auquel elle est raccordée par des axes de circulation réactivés. Elle devient aussi le centre de l'isthme caucasien. Mais, sans relation maritime et soumise au blocus sur deux longues frontières, s'apparente à un corridor stratégique Nord-Sud, sur l'axe Russie-Iran, par opposition à l'autre logique géostratégique Est-Ouest dont elle est exclue, qui, intègre Azerbaïdjan et Géorgie, Turquie, USA.

Au croisement de cet ancien carrefour déclassé au profit des périphéries turcophones, la recomposition territoriale, commandée par les enjeux pétroliers de la Caspienne, conditionne une articulation spatiale et politique qui isole l'Arménie des grands courants internationaux. C'est ainsi que les caractères géographiques de sa localisation en Transcaucasie, ceux de ses influences socio-culturelles multiples et, enfin, ceux de son intégration historique dans l'espace soviétique, font de l'Arménie un subtil mélange d'Europe et d'Asie, d'Occident et d'Orient.

Fût-il comblé de tous les bienfaits de la nature, un pays dont la société voit s'effondrer ses repères, partir ses enfants et n'a plus d'intérêt pour se construire un avenir, perd toute capacité à créer. Elle s'enfonce chaque jour davantage dans un gouffre d'incertitudes. C'est ce que J.R.Pitte nomme "une géographie de l'optimisme"[1], celle qui permet de faire la distinction entre les sociétés capables de soulever des montagnes parce que confiantes en l'avenir, et celles qui n'ont plus le moral et n'arrivent plus à contrôler la dérive dans laquelle elles sont entraînées.

Au profit de l'espoir, faut-il se raccrocher aux racines qui attachent un peuple à son territoire, ainsi que l'exprime Max.Sorre[2] : " Un groupe humain enraciné dans son milieu régional contracte avec son environnement des liens qu'il ne peut plus rompre" ?

L'absence d'un Etat fort est vivement ressentie par tous les Arméniens. Le processus de solidarité au sein de la société arménienne englobe aussi la diaspora. Aujourd'hui, ces liens sont plus que jamais indispensables : "cette nécessaire sociabilité a pris, dans bien des pays qui ont réussi à un moment donné de leur histoire, le visage de la "Nation", rempart efficace contre le nationalisme et ses dérives fatales (...)"[3].Comment ne pas appliquer ces références à l'Arménie et aux Arméniens, qu'ils vivent, ou non, sur le territoire de la République ? Les Arméniens s'organisent, depuis le génocide, dans la dispersion d'une société à travers le monde. Mais cette nation-là est cimentée par les mêmes valeurs culturelles et sociales et reste, pour l'instant, le seul repère solide face aux périls qui menacent l'intégrité territoriale de l'Arménie. Cependant, à l'intérieur, entre le pouvoir et la population, la brèche s'élargit. Se sentant négligés au profit des intérêts politiques personnels du gouvernement, les habitants perdent confiance et se replient sur eux-mêmes ou partent.

La fuite est un moyen de s'en sortir, au moins le départ d'un membre de la famille qui, de l'extérieur, pourra subvenir aux besoins de ceux qui sont restés. Nous avons pu estimer, à partir d'enquêtes menées dans différents villages, qu'au moins 30% des familles ont un parent à l'étranger, source de revenu sans laquelle il n'est plus possible d'assurer le quotidien. Ceux qui ne partent pas s'organisent en autarcie à l'échelle du village ou de la cellule familiale : le jardin fournit les légumes, les fruits, le fourrage pour quelques animaux, les plantes médicinales, un peu de blé pour la farine et le pain. Le reste est acquis par le troc. Dans nombre de familles, on attend la fin du mois pour acheter de quoi faire le pain. La "soudure", chaque mois, revêt un caractère dramatique. Ces situations sont plus fréquentes à mesure que les ressources s'amenuisent.

---

[1] *Qu'est-ce que la géographie apporte à la démographie?* Introduction à une géopolitique des populations. A l'aube du 3e millénaire. Paris, Revue de l'Institut de Géopolitique des Populations, n°3-4, 2000-2001, pp.125-132.

[2] *Le rôle de l'explication historique en géographie humaine.* Mélanges géographiques offerts à Ph. Arbos. Divers T.IV. Paris, Institut de Géographie, 1953, pp. 19-22.

[3] J.R.Pitte. op.cit.,p.129.

Comment ne pas imaginer un développement économique, ancré sur la terre, dans un pays soudé par l'Histoire, par une religion identitaire, par une solidarité face à l'adversité et dans une société qui bat des records d'homogénéité ?

Traditionnellement, la société arménienne a toujours eu le souci de l'éducation de ses enfants afin de les faire progresser dans l'échelle sociale. Former des élites cultivées est un des points forts de sa culture, un réflexe de survie forgé par les épisodes dramatiques de son histoire. Pour affronter les attaques de l'extérieur visant à sa destruction, une minorité peut ainsi trouver les forces de résister en développant des capacités de promotion et une combativité à toute épreuve. C'est sans doute là que sont les moyens d'espérer pour l'avenir de ce petit pays, paralysé dans les rouages de son économie. Les familles arméniennes ont toujours honoré le devoir familial d'assurer aux enfants un enseignement considéré comme la seule arme efficace contre la fatalité. Cela les différencie de leurs voisins et c'est aussi une des raisons de la jalousie manifestée à l'égard des Arméniens par ceux qui, au cours des siècles, envièrent leur réussite. Leur réputation de peuple industrieux, âpre en affaires, acharné au travail est bien établie. Elle fut rapportée par nombre de voyageurs occidentaux[1]. N'est-ce pas la raison pour laquelle Chah Abbas 1er, souverain de Perse au XVIIIe siècle, a fait "déplacer", autoritairement les Arméniens de la cité industrieuse de Djoulfa (aujourd'hui au Nakhitchevan), pour les installer à Ispahan afin qu'ils donnent l'exemple aux habitants, peu enclins à travailler. Les exemples de réussite sociale et professionnelle sont nombreux et l'existence d'une diaspora active en est le témoignage. Mais alors, dans la Mère Patrie aurait-on "perdu" les vertus qui ont fait la réputation de tout un peuple?

On peut s'interroger sur les raisons qui ont conduit à cette "amnésie". Les moteurs sociaux semblent grippés, usés par la machine soviétique : l'*homo sovieticus* est devenu hémiplégique.

Seules raisons d'espérer, pour l'Arménie, les valeurs de l'arménité, cette capacité à revivre après chacun des chocs de l'histoire ; elles restent gravées au plus profond de la société. Sans doute est-ce là le germe d'une renaissance dont les campagnes d'Arménie composent le soubassement le plus solide.

Pour cette société perchée au-dessus du vide, rongée par le doute sur les choix à faire, quels remèdes préconiser ? Ce ne sont pas les analyses les plus

---

[1] "Les Arméniens ne se mêlent que de leur commerce, et s'y appliquent avec toute l'attention dont ils sont capables. Non seulement ils sont les maîtres du commerce du Levant, mais ils ont beaucoup de part à celui des plus grandes villes de l'Europe. On les voit venir du fond de la Perse jusqu'à Livourne! (...) Combien en trouve-t-on en Hollande et en Angleterre ! Ils passent chez le Mogol, à Siam, à Java, aux Philippines, et dans tout l'Orient, excepté la Chine." Joseph Pitton de Tournefort. *Relations d'un voyage au Levant, 1701*, T.2, Paris, F.M./La Découverte, 1985, pp. 252,253.

magistrales de l'Histoire faites par les spécialistes les plus distingués qui peuvent répondre aux préoccupations d'un peuple affaibli et usé par d'autres analyses, officielles et éminentes qui, en d'autres temps, avaient prédi un avenir radieux dans le progrès socialiste. Au-delà des discours, des propositions, des multiples rapports commandés par les responsables et les instances dirigeantes tout autant que par les organismes humanitaires, et dont le coût financier est souvent inversement proportionnel aux résultats constatés, la vie continue. Parce que c'est bien de la vie qu'il s'agit. On n'a pas droit à l'erreur, à une autre erreur. C'est d'un peuple qu'il est question, d'un pays en lutte pour défendre ses valeurs, l'avenir de ses enfants et renaître. Pour aborder les véritables questions qui se posent durant cette période dite "de transition", il faut oublier nos certitudes, surtout se méfier de celles qui semblent convenir à notre manière de regarder vers l'Est. En matière de confort de pensée, il est agréable de se dire que l'on n'a pas de responsabilité vis-à-vis de l'Histoire qui s'est déroulée derrière le rideau de fer. Et pourtant. Pour être honnête, il faut se garder de tout jugement excessif, de tout égarement de la pensée, de quelque nature que ce soit.

Avant d'entrer dans les campagnes d'Arménie, il faut se libérer des idées toutes faites, celle de la valeur de la liberté, par exemple. Cette notion, toute relative, revêt une autre signification pour qui vit dans les difficultés de la transition. Nous avons pu mesurer la distorsion qui existe entre notre perception de l'idée de liberté et celle de ceux à qui elle a été confisquée durant longtemps, mais qui ne peuvent lui accorder une réelle valeur puisque, même avec la liberté retrouvée, "avant[1], on vivait mieux". A quoi bon parler de liberté à des paysans qui n'ont pas de quoi vivre correctement ? "La liberté, disait Dimitri, paysan à Rind, à quoi cela peut-il servir quand on n'a pas de quoi vivre? Sous le communisme, on pouvait circuler dans l'Union soviétique, cela ne nous gênait pas". Aujourd'hui, son espace de vie est si rétréci que circuler n'a plus aucune signification. Une illustration, une image reçue en plein visage comme une gifle, donne le ton : cinq ou six paysans, assis sur un banc de bois dans la cour d'une ferme, à Rind, chez Dimitri. Leurs regards sont interrogateurs, attentifs, graves. "Comment vit-on dans un village en France ? Comment travaillent les paysans ? Dites-nous, on veut faire pareil". Emotion devant cette quête du savoir. Que répondre quand on n'a pas à remettre en question une vie, une génération, une existence de labeur ? Cette supplique, simple et digne, exprime mieux que toute analyse scientifique, le désastre et l'ampleur de la détresse morale de ces paysans.

[1] Quand on parle de l'"avant", il s'agit essentiellement, comme ici, de l'époque soviétique.

Ce qu'il importe de dire, de mesurer, de comprendre, c'est ce dilemme constant, omniprésent, entre "avant, on vivait bien" et "...", le vide quand les repères, quels qu'ils soient - idéologiques, matériels, sociaux - sont perdus à jamais. A quelles valeurs s'accrocher ? La réalité au cœur des campagnes ne se livre pas d'un seul coup. Certes, il faudrait être aveugle pour ne pas voir les dégâts matériels : tout ce qui rouille au bord des chemins (tuyaux et engins agricoles), tout ce qui s'effrite et se désagrège (buses de béton "à l'épreuve du temps, garanti de fabrication soviétique", bâtiments à l'abandon) et la vie au ralenti. Mais la réalité qui se livre, en toute confiance, dans les conversations ordinaires, à la maison ou dans les champs, traduit bien des non-dits, exprime, au-delà des mots, l'inquiétude et les souffrances.

Les campagnes d'Arménie reflètent tous les malheurs d'un peuple qui s'est trompé, que l'on a trompé. La propagande soviétique officielle ne montrait que des visages rayonnants, ceux des jolies vendangeuses, des fiers moissonneurs, les bras chargés d'épis dorés, une jeunesse éclatante de santé et de bonheur tant était forte sa foi en l'avenir radieux du socialisme (sur le cliché, au moins). Mais qu'y avait-il derrière ce témoignage visuel, au dos de la photo? Peut-être aussi la certitude d'une humanité enfin réconciliée dans la voie du progrès et de l'amitié entre les peuples frères ?

Peut-être est-ce là que se situe l'épicentre, la fracture, la véritable rupture entre "avant" et "depuis", celle qui ferme les visages aujourd'hui, qui teinte de gris le regard de ceux qui souriaient pour la photo : sentiment d'avoir été dupé, et quand ? Avant ou depuis ? Combien de déceptions, d'égarements ? Que reste-t-il d'un peuple, d'un pays ? Combien de vies gâchées, pour qui? Pour quoi?

Photo 0-1.
Ce placard d'une propagande aujourd'hui périmée orne les murs d'un ancien magasin d'Etat à Meghri.

Entrer dans les campagnes d'Arménie, c'est accepter aussi de regarder ce gâchis, même s'il est souvent estompé, éclipsé, objet de gêne. Dans ces mots, ces situations vécues au cœur des villages, y aurait-il autre chose, comme une réticence à se livrer, à montrer que l'on a été abusé, que l'on a fini par accepter d'être abusé, faute d'autre choix possible ? Un dernier rempart d'orgueil pour ne pas désavouer ceux qui ont passé leur vie à défendre des principes aujourd'hui balayés par la tourmente. Mais ne parlons plus de *l'homo sovieticus* en tant que tel, et tel qu'on peut le retrouver dans les autres anciennes républiques de l'URSS. C'est de l'Arménie et des Arméniens qu'il s'agit, d'un peuple qui a démontré sa vitalité en maintes périodes troubles de son histoire et qui la prouve encore ... lorsqu'il est en diaspora. Le territoire de la république serait-il si verrouillé, si étranglé, comme sous un étouffoir, que l'on puisse dire "à l'intérieur, point de salut "?

Entrer dans les campagnes d'Arménie c'est surtout se mettre à l'écoute, oublier les exemples que l'Histoire ne cesse de raconter, de ces civilisations perdues, pourtant brillantes et conquérantes, de ces peuples qui s'éteignirent jusqu'au dernier et dont il ne reste que les traces archéologiques qu'il faut interroger pour comprendre. Rien de tel à craindre pour les Arméniens, des villes ou des campagnes. L'épaisseur trouble de l'histoire contemporaine n'a pas réussi à étouffer leurs mécanismes de survie. A ceux qui demandent : "combien de temps mettra le territoire à se vider ? ", la réponse se trouve dans les valeurs réactivées d'une société qui refuse de plier, dans cet autre refus, celui d'un peuple chrétien qui n'a jamais renié ses convictions culturelles profondes, même au prix de sacrifices et d'agressions de toutes sortes. Si la soumission de ce peuple, pris dans une logique implacable, l'a contraint à subir durant près de 80 années le joug de l'idéologie qui l'a laissé exsangue, elle n'est qu'apparente : était-ce le prix à payer pour ne pas disparaître totalement ?

"L'histoire d'un peuple est inséparable de la contrée qu'il habite" écrit Vidal de la Blache dans les premières lignes de l'avant-propos du Tableau de la géographie de la France. Sont ainsi posées les bases d'une logique d'interdépendance entre l'homme et son milieu de vie, entre le vécu d'une population et sa capacité à maîtriser "les énergies dont la nature a déposé les germes, mais dont l'emploi dépend de l'homme". Reconnaissance irréfutable des origines, aussi lointaines fussent-elles, et connaissance tout aussi impérative des moyens mis en œuvre par les sociétés pour modeler leur espace de vie. Cette approche vidalienne, historique et spatiale de la géographie de la France, reprise par F. Braudel[1] s'accorde parfaitement avec

[1] *La géographie a-t-elle inventé la France?* L'identité de la France. Tome I, Paris, Arthaud-Flammarion,1986, p. 237.

la perception de l'identité de l'Arménie. Il faut cependant nuancer, eu égard aux marqueurs spécifiques de cette "contrée". Il serait tentant de s'engouffrer dans la brèche d'un déterminisme naturel. Après tout, la nature, la terre, la répulsivité générale de ce territoire suffiraient à apporter une réponse toute faite : la vie, ici, est invivable et les lieux, inhabitables. Comment un peuple peut-il encore rester accroché à cette paroi vertigineuse balayée par des vents contraires ? Pourquoi s'obstiner à tout prix ?

Question de temps et d'espace.

L'argument déterministe serait d'autant plus acceptable que la population de l'actuelle république d'Arménie, pour les trois-quarts, n'est installée ici que depuis peu : à peine un siècle et demi. On ne pourrait donc pas invoquer un enracinement multiséculaire, ni une symbiose profonde entre l'*homo armenicus* et son espace de vie ? Non, véritablement, la réponse est incantatoire : "ailleurs c'est mieux et avant c'était bien". Voilà la nuance, de taille : cet "avant" proche, cette poche de temps - 70 années – volée au grand clepsydre qui a rythmé l'histoire des Arméniens, goutte d'eau dérobée pour mesurer le temps destructeur d'un régime déchu. Parce qu'il y eut un "avant" soviétique, précédé d'un avant pré-soviétique, le territoire actuel, tel un wagon détaché du convoi soviétique en déroute, est comme une parcelle de terre à la dérive, portée par la mémoire d'un peuple et par ses souvenirs partiels. La période de la colonisation tsariste n'est pas souvent évoquée, faute de témoins et, en particulier, parce que la plus grande partie des ancêtres des habitants actuels vivaient dans le territoire de l'Arménie historique. Parmi les rares récits de cette époque, ce sont les Molokanes qui témoignent le plus précisément de cette époque qui a marqué profondément leur histoire. Cette communauté de schismatiques orthodoxes, d'origine russe, a été autoritairement installée en Arménie par le tsar Nicolas 1er. Les descendants des premiers colons racontent aujourd'hui quelques souvenirs de leurs grands-parents. Nous reviendrons sur l'origine de leur présence dans le Caucase. D'autres témoignages, assez flous, proviennent de descendants d'Arméniens spoliés lors de la collectivisation. Nous n'avons pas rencontré de témoins ayant vécu au tout début du XXe siècle en Arménie. Par contre, plusieurs témoignages d'Arméniens ou de Yézidis, âgés de plus de 80 ans, rapportent la situation existant dans l'Empire ottoman : ce sont des rescapés du génocide qui n'ont connu, de l'Arménie orientale, que les années noires de la première république d'Arménie, en 1918-1920, suivie de la soviétisation.

Le pas de temps n'est plus réglé par le métronome de la planification centralisée. Il a acquis un autre rythme et bat irrégulièrement. Lors de l'effondrement de l'URSS, l'accélération du temps - du moins telle que nous, de l'autre monde, l'avons perçue - a projeté brutalement les Républiques soviétiques vers d'autres cadences. L'*homo soviéticus* n'avait pas la notion de l'efficacité du temps. Confronté au *time is money*, il réalisa soudain, avec l'ouverture au monde, qu'il lui faudrait accorder ses pas à ceux de l'économie libérale. Pour ces nouveaux Etats émergents, chaque minute qui passe fait l'effet d'un grand pas en avant. Pour rattraper le temps perdu, il doivent accélérer l'allure, mais au-delà d'un certain seuil, ils ne peuvent plus réagir, encore trop gênés par les mesures de l'autre mouvement. Le temps, ici, prend son temps et à vouloir aller trop vite, on risque de briser les équilibres fondamentaux entre la société et son espace de vie. Un des enseignements de ce parcours dans les difficultés de la transition est bien cette perception du temps post-soviétique, entrecoupé de retours sur image, visions d'avant dont on ne peut détacher le regard. En un balancement régulier entre deux mondes et deux époques, ainsi va le temps dans les campagnes d'Arménie.

Aujourd'hui, la temporalité s'efface, découvrant un horizon barré, un espace limité par des frontières fermées. L'enfermement territorial exprime à l'identique le rétrécissement du champ de vision d'une population confinée derrière des bornes qu'elle n'aspire qu'à franchir. Pour pénétrer au plus profond de l'Arménie d'aujourd'hui, mieux vaut s'affranchir de nos valeurs sûres, de nos certitudes sans risque, de notre perception d'Européens. La continuité territoriale, pour l'Arménie, n'est pas notre cheminement familier de l'Europe sans frontière. Elle est aujourd'hui "bornée" par les nouveaux interdits frontaliers. Pourtant, malgré les obstacles matérialisés aux limites du territoire, elle se prolonge dans les flux réels ou imaginaires, vers les "ailleurs" de la dispersion. Cette obsession de l'Histoire effacée se cristallise dans le territoire convoité du Karabagh : fantasmes d'unification dans l'arménité, sur l'autre versant des chemins vagabonds.

Si le territoire est le rapport d'une société à son espace, pour l'Arménie il s'agit d'un rapport "forcé", imposé par une histoire douloureuse. La construction du territoire est davantage l'effet de causes historiques, la conséquence d'une série d'évènements majeurs et irrésistibles, que celle d'un choix délibéré et d'une réelle affinité de la société avec cet espace de vie. L'Arménie orientale, parcelle de terre cristallisant les valeurs culturelles d'un peuple dispersé, est le territoire du pouvoir, le lieu où l'on vit. La nostalgie de la grande Arménie entretient, en chacun des Arméniens, un autre territoire, celui du vécu, du cœur et des ancêtres. Dans chaque Arménien d'Arménie se surimposent, comme une construction enracinée dans le temps, trois types d'espaces, ou un espace en "3D". C'est, d'abord, celui où il vit, fragile, instable, déséquilibré par les bouleversements de son histoire récente, rétréci et confiné entre des frontières en partie fermées : là, Etat et territoire coïncident. C'est ensuite celui qu'il regrette – la *saudade* arménienne, cette nostalgie douloureuse - où vivait sa famille depuis la nuit des temps ; c'est le territoire perdu, celui de l'Arménie massacrée par le génocide, territoire virtuel de la représentation mentale où se retrouvent tous les rêves et les espérances. La troisième dimension est celle de l'utopie, des illusions, de l'espoir : territoire de nulle part et de partout ailleurs, projection vers un monde meilleur ou présumé tel. C'est l'espace de l'errance imaginaire et de l'exil réel, passé ou présent, vers l' Europe ou l' Amérique, où déjà un fils, un père, un ami, un cousin, ou jadis, un ancêtre, se sont fixés pour aider ceux qui sont restés. La boucle est bouclée.

Alors, que signifie dans ce contexte "subi" l'idée d'Etat-Nation ? L'Etat souverain existe bel et bien et n'est nullement contesté dans son principe : l'Arménien d'Arménie est fier d'être citoyen de la république d'Arménie, *Hayastani hanrapetoutioun*. L'exercice du pouvoir politique dans les limites territoriales est un symbole d'indépendance chèrement acquise pour un tout petit territoire qui n'entend pas se laisser coloniser par des voisins. L'apprentissage de la démocratie est aussi difficile ici que dans les autres anciennes républiques de l'URSS, mais – et là est la nuance – l'enjeu territorial et l'importance stratégique des frontières confèrent au pouvoir une mission vitale, ni plus ni moins, celle de la survie d'un Etat qu'un grignotage pervers et un coup de gomme insidieux auraient vite fait de rayer de la carte. Champ d'application du pouvoir politique, l'Etat est, ici, une matérialité à la fois coordinatrice des intérêts nationaux et garante de l'intégrité territoriale qui, dans ce cadre régional, n'est pas un vain mot.

Le fait de diaspora est l'expression de l'existence sous-jacente d'une nation, même si elle n'est pas facilement identifiable. Sans nation, pas de "dispersion" possible, mais la dilution d'un peuple comme un sucre dans le café. Il n'y a dispersion que parce qu'il y a idée de nation, servant de repère et à l'idée de nation s'attache une conscience collective. Le peuple arménien est, incontestablement, un de ceux qui vivent de la manière la plus forte leur sentiment d'appartenance à une histoire identique, à une même culture, soudé par un ciment fait de souffrances et de malheurs, de luttes et d'exils, mais toujours viscéralement attaché à la Patrie, la "Mère Arménie", symbolisée par la statue qui a remplacé celle de Staline et qui domine, de façon martiale, la ville de Erevan.

Sans espace territorial, sans ancrage spatial, l'identité arménienne se diluerait faute de pouvoir se fixer mais, sans conscience nationale, elle s'effacerait totalement.

Dans la situation arméno-arménienne, conjuguer Etat et Nation reste une gageure. Pourtant, quelle autre définition plus ancrée dans l'arménité peut-on donner sinon celle qu' Ernest Renan[1] exprimait en 1882 ? "Une nation est une âme, un principe spirituel. Deux choses qui, à vrai dire, n'en font qu'une, constituent cette âme, ce principe spirituel. L'une est dans le passé, l'autre dans le présent. L'une est la possession en commun d'un riche

[1] Ernest Renan. *Qu'est-ce qu'une nation ?* Paris, éd. Mille et Une Nuits, 1997, 48 p (p.31).

legs de souvenirs; l'autre est le consentement actuel, le désir de vivre ensemble, la volonté de continuer à faire valoir l'héritage qu'on a reçu indivis. La nation, comme l'individu, est l'aboutissant d'un long passé d'efforts, de sacrifices et de dévouements. Avoir des gloires communes dans le passé, une volonté commune dans le présent; avoir fait de grandes choses ensemble, vouloir en faire encore, voilà les conditions essentielles pour être un peuple."

Ainsi peut-on véritablement espérer de l'avenir.

Dominant Erevan, Mère Arménie, d'allure martiale, se dresse sur le socle de l'ancienne statue de Staline, déboulonnée au début de la déstalinisation.

Photo 0-2

Avec l'effondrement du système soviétique, l'entrée dans l'économie de marché s'accompagne de graves difficultés. C'est dans ce contexte général, évoqué à partir de quelques clés indispensables, que les campagnes d'Arménie prennent toute leur importance ; l'agriculture occupe une place fondamentale, par défaut, certes, mais vitale en cette phase de turbulences. Le repli sur ce secteur d'activité engendre une recomposition socio-économique de l'espace rural dont nous allons évoquer les caractères les plus représentatifs. La transition post-soviétique, avec son cortège d'incohérences et de tâtonnements, révèle la capacité à réagir de chacune des anciennes républiques socialistes. Entre "avant" et "depuis", parcours dans le temps et dans l'espace, l'exemple de l'Arménie, au travers de ses campagnes, exprime avec force la marche laborieuse d'une population vers un avenir encore incertain.

LES FONDEMENTS

DE L'ACTIVITE AGRICOLE

I

LES FONDEMENTS DE L' ACTIVITE AGRICOLE

Dans ce pays "rouillé", éteint, qui, depuis l'effondrement de l'URSS a été entraîné dans le tourbillon d'une dérive incontrôlable, tout a basculé. Les campagnes arméniennes s'enfoncent chaque jour davantage dans le marasme porté par tout un peuple qui, malgré son acharnement au travail et sa lutte séculaire pour se maintenir en vie, ne peut que déplorer le profond désastre au quotidien : sentiment de frustration, d'inutilité sociale et économique, drame qui prend racine bien avant la chute de l'Union soviétique.

Photo 1.1
Tout a basculé sous le choc. La rouille n'est pas une simple image, elle est réalité.

Partout, au bord des routes, dans les villlages et dans les villes, la rouille et les ruines de l'économie déchue marquent le paysage : poutrelles tordues des carcasses d'usines, tôles rouillées des bâtiments et des engins agricoles, ferraille des tuyauteries percées des canalisations d'irrigation et d'eau potable, des véhicules laissés pour compte, faute de moyens de les entretenir et de les faire fonctionner. Gigantesque friche couleur de désastre.

La soviétisation de l'Arménie est une clé essentielle pour appréhender la situation actuelle. L'euphorie répondant aux promesses du régime semblait n'avoir point de limites, triomphalisme ainsi exprimé par cet extrait d'un ouvrage paru en 1952[1] : " Il se trouva une force pour arrêter la marche des évènements qui semblait inévitable et pour rendre vie à ce peuple à l'agonie. Cette force, ce fut le prolétariat révolutionnaire russe qui avait conquis le pouvoir en Russie même et qui tendait la main à tous les peuples opprimés de l'ancien Empire russe. Cette force fut le pouvoir soviétique qui triompha en Arménie ". Cette affirmation d'une "conquête " économique révèle suffisamment de certitudes qui ont, durant 70 ans, servi de support à une logique économique aujourd'hui en faillite totale. Dans le désastre actuel et l'état de délabrement du pays, ces certitudes ont le goût amer de l'irréparable, dont l'agriculture reflète une part essentielle. L'économie arménienne part à la dérive, entraînant dans son sillage une société qui a perdu tous ses repères.

Une des données fondamentales de la question tient à la situation d'enclavement de cet Etat montagnard. Il ne s'agit pas tant de sa localisation, au sud du Caucase, au sein de ce massif compact. Il serait aisé d'attribuer à l'enclavement une signification physique : "Un Etat enclavé est un Etat qui ne dispose d'aucune façade maritime[2]". Ici, le degré d'enclavement, réel, s'apprécie non pas par la configuration montagneuse du territoire[3], mais par ce que représente cette situation aujourd'hui, compte tenu du contexte géopolitique conditionnant la fermeture du territoire : l'enclavement est aussi vécu comme un encerclement - une citadelle perchée qui se sent assiégée - qui n'est pas seulement d'ordre physique, mais recèle une autre dimension, sensation d'étouffement, d'étranglement, alors que le contexte politique de l'ensemble de la région crée toutes les conditions d'insécurité. Les composantes physiques, avec leurs handicaps naturels, se conjuguent aux effets du chaos politico-économique, héritier des dysfonctionnements antérieurs. Ces facteurs combinés engendrent une spirale de dépression dont l'Arménie est incapable de sortir, faute de stabilité politique dans une région du monde déséquilibrée par de graves conflits d'intérêt.

---

[1] A. Aslanian : *L'Arménie soviétique*. Moscou, Editions du progrès, 1952.

[2] Aymeric Chauprade. *Géopolitique. Constantes et changements dans l'histoire*. Paris, Ellipses, 2001. Cette définition donnée page 113 est complétée par une approche géopolitique qui pose parfaitement les bases des problèmes de l'Arménie : "Un Etat enclavé n'a pas d'accès maritime direct. (...) L'enclavement entraîne souvent une situation de dépendance à l'égard des voisins qui ont un accès maritime. Si un Etat est enclavé, alors l'enclavement est sa donnée géopolitique majeure, supérieure à toutes les autres". Nous reviendrons sur les conséquences d'une telle situation. D'un premier abord, ce thème est fondamental et éclaire toute cette étude sur la transition post-soviétique en Arménie.

[3] Bien d'autres Etats dans le monde connaissent une situation d'enclavement dans un massif montagneux (Suisse, Autriche, pour ne citer que des Etats européens). Ils ne sont pas, pour autant, enfermés ou isolés car ils disposent de relations avec leurs voisins.

A partir de là se déclinent tous les problèmes des campagnes et en particulier de l'agriculture, devenue le premier secteur économique de l'Arménie ; par défaut, pourrait-on dire, puisqu'une partie de la population active, dépourvue d'emploi, y trouve quelques moyens de vivre ou, au moins, de survivre.

1. LES FONDEMENTS POLITICO-ECONOMIQUES

Avant d'aborder la situation actuelle, il faut remonter le cours de l'Histoire, récente ou non. Les héritages sont multiples et imbriqués. Il y a ceux qui affectent le pays tout entier, ceux qui touchent les campagnes et ceux qui concernent plus précisément l'agriculture. On ne peut dissocier les effets généraux de la collectivisation, qui touchent les structures économiques, sociales, politiques, de ceux qui, par ricochet, frappent divers secteurs, en particulier celui de l'agriculture compte tenu de la place essentielle qu'elle occupe.

1.1. LES HERITAGES : DE L'ARMENIE SOVIETIQUE A LA REPUBLIQUE D'ARMENIE

L'Arménie est soviétisée une première fois entre le 29 novembre[1] et le 2 décembre 1920. Le traité d'Alexandropol (2-12-1920) oblige l'Arménie à renoncer aux territoires de Kars et d'Ardahan[2]. Moscou engage ensuite une accélération de la soviétisation du pays. Erevan tombe alors dans le giron soviétique. Le processus est brutal : déportations, assassinats, déportations, nationalisations, réquisitions. Dans ce pays exsangue, affaibli par la famine, les soulèvements se multiplient contre les bolcheviks et la XIe Armée rouge réprime violemment les tentatives de résistance.

Le deuxième épisode de soviétisation, en 1921, confirme les visées de Moscou. "Mieux vaut les Russes que les Turcs : ce n'est pas le socialisme mais l'argument du moindre mal et du bouclier russe qui constitue la vraie légitimation du pouvoir soviétique à Erevan"[3].

Des 46 000 km^2 de 1919, avec l'annexion de la région de Kars, le territoire arménien est alors impitoyablement restreint à 29 000 km^2, réduit montagneux sans ouverture maritime. La "Grande Arménie", reconnue par le traité de Sèvres (10-08-1920) qui lui accordait une partie de l'Anatolie

[1] C'est le 29 novembre qu'à Dilidjan un petit groupe de bolcheviks arméniens proclame la prise du pouvoir. Cet événement sera suivi par une série de troubles insurrectionnels et d'une répression brutale contre les opposants.
[2] Ces deux provinces de l'Arménie historique, après avoir été annexées par la Russie en 1878, firent partie de la première République d'Arménie (1918-1920).
[3] Claire Mouradian, *L'Arménie*, Paris, PUF, Que sais-je, 1996, p.78.

orientale, n'est plus qu'un souvenir. Evanoui aussi le projet d'une "Arménie intégrale de la mer à la mer", de l'Anatolie à la Cilicie, revendiqué en 1919-1920. Le traité de Kars (octobre 1921) confirme les exigences de la Turquie[1]. Mais c'est par le traité de Lausanne, en juillet 1923, que le sort de l'Arménie est définitivement scellé, en l'absence même de ses représentants. Pour les puissances occidentales, l'intérêt du moment n'a que faire de cette "vaillante petite alliée"[2]. Les lignes de force sont ailleurs : il s'agit de normaliser les rapports avec la Russie soviétique et, dans le même temps, de ne pas se couper de la Turquie kémaliste.

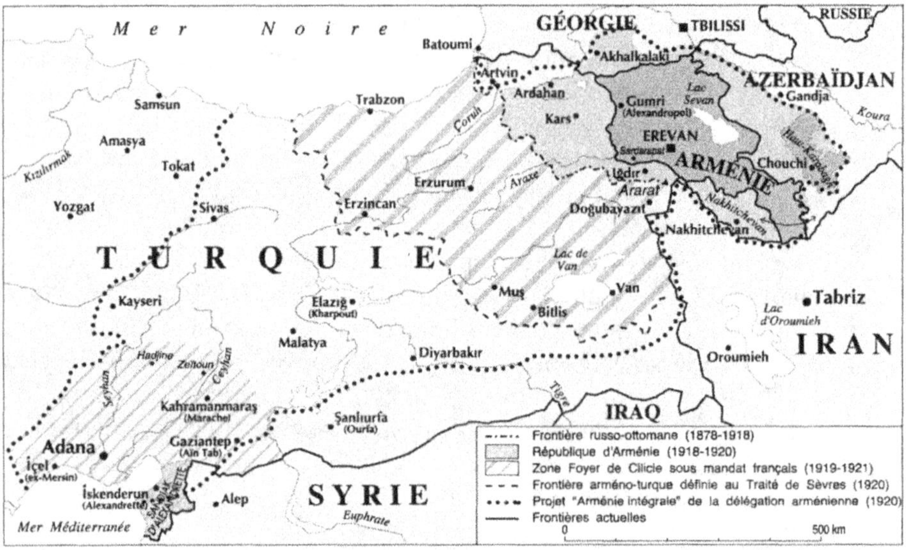

Cartographie : E. Van Lauwe

Figure 1-1

L'Arménie historique.
Evolution des frontières au lendemain de la Première Guerre mondiale.

[1] Ainsi, l'Arménie est obligée de restituer à la Turquie, entre autres, la région d'Igdir, d'une importance stratégique, entre l'Araxe et le mont Ararat. Cette région avait été prise par les Russes en 1828 lors d'un conflit avec la Perse.

[2] G.Clemenceau.

Au terme de cette période de doutes et d'espoirs déçus, malgré des soubresauts désespérés, sacrifiée aux objectifs politiques des grandes puissances, écartelée entre « le marteau kémaliste et l'enclume bolchevique »[1], l'Arménie, d'abord intégrée à la RSS de Transcaucasie, devient République Socialiste Soviétique en 1936.

1.1.1. Les découpages frontaliers ou les germes de difficultés actuelles

Dans la réorganisation politico-économique en cours, les frontières ont un rôle primordial : portails ou barrières, leur fonctionnement illustre les épisodes mouvementés de l'Histoire.

L'organisation territoriale élaborée dans le cadre de la RSS d'Arménie aura des répercussions considérables sur le fonctionnement de l'économie, non seulement au cours de l'époque soviétique, mais aussi après l'Indépendance, en 1991. L'Arménie se situait à une extrémité méridionale de l'URSS, bordée par des frontières imperméables de l'Union. La frontière le long de l'Araxe, à l'Ouest, fait passer du côté turc les symboles de l'identité arménienne : mont Ararat et ruines historiques d'Ani[2]. Au Sud, la frontière avec la Perse ou l'Iran actuel, était fermée hermétiquement.

Les frontières[3] intérieures à l'URSS sont édifiées à partir de 1921

Elles vont susciter de graves difficultés, voire des conflits armés, dès lors que le pays et ses voisins sentiront s'affaiblir l'autoritarisme du pouvoir, lors de la *perestroïka*. Le géographe soviétique N. Mikhailov[4] exprime parfaitement les intérêts d'alors : " La Transcaucasie est devenue soviétique. Le pays où naquit Staline et où il commença son travail révolutionnaire est devenu la fédération socialiste des Géorgiens, des Arméniens, des Turcs. On vit se réconcilier la famille des peuples jusque là séparés par l'hostilité internationale qu'entretenaient si bien les puissants selon la formule : diviser pour régner". C'est, avec le recul de l'Histoire, l'objectif de cet imbroglio territorial.

Les découpages[5] frontaliers sont d'une importance extrême pour tous les pays du Caucase et, particulièrement, pour l'Arménie. D'abord parce qu'ils conditionnent la stabilité politique du pays, mais aussi parce que les

---

[1] S. Afanasyan. *L'Arménie, l'Azerbaïdjan et la Géorgie, de l'indépendance à la soviétisation*. Paris, l'Harmattan, 1981.

[2] Ani était l'ancienne capitale du royaume arménien des Bagratouni, IXe-XIe siècle.

[3] En juillet 1921, le Kavburo (bureau caucasien du Parti Communiste), en présence de Staline, décide de l'attribution des provinces disputées.

[4] Nicolas Mikhailov. Institut Staline de Moscou. *Nouvelle Géographie de l'URSS.*, Paris, Payot, 1936, p.73.

[5] En ce qui concerne l'Arménie : Nakhitchevan, à l'Ouest, et Karabagh, à l'Est.

relations commerciales, importations et exportations de produits agricoles en particulier, vont se trouver entièrement bouleversées par les conflits frontaliers entre les Etats turcophones (Turquie, Azerbaïdjan y compris le Nakhitchevan) et l'Arménie.

Le Nakhitchevan, partie historique de l'Arménie, est peuplé de 95% d'Arméniens en 1921. Tout se joue entre Ankara et Moscou en 1921, lors du partage du Caucase, par le traité de Kars. La frontière entre URSS et Turquie est alors délimitée par les deux puissances et c'est par ce même traité que le sort du Nakhitchevan est engagé . Il fut déclaré autonome, sous la protection de l'Azerbaïdjan, en 1921 sans aucune possibilité de cession à un Etat tiers (sous-entendu, l'Arménie). La république socialiste soviétique autonome du Nakhitchevan (RSSA), enclave azerbaïdjanaise, était séparée de l'Azerbaïdjan par le Zanguezour arménien. Ainsi se verrouillent les frontières de l'URSS, sur les bouillonnements internes, étouffés, dans le Caucase, qui se fait alors oublier durant soixante-dix ans.Le Haut-Karabagh[1], pourtant peuplé à 94% d'Arméniens en 1920, est aussi entièrement attribué[2] à l'Azerbaïdjan et devient "Région autonome" en juillet 1923, sous la tutelle de Bakou. Séparé du territoire arménien par un étroit "couloir", le corridor de Latchine, le Haut-Karabagh regroupe une population composée d'Azéris, musulmans, et d'une forte majorité d'Arméniens (77% en 1989), dont le taux n'a cessé de décroître en raison de l'absence de liberté dans cette région subordonnée à un Etat rival.

Les frontières représentent un problème récurrent

Durant les dernières années de l'URSS, les tracés frontaliers, issus de l'histoire, ressurgissent et aggravent les difficultés actuelles du pays. Les découpages politiques pervers, de l'époque stalinienne, pèsent lourdement aujourd'hui sur les relations entre l'Arménie et ses voisins. Ils se révèlent être de puissants détonateurs de conflits pluri-ethniques lorsque les nationalismes tentent de se manifester dans cette région à haut risque, où cohabitent des peuples aux intérêts divergents. La région d'Akhalkalaki et de Djavakh, "province arménienne" historique, peuplée à 72% d'Arméniens en 1921, est maintenue dans la république de Géorgie, de même que la région de Lori. Cette situation contribue à créer des tensions entre les deux communautés.

Un des points les plus litigieux concerne la question du Karabagh, abcès de fixation à l'origine de la dégradation du climat politique et de l'isolement encore plus marqué de l'Arménie dans la Transcaucasie. Avec

---

[1] Karabagh signifie "jardin noir". Historiquement il est aussi appelé *Artsakh*, en arménien. Le Karabagh des montagnes ou Nagorno-Karabagh, s'oppose au Karabagh des plaines, partie historique située à sa périphérie.

[2] Staline céda à la pression de la Turquie et consentit à ce découpage.

les sanglants pogroms anti-Arméniens à Soumgaït, en février 1988, en pleine *perestroïka*, le couvercle se soulève sur des revendications nationalistes muselées par le régime soviétique. La demande de rattachement de cette région à l'Arménie, votée par le soviet du Haut-Karabagh en 1987 mais refusée par Moscou, déclenche un conflit meurtrier. De 1992 à 1994, les combats opposent les forces azéries et arméniennes ; on évalue à environ 20 000 morts les pertes humaines durant cesannées de guerre. Un cessez-le-feu intervient en mai 1994, un " ni paix, ni guerre": L'occupation, par l'armée arménienne, de 95% du Karabagh et de territoires situés en Azerbaïdjan, et entre le Karabagh et les frontières d'Arménie et d'Iran envenime les relations entre les deux belligérants. Le problème n'est toujours pas réglé diplomatiquement et le double blocus qui s'ensuit, de la part de l'Azerbaïdjan et de son alliée la Turquie, conduit à la fermeture totale des frontières occidentale et orientale avec l'Arménie.

L'enjeu que représente le Karabagh vis-à-vis de l'activité agricole revêt différents aspects, interdépendants. Cette région est d'abord un espace agricole d'élevage et de céréaliculture. Avec son peuplement majoritairement arménien, la tentation d'une extension de « l'espace vital » est forte pour l'Arménie. D'autre part, le conflit a engendré de grandes migrations de réfugiés entre les deux Etats en guerre : les Arméniens d'Azerbaïdjan sont, en partie[1], venus peupler les campagnes arméniennes où le gouvernement leur a, pour faciliter leur intégration, immédiatement attribué des terres. Ces nouveaux agriculteurs n'ayant, pour la plupart, aucune expérience de l'agriculture (beaucoup étaient des citadins, venus de Bakou) ont été souvent déroutés par cette activité et n'ont pas su, ou pu, s'adapter. Les Azéris d'Arménie (5% de la population en 1979) étaient principalement des éleveurs ovins, de même que les Kurdes musulmans qui ont quitté l'Arménie en raison des tensions et de l'instabilité latentes. Les départs de ces minorités qui jouaient un rôle dans l'agriculture a sans doute contribué à affaiblir ce secteur. Ce type de décalage, dans la situation de survie où se trouve l'agriculture, reste un fait marquant directement issu des bouleversements géopolitiques de la transition post-soviétique.

---

[1] Une grande part des Arméniens d'Azerbaïdjan ont trouvé refuge en Russie ou dans la CEI, ou bien ont quitté le monde russophone.

Figure 1.2.

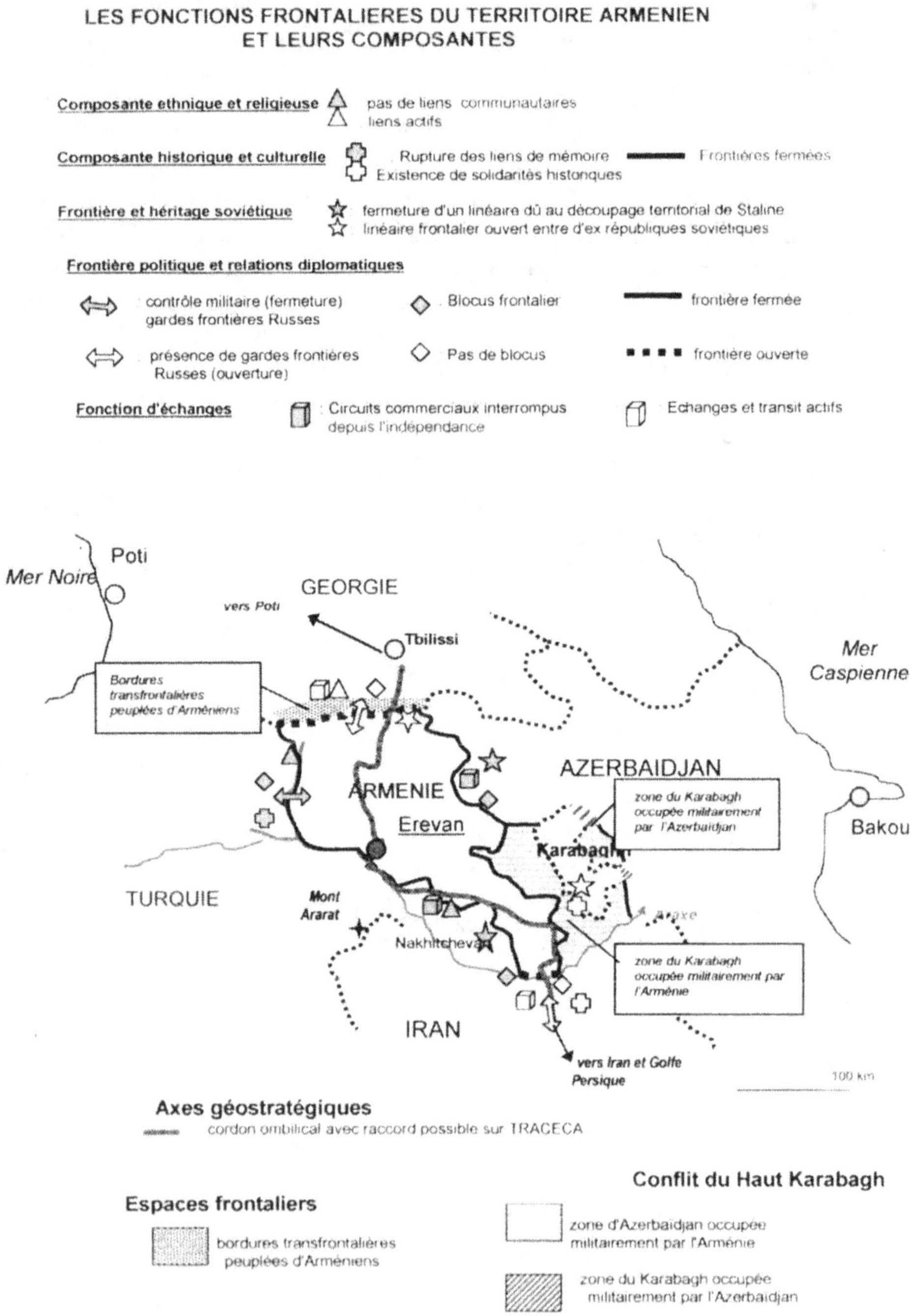
LES FONCTIONS FRONTALIERES DU TERRITOIRE ARMENIEN
ET LEURS COMPOSANTES
Composante ethnique et religieuse
pas de liens communautaires
liens actifs
Composante historique et culturelle
Rupture des liens de mémoire
Existence de solidarités historiques
Frontières fermées
Frontière et héritage soviétique
fermeture d'un linéaire dû au découpage territorial de Staline
linéaire frontalier ouvert entre d'ex républiques soviétiques
Frontière politique et relations diplomatiques
contrôle militaire (fermeture) gardes frontières Russes
Blocus frontalier
frontière fermée
présence de gardes frontières Russes (ouverture)
Pas de blocus
frontière ouverte
Fonction d'échanges
Circuits commerciaux interrompus depuis l'indépendance
Echanges et transit actifs
Poti
Mer Noire
GEORGIE
vers Poti
Tbilissi
Mer Caspienne
Bordures transfrontalières peuplées d'Arméniens
ARMENIE
Erevan
AZERBAIDJAN
zone du Karabagh occupée militairement par l'Azerbaidjan
Bakou
Karabagh
TURQUIE
Mont Ararat
Nakhitchevan
Araxe
zone du Karabagh occupée militairement par l'Arménie
IRAN
vers Iran et Golfe Persique
100 km
Axes géostratégiques
cordon ombilical avec raccord possible sur TRACECA
Conflit du Haut Karabagh
Espaces frontaliers
bordures transfrontalières peuplées d'Arméniens
zone d'Azerbaidjan occupée militairement par l'Arménie
zone du Karabagh occupée militairement par l'Azerbaidjan

Enfin, si la question des frontières et le blocus qui l'accompagne, est fondamentale pour toutes sortes de raisons politiques, elle a aussi des impacts profonds sur les échanges. Les circuits commerciaux du pays, déjà pénalisés par l'effondrement des réseaux de l'ex-URSS, se trouvent totalement désorganisés en raison de la fermeture des axes de communication frontaliers avec l'Azerbaïdjan et le Nakhitchevan, d'une part, avec la Turquie, d'autre part. C'est là un des thèmes essentiels qui conditionne l'avenir de l'agriculture puisque la production intérieure a perdu ses principaux débouchés et que les approvisionnements dont le pays a besoin sont tributaires de réseaux aujourd'hui inopérants.

1.1.2. L'Arménie soviétique, maillon de l'économie de l'URSS

Malgré sa situation "périphérique", l'Arménie soviétique n'était pas isolée ; elle fonctionnait, comme toutes les républiques de l'Union, en circuit organisé à l' intérieur de l'Empire, comme un maillon de l'ensemble géo-économique, intégré à un vaste territoire où dépendance et complémentarités étaient savamment articulées, au profit du régime. L'agriculture participait ainsi à ce grand système interdépendant, commandé par une idéologie qui a façonné une économie et des comportements.

L'idéologie soviétique imprègne jusqu'à la conception de l'espace géographique et sa perception.

La représentation mentale du territoire est fortement connotée :"chaque régime économique crée la géographie à sa manière (...). La science géologique soviétique s'efforce de changer la géographie du pétrole (...) ". A propos des changements apportés dans l'agriculture, le discours est à l'image des incohérences que l'on peut aujourd'hui mesurer. « Le pays est conquis non par le paysan individuel et désarmé, mais par l'Etat ou la collectivité travaillant selon un plan unique et armé de la technique la plus récente. Ils détruisent la vieille géographie en cultivant les terres les plus difficiles, les espaces vides d'hier. Il ne s'agit pas d'adaptation à la géographie physique mais de sa construction[1] ". Ces extraits ne sont pas dénués d'intérêt dans l'optique d'aujourd'hui. Les propos d'alors étaient basés sur l'euphorie qui accompagnait les plans quinquennaux. Ils devaient susciter l'émulation et la cohésion de tous les secteurs économiques afin de mobiliser les énergies dans un idéal de progrès.

A la lumière des résultats que l'on peut évaluer désormais avec une certitude mêlée d'inquiétude pour l'avenir, on conçoit que les comportements ainsi façonnés par les canons de l'idéologie marxiste durant

[1] N. Mikhailov. *Nouvelle géographie de l'URSS.* Paris, Payot, 1936, p. 50 et p.140.

une si longue période aient maintenant beaucoup de mal à se tourner vers d'autres logiques économiques. Le poids de cet environnement psychologique se révèle, jour après jour, plus pesant, alors que les mentalités sont, le plus souvent, désespérément bloquées par un mode de pensée incompatible avec l'évolution en cours. Nous en évoquerons bien des exemples et des effets, même au travers de situations apparemment simples.

La RSS d'Arménie, éloignée de Moscou, est brutalement intégrée à la logique collectiviste

La période troublée qui a précédé la soviétisation a été marquée par de graves pénuries alimentaires et par des désordres économiques que seul le régime qui s'installe semble être en état de régler. Si l'agriculture ne représentait pas, dans l'économie de la RSS d'Arménie, une part très importante, l'industrie y occupait, par contre, une place éminente.

Le sous-sol recèle des réserves stratégiques pour l'Union soviétique : cuivre et molybdène, par exemple, à Alaverdi et dans le Zanguezour (Kapan et Kadjaran), sont à la base d'une puissante industrie des non-ferreux. L'appareil industriel s'intègre dans le grand système productiviste de l'Union où l'Arménie était considérée comme la "république de la chimie" avec, par exemple, un des plus grands combinats chimiques de l'URSS, Naïrit (caoutchouc synthétique) à Erevan. Dénuée de réserves énergétiques, sans charbon ni pétrole, l'Arménie exploite son potentiel hydroélectrique mais reste tributaire des approvisionnements en gaz et hydrocarbures des autres régions de l'URSS. Cette logique de complémentarité va, après 1991, devenir un des termes majeurs de dépendance.

Le poids de l'agriculture, écrasant lors de la soviétisation, est supplanté par celui d'une industrialisation massive et autoritaire imposée par la "nouvelle géographie de l'économie socialiste". La politique d'industrialisation qui devait transformer l'URSS pour en faire "le plus puissant appareil de production en Europe[1]" s'accéléra à partir du XVIe Congrès du Parti communiste (1930) et bouleversa les régions dites "arriérées" de l'Union, en particulier la Transcaucasie.

En 1913, la part de l'industrie dans la valeur totale de la production du pays était de 14%. En 1920, lors de la soviétisation, l'Arménie est une région essentiellement agricole : la quasi-totalité du revenu national était fourni par l'agriculture, quatre personnes sur cinq vivaient à la campagne. En 1989, c'est une des républiques les plus industrielles de l'URSS. Entre ces deux dates, l'Arménie est touchée par l'industrialisation massive de l'URSS, provoquant un total bouleversement économique doublé d'une

---

[1] N. Mikhaielov. Op. cit.

logique de productivité pour servir l'économie de toute l'Union, où l'industrie se taille la meilleure part : c'est ainsi qu'entre 1921 et 1968, l'Etat investit environ 5 milliards de roubles dans l'économie de cette république, dont la moitié va à la construction industrielle. Progressivement, la part de l'industrie se hisse largement en tête et atteint 70% du produit global de l'Arménie dans les années 60-70. Le volume de la production industrielle augmente d'environ 60% en seulement 5 années, entre 1971 et 1975. Dans le même temps, la part de l'agriculture se réduit. Incorporée dans l'espace agricole soviétique, l'Arménie va contribuer à l'approvisionnement du grand marché de l'URSS et des pays de l'Europe de l'Est.

Voici quelques-uns des traits les plus significatifs - qui seront repris de manière approfondie au cours des chapitres suivants - de l'organisation centralisée dans laquelle se trouve intégrée la R.S.S. d'Arménie, qui doit livrer ses productions méridionales dont l'Union soviétique, malgré l'étendue du territoire cultivé, manque cruellement : vin, fruits, légumes en particulier. En complément, le pays importe du matériel agricole ou des pièces nécessaires à la construction des engins, des engrais, des semences, des produits de base, comme les céréales.

Pour cette république, qui représente 0,13% du territoire de l'URSS et seulement 1% de sa population (en 1970), la contribution à l'économie soviétique est importante : 0,2% de la production de grains et autant pour la pomme de terre, 1,1% de celle des légumes. C'est l'un des principaux producteurs de tabac de l'URSS : 10-12% de la production totale. La vigne est un des fleurons de la production agricole et le brandy, « koniak » arménien est réputé dans toute l'Union soviétique.

La part de la RSS d'Arménie dans l'ensemble de l'URSS peut sembler très faible, mais ces données montrent l'importance des achats par l'Etat, autrement dit, la contribution de cette petite république. Ces exemples illustrent la situation du "maillon" arménien sachant cependant qu'il y a en Arménie 6,7 fois moins de terre par habitant que dans le reste de l'URSS et, dans ce total, 3,9 fois moins de terres labourées : 39,8% de la superficie totale ne peuvent être utilisés par l'agriculture. Cela tient en grande partie au caractère montagneux du pays : effets de l'altitude et des pentes dans la mise en valeur agricole.

Autre trait significatif du fonctionnement du système soviétique : on sait produire en quantité mais ne on ne sait ni assurer la distribution, ni produire des biens répondant à l'évolution des besoins de la population, ni manufacturer des produits commercialement compétitifs. C'est cette distorsion qui va accélérer le processus de désagrégation dont les effets vont se répercuter au plus profond des structures de chacune des républiques. Ces impacts seront d'autant plus catastrophiques que chaque partie de l'Empire, tel un château de cartes, est étroitement imbriquée aux autres. Et l'Arménie, sapée sur ses bases, est entraînée dans le cataclysme dévastateur qui ravage l'édifice tout entier.

1.2.LES SOCIETES PAYSANNES

Les sociétés paysannes sont le miroir de l'histoire de l'agriculture. Témoins des évènements, en Arménie en particulier où les bouleversements de l'Histoire ont été particulièrement dramatiques pour les populations, les paysans ont été les principales victimes des errements passés. Chaque village, chaque communauté paysanne possède son vécu qui, tel un miroir, reflète les doutes, les espoirs et les vicissitudes de tout un peuple.

Quatre chocs historiques s'enchaînent en un siècle et demi : la colonisation de la Russie tsariste, le génocide de 1915, la soviétisation et, enfin, l'indépendance. Cette société a connu de tels bouleversements qu'il est essentiel, pour aborder la période de transition actuelle, de reprendre les grandes lignes qui ont marqué son évolution. La paysannerie, en Arménie, est composée de populations autochtones, peu nombreuses, auxquelles se sont ajoutées des vagues de peuplement, d'Arméniens ou d'autres groupes ethniques, originaires d'autres régions ou d'autres pays, qui ont intégré le territoire arménien actuel au gré des aléas de l'Histoire. Nous ne reviendrons pas sur les modifications territoriales, nombreuses, mais nous verrons, au travers des sociétés paysannes, le reflet de ces vicissitudes. Néanmoins, les Arméniens, qui sont souvent des marchands - ils possèdent de réelles dispositions et une habileté certaine pour le commerce - que l'on rencontre partout dans le monde, à toutes les époques, n'éprouvent aucune aversion pour le travail de la terre et, dans leur pays d'origine, composent la majeure partie de la population paysanne.

1.2.1. Les sociétés paysannes sont marquées par des influences diverses

La population change constamment selon les épisodes de la "Question d'Orient"[1]. Après la guerre d'Orient (1877), une foule d'Arméniens se sont portés vers la Transcaucasie. Ces populations se déplacent à la moindre occasion, fuyant, soit les tracasseries administratives russes, soit les exactions des *pachas* Turcs, ou des *hakims* Persans.

La situation de carrefour de l'Arménie en fait, depuis des temps reculés, une région convoitée, soumise à divers conquérants : Byzantins,

[1] La Grande Encyclopédie, Paris 1885-1902. Chapitre "l'Arménie".

Turcomans, Mongols, Ottomans, Tatars[1], Perses. D'où un brassage de populations et de cultures qui a laissé des traces et constitue un trait de l'identité arménienne. Ces groupes paysans se composent, en particulier, de peuples montagnards possèdant, dans leur mentalité et leur comportement, nombre de points communs qui se retrouvent dans l'ensemble du Transcaucase. Généralement, les paysans Arméniens sont sédentaires alors que les Kurdes musulmans et les Yézidis[2] sont des pasteurs nomades. La société paysanne est alors marquée par certaines formes d'hostilité entre ces groupes sociaux, chrétiens et musulmans.

Au début du XIXe siècle, la population arménienne estimée alors à 3 millions de personnes (dont 10 à 15% vit hors d'Arménie), pour une grande partie sujets de l'Empire ottoman, est composée en majorité de paysans. Il s'agit d'un territoire « élargi » vers Erzurum, à l'Ouest et Gandja à l'Est[3]. La situation des paysans arméniens au sein de l'Empire ottoman est difficile et se dégrade au profit de groupes musulmans, réfugiés du Caucase et installés par les autorités dans l'Arménie historique (Kurdes, Circassiens…). Lorsque la Russie engage son offensive de conquête dans le Caucase et se heurte aux Ottomans, elle est soutenue par les Arméniens qu'elle rassure en promettant, promesse illusoire, de "garantir leur sécurité contre les Circassiens et les Kurdes".

1.2.2. L'expansion russe au Caucase commence au début du XIXe siècle

Il s'agit d'une phase de colonisation " agricole ", alors que la soviétisation, qui est aussi une phase de colonisation, s'applique plutôt à une colonisation "industrielle" et ce, surtout à partir de 1930.

---

[1] A propos de la dénomination « Tatars » : « Les Européens ont changé le nom des Tatars en celui des Tartares, et ont donné le nom à tous les peuples d'Asie qui se sont placés au nord de la Perse, de l'Inde et de la Chine, depuis la mer Caspienne jusqu'à l'Océan oriental ; mais par une fatalité singulière, pendant que ce nom a fait tant de fortune en Europe, les Persans, les Arabes ne le connaissent même pas ». P. Ch. Levesque, *Histoire de Russie*. 1812.

[2] Les Kurdes, dont le nombre est estimé, à cette époque, entre 12 000 et 13 000, vivent alors sur les flancs de l'Aragatz, dans le Zanguezour et sur les rives du lac Sevan. Ce sont des « immigrants temporaires » (E. Reclus) qui viennent du Kurdistan, de Perse et de Turquie. Les Kurdes Yézidis ne sont pas musulmans mais « zoroastriens » ou adorateurs du feu et sont perçus avec méfiance comme des adorateurs du diable. On trouvera une description très documentée sur ce sujet par X. de Planhol (*Minorités en Islam*) sur les Zoroastriens et les Yézidis, en particulier, pp. 177-184. et pp. 322-326. Les travaux de Michel Chevalier sur les chrétiens du Hakkâri et du Kurdistan septentrional sont également précieux par les descriptions des modes de vie et des traditions chez les Yézidis (*Les montagnards chrétiens du Hakkâri et du Kurdistan septentrional).*

[3] Erzurum se situe en Anatolie orientale et Gandja est aujourd'hui en Azerbaïdjan.

La Russie veut faire obstacle à l'avance ottomane

L'Arménie est alors partagée entre l'emprise perse et celle des Ottomans. C'est pour étendre sa zone d'influence vers ces confins montagneux méridionaux, convoités en raison de leur situation stratégique de carrefour, que la Russie conquiert d'abord le Karabagh et la région de Lori, en 1813, puis les *khanats* de Erevan et du Nakhitchevan en 1827.

La Caucasie représente une véritable frontière pour la Russie, une barrière de montagnes élevées entre la mer Caspienne et la mer Noire. P.Ch. Levesque la voit comme " une borne qui semble avoir été établie par la nature entre la Russie et la Perse ". Mais cette borne n'arrêta pas les colonisateurs durant l'Antiquité. Strabon évoque quatre chemins pour franchir le Caucase : par la Colchide, par l'Arménie, par l'Albanie[1], par le pays des nomades du nord du Caucase. Pour entrer dans l'Arménie, les barbares passaient par Derbent, en bordure de la Caspienne.

C'est par les bordures maritimes de cette chaîne de montagne que s'effectua d'abord la conquête. Mais, la Caucasie attire aussi la Russie d'alors, comme vers un autre domaine, loin des immenses plaines de l'Empire. " Bien arrosées, les campagnes de la Transcaucasie pouvaient nourrir une population aussi considérable que celle de la France " (E. Reclus[2]). C'est là une des raisons majeures. On y voit une réserve de productions inhabituelles : " Là réussissent les arbres fruitiers et toute cette variété de plantes et de cultures que la Russie eût en vain demandé à ses plaines (...) la vigne, le mûrier, l'olivier, le coton... " (A.Leroy-Beaulieu[3]).

Ces objectifs de mise en valeur agricole complètent les préoccupations strictement militaires de la conquête. D'ailleurs, les premières bases installées dans le Caucase étaient occupées par des Cosaques[4], guerriers-paysans - dans la garnison d'Alexandropol[5] par exemple (actuelle Gumri) - à qui étaient attribuées des terres aux confins de l'Empire.

La colonisation apporte des bouleversements au sein de la société

A l'époque tsariste, le paysan arménien n'a pas un sort plus enviable que celui des paysans russes. Soumis aux taxations du colonisateur[6], s'ajoutant aux impôts existants, il doit respecter la loi russe. Lors de la

---

[1] Il s'agit de la région du Chirvan, pays des anciens Alaniens ou Albaniens, aujourd'hui en Azerbaïdjan. Les Portes Sarmatiques, ou portes caucasiennes se trouvaient près du Terek (ref. Pline). Cité par Jan Potocki : *Au Caucase et en Chine, 1797-1806.*

[2] Elisée Reclus . *Nouvelle Géographie universelle.* Tome VI. Paris, Hachette, 1881, p. 82.

[3] Anatole Leroy-Beaulieu. *L'Empire des Tsars et les Russes.* 1898.p.34.

[4] « Mieux vaut l'orthographe *kosak*, car le mot vient du turc *kasok* et signifie guerrier. » F. Bornant, *L'Empire des Tzars*, Paris, 1896.

[5] Alexandropol est aussi appelée Alexandrapol.

[6] L'impôt à l'Etat était alors de 3 roubles par famille.

colonisation, la propriété foncière, qui était entre les mains de monastères et de grandes familles nobles arméniennes, fut modifiée. Nombre de changements se succédèrent à propos de la tenure des terres, en raison des dévastations occasionnées par les armées, des faits de repeuplement et de colonisation agricole, d'échanges de populations.

Parfois obligé de s'accorder avec les grands propriétaires en place, parfois jouant des rivalités de clans, le colonisateur s'approprie peu à peu des espaces vierges, ou non, qu'il attribue ensuite à de nouveaux arrivants. Ainsi, la hiérarchie dans les campagnes s'établit selon les mesures en vigueur en Russie, assorties d'accords locaux en fonction de l'intérêt du moment. Les Cosaques, premiers colons russes, durent bâtir des villages, défricher des terres, creuser des canaux. Les officiers de l'armée reçurent des lots de terre en toute propriété, en général le long des axes stratégiques et sur les nouvelles zones mises en valeur.

La population subit des changements majeurs en nombre et en diversité. A l'issue de la conquête russe, environ 150 000 Arméniens d'Anatolie et d'Iran viennent s'installer au nord de l'Araxe, dans les territoires annexés. Ils s'ajoutent à la population locale, alors estimée à 160 000 habitants dont 20 000 seulement dans la province de Erevan qui n'était qu'une petite bourgade[1].Le tableau ci-dessous ne donne qu'une idée très incomplète de la situation[2] mais permet de mieux comprendre que l'un des caractères fondamentaux de l'Arménie, conditionnant pour une large part son évolution, y compris aujourd'hui, tient au fait qu'il y avait peu d'habitants lors de la soviétisation.

L'évolution du nombre d'habitants dans l'Arménie russe

(source : recensements)

1897	1914	1918	1920
739 900	1 014 300	1 206 700	720 000

[1] Entre 1886 et 1897, la population de Erevan s'accroît de 44,7%; de même, la population paysanne augmente de 17,7%.

[2] Cette question est bien analysée par Claire Mouradian dans le chapitre IV de son ouvrage *L'Arménie. De Staline à Gorbatchev*. Ramsay, 1990. Une comparaison avec les autres républiques de la Transcaucasie apporte un éclairage utile sur le peuplement et les effets des évènements historiques durant la période cruciale du début du siècle (tableau p. 171). D'autres sources nous ont permis d'apporter des nuances utiles pour la période pré-soviétique. Il s'agit, entre autres, de l'Encyclopédie soviétique arménienne, des travaux de George A. Bournoutian *(Russia and the Armenians of Transcaucasia. 1797-1889)* ainsi que des recensements dans l'Empire ottoman, dressés par le Patriarcat pour le Congrès de Berlin en 1878, de même que les sources citées par Raymond H. Kevorkian (*Les Arméniens dans l'Empire ottoman à la veille du génocide*). Pour la bibliographie concernant les sources documentaires statistiques, se référer à Cl. Mouradian (pp. 177-183).

Progressivement se constituent et se renforcent des communautés paysannes avec l'installation de nouveaux arrivants : Arméniens d'Anatolie, Assyriens, Chaldéens, Russes et minorités grecques[1], tous chrétiens, ainsi que Yézidis (zoroastriens) et Kurdes musulmans.

La population arménienne[2] de 1885 à 1925

	1885	1914	1925
Empire russe	775 000 dont : 720 000 en Transcaucasie (dont l'Arménie russe)	1,8 à 1,9 million dont région de Erevan: 60 000	1,6 million dont RSS d'Arménie : 750 000
Turquie d'Europe	250 000	Turquie: 1,8 à 2,1 millions dont 400 000 à 500 000 région d'Istanbul	Turquie : 75 000
Arménie turque	760 000	Anatolie: 1,5 à 1,6 million	?
Perse	150 000	100 000	250 000

(Source : "La Grande Encyclopédie" et estimations citées par E. Reclus Géographie Universelle, VI, L'Asie russe, pp. 301-303. Pour 1914 Avakian et Encyclopédie soviétique arménienne)

Parmi les Russes qui s'installent alors dans les terres nouvellement conquises se trouvent des représentants de l'administration tsariste, des militaires surtout, mais aussi de petites communautés indésirables que le tsar Nicolas 1er fait déplacer dans le Caucase en 1841 et, en particulier, des sectateurs *Molokanes*, secte chrétienne dissidente de l'Eglise orthodoxe. Les Molokanes furent, en quelque sorte, assignés à résidence en Transcaucasie par le pouvoir qui entendait ainsi à la fois se débarrasser de ces "hérétiques" et occuper des terres sur les marges de l'Empire. Pour une large majorité agriculteurs, pionniers de la colonisation russe, ils reçurent des lots de terres à cultiver dans des régions vierges. On les trouve dans des villages du nord de l'Arménie, où ils constituent, encore aujourd'hui, des communautés paysannes aux traditions russes vivaces, mal ou non intégrés à la société arménienne.

Les Molokanes, soudés par leur culture et leur religion, ne se sont jamais intégrés aux autres groupes sociaux. Les traits physiques mêmes de cette population sont différents de ceux des Arméniens : le teint clair, les cheveux roux et, chez les hommes, le port d'une longue barbe, qu'ils

---

[1] Les Grecs pontiques. Diaspora, identité, territoires. CNRS Editions, 2000.

[2] Ces estimations ne prennent pas en compte les Arméniens installés ailleurs dans le monde (nombre d'habitants).

laissent pousser à partir du jour de leur mariage, référence identitaire, confirment leur appartenance à un autre type humain, russe. Le comportement familial est également différent. Les familles ont, en général, 4 à 10 enfants, ce qui les différencie de la famille paysanne arménienne, de 2 ou 3 enfants aujourd'hui. Ils ont conservé leurs traditions alimentaires et sont spécialisés dans la culture des cornichons et des choux, une des bases de leur alimentation.

Les Molokanes ou Malakans, apparaissent en Russie centrale, dans la région de Tambov, au milieu du XVIIIe siècle. A. Leroy-Beaulieu (*op.cit.*)les définit comme des "sectaires russes dont une partie prêchait la communauté des biens". Ils refusent un certain nombre de rituels de l'Eglise orthodoxe, ainsi que les icônes. Leur nom pourrait se traduire par "buveurs de lait",soit parce qu'ils usaient librement du laitage ("moloko", en russe) les jours où cet aliment était interdit, soit parce qu'ils s'installèrent, au sud de la Russie, près d'une petite rivière aux eaux de couleur laiteuse, la *Molochtna*. Le nom de Molokanes apparaît dans un rapport du St-Synode dès 1765. Dès le début du XIXe s. ils sont exilés en Sibérie et en Asie centrale, puis au Caucase, contribuant ainsi, de manière forcée, à la colonisation des marges de l'Empire. En 1914, leur nombre est évalué à 1,2 million.

De la fin du XIX^{e}s. à aujourd'hui, les Molokanes conservent leurs traditions. A gauche, un Molokane photographié par P. Bonnet en 1910 et ci-dessous, Moïse, paysan aujourd'hui à Fioletovo.

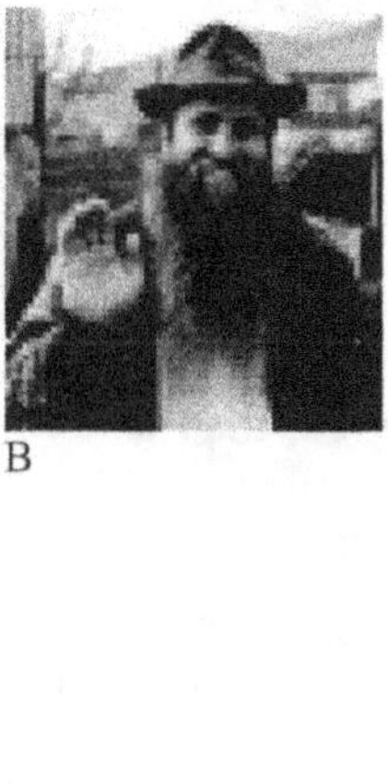

Photo 1-2 A

B

1.2.3. La "montagne des peuples" ou vivre dans la diversité

Les étapes du peuplement reflètent les vicissitudes de l'Histoire

Le processus va laisser des traces indélébiles dans les mentalités, malgré le passage du "rouleau compresseur" de l'idéologie soviétique. Lors de la conquête russe, l'essentiel du peuplement concerne des populations paysannes. Lors de la soviétisation, les vagues de peuplement touchent, en majeure partie, les villes.

Des liens se nouent entre les régions peuplées d'Arméniens de part et d'autre des limites territoriales : ainsi entre l'Arménie et la Géorgie. Liens familiaux, sociaux, échanges commerciaux, contribuent à créer des relations entre les peuples du Caucase. La région de Lori, autour d'Alaverdi, située au nord de l'Arménie, et celle de Djavakhétie, autour de la ville d'Akhalkalaki, au sud de la Géorgie, entretenaient depuis longtemps des réseaux de solidarités qui se consolident dans le cadre de l'Empire tsariste[1] et restent actifs durant la période soviétique. D'autres échanges s'établissaient entre la région de Kars (en Anatolie orientale) et Alexandropol. Une route existait, reliant l'ancienne forteresse turque de Kars à la citadelle russe d'Alexandropol, franchissant l'Arpa Tchaï, affluent de l'Araxe, actuellement frontalier entre la Turquie et l'Arménie. Là, les relations sont totalement interrompues aujourd'hui pour des raisons historiques et politiques.

Ces épisodes de peuplement rural sont essentiels pour comprendre la réalité actuelle des relations entre les Etats de la Transcaucasie, aujourd'hui indépendants et confrontés à des revendications territoriales qui prennent naissance dans le vécu des communautés paysannes, dès le XIXe siècle.

Les peuples du Caucase possèdent des traits identitaires qui s'appliquent précisément à cette société paysanne montagnarde et dont on ne peut exclure les réactions et les comportements actuels face aux changements en cours. A propos de la multicité ethnique et culturelle dans le Caucase, P.Ch.Levesque s'exprimait ainsi en 1812 : "Tous ces peuples ont insensiblement adopté les mœurs et la manière de vivre, la religion même des Tatars (...) tous ont emprunté à leurs alliés, à leurs voisins une partie de leur langue, ont perdu une partie de celle de leurs ancêtres, et corrompu également l'une et l'autre. (...) Si l'on excepte les Géorgiens et les Lesguis, qui sont indépendants, qui dominent sur de petites peuplades et qui en protègent d'autres, tous les autres peuples du Caucase sont sous la protection et sous la domination de la Turquie, de la Perse ou de la Russie".

[1] Akhalkalaki est un centre de commerce où les Arméniens font, à cette époque, un grand trafic de marchandises et où la contrebande est active.

Ces brassages sont à l'origine d'une situation très complexe où l'identité de ces populations s'accorde à celle de l'ensemble montagnard du Caucase. La " solidarité " caucasienne, qui s'applique surtout entre montagnards, est une marque d'appartenance à une culture commune. La fréquentation des terrains de parcours pour la transhumance, de part et d'autre des frontières, à l'intérieur du massif, est l'expression de traditions qui ont perduré, quoique avec des nuances spatiales, à l'époque de l'URSS : ainsi, entre les pâturages d'altitude de l'Arménie et les plaines de piedmont situées en Géorgie et Azerbaïdjan. Ces accords ancestraux sont périodiquement remis en cause au gré des contraintes politiques et la logique sociale cède alors devant les exigences du pouvoir. Il n'y a aujourd'hui plus aucun échange de transhumance entre l'Arménie et l'Azerbaïdjan.

Les foyers de peuplement se répartissent d'abord essentiellement dans les montagnes.

La montagne, refuge contre les attaques constantes tout au long de l'histoire, possède des densités élevées alors que la plaine, insalubre en raison de l'extension des marécages, reste faiblement peuplée. Les zones montagneuses sont assez densément peuplées jusqu'à 2 000 m. Les sociétés paysannes vivent alors dans l'isolement quasi total et doivent assurer leur défense. Les villages, bâtis en terrasses sur les flancs escarpés des vallées en gorges, à proximité de sources ou de rivières, occupent traditionnellement des sites défensifs. C'est là que s'est établie une population sédentaire, cultivant les pentes (vergers, légumes), grâce à l'irrigation à partir de l'eau des torrents, et des pasteurs nomades, Kurdes principalement, qui se rassemblent ici avec leurs troupeaux avant de monter sur les riches pâturages d'altitude du Zanguezour. Une activité commerçante se développe alors saisonnièrement "et la foule se presse sur les degrés de l'immense amphithéâtre de masures" (N. von Seidlitz, Mittheilungen von Petermann, 1880).

Photo 1-3

Un village accroché aux pentes dans le Zanguezour, vers Kadjaran. Témoins d'une organisation spatiale ancienne des noyaux d'habitat montagnard, d'autres villages, tels que celui-ci, n'ont pas été touchés par la standardisation soviétique.

La plaine de l'Araxe est une zone répulsive. Elle fut pourtant cultivée depuis longtemps ; on y a retrouvé des restes de poteries servant à l'irrigation datant du royaume d'Ourartou (env. 800 av. J.C.) –. Lors de la conquête tsariste, elle fut appelée "tombeau des Russes", tant la fièvre décima les armées du colonisateur.

Des oasis, îlots de verdure, s'étirent le long des cours d'eau dans les zones les plus arides, le long de l'Arpa, de la Vorotan, et dans la plaine alluviale de l'Araxe encadrées par les versants pierreux et dénudés des massifs environnants.

Les anciens villages évoquent l'organisation de l'espace pré-soviétique

Lors de l'arrivée des Soviets, la trame des villages était peu dense, compte tenu du contexte historique et du faible nombre d'habitants. Cependant, il existait un maillage villageois dont il n'est pas possible d'évaluer l'ancienneté tant l'aspect architectural a été modifié ou bien suite à la destruction pour faire place à un bâti tout neuf. La majeure partie des anciens villages date de la fin du XVIIIe siècle et du XIXe. La plupart, en particulier ceux datant d'époques antérieures, étaient concentrés sur les terres fertiles de la plaine de l'Araxe (Kotaïka), de l'Arpa, dans les secteurs les moins difficiles à travailler.

Dans la plaine de l'Ararat, les villages sont édifiés le long des canaux d'irrigation qui existent, dans les secteurs les moins impaludés, il en est ainsi également dans les zones basses du Nord-Est. Les constructions y sont groupées au milieu des vergers et des parcelles cultivées. L'habitat se densifie au cours des années 1918-1920 quand, après le génocide, des Arméniens, venant d'Anatolie orientale, s'y réfugient. Environ 300 000 personnes se concentrent alors dans la plaine de l'Ararat. Elisée Reclus[1] décrit ainsi l'apparence de ces villages :"les constructions et les jardins sont entourés complètement d'un mur élevé qui les cache à la vue. Rien de plus morne et de plus laid, surtout dans les plaines sans verdure, que ces longues avenues de murailles en pisé (...)". Les maisons, le plus souvent, sont construites en terre sèche ou en tuf, et disposent d'un toit en terrasse dans les régions les moins humides (plaine de l'Ararat, montagnes du centre et du sud). Les plus gros villages possèdent une église.

Dans le massif du Zanguezour, Goris[2] est, au milieu du XIXe siècle, un gros village construit à 1 600 m. Les habitations troglodytes creusées dans les "aiguilles de tuf" (E. Reclus) sont peu à peu remplacées par des maisonnettes au toit plat, disposées en escalier le long des versants abrupts "d'autres demeures, des caves, sont creusées dans la cendre volcanique de la terrasse et des éboulis couverts de broussailles en défendent les abords[3]".

Dans la région de Gougark, le long de la Debet, les parois des gorges vertigineuses de la rivière sont creusées de grottes qui abritèrent (dans l'Antiquité et au Moyen-Age) des populations montagnardes. Certaines de ces habitations étaient quasiment inaccessibles, fortifiées par des murs de pierre percés de meurtrières. Ces cavités servirent de refuge au cours des invasions et permirent de mettre à l'abri les manuscrits des monastères de la région.

---

[1] Nouvelle Géographie universelle. Op.cit. p. 280.

[2] L'actuelle Goris était aussi appelée Giroussi ou bien Gheroussi ou encore Korîss pour les Arméniens, ce qui signifie « le village des piliers » en raison des reliefs d'érosion qui tapissent les versants autour de la ville.

[3] E. Reclus, op. cit. p. 280.

Photo 1-4 A
Ghiroussi, dans son amphithéâtre de cheminées de fées en 1892.
(Gravure de Taylor, d'après B. Chantre, 1892, Le Tour du Monde)

Photo 1-4 B
Tegh, un vieux village entre Goris et Latchine. Les anciennes habitations, des cavités creusées dans la pierre, sont encore visibles. Des souterrains les reliaient les unes aux autres. Cette région (Zanguezour) fut un bastion de résistance aux envahisseurs. Au centre, des maisons détruites lors du récent conflit du Karabagh.

On trouve souvent la description de villages enterrés que l'on traversait souvent sans même s'en apercevoir, car seuls apparaissent les toits gazonnés et les trous des cheminées, se retrouve chez plusieurs auteurs[1]. On peut rapprocher de ce cas la maison troglodyte, établie à flanc de paroi rocheuse ou dans des excavations plus ou moins aménagées, comme dans

[1] M. Chevalier. Op.cit. p. 139-140.

la région de Goris. Au cours de ses voyages (1893-1894) H. Lynch[1] décrit les villages qu'il traverse. Dans la plaine de l'Araxe, alors un immense marécage, encombré par un réseau hydrographique inextricable, ils sont infestés de moustiques et le climat y est si néfaste que les habitants sont fréquemment décimés par les maladies. Aralik (ou Aralykh), aujourd'hui du côté turc, au centre de cette plaine insalubre, est alors un poste militaire russe peuplé par un escadron de cosaques qui, dit-il, étaient installés là pour chasser les Kurdes. Ce village est "composé d'Arméniens, de Tatars, agneaux et lions vivant ensemble!". Il dispose d'une école arménienne, de deux écoles grégoriennes. Les maisons sont construites en briques de boue séchée et dotées de balcons de bois ajouré.

Ces descriptions sont des témoignages précieux sur le mode de vie des paysans avant la soviétisation. Il ne subsiste pratiquement plus de tels types d'habitat, hormis dans quelques secteurs isolés de la montagne, dans le Sud en particulier, le long de la Meghriked. Ces traces de l'occupation humaine ont quasiment toutes disparu, remplacées par des villages de regroupement nés de la collectivisation. Certains de ces villages ont été implantés autoritairement, c'est le cas des villages de colonisation de l'époque tsariste : Molokanes, Yézidis, Cosaques (soldats paysans) à qui étaient attribuées des terres pour occuper le terrain sur les marges de l'Empire nouvellement conquis.

L'organisation de l'espace villageois des Molokanes est caractéristique : village-rue, étiré le long d'un chemin parallèle à la route principale. Les habitations, telles des isbas à l'époque de l'installation, sont construites au milieu du parcellaire, à proximité de la rivière Pambak, dans le bassin encadré par les hauteurs des monts Bazoum, au nord et Pambak au sud, culminant à 3 000 m. Le village de Fiolotovo. Peuplé de Molokanes, ce village fondé en 1848 a conservé son plan en ligne. Les bâtiments du kolkhoze ont été édifiés à quelques centaines de mètres des maisons d'habitation. Les lopins familiaux sont disposés à l'arrière des maisons, dont une grande partie est construite en bois avec un toit de tôle. Au-delà, le parcellaire des cultures de choux et de légumes se présente en longues lanières séparant les jardins des parcelles plus vastes, au contact des versants des monts Pambak où l'on aperçoit l'étage forestier.

[1] H. F.B.Lynch. *Travels and studies.* Deux volumes. Volume 1 *: The Russian provinces.* London, New York, Bombay, éd. Longmans, Green and Co, 1901, 470p.

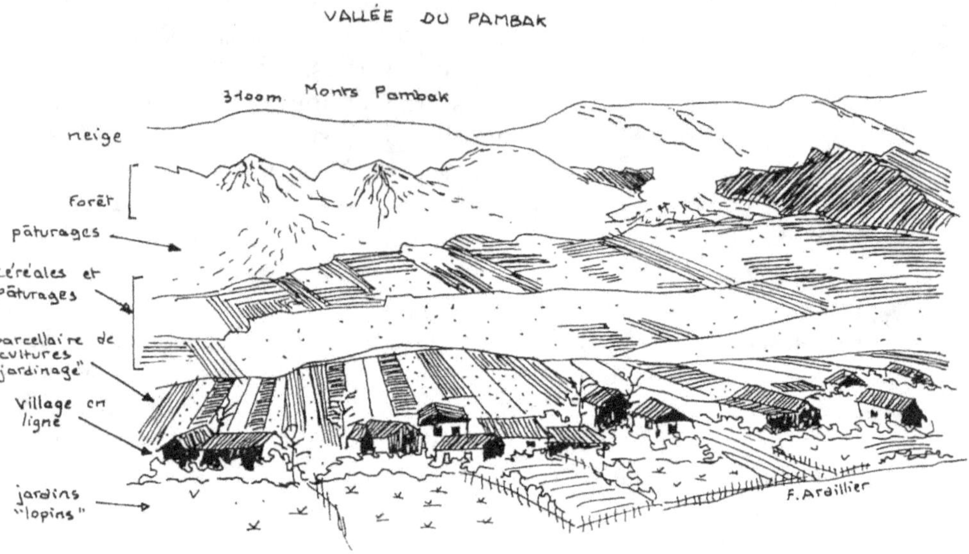

Figure 1-3
Un village de Molokanes : Fioletovo (Dessin à la plume. Auteur)
Le village de Fioletovo est situé dans le bassin du Pambak, au nord de l'Arménie. Il fut créé en 1848 par des Molokanes venus de Tambov, près de Moscou, déportés ici pour des raisons religieuses.

Dans la région de l'Ararat, plusieurs villages ont été peuplés de Yézidis au début du XXe siècle. Une partie est arrivée d'Irak, d'Iran, de Turquie (dans ce cas, en 1915, après le génocide dont ils furent aussi les victimes). Il s'agit de Kurdes, non musulmans qui, de ce fait, ont pu rester en Arménie aujourd'hui. Leurs villages, où ils cohabitent avec des agriculteurs arméniens, sont construits selon les standards de l'architecture des villages kolkhoziens : Chamiran (Semiramis) au pied de l'Aragats, Ferik et Gaye près d'Etchmiadzin, par exemple.

Nombre de villages ont été fondés par des Arméniens réfugiés d'Arménie occidentale, d'Azerbaïdjan, de Perse[1], contraints à l'exil lors d'épisodes répétés de persécutions contre les communautés arméniennes, en particulier au cours du XIXe siècle. Le plus grand nombre de ces créations correspond aux années 1820-1850. Certains de ces villages sont installés sur le site délaissé de villages très anciens, datant de la période

[1] Parmi les régions d'origine on relève surtout la Perse, l'Anatolie orientale (Ani, Van, Mouch, Bitlis, Bayazet, Kars...)

ourartéenne : Agarak, par exemple, fondé en 1919 dans la région d'Aragatsotn, par des Arméniens réfugiés de Van et de Bitlis, sur le site d'habitations de l'époque d'Ourartou, où fut aussi édifiée une église au Ve siècle. Agarakadzor, région de Vayots Dzor, est mentionné au Ve siècle. Situé sur un site de franchissement de l'Arpa, il possède un pont du XIIIe s. Ararat s'appelait autrefois Davalou et Aygavan portait le nom de Kheanlov. C'est dans la plaine de l'Ararat, plus ancien site de peuplement, que l'on trouve la plupart des vieux villages. Leur appellation a changé à plusieurs reprises : au cours de la période tsariste, sous l'URSS puis, après l'indépendance.

L'historique des villages a fait l'objet de questions lors des enquêtes que nous avons menées. La "mémoire des lieux" est un trait commun caractéristique chez les Arméniens, peut-être par réaction contre les "oublis", ces pans entiers de l'Histoire qui leur ont été confisqués. La plupart du temps, le maire connaît bien l'histoire de sa commune et ses épisodes de peuplement. L'intérêt manifeste des habitants pour l'histoire de leur village apparaît sous un jour particulier : avec l'indépendance et le départ (fuite) des habitants azéris – appelés indistinctement Turcs, Tatars, Azéris ou parfois Kurdes -, l'historique du village prend une importance significative. Les occupants actuels sont là depuis des périodes plus ou moins récentes mais, en général, tous sont sensibles aux divers épisodes du peuplement, connaissent les vagues d'arrivée de réfugiés, les chassés-croisés multiples, la coexistence "pacifique" que Lynch décrivait comme celle des agneaux et des lions.

Voici quelques descriptions que donnent les habitants rencontrés à Anguerakot et à Chaqui.

▪ *Anguerakod, dans la province de Siounik, est mentionné au XVe siècle. Il fut repeuplé d'Arméniens après 1828, réfugiés de Perse et compte 1 849 hab. en 1897. La surcharge démographique au cours des années 1930 est sans doute à l'origine de la création, à proximité, de 3 nouveaux villages: Sarnakounk, Spandarian, Borisovka. Pour répondre aux besoins de l'agriculture irriguée, liée à l'extension de la surface cultivée, un réservoir est créé à Spandarian (irrigation et hydroélectricité). Un des villages est alors submergé et reconstruit à quelques kilomètres du lac-réservoir. L'ancien cimetière, perché sur une rive du réservoir Spandarian, témoigne encore de l'existence d'une communauté paysanne à cet endroit dans les années 30.*

▪ *Non loin de là, Chaqui est un très ancien village, dont la population était en majorité azérie. En 1920, Andranik*[1]*, héros national, chassa les Azéris, immédiatement remplacés par des Arméniens. A l'époque soviétique, les deux populations cohabitaient sans trop de heurts. Lors du conflit du Karabagh, les Azéris furent expulsés, remplacés encore une fois par des Arméniens, réfugiés de l'Azerbaïdjan dont ils avaient eux-mêmes été chassés.*

▪ *Griboietov, dans l'Ararat, était d'abord peuplé de Turcs : la frontière de la Turquie n'est qu'à quelques kilomètres, au-delà de l'Araxe. En 1918, arrivèrent des Arméniens rescapés du génocide. Ils cohabitèrent avec les Turcs du village jusqu'en 1948, date à laquelle ceux-ci repartirent en Turquie lors des mesures de rapatriement de Staline, en échange d'Arméniens de Syrie et du Liban. Le directeur du village d' Igdir, tout proche, était un Turc qui repartit en Turquie en 1954, à l'occasion de ce même épisode de rapatriement. Lors des massacres de Soumgaït, en 1988, de nombreux Arméniens d'Azerbaïdjan trouvèrent refuge ici. Dans chaque maison, on accueillit des réfugiés avant que l'Etat ne leur trouve un logement et des parcelles à travailler.*

▪ *A Arzni, au nord de Erevan, les habitants sont, pour la plupart, des Assyro-Chaldéens. Il y a actuellement environ 5 000 à 6 000 Assyro-Chaldéens en Arménie. Ils arrivèrent en Arménie russe en deux vagues principales. En 1828, après la guerre russo-perse, le tsar permit à 100 familles venant d'Ourmia (Perse) d'aller s'installer en Arménie. Quelques années plus tard, en 1889, des Assyriens d'Anatolie orientale, fuyant les massacres (750 000 Assyriens furent alors massacrés dans l'Empire ottoman), s'installèrent dans le village, ainsi qu'à Verin Dvin, Dimitrov, et Nor Artaguers, dans la région de l'Ararat.*

Comme une caisse de résonance de l'histoire, le petit territoire arménien se remplit ou se vide au gré des vicissitudes du moment. Tantôt refuge pour des populations expulsées, ou menacées, des pays voisins, tantôt territoire de conquête et de peuplement pour le colonisateur (la colonisation russe, puis soviétique). La campagne arménienne est ainsi constamment agitée par les chassés-croisés dus à des raisons politiques et autres incompatibilités socio-culturelles.

Redistribution pacifique ou autoritaire de populations, ce grand brassage fait alterner des peuples enracinés depuis des générations et

[1] Andranik Hosanian : héros des combats menés par les Arméniens contre les Turcs au début du siècle. Il fut inhumé à Paris, au cimetière du Père Lachaise. En 2000, sa sépulture fut transférée en Arménie, au Panthéon des Grands Hommes, à Erevan.

contraints, un jour, à l'exil. C'est le cas pour les Azéris, les Kurdes musulmans, les Arméniens venus d'ailleurs - réfugiés de Perse, de Turquie, du Proche-Orient, d'Azerbaïdjan-, les populations de Russie, implantées pour les besoins de la colonisation, pour une cause religieuse ou militaire. S'y ajoutent les migrations intérieures à l'URSS - Russes, Ukrainiens - ainsi que des Grecs et des Allemands, descendants de vagues migratoires dans le Caucase au début du siècle. On peut y ajouter les Assyro-Chaldéens, descendants de l'ancienne civilisation mésopotamienne, installés dans des villages de la plaine de l'Ararat.

Les villages d'Arménie ont ainsi été le théâtre de ces mouvements contraires, commandés par l'histoire. Il n'est pas rare de trouver des noyaux d'habitat villageois totalement renouvelés : à Guetachain, où tous les habitants azéris dont les ancêtres avaient fondé le village, ont quitté l'Arménie en 1993-94 (conflit du Karabagh) et ont été remplacés par des Arméniens venus des bordures de Géorgie (Akhalkalaki). Seul témoin de ces migrations forcées, le cimetière "turc"[1]; objet de haine pour les habitants actuels du village.

A partir de 1828-1830 se façonne peu à peu, à la faveur de traités russo-persans et russo-ottomans, une Arménie russe et une Arménie ottomane, prémices d'un découpage territorial avalisé par la suite.

POPULATION DE L'ARMENIE[2] : EVOLUTION JUSQU'A LA SOVIETISATION

(source : Atlas de la RSS d'Arménie. Moscou, 1984)

	Population totale	% population urbaine	% population rurale
1831	161 700	7,4	92,6
1897	797 8003	8,7	91,3
1914	1 014 200	9,5	90,5

Entre 1831 et 1914, l'évolution est commandée par les vagues de réfugiés arméniens qui arrivent en Arménie russe, auxquels s'ajoutent les Russes et d'autres populations qui s'installent sur cette marge de l'Empire. Pour comprendre pourquoi la population a été presque multipliée par 5 entre 1831 et 1914, il faut se référer aux évènements historiques et, tout particulièrement, aux épisodes, à intervalles réguliers de massacres d'Arméniens dans les pays voisins (Azerbaïdjan, c'est-à-dire région de Bakou où ils sont concentrés, et Turquie, c'est-à-dire territoire arménien de l'Anatolie orientale, ou Arménie historique). L'évolution 1828-1830

[1] Le terme "turc" concerne tous les turcophones, en particulier, ici, les Azéris.

[2] Il s'agit d'habitants majoritairement arméniens, mais aussi de Russes, d' Azéris, et d'autres populations, minoritaires.

[3] Mais on trouve aussi le chiffre de 739 900 habitants (Cl.Mouradian, p. 141, selon un recensement cité par Avakian, op.cit.

correspond à l'arrivée de 150 000 Arméniens réfugiés d'Anatolie, ainsi que 50 000 autres Arméniens venant de Perse après le traité de Turkmentchaï. La deuxième vague, 1894 -1896 (environ 100 000 réfugiés) est due aux massacres perpétrés par le sultan Abdul Hamid, début du "processus génocidaire" qui va connaître son apogée en 1915. Les évènements historiques jouent, on le voit, un rôle essentiel dans le processus de peuplement sur lequel vont se greffer les effets de la période soviétique.

Après 1914, on assiste à une évolution en dents de scie de la population : d'abord accroissement régulier en raison des vagues successives de réfugiés qui franchissent l'Araxe, fuyant la Turquie après le génocide : en 1918, l'Arménie russe compte 1 206 700 habitants. Puis, en 1920, on ne dénombre que 720 000 habitants, dramatique effondrement démographique suite à la famine et aux maladies subies durant la première République d'Arménie, instaurée en 1918 dans les pires conditions : afflux des rescapés du génocide, épidémies, manque de nourriture, insécurité.

1.2.4. Le deuxième grand « choc » est la transformation totale et brutale de la paysannerie sous l'effet de la soviétisation du pays.

Dès les premières années soviétiques, les bases de la paysannerie sont ébranlées.

La deuxième vague de la soviétisation (1922-1928) coïncide avec la N.E.P., mais dès 1929, la collectivisation agraire s'accompagne de la dékoulakisation. C'est l'anéantissement d'une part active de la société paysanne, qui ne se relèvera jamais de la perte de ses éléments les plus dynamiques. La dékoulakisation frappa 25 000 paysans en Arménie, entre 1929 et 1930, dont les terres et tous les biens furent confisqués et qui furent envoyés en Sibérie. Parmi ces koulaks, certains étaient des éléments moteurs dans la société paysanne. Avec leur élimination disparaît pour longtemps, toute capacité d'initiative. L'esprit d'entreprise ainsi réduit à néant n'est pas près de se manifester à nouveau. Muselée, la société paysanne est peu à peu déresponsabilisée. Le paysan arménien, comme tout paysan soviétique, perd brutalement tout lien à la terre, à une terre collectivisée. Sa représentation de son milieu de vie se résume à un cadre hiérarchisé où les tâches sont organisées par le haut, planifiées par les organes décisionnels auxquels il n'est pas associé.

Les vagues de peuplement et les migrations internes à l'URSS modifient le contexte social des campagnes. Lors de l'instauration du pouvoir des Soviets, la population totale n'est que de 780 000 habitants, soit une densité de 27 hab./km^2. Ceci s'explique en partie par les ravages causés durant la période transitoire de la première république arménienne, par les famines, les massacres, les déplacements de populations. L'objectif majeur est donc de repeupler la république afin d'engager activement le processus de la révolution économique pour lequel il manquait des bras. Pour accroître rapidement la population, on encouragea d'abord l'immigration par le biais des rapatriements.

La population des villes et des campagnes entre 1913 et 1987
(sources : Atlas de la RSS d'Arménie. Moscou, 1984. Et Service des Statistiques)

	Population totale	Population des villes		Population rurale	
1913	1 000 000	104 000	10,4 %	896 100	89,6%
1920 *	720 000	121 700	16,9%	598 300	83,1%
1926	881 300	167 100	19%	714 200	81%
1940	1 320 300	375 400	28,4%	944 900	71,6%
1959	1 763 100	881 900	50%	881 200	50%
1970	2 491 900	1 481 500	59,5%	1 010 400	40,5%
1979	3 030 700	1 992 500	65,7%	1 038 200	34,3%
1987	3 411 900	2 324 000	68,5%	1 087 900	31,5%

* 1920 : Les effets de la famine (1918-1920 : première République arménienn

La population des villes et des campagnes de la R.S.S. d'Arménie
Evolution 1913-1987

Figure 1-4

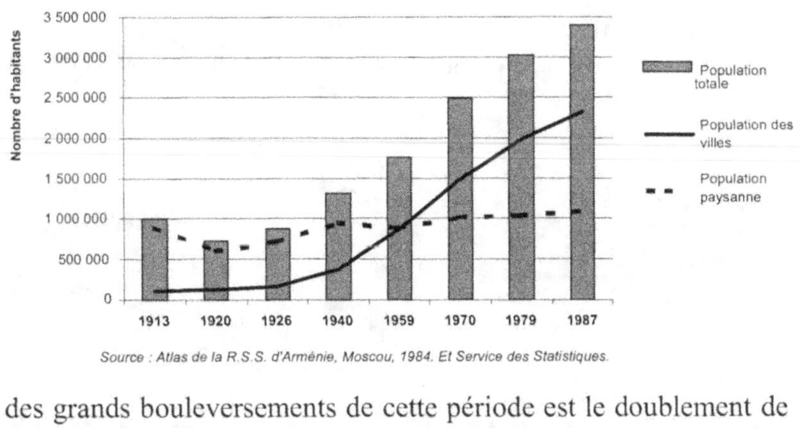

Source : Atlas de la R.S.S. d'Arménie, Moscou, 1984. Et Service des Statistiques.

L'un des grands bouleversements de cette période est le doublement de la population de la RSS d'Arménie entre 1926 et 1940. Il s'agit des effets directs des objectifs économiques du régime (appel de main-d'œuvre, urbanisation, corrélés au croît naturel) ; entre 1946 et 1948, environ 100 000 Arméniens répondent à la propagande de Staline, pour faire venir au pays, dans ce "paradis soviétique", des émigrés installés au Moyen Orient, en Europe, aux Etats-Unis, qui avaient fui la Turquie lors des massacres de 1915. Cette campagne de rapatriement, le *nerkaght*, va attirer près de 100 000 Arméniens du Liban, de Syrie, d'Iran, de France, de Grèce, par exemple, qui ne tarderont pas à comprendre qu'ils se sont laissés abuser[1].

Parmi ces nouveaux arrivants, dénommés, de manière méprisante, *aghpars* (frangins), un certain nombre va s'installer dans des villages et participer au grand effort de production agricole des fermes collectives. Le "paradis" devient l'enfer, non seulement parce que ces immigrants n'ont jamais vécu en Arménie orientale, où ils n'ont aucune racine familiale et où la langue même est différente, mais aussi parce qu'ils subissent la famine, une situation économique dramatique et la terreur stalinienne : une partie de ces "retours au pays" feront l'objet d'une rafle et seront exilés en Sibérie au prétexte qu'ils constituent un danger pour la société (en raison de leurs idées).

La composition ethnique de la population dans l'Arménie soviétique se modifie en raison des nouveaux réseaux de relations

Population de l'Arménie	1959	1970	1979
Arméniens	1 552 000	2 208 000	2 725 000
Azerbaïdjanais	108 000	148 000	161 000
Russes	57 000	66 000	70 000
Kurdes	26 000	38 000	51 000
Autres	22 000	32 000	30 000
TOTAL	1 765 000	2 492 000	3 037 000

Figure 1-5

Composition de la population de la R.S.S. d'Arménie 1959-1970-1979

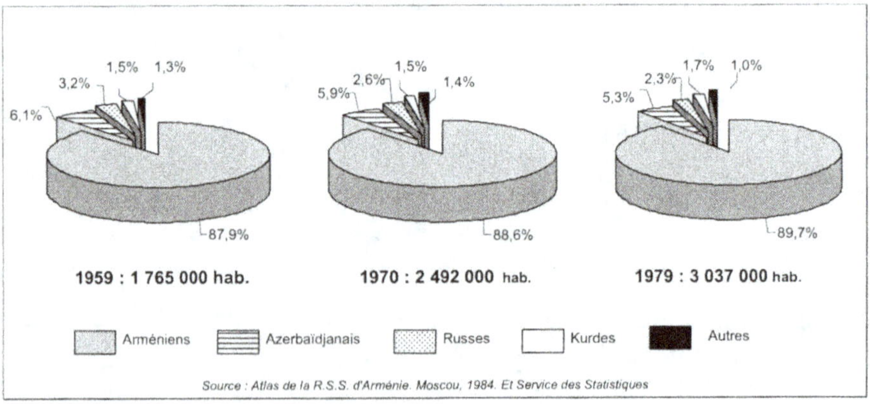

[1] En 1956, conscient du piège qui s'est refermé sur ces « volontaires à l'émigration », Christian Pineau réussit, lors d'un voyage à Erevan, à négocier le retour en Occident, et en France en particulier, de nombre d'entre eux.
Les mouvements d'immigration en provenance d'Iran et de Syrie se pousuivront après 1962. (G. Dedeyan. Histoire des Arméniens. Privat, 1982)

La déstructuration des unités villageoises est brutale

La société paysanne connaît de graves mutations avec, en particulier, des changements radicaux des structures villageoises. Progressivement et par la force, les villages sont transformés par les structures collectives des kolkhozes et des sovkhozes. Ce processus est pratiquement terminé en 1938-39, malgré des oppositions farouches, en particulier parmi les communautés montagnardes du Zanguezour. Des révoltes éclatent dans ce massif et dans le Daralaguiaz en 1932. Une répression armée violente vient à bout des poches de la résistance des paysans. Cette résistance est alors baillonnée par des regroupements forcés de population.

La réorganisation spatiale, autoritaire, des villages à proximité des bâtiments collectifs, provoque la désagrégation des liens sociaux. De nombreux foyers de population, lieux de vie traditionnels, disparaissent, remplacés par des constructions modernes, standardisées. Dans le même temps, la répartition spatiale de la population évolue. En 1950, la population urbaine atteint 59% (multipliée par 13 depuis 1921) et la population rurale, 41%, dont 5% vit sur un quart du territoire, dans les régions montagneuses élevées. Avec l'aménagement d'espaces de culture dans les zones auparavant marécageuses, des migrations internes se produisent : les paysans des montagnes, où l'activité agricole reste difficile, se déplacent vers les terres nouvellement irriguées de la plaine alluviale de l'Araxe.

La redistribution de la population produit une autre répartition selon l'étagement en altitude. En 1979, 53,2% de la population est localisée sur moins de 10% de la superficie de la république, essentiellement dans les zones les plus basses (Ararat, Armavir) . C'est entre 1 500 et 2 000 m d'altitude que les densités en montagne sont les plus élevées : 25% de la population y vit sur environ 32% de la surface territoriale. Les zones basses auparavant insalubres ont attiré, dans le nouveau contexte de mise en valeur agricole, une grande partie des habitants des campagnes.

La logique d'occupation humaine correspond surtout aux espaces plans, qu'ils soient élevés ou non. Traditionnellement, les foyers de peuplement s'installent dans des zones planes et élevées - hauts plateaux et bassins intérieurs, entre 1 200 et 2 000 m - de préférence aux régions de plaines, à 800-900 mètres, généralement insalubres et fréquemment dévastées lors des périodes troubles de l'histoire. Cette implantation est le reflet des contraintes dues, d'une part, à la configuration du relief – pentes, gorges, zones humides – et d'autre part, aux effets de l'instabilité tectonique qui a contraint les populations à se déplacer, lors des épisodes sismiques, vers des régions moins exposées. A propos des sites privilégiés pour l'occupation humaine, E. Reclus citait l'étage de 1 200 m comme la hauteur "la plus recherchée, car, jusque là se cultivent encore les vignes, les mûriers, les céréales du midi, et déjà l'on y respire l'air pur et frais qui descend des glaciers".

Répartition de la population selon l'étagement du relief en 1970

Localisation	Nombre d'habitants au km^2	Part dans la population totale
Régions de plaine : en dessous de 1 000 m Ararat, Nord-Est, Sud	340 dont 150 ruraux	48 à 50%
Montagne : entre 1 000 et 1 500 m Bassin de l'Arpa, contreforts de la vallée de l'Araxe, vallée de la Vorotan,	65	17%
Entre 1 500 et 2 000 m : Hauts plateaux de Chirak, bassin du Pambak, Ouest et Sud de la cuvette du Sevan	60	28 à 30%
Entre 2 000 et 2 500 m Montagnes : Zanguezour et autres massifs	12	5%

La zone où se concentrent alors les densités les plus fortes se situe entre 700 et 1 000 m d'altitude, c'est-à-dire dans les régions les plus basses, principalement la plaine de l'Ararat, soit 6,5% du territoire de la république. Au cours des années 70, vivait dans cette région plus de la moitié de la population agricole, une des plus fortes densités de la Transcaucasie : 400 hab./km^2, dont 150 ruraux. Les régions les plus faiblement peuplées sont le sud du Zanguezour et le Nord-Ouest arménien, avec seulement 15 à 20 habitants/km^2 (années 70). Mais les régions de montagne les plus peuplées correspondent à une altitude située entre 1 500 et 2 000 mètres : en moyenne 60 hab./km^2.

Depuis plus d'un siècle, les régimes politiques et les situations socio-économiques qui se succèdent ont combiné leurs effets à ceux des contraintes du milieu physique. L'activité agricole reste étroitement dépendante de ces facteurs naturels qui, au gré des mesures imposées au nom de l'idéologie communiste, ont été considérablement, voire irrémédiablement, modifiés.

2. UNE FORTERESSE MONTAGNEUSE : LA TRANSCAUCASIE LA SITUATION DE L'ARMENIE DANS L'ENSEMBLE CAUCASIEN

Méridionalité , altitude et volcanisme caractérisent l'ensemble du Caucase et, en particulier sa partie sud, la Transcaucasie.

Dans ce massif périphérique et méridional de l'ex-URSS, le relief et le climat peuvent être des obstacles à la mise en valeur agricole mais ils comportent bien des éléments favorables. Cependant, si les contraintes ont pu être réduites par des aménagements successifs au cours des périodes précédentes, elles constituent aujourd'hui, dans l'état de délabrement du pays, un facteur d'aggravation des difficultés. En raison des graves dysfonctionnements internes qui limitent la capacité à dépasser les contraintes et à valoriser les avantages, les composantes physiques de ce domaine montagnard contribuent largement à accélérer la dégradation de la situation économique de l'Arménie, tout comme dans les autres Etats de cette région.

Dans une première approche à échelle réduite, celle du massif tout entier, apparaissent les caractères régionaux de l'ensemble caucasien. Ils mettent en évidence l'originalité de cette partie de l'ex-Union soviétique et permettent de mieux apprécier, ensuite, les spécificités qui caractérisent le territoire arménien.

2.1. LE CAUCASE : UN MASSIF « PERIPHERIQUE » DE L'EX-URSS

2.1.1. Le Caucase constitue la lisière méridionale de l'ex-URSS

Le massif s'inscrit dans la guirlande "alpine" qui s'étend de la Crimée à l'Asie centrale et à l'Extrême Orient. Cette barrière massive sépare les plaines russes de la périphérie montagneuse des républiques du Caucase et pourtant, le Caucase, bastion inaccessible, attire.

Longtemps infranchissable, cet obstacle fut contourné par les armées tsaristes qui choisirent de pénétrer "l'isthme caucasien" par ses bordures maritimes et conquirent ces marges de l'Empire par la mer Caspienne et la mer Noire : "étendu au milieu d'un isthme, entre deux mers fatalement soumises à l'influence russe, du jour où la Russie aurait atteint ses rivages, le Caucase devait être débordé des deux côtés "[1]. Cette vaste région montagneuse est pourtant, alors, plus une zone refuge qu'un véritable

[1] F. Bornant. *L'Empire des tzars,* Paris, Ed. Lefort, 1894.

milieu de vie montagnard, en partie en raison de la rigueur du relief et des conditions climatiques. C'est pourtant son caractère montagneux, doublé d'une situation méridionale, qui attire le colonisateur venu du Nord.

Ce vaste massif de 447 200 km^2, s'étend sur 1 250 km, selon un axe N.O-S.E, entre le détroit de Kertch, sur la mer Noire, et la presqu'île d'Apcheron sur la Caspienne. Culminant au mont Elbrouz, 5 629 m, cône volcanique situé sur la dorsale septentrionale du Caucase, l'ensemble s'articule sur une ligne de crêtes élevées composant la zone axiale du Grand Caucase. C'est là que se trouvent les principaux sommets, bordant la limite nord de la Géorgie et de l'Azerbaïdjan : Dykh Taou (5 198 m), Kochtan Taou (5 245 m), Kazbek (5 043 m). Au sud, la chaîne du Petit Caucase constituait l'extrémité territoriale la plus méridionale de l'Union soviétique.

Dans ce dédale de crêtes, de plateaux fragmentés, disséqués par l'érosion, d'affaissements (plaines alluviales de la Kür, de l'Araxe, bassins d'effondrement entre des alignements de chaînons), la circulation est difficile et le cloisonnement topographique conduit à de multiples formes d'organisation de l'espace.

2.1.2. Une montagne à mosaïque ethnique

Ensemble très compartimenté, le Caucase s'organise en une multitude d'unités physiques où s'individualisent des groupes humains très contrastés, communautés paysannes qui composent cette mosaïque extrêmement complexe du Caucase. Ce caractère est fondamental pour comprendre l'articulation du massif, non seulement selon son organisation physique, mais en fonction des modes de vie et des aspects relationnels entre les sociétés montagnardes.

Le Grand Caucase, au Nord, et le Petit Caucase, au Sud - où se situent l'Arménie et une partie de la Géorgie - représentent plutôt des zones refuges pour des populations chassées de l'avant-pays : milieu hostile, en altitude, isolé et fermé, où les traditions et le morcellement ethniques restent une base identitaire. D'autre part, les bassins, dont celui de la Koura, les dépressions ouvertes vers les périphéries maritimes, au contact plaine-montagne, restent des lieux de circulation et d'échanges, accessibles aux influences de l'avant-pays. Dans ces secteurs, principalement situés en bordure du massif - plaine de la Kür en Azerbaïdjan, plaine littorale de la mer Noire en Géorgie - les modes de vie traditionnels associent la montagne et la plaine. La pratique de la transhumance en est une expression. Plutôt qu'une description détaillée des caractères physiques du massif, mieux vaut, pour cerner de plus près le rôle du relief dans la mise en valeur du territoire arménien, souligner quelques-uns de ses aspects les plus expressifs.

Le contexte montagnard, à cette latitude, implique nombre de facteurs expliquant l'organisation de l'espace territorial de l'Arménie et son insertion dans l'ensemble transcaucasien. Chacun de ces facteurs a pu jouer de manière différente et plus ou moins intensément au fil du temps, selon les processus socio-économiques en cours et en fonction des évènements historiques :

- le compartimentage du relief commande l'accessibilité et la circulation, de même que l'implantation humaine ;
- l'horizontalité des hauts plateaux et l'altitude conditionnent l'établissement de l'habitat permanent ;
- le climat – et les ressources hydrologiques -, les sols et les pentes dictent l'activité agricole.

Si l'on y adjoint le facteur "risque naturel", on a le support des relations entre l'homme et ce domaine montagnard. Sur ces axes précis s'élaborent les différentes phases d'occupation de l'espace et de l'organisation des sociétés. Le facteur risque prend une importance toute particulière dans ce milieu volcanique, fragilisé par sa localisation sur un axe tectonique actif : il sert de cadre à la la vie quotidienne des Arméniens.

L'environnement des Arméniens s'inscrit dans cette série de caractéristiques spécifiquement caucasiennes. La "Caucasie", dont l'Arménie occupe la position la plus méridionale, se présente comme un pays de vie discontinue : "cellules vitales d'étendue plus ou moins grande cernées par des vides, où seule l'exploitation industrielle et la création artificielle de centres urbains dépourvus de bases agricoles naturelles peut attirer et coaguler, en des points nettement déterminés par les besoins industriels, de petites masses d'hommes".(P. George)[1].

2.2. L'ARMENIE, DANS LE PETIT-CAUCASE: ALTITUDE ET DICTATURE DE LA PENTE

Située dans le Petit-Caucase, ou Anti-Caucase, l'Arménie peut être comparée à une " île montagne[2] ", la plus montagneuse des républiques transcaucasiennes. Alors que le Grand-Caucase, au Nord, se présente comme une barrière au franchissement difficile, inhospitalière, au peuplement dispersé, la Transcaucasie, avec la vaste dépression de la Koura, fait plutôt figure de milieu montagnard ouvert. Or, en ce qui concerne l'Arménie, il n'en est rien : plissements d'orientations diverses,

[1] P. George. *L'URSS*. Paris, P.U.F., coll. Orbis, 1962, p.472.
[2] Karl Ritter

volcanisme surimposé et effondrement de fossés intérieurs sont à l'origine de l'extrême morcellement physique dont les effets sont permanents, en ce qui concerne les quatre facteurs évoqués précédemment.

2.2.1. Le territoire arménien, citadelle perchée au cœur du Transcaucase

L'essentiel de l'organisation territoriale tient à la topographie fragmentée, à l'altitude, aux pentes, à l'absence de façade maritime. Le territoire est quadrillé par un enchevêtrement d'axes montagneux encadrant un vaste bassin occupé par le lac Sevan.

Saint-Martin[1] le décrit ainsi :" Cette vaste étendue de pays est sillonnée dans tous les sens par un grand nombre de rivières et de torrents, couverte de lacs considérables, hérissée partout de hautes montagnes qui rendent le terrain extrêmement difficile, et divisée de partout en une quantité de vallées profondes qui forment autant de petits cantons distincts. C'est sans doute de cette diposition de terrains que vient l'emploi des mots *tzor* et *por* (vallées) qui entrent dans la composition d'un grand nombre de provinces d'Arménie."

Le compartimentage est accentué et explique en grande partie les difficultés de circulation et d'accès. Montagnes et hauts plateaux, troués de bassins et de plaines intérieures, séparés les uns des autres par des cloisons montagneuses morcelant le territoire, créent des conditions difficiles pour l'installation humaine. L'implantation ancienne de groupes d'habitat en petites cellules isolées, ou *achkhars*[2], traduit ces caractéristiques du relief intérieur qui nuit aussi à l'homogénéité des réseaux d'organisation sociale. Malgré l'existence d'axes de pénétration très anciens, Nord-Sud, les communications d'un isolat à l'autre ont longtemps été pénalisées par les difficultés de franchissement des obstacles. Dans les années 50, il fallait trois jours pour aller de Erevan à Goris, soit une journée de train et deux jours à cheval par les chemins défoncés du Zanguezour.

L'altitude moyenne du territoire est de 1 800 m, variant de 400 m à 4 090 m au sommet de l'Aragatz. Plus de 90% du pays dépassent 1 000 m et 75% sont situés au-dessus de 1 500 m. Le cadre topographique s'inscrit dans un ensemble complexe bordé, au Nord-Ouest et à l'Ouest, par la retombée de la chaîne Pontique, bordure septentrionale de la Turquie sur la mer Noire. Au Nord et au Nord-Est, l'arc des chaînes du Petit-Caucase,

---

[1] Cité dans La Grande Encyclopédie "Arménie" - 1885-1902. Tome 3. Il est vraisemblable que la description du pays par St-Martin concerne l'ensemble de la Grande Arménie.

[2] L'appellation "*achkhars*" était employée par les historiens et les géographes arméniens et signifie "des mondes", autrement dit des petites régions se distinguant les unes des autres par leurs particularités physiques et humaines.

Figure 1-6

ARMENIE : RELIEF ET HYDROGRAPHIE

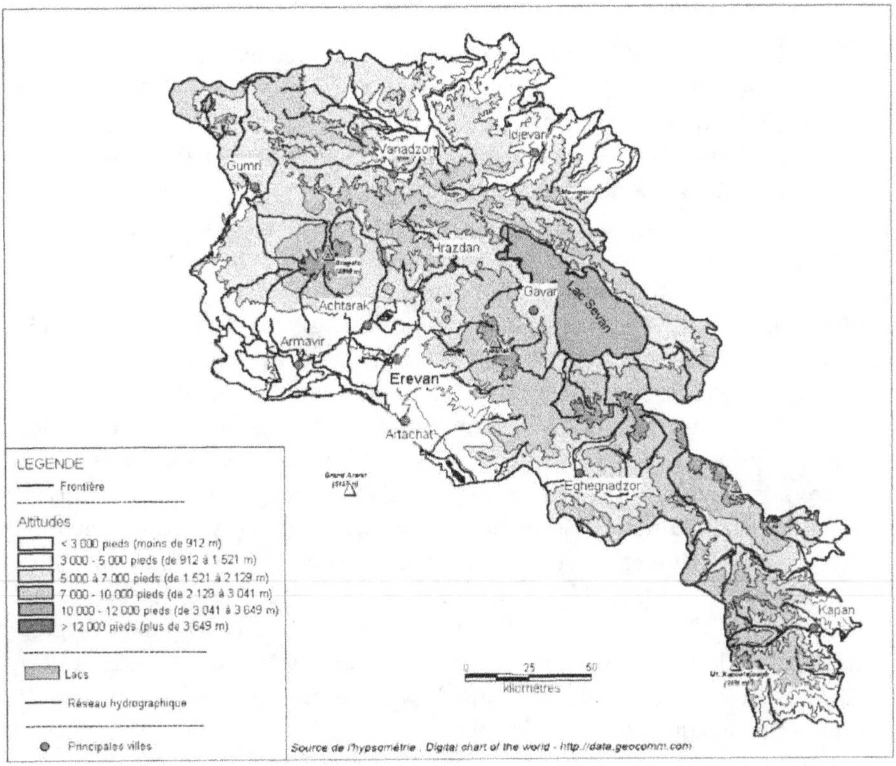

dont certains sommets atteignent 3 700 m, longe la frontière de l'Arménie et va buter vers le Sud, au-delà du Karabagh, sur la frontière iranienne et la vallée de l'Araxe.

Sans ouverture maritime, corsetée par des massifs compacts et élevés, l'Arménie ressemble à une forteresse inaccessible, cloisonnée par un réseau complexe de chaînons en lignes brisées. Les chaînes plissées s'orientent principalement S.E.- N.O., selon la direction caucasienne. Il s'agit d'un ensemble intermédiaire, coupé en deux par la plaine d'effondrement de l'Araxe et dont, seule, la partie orientale appartient au territoire arménien actuel.

2.2.2. Malgré un relief complexe, l'espace est bien structuré

Les Arméniens ont une perception tout aussi structurée de leur territoire : l'habitant de la plaine de l'Ararat n'a pas le même environnement que celui du Zanguezour et il en est conscient.

La plaine de l'Ararat, ou Kotaïka, est une vaste zone plane, d'environ 8 000 km^2, aux altitudes les plus faibles d'Arménie : en moyenne 850 mètres. Le bassin de l'Araxe, dépression d'origine tectonique du début du Tertiaire, est un espace particulièrement attractif : la vallée, dans sa partie centrale et aval, est installée dans une vaste dépression, milieu propice à l'installation humaine depuis si longtemps qu'elle a souvent été considérée comme l'Eden, foyer originel de l'humanité. Les conditions naturelles s'avèrent particulièrement favorables à l'activité agricole : sols alluviaux fertiles, horizontalité, ressources en eau des nappes et écoulements de surface. Les avantages du climat, aux hivers moins rigoureux qu'en altitude, ont contribué plus encore, à faire de cette région un espace agricole riche. C'est la facilité d'approvisionnement en eau pour l'irrigation qui a permis la mise en valeur de la plaine de l'Ararat où, malgré tout, les étés secs et caniculaires ainsi que le déficit pluviométrique restent des facteurs pénalisants pour l'agriculture.

Cette région, aujourd'hui coupée en deux par la frontière avec la Turquie, était un axe majeur de circulation, le plus ancien foyer de civilisation de l'Arménie historique, d'où un peuplement très ancien dû, aussi, à des conditions naturelles favorables.

Le quadrillage des chaînons montagneux contribue à un enchevêtrement des éléments de relief et reste à l'origine d'une grande complexité dans l'organisation de l'espace. Ils sont organisés soit selon une direction N.O.-S.E., comme les monts Pambak culminant à 3 100m (chaînes transversales, au Nord), soit selon un axe méridien, celui de la chaîne du Zanguezour, une des plus élevées de Transcaucasie (3 920 m au mont Kapoudjour), prenant en écharpe toute la moitié sud, de la région de Sevan jusqu'à la frontière entre l'Arménie et le Nakhitchevan. Les gorges et les pentes vertigineuses, dans le Zanguezour, le canyon de la Vorotan, le Daralagoz ou l'Aparan, font de ces montagnes des lieux peu attractifs dont la population est restée presque exclusivement composée d'Arméniens. Entre les chaînons, sont installés des bassins, lieux d'installation humaine privilégiés.

L'horizontalité des hauts plateaux de Siounik et de Chirak (à 1 800 – 2 000 m d'altitude), est le cadre de très anciens foyers de peuplement. Les sols fertiles, la présence de vastes surfaces plates, donc plus faciles à travailler, et les possibilités d'irrigation en ont fait des zones agricoles activement mises en valeur à partir des années 20. L'accroissement de la population et les nécessités de production ont contribué à développer ces hauts plateaux : en particulier dans la région de Chirak - malgré un climat rigoureux - en raison du développement de voies de circulation et de centres industriels.

Le bassin du lac Sevan, au cœur du territoire, occupe une place importante dans l'articulation de l'espace. Encadrée de chaînons d'origine volcanique (monts Guegham, monts Sevan et Aregouni, monts de Vardenis), cette nappe d'eau douce est située à 1 900 m d'altitude et constitue une vaste réserve d'eau exploitée pour les besoins économiques. Si les versants alentour ont toujours été des zones de pastoralisme, les rives du lac sont occupées par des villages de pêcheurs et des "datchas" du tourisme soviétique.

Voilà l'environnement des Arméniens : les handicaps dus à l'exiguïté de leur espace de vie sont compensés par la diversité de ses caractères physiques. Il est très important de prendre conscience de ce que cela représente : exprimer simplement l'appartenance à un milieu de montagne et - surtout dans les conditions complexes de l'histoire – à un espace vital par la simple expression de "cadre de vie" ne saurait résumer totalement ce que ressent chaque habitant. Il s'agit de bien autre chose. Les élévations du relief, les "creux" des bassins, les horizons élevés mais tabulaires des plateaux, les gorges vertigineuses, tout possède un sens qui ne peut se comprendre que si l'on mesure ce que ressent cette population enfermée – de bien des manières – dans son territoire.

2.3. DIVERSITE GEOLOGIQUE ET VOLCANISME : LEURS CARACTERES ET LEURS IMPACTS SUR L'ORGANISATION SPATIALE

L'Arménie se définit comme le pays des pierres : cette appellation admirable suffit pour évoquer son importante richesse géologique. Une légende arménienne dit que, créant le monde, Dieu a déversé de la terre et des pierres à travers un immense tamis. La terre molle est tombée d'un côté et les pierres de l'autre, là où se situe exactement l'Arménie aujourd'hui. Métamorphisme, épisodes sédimentaires, éruptions volcaniques, mouvements tectoniques, glaciation quaternaire, auxquels il faut ajouter les effets de l'érosion, du remblaiement des bassins, de l'alluvionnement, tout cela crée l'incontestable diversité du "*karastan*".

2.3.1. Les volcans : décor omniprésent

Parmi les caractères les plus prégnants de l'environnement quotidien, les volcans sont un élément de décor omniprésent.

C'est par le mythe de l'Ararat qu'il faut commencer à parler du volcanisme. Le mont Ararat n'est plus en Arménie. Il reste cependant le seul repère spatial et mental de tous les Arméniens, sans exception, y compris de ceux qui ne vivent plus en Arménie. On le voit depuis les hauts plateaux ceinturant l'Aragatz, on le voit de près depuis la plaine de l'Araxe, on le voit de Erevan où une fenêtre avec "vue sur l'Ararat" confère une valeur inestimable – sinon marchande – à l'appartement en question. Et on le voit encore en photo, dans tous les foyers, peint, colorié, colorisé, égayé d'étoiles scintillantes, fièrement posé sur un meuble, silhouette reconnaissable entre toutes. Invariablement, le "tableau" est composé, au premier plan, d'une rangée de peupliers, l'autre symbole, indissociable de la perspective sur les deux sommets de l'Ararat ; au fond, majestueux, se découpant sur un fond de ciel immuablement bleu, Sis, le petit, et Massis, le grand. Jamais arrogant, plutôt bienveillant, l'Ararat c'est l'ami, cônes mythiques qui rappellent, embrumés ou non, leur appartenance à l'Arménie, au peuple arménien.

R. Blanchard évoque les formes superbes de l'Ararat à propos de Massis le grand, ou "le divin, "le géant" : "rien de cette gigantesque pyramide n'est perdu pour les yeux (…) d'un seul coup le volcan s'enlève de 4 400m au-dessus de la plaine située à 800 m d'altitude. (…)Un Fouji-yama perché sur un plateau au bord d'une fosse de 2 000 m[1]."

---

[1] R. Blanchard,*Géographie universelle*, op.cit., p. 119-120.

Montagnes mythiques, ces volcans ont été cités pour la première fois dans la Genèse, à propos de l'Arche de Noé : « Au dix-septième jour du mois, l'arche s'arrêta sur les monts d'Ararat ».

Voltaire cite ces sommets, symboles bibliques, dans son Dictionnaire philosophique (1764), de même que Diderot (Encyclopédie-1751-1772) à propos de l'emplacement du Paradis terrestre. Nombre de voyageurs ont décrit ces formes impressionnantes. Joseph Pitton de Tournefort[1], au XVIIIe siècle, évoque un milieu hostile, sans eau, malgré la grande quantité de neige à son sommet. Il comprend, en gravissant cette montagne, combien elle est inhospitalière et pourquoi elle n'est pas habitée, n'offrant que de rares pâturages aux bergers de la région. C'est ce que confirme E. Reclus, une centaine d'années plus tard : « Les pentes de l'Ararat sont arides et brûlées.(...) La solitude y est absolue, comme au milieu des déserts de sable. Il faut donc que les eaux de neige et de pluie disparaissent dans les fissures du sol, sous les cendres et les laves... ».

Pour les Arméniens, outre la perte d'une province historique, l'exclusion du mont Ararat de l'espace territorial est une blessure qui ne se referme pas, illustrant la perte d'un paradis perdu.

Photo 1-5.

L'Ararat en majesté. A droite, Massis, le Grand[2], culmine à 5 165 m à côté du deuxième cône, Sis, 3 925 m, dont il est séparé par un col à 2 705 m d'altitude. A leur pied, la ligne de végétation soulignant le cours de l'Araxe.

[1] Joseph Pitton de Tournefort, botaniste du Jardin Royal des Plantes, fut envoyé en 1700 par Louis XIV dans le Caucase afin d'y découvrir de nouvelles plantes. Sa relation de voyage « Voyage d'un botaniste » dont une partie concerne l'Arménie, éclaire de manière précise les caractères de la société et des paysages de la région du Caucase. « *Voyage d'un botaniste.* » Paris, F.M. La Découverte, éd. 1982, tome II, La Turquie, la Géorgie, l'Arménie. Edition ancienne : Relation d'un voyage du Levant, Amsterdam, 1718.

Massis, ou Masis, est le plus élevé des deux cônes qui se dressent sur cette rive du fleuve Araxe. Aussi appelé « le Grand » ou « le Sublime ». Les Turcs lui donnent le nom d'Agri-dagh ou « mont Escarpé ». Il est également dénommé Arghi-dagh, c'est-à-dire mont de l'Arche. Sa dénomination persane est « Koh-i Nouh » ou montagne de Noé, ainsi cité par Carl Ritter.L'ensemble - environ 960 km^2 -, est majestueux. La cime du Grand Ararat, toujours enneigée[1], est un symbole de l'identité arménienne. Aujourd'hui exclus du territoire de l'Arménie par les effets des découpages politiques, les deux sommets restent intimement mêlés à la représentation mentale des Arméniens et à leur logique de revendication vis-à-vis de la Turquie en ce qui concerne la reconnaissance du génocide de 1915.

Voilà le véritable environnement des Arméniens. C'est un volcan, mais c'est plus que l'expression de l'histoire géologique et des risques tectoniques : c'est l'Ararat, c'est tout.

L'Aragatz, le plus haut sommet situé sur le territoire de l'Arménie, avec 4 090 m d'altitude, est un "énorme Cantal de 150 km de tour ", "tout boursouflé de cônes secondaires et strié d'énormes ravins; sur ses pentes se mêlent le noir verdâtre des obsidiennes, le rouge brûlé des scories, le noir bleuâtre des basaltes, le gris des ponces" (R. Blanchard[2]). C'est l'Alagöz, ou mont Bigarré, avec une altitude de 4 190 m, et ses cheires de lave qui s'épanchent sur ses flancs. Le nom de montagne bigarrée lui viendrait d'une grande diversité de roches volcaniques : pierres ponces, obsidienne en particulier. Ce large bouclier est composé de quatre pics ou "cornes" encadrant une coupole où les coulées, témoins d'une succession d'éruptions au cours du Pliocène et du Quaternaire, s'empilent les unes sur les autres. Des traces de glaciation quaternaire sont visibles dans ce massif circulaire : cirques glaciaires, vallées en auge, dépôts morainiques. Le raccord avec la périphérie se fait par une série de dépressions tectoniques, vallées occupées par l'Araxe et l'Arpa Tchaï.

Ces caractères nés d'une activité volcanique aujourd'hui en sommeil, contribuent à expliquer les logiques spontanées d'occupation humaine. En dehors des aspects paysagers spectaculaires et grandioses qu'ils ont pu engendrer, les effets du volcanisme conditionnent la localisation des zones agricoles riches selon la nature des sols, par exemple, ou, au contraire, les difficultés de mise en valeur dues à des handicaps majeurs du relief, comme les abrupts des plateaux basaltiques ou les parties sommitales des

[1] La limite inférieure des neiges persistantes est située entre 4 220 m et 4 370 m selon les sources.
[2] *Géographie universelle*, op. cit., p. 119.

cônes volcaniques. Autres effets du volcanisme, les sources thermales (Djermouk, Arzni) et d'eaux minérales (Djermouk, Bjni).

L'environnement et le cadre de vie des Arméniens, c'est aussi le tuf et sa déclinaison colorée sur les façades des monastères, des maisons et des immeubles, en ville et dans les villages. Remarquables par l'harmonie des couleurs, du bistre à l'ocre rose, les tufs confèrent aux bâtiments des nuances caractéristiques. En raison de l'utilisation généralisée du tuf ocré, soulignant parfaitement les détails architecturaux - en particulier le bâti autour de la place de la République, ex-place Lénine-, Erevan fut appelée "Erevan-la-rose". Selon les régions, le tuf cède parfois la place au basalte gris ou noir qui confère une rigueur sombre aux façades, comme c'est le cas pour Gumri ou pour le monastère de Tatev, dans le Zanguezour.

Les paysages grandioses de l'Arménie sont dus, en grande partie, aux effets du volcanisme dans l'environnement. Ce que peuvent représenter les paysages pour l'économie touristique n'est pas encore parfaitement pris en considération, en particulier les formes remarquables ainsi créées. C'est le cas, entre autres, des coulées basaltiques, à prismes, tuyaux d'orgues magnifiques dans les monts Guegham[1] dont le sommet, l'Adjaak, à 3 598 m, est un cône volcanique, ainsi que dans le Nord, où s'étend un plateau basaltique de plus de 6 000 km^2 dans l'Akhalkalak (laves post - III^{aire}) qui se prolonge vers la Géorgie. Des cratères d'explosion - comme la caldeira occupée par un lac et encadrée de parois phonolithiques, dans le massif d'Ara (monts Guegham), entre l'Aragatz et le lac Sevan - et des pointements volcaniques avec des formes variées de solidification de laves ajoutent à la diversité du relief : chaussée des Géants, orgues, necks, pyramides et obélisques de trachyte. Enfin, les sols d'origine volcanique, de grande qualité, sont une composante essentielle de l'activité agricole en Arménie. Cet aspect sera développé ultérieurement, non seulement pour rappeler les avantages du potentiel pédologique, mais aussi comme base de problématique : suffit-il de disposer de sols excellents pour résoudre les problèmes actuels de production agricole ?

2.3.2.L'instabilité tectonique

Ses manifestations, fréquentes, plus ou moins intenses, composent un contexte habituel pour les Arméniens ; c'est un autre facteur explicatif de l'occupation humaine, sans parler des glissements de terrain, des coulées de

[1] On peut voir une très belle coulée basaltique sur laquelle est construit le village de Garni, à partir du site où se dresse un temple romain, seul vestige de la colonisation romaine au Ier siècle de notre ère.

solifluxion, des éboulements qui se produisent fréquemment dans ce pays de haute montagne. Hormis ces manifestations régulières de l'instabilité du sol, il y a en Arménie, chaque année, environ 100 secousses telluriques d'une intensité de 2-3 sur l'échelle de Richter. Elles sont principalement centrées sur la région Siounik, le Zanguezour, la région de Chirak et la bordure de la Géorgie. Bien que la plupart des mouvements passent inaperçus, ce contexte d'instabilité a des impacts réels sur l'organisation spatiale des foyers de peuplement et sur la perception même des habitants vis-à-vis de leur espace de vie. Le contact tectonique entre la plaque eurasiatique et la plaque africaine, le long de la faille nord-anatolienne, crée une zone à haut risque. La localisation du territoire de l'actuelle Arménie, à la charnière de ces deux plaques, est à l'origine de l'existence du lac Sevan un des plus vieux lacs du monde, seul rivage de ce pays privé de littoral maritime, et immense réserve d'eau douce, au bénéfice, entre autres, de l'agriculture.

Photo 1-6
Paroi d'orgues basaltiques à Garni

Photo 1-7
Douze ans après le séisme : à Gumri, l'église du Doux Sauveur

L'instabilité de cette région soumise à une forte sismicité s'est manifestée récemment, au moins à deux reprises : le 7 décembre 1988, en Arménie, par un séisme meurtrier qui a dévasté la partie nord du pays, entre Léninakan et Kirovakan, puis, en 1999, en Turquie dans la région d'Izmit.

La zone frappée par le tremblement de terre de 1988 couvre environ 3 000 km^2 au nord du pays, et suit d'Est en Ouest l'axe du bassin du Pambak, entre Leninakan (aujourd'hui Gumri) et Kirovakan (aujourd'hui

Vanadzor), mais le séisme a été ressenti sur 40% du territoire et a touché plus de 1 million de personnes (soit 1/3 de la population). Le jeu brutal d'une faille située à 10 km de profondeur a entraîné une "rupture de surface" sur 8 km de long. Officiellement on a dénombré 25 000 morts, mais les chiffres réels approchent plutôt 70 000 victimes[1], sans compter les blessés, dont nombre d'entre eux sont morts des suites de leurs blessures dans les années suivantes. Spitak est une des villes qui a été le plus durement éprouvée : 10 000 morts sur une population de 30 000 habitants, et des destructions à plus de 90%. Le village de Nalband, épicentre du séisme, situé sur la route de Leninakan à Spitak, a été détruit à 100%. Et la principale ville, Leninakan a été ravagée à plus de 50%. La secousse[2], de magnitude 6,7 à 6,9 (Richter) qui, à 11h 41, a détruit la région et révélé au monde entier les carences graves du système soviétique : incurie totale dans tous les domaines, incompétences notoires des services de secours. A ces dysfonctionnements s'ajoute l'inadaptation des constructions aux normes parasismiques admises dans nombre de pays confrontés à de tels risques.

Ce cataclysme sans précédent a eu, non seulement des effets immédiats et localisés - immenses pertes humaines, plus de 500 000 personnes sans abri, les champs de ruines des bâtiments d'habitations, des usines et des infrastructures de transport -, mais a provoqué un très profond traumatisme.

Trace profonde dans les mémoires, la perte d'êtres chers, les ruines dues au sinistre, les dégâts dont le pays ne s'est pas relevé et l'obsession continuelle du traumatisme subi sont, plus de dix années après, encore portés par toute la population. Voilà encore un des aspects de l'environnement des Arméniens. Matériellement, le séisme a davantage touché les infrastructures industrielles et les villes que les villages et l'agriculture. Mais, outre les effets directs, visibles - victimes, drames humains, ruines - le séisme, qui s'est produit durant la *perestroïka*, a servi de révélateur, dénonçant la fracture déjà amorcée de l'autre cataclysme, quasi concomitant, celui de l'effondrement de l'édifice soviétique.

Les contraintes naturelles, malgré les difficultés engendrées, ont été parfois dépassées par les sociétés en place, motivées par leurs besoins vitaux. Elles ont aussi, à partir de l'instauration du régime soviétique, servi

---

[1] Les sources officielles font état de 25 000 morts mais, selon les témoignages et les recensements postérieurs au séisme, notamment par les équipes de secours internationales, des physiciens, des médecins, des spécialistes étrangers, il s'agirait de 70 000 à 100 000 morts, et de dizaines de milliers de blessés.

[2] Il était 11h41, ainsi qu'en témoignent encore aujourd'hui les aiguilles de l'horloge d'une usine située au centre de Gumri, lors de la première secousse, d'une durée de 40 secondes, suivie, après une brève accalmie, d'une deuxième, plus destructrice, de 1mn 40 s. La faible profondeur du foyer, estimée entre 9 et 10 km, explique l'extension et la gravité des dégâts.

bien des intérêts idéologiques. L'aménagement de zones autrefois inhospitalières, est devenu emblématique des bienfaits de la civilisation du progrès représentée par le pouvoir des Soviets. Comme frappée par les effets d'une tectonique interne, l'URSS s'est effondrée sur les décombres de son propre système. Ce deuxième séisme, déjà amorcé lors de la catastrophe de décembre 88, a produit une onde de choc, toujours active, dont l'épicentre se trouve à la croisée de l'histoire, au cœur d'une idéologie défaillante.

3. CLIMAT ET ECOSYSTEMES : UN POTENTIEL VARIE

En Arménie, la hiérarchie des contraintes répond à une logique simple : c'est l'altitude qui permet d'assurer l'approvisionnement en eau. Les caractères climatiques, dont les apports pluviométriques, sont fondamentaux dans ce contexte de haute montagne et de continentalité. Malgré de rudes contraintes, le climat comporte cependant certains atouts qui s'avèrent de puissants stimulants pour l'activité agricole, en particulier la chaleur estivale. Mais les avantages de la méridionalité, optimisés à l'époque soviétique en raison des besoins en fruits et légumes, ne correspondent plus aux nécessités vitales d'aujourd'hui, alors que le pays n'est plus le sud d'un grand marché, et manque de productions de base.

3.1. LE CLIMAT : DES ATOUTS NES DE HANDICAPS

L'Arménie se situe aux environs du 45e méridien et à hauteur du 40e degré de latitude nord, soit à la latitude de Valence, en Espagne, ou du sud de l'Italie. Mais elle ne peut compter sur l'influence modératrice méditerranéenne qui assure la douceur hivernale. La continentalité, qui caractérise le climat de l'Arménie, peut engendrer des entraves à l'activité humaine, en particulier pour l'agriculture, mais aussi des avantages. Le climat continental se caractérise par la réduction extrême des saisons intermédiaires, le brusque réchauffement des températures et l'explosion rapide de la période végétative. Mais, dans les régions méridionales, cette saison végétative est limitée par les effets de la sécheresse et par l'affaiblissement des réserves en eau.

Le pays n'a pas des conditions aussi favorables que la Géorgie qui bénéficie d'un climat agréable sur le littoral de la mer Noire. Parmi les handicaps dus au climat, les fortes amplitudes thermiques entre l'hiver et l'été se conjuguent aux effets de l'évapotranspiration durant l'été. C'est par ces deux composantes – grands écarts saisonniers de températures et faiblesse générale des précipitations, voire aridité prononcée - que peuvent être appréhendées les principales contraintes climatiques.

3.1.1. Des conditions globalement favorables

Entre Caspienne et Asie Mineure, le climat est marqué par la circulation des masses d'air

En Transcaucasie, le relief, la circulation atmosphérique et les particularités de la radiation sont des facteurs qui interviennent fortement dans le contexte climatique[1] général, avec des nuances régionales dont l'Arménie est un exemple en raison de sa situation au centre du massif montagneux, sur le versant sud du Caucase et sans littoral maritime.

L'Arménie peut être partagée en 6 principales zones climatiques :

Subtropical sec	Région de Meghri, au Sud.	Etés longs (plus de quatre mois) et très chauds, hivers modérés et sans neige. Précipitations faibles (moins de 300 mm)
Continental sec	Vallée moyenne de l'Araxe et bassin de l'Arpa (jusqu'à 1 300 m d'altitude)	Etés chauds, hivers froids (gel modéré) faibles précipitations (200 à 400 mm)
Tempéré sec	Au pied des versants de la vallée moyenne de l'Araxe (jusqu'à 1 700m) et sur les contreforts montagneux, jusqu'à 1 200 m).	Hivers froids, étés modérément chauds (Maximum absolu : 36°). Précipitations entre 400 et 700 mm) . Neige en hiver.
Forestier tempéré froid	Régions de moyenne montagne, jusqu'à 2 000 m. Régions de Stepanavan, Kirovakan (Vanadzor), Idjevan, Goris	Humidité avec précipitations annuelles égales à 700-800 mm. Etés frais, hivers froids (neige et gel) . T° moyenne mesuelle hivernale : de - 4°C à -8°C (secteur steppique).
Froid de montagne	Principaux massifs montagneux zones en altitude, de 2 000 à 3 000 m	Régions de pastoralisme estival Peu de cultures, prairies alpines et subalpines. Hivers très froids et enneigement durable.
Haute montagne	Zones sommitales des massifs (Aragatz, Zanguezour)	Hivers longs et très rigoureux, étés froids, enneigement permanent. Précipitations supérieures à 900 mm. Toundra

(source : Atlas de la RSS d'Arménie. Moscou, 1984)

[1] Les effets de la circulation atmosphérique dans le Caucase ont été particulièrement mis en évidence par A. Borissov : *Climates of the USSR*. Londres, Ed. Oliver and Boyd, 1965, 256 pages.

Le pays est sous l'effet de l'affrontement à la fois des influences venues du Nord, air arctique et sibérien, par-delà le Grand Caucase, et des masses d'air tiède arrivant du Sud-Ouest – de Méditerranée et de la mer Noire -, alors que les masses d'air tropical pénètrent par l'Asie Mineure et touchent plutôt l'ouest du Caucase. Protégée en partie des excès thermiques dus aux masses d'air arctique, stoppés par la barrière du Caucase, l'Arménie est frappée par les influences des masses d'air tropical qui arrivent par le Sud et l'Ouest.

Les effets de l'altitude joints à ceux de la continentalité conditionnent considérablement la répartition des zones de culture en fonction de l'étagement. Cette continentalité s'exprime par une forte amplitude thermique doublée, ici, d'autres éléments - altitude, enclavement dans le massif montagneux, absence de façade maritime - qui apportent des nuances locales. C'est, par exemple, la remontée des masses d'air subtropicales dans cette région méridionale, aux étés torrides et secs, qui permet les productions les plus valorisantes. Ces nuances, nées de handicaps mais aussi d'avantages, sont déterminantes pour l'Arménie et à l'origine de particularités agricoles qui ont fait de cette région un espace de production original dans la sphère soviétique.

Des contrastes saisonniers de températures préjudiciables à l'activité agricole

Les excès thermiques estivaux, en raison d'une forte ETP dans un contexte de faible pluviométrie, conditionnent pour une large part le choix des productions et leur répartition. Deux données fondamentales méritent d'être soulignées avant d'aborder les conditions de l'activité agricole : d'abord, la brutalité des contrastes saisonniers, qui activent les périodes végétatives mais aussi qui limitent leur durée totale ; d'autre part, les nuances régionales et locales, selon la disposition en altitude et l'orientation, et l'effet de protection des versants.

Les températures hivernales les plus basses sont enregistrées en altitude, dans les massifs montagneux au-dessus de 2 500 m. Les minima absolus annuels, inférieurs à -25°C, sont localisés dans le Zanguezour, les monts Guegham et l'Aragatz (de –30° à –32°). Les températures sont aussi remarquables sur les hauts plateaux du Nord-Ouest de l'Arménie : le plateau de Chirak (situé au-dessus de 1 750 m) et la région de Lori. Le thermomètre peut y descendre en-dessous de –35°, voire – 46°C, ce qui vaut à cette région l'appellation de "petite Sibérie". Le froid hivernal rigoureux peut être ici expliqué par la disposition des masses montagneuses du Caucase central. Les masses d'air arctique, bloquées par la chaîne du Grand Caucase, peuvent la contourner et pénétrer par l'Est ou l'Ouest sur le territoire arménien.

L'été est caractérisé par des températures élevées : en moyenne 24° à 26°C sur les plateaux, mais peut atteindre 42°C dans la plaine de l 'Ararat, soumise à l'air chaud tropical, où les étés sont les plus torrides. Brûlée par le soleil, la région d'Ararat a une durée d'insolation d'environ 2 700 heures par an. Des nuances spatiales brutales l'opposent aux versants des montagnes voisines où les effets de l'altitude modèrent les excès de température : 20°C en moyenne pour juillet dans les massifs voisins, entre 1 700 et 2 000 m d'altitude. Une légère humidité, apportée par les masses d'air provenant des latitudes tempérées peut même contribuer à rafraîchir l'air ambiant. Il en est ainsi au Nord-Est, dans les régions de Dilidjan, Idjevan, au nord du lac Sevan, ce qui pourrait expliquer la présence d'un vaste massif forestier - l'importance de la superficie forestière dans la région d'Idjevan reste cependant toute relative mais, étant donné le faible potentiel forestier du pays, représente une réserve non négligeable - dans la région de Tavouch.

Ces écarts de températures ont marqué les voyageurs qui, depuis l'Antiquité, ont traversé la région. Ivan Chopen, économiste et historien russe, écrivait au début du XIXe siècle : "dans la région d'Arménie, le voyageur peut passer en une journée d'un froid polaire à une chaleur tropicale, c'est-à-dire parcourir près d'un quart de cercle complet de la sphère terrestre". Il confirme ainsi ce que vécut, au IVe siècle av. J.C. l'armée de Xénophon[1] qui, lors de sa retraite, dut affronter les pires rigueurs de l'hiver en traversant l'Arménie. La nuit les soldats étaient recouverts de plus de un mètre de neige durant leur sommeil. Ils notèrent même que les Arméniens s'enduisaient le corps de graisse ou d'huile d'amandes amères. Les Romains, trois siècles plus tard, se trouvèrent confrontés à des situations extrêmes. Ces températures contrastées créent des disparités régionales dans la répartition des zones cultivables et des productions mais n'interdisent pas, au contraire, certaines cultures en altitude : vergers et vignoble montent jusqu'à 1 500 voire 1 800 mètres, à condition qu'il y ait de l'eau.

La pluviométrie est globalement faible : 624 mm par an, en moyenne.
Les précipitations les plus importantes concernent plutôt les régions situées en altitude. Pour la mise en valeur agricole, c'est l'association apparemment contradictoire entre les excès thermiques, l'altitude élevée de l'ensemble du territoire et la relative faiblesse des précipitations qui est déterminante. Or, en Arménie, le facteur limitant n'est pas la durée de la période végétative mais plutôt l'absence d'eau pour irriguer. Ce ne sont pas

[1] Relaté dans l'Anabase.

les rigueurs thermiques hivernales ni la chaleur caniculaire de l'été qui entravent le plus l'activité agricole, mais bien la sécheresse et le manque d'eau lorsque les plantes en ont besoin.

L'apport de la pluviométrie est à considérer, pour l'Arménie, dans son contexte de continentalité mais surtout en raison de sa situation dans un massif montagneux où s'alimente un réseau hydrographique dense. Fraction du "château d'eau" caucasien – ce trait de caractère est fondamental -, l'Arménie bénéficie de précipitations en altitude mais ce château d'eau est pénalisé par les effets d'une forte ETP estivale à l'origine d'une sécheresse impitoyable, que ne compensent pas les apports de la pluviométrie. Le déficit hydrique affecte profondément les capacités de production agricole. En l'absence d'eau pour irriguer, la majeure partie des productions agricoles reste impossible. Ainsi, parmi les handicaps apparents nés de la continentalité, les caractères de la pluviométrie sont-ils particulièrement importants.

Avec 624 mm, en moyenne, pour l'ensemble du pays, le volume des précipitations cache de grandes disparités selon le contexte orographique et la répartition saisonnière. Les secteurs les plus arrosés sont les massifs montagneux les plus élevés : 900 à 1 000 mm sur les zones sommitales de l'Aragatz, des monts Guegham, du Zanguezour. Le contraste est grand entre ces secteurs en altitude, où les précipitations tombent principalement sous forme de neige, et les zones basses, comme la plaine de l'Ararat où l'on n'enregistre que 300 mm/an. Le déficit hydrique est particulièrement important dans cette région de cultures maraîchères où les besoins en eau ne sont satisfaits que par des apports complémentaires.

3.1.2. Les atouts climatiques ou les avantages des inconvénients

Chaleur estivale et déstockage nival favorisent l'agriculture

Certains handicaps apparents, dont la forte ETP est un caractère majeur, se muent en atouts : en raison de la situation méridionale, les températures estivales favorisent la croissance végétale et le déstockage nival assure l'approvisionnement en eau. Si la chaleur de l'été contribue à affaiblir les réserves hydriques, elle reste un atout inestimable pour les productions végétales spécialisées. Dans ce pays où l'altitude est une constante et où les hivers sont particulièrement rigoureux, une large part des précipitations tombe sous forme de neige. Leur déstockage à la fin de l'hiver assure l'alimentation du réseau hydrographique, permettant ainsi la constitution de réserves pour l'irrigation. L'altitude devient alors un atout qui permet la capitalisation des précipitations neigeuses et, malgré une pluviométrie annuelle relativement faible, le bénéfice instantané ou différé des séquences de précipitations.

Figure 1-7

Les Précipitations en Arménie

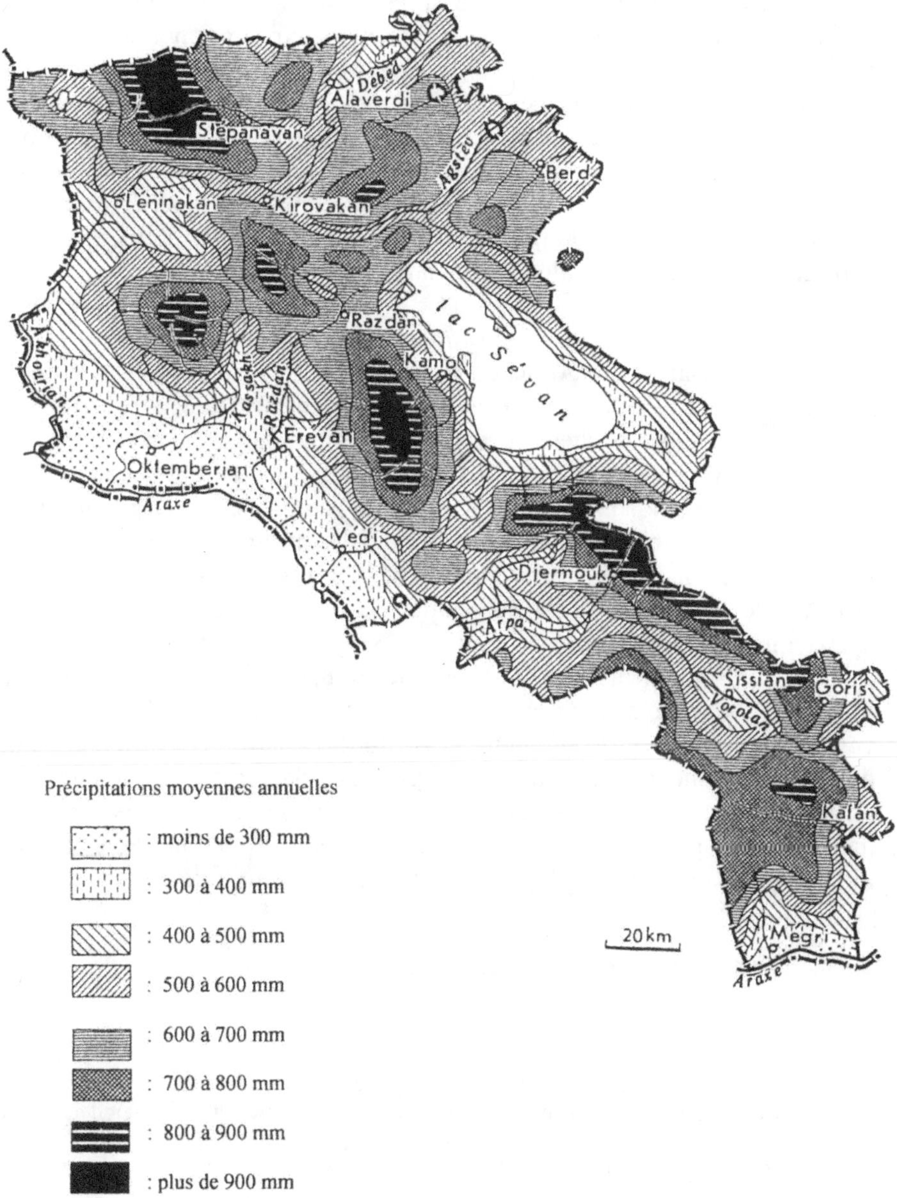

Source : Aslanian. L'Arménie soviétique

Cette disponibilité relative des précipitations s'articule avec certains effets de la continentalité et, en particulier, la réduction des saisons intermédiaires. La brièveté du printemps fait passer brutalement de l'hiver à l'été et accélère l'activité végétative des plantes. La transition printanière est rapide et la végétation explose après le sommeil hivernal. La pousse rapide de l'herbe et des fourrages, dès mars-avril, permet d'assurer les besoins immédiats, d'autant plus que les précipitations sont plus abondantes au cours de cette période. La conjonction de ces deux paramètres, thermique et hydrique, amortit les impacts négatifs de l'hiver. Si, l'été, les pâturages se transforment très vite en paillasson, les besoins pour l'alimentation du bétail sont alors assurés par les fauches de foin ou par la récolte fourragère du printemps. Les caractères thermiques issus de la continentalité deviennent alors des avantages.

L'altitude, conjuguée à la méridionalité, optimise les résultats

Cette association conditionne l'étagement des cultures et, en particulier, la répartition des cultures spécialisées - vignoble, tabac et fruits, en particulier cerises, pêches et abricots - si réputées dans le marché soviétique. A cet égard, relevons que nombre de cultures spéciales de l'Arménie sont endémiques : c'est une des régions où le vignoble est le plus ancien, et l'abricot était cultivé ici dès l'Antiquité. Le premier cep de vigne aurait, dit-on, été planté par Noé sur les flancs de l'Ararat. Par ailleurs, le géranium, dont la culture est aujourd'hui localisée[1] près d'Oktemberian, était cultivé depuis très longtemps dans la plaine de l'Ararat. La rigueur hivernale est, en fait, moins limitante que l'aridité. En raison de la forte chaleur estivale, c'est en altitude que les conditions végétatives optimales sont réunies. Altitude et latitude s'articulent pour définir des zones de productions agricoles adaptées aux caractères du milieu : cultures subtropicales sur le versant sud du Caucase, cultures méridionales spécialisées dans les plaines et les bassins intérieurs, cultures industrielles sur les hauts plateaux, pastoralisme en altitude.

[1] La culture du géranium, culture "technique" prisée dans l'Union soviétique, servait à la préparation d'extraits pour la pharmacie et les parfums. Le traitement se faisait dans l'usine d'Oktemberian, plaine de l'Ararat. On ne la trouvait qu'en Azerbaïdjan, au Tadjikistan et, dans une moindre mesure, en Arménie.

Cultures et végétation : étagement

Cultures et végétation : étagementLimites d'altitude	Régions caractéristiques	Types de cultures
700-900 m	Plaine d'Ararat Région de Meghri Vallée de la Debet (400m)	Vigne, arbres fruitiers, tabac, légumes, cultures maraîchères, melons Géranium. Fruits subtropicaux Oliviers et agrumes au bord de la Debet
Jusqu'à 1 500 m	Ararat, contreforts des reliefs, bassin de l'Arpa, régions Nord et N.E., Sud	Vigne jusqu'à 1 400 m, légumes : carotte, betterave, choux, pomme de terre Vergers : pommes, abricots, cerises, poires, prunes
De 1 500 à 2 400 m	Pambak, Chirak, plateaux de Siounik, Vayots Dzor	Céréales : orge, blé Betterave à sucre Pomme de terre Fourrages
Au-dessus de 2 400 m	Massifs montagneux : Zanguezour, Aragatz, Guegham	Pâturages, forêt, landes

Il apparaît ainsi que les facteurs qui commandent l'économie de montagne dans l'ensemble du Caucase et, en grande partie en Arménie, sont le relief couplé à l'altitude, les pentes, la brièveté de la saison végétative. Ils s'articulent en des nuances locales et selon un étagement altitudinal et latitudinal. C'est la complémentarité de ces facteurs qui conditionne la mise en valeur agricole. Les systèmes économiques, pour leur part, contribuent à modifier plus ou moins l'exploitation de ces composantes physiques.

3.2. LES ECOSYSTEMES : LA RICHESSE NEE DU CONTACT DE PLUSIEURS DOMAINES NATURELS

La localisation du territoire dans le Caucase comporte, certes, des handicaps - ne serait-ce qu'en raison de l'altitude et des pentes – mais il apparaît qu'elle est, pour une large part, à l'origine d'une biodiversité et d'une grande richesse biologique, avantages considérables dans ce contexte naturel souvent ingrat.

L'Arménie est située au contact de plusieurs régions biogéographiques, à la croisée de milieux naturels très divers - flore xérophile du massif iranien et espèces relativement hydrophiles du Caucase - sur un axe de passage d'oiseaux migrateurs et à la charnière d'espaces floristiques et faunistiques complémentaires. Dans cet ensemble territorial d'altitude élevée se rejoignent les influences subtropicales et continentales, auxquelles s'ajoutent les effets du relief, du volcanisme et la diversité des milieux aquatiques.

3.2.1. L'étagement des zones naturelles

Dans les paysages sont inscrits les caractères climatiques et biologiques guidant l'utilisation de l'espace pour l'activité agricole. La végétation est exceptionnellement variée : environ 3 200 espèces de plantes[1], dont, pour une large part, des plantes xérophiles répandues dans les versants sud des massifs montagneux, plus secs. Les formes les plus caractéristiques en sont les sous-arbrisseaux de type astragale, aux longues racines et aux piquants qui limitent les effets de l'évaporation ; ainsi, l'épine du Christ ou l'absinthe aromatique, spécimens de flore semi-aride. La grande richesse faunistique est liée à la diversité végétale, en particulier plus de 300 espèces d'oiseaux, 450 espèces de vertébrés. L'abondance de baies et de nourriture (cornouillers, pistachiers, grenadiers, néfliers, églantiers et autres arbustes fruitiers) conditionne le maintien d'une grande variété d'animaux qui contribuent à l'équilibre biologique du milieu.

Cinq grandes zones naturelles sont étagées entre 400 m et 4 000 m, selon l'orientation et la situation plus ou moins méridionale : semi-désertique, steppique, forestière, alpine, montagnarde. Deux de ces zones ont un rôle important dans l'organisation spatiale de l'activité agricole : la zone forestière, en raison de dégâts quasiment irrémédiables en particulier sur les sols, et la steppe, en raison de sa fertilité.

La zone forestière a été considérablement réduite et dégradée au cours des périodes passées. Rien d'étonnant à cela dans un pays cultivé depuis 10 000 ans et qui subit aujourd'hui des dommages importants à cause de la pénurie de combustible. Au XIXe siècle, déjà, on souligne les effets des déboisements. Dans l'intérieur des terres, les montagnes sont à peu près toutes dépouillées d'espèces arborescentes : "maint district n'a d'autre combustible que la bouse de vache". Ce fait était déjà relevé par J. Pitton de Tournefort lors de sa traversée de l'Arménie orientale : il note la présence de forêts (frênes, ormeaux, sorbiers, charmes) dans la région de Dilidjan, au nord du lac Sevan, mais déplore l'absence de bois sur les pentes des monts Pambak, vers Bjni, sur le Zengui (Hrazdan) :" montagnes assez agréables,

[1] En 1700, Joseph Pitton de Tournefort, qui parcourut cette région d'une grande richesse floristique, découvrit de nouvelles plantes et en fit une classification qui fait encore référence.

quoique sans arbres : aussi commençâmes-nous à sentir la fumée des bouses de vaches". R. Blanchard souligne les mêmes aspects en particulier à propos de la chaîne du Pambak (de Somkhétie), au Nord-Est :"la disparition des forêts est plutôt l'œuvre de l'homme, avide de pâturages et grand massacreur d'arbres au profit des fonderies de cuivre[1]".

La forêt ne couvre actuellement que 15% du territoire, encore est-elle localisée dans deux principales régions : le Nord-Est, plus humide, où elle occupe environ 30% du territoire jusqu'à 1 900 – 2 000 m d'altitude et, surtout, le sud du Zanguezour, premier massif forestier d'Arménie, où la limite supérieure de la forêt atteint 2 400 m dans une région où les précipitations sont supérieures à 800 mm/an.

Les forêts de chênes – principale espèce et la plus ancienne - couvrent 90 000 hectares, en particulier le chêne Georgien entre 500 et 1 400 m, ainsi que d'autres catégories bien adaptées : *Fraxinus excelsior* (frêne), *Acer ibericum* (érable) *et Carpinus betulus* (charme). Le hêtre - *Fagus orientalis* - concerne 1/3 du couvert forestier, en particulier sur les pentes orientées au nord et plus humides, entre 1 000 et 2 000 m. Les forêts sèches arbustives comportent plus de 80 espèces d'arbres, pour une grande partie adaptées à la sécheresse. Elles sont aussi d'une grande richesse en baies et fruits sauvages - *Pistacia mutica* (pistachier), *Prunus* (prunier sauvage), *Amygdalus fenzlianum* (amandier) - et l'on y trouve beaucoup d'espèces buissonnantes, buissons d'épineux, aubépine, astragale, genévriers, entretenant d'excellents habitats pour la faune sauvage.

La steppe de montagne est l'écosystème dominant en Arménie et l'un des plus riches pour l'agriculture. C'est dans les régions de steppe, à partir de l'altitude de 1 300 m, que se sont établis les plus anciens foyers de population. La zone des steppes est considérée comme le grenier de l'Arménie en raison de la fertilité des sols. L'utilisation de l'irrigation a permis d'optimiser les qualités des sols afin de cultiver les céréales mais aussi le tabac, la pomme de terre et la betterave, ainsi que les vergers et les plantes fourragères. Même sans irrigation, les régions steppiques présentent de bonnes potentialités agricoles. C'est là que l'on trouve les meilleures terres et les cultures industrielles qui ont fait la réputation de l'Arménie soviétique, en particulier, la betterave. Les steppes sèches, qui s'étendent sur les contreforts inférieurs des massifs montagneux, bénéficient de sols châtains, minces en raison de la pente, mais riches en humus. Au bas des versants, ils s'épaississent et constituent d'excellents secteurs agricoles, cultivés depuis plusieurs siècles.

---

[1] Raoul Blanchard. *Géographie universelle. Tome VIII, Asie occidentale.* P.115. Les fonderies de cuivre dont il est question sont celles d'Alaverdi, encore actives aujourd'hui.

A l'étage immédiatement au-dessus, sur les hauts plateaux et à la base des massifs, des sols de terres noires, comparables à ceux des steppes russes, complètent le contexte pédologique remarquable de ces secteurs élevés mais particulièrement productifs, comme dans le bassin du Pambak.

Les plaines alluviales, en particulier les zones basses du bassin de l'Araxe, de l'Arpa et de la Meghriked, ainsi que le petit isolat de la vallée de la Debet, près d'Alaverdi, bénéficient de trois avantages essentiels : sols fertiles, eau, climat moins froid en hiver et chaud en été. Les caractères de la zone subtropicale (Meghri) étaient particulièrement prisés dans l'économie soviétique. Les régions de ce type étaient peu nombreuses et peu étendues : bords de la mer Noire (Colchide en Géorgie, Crimée, Abkhazie) et extrémité méridionale du Petit-Caucase en Arménie. Ceci explique l'intérêt porté à leur mise en valeur pour des productions rares, à forte valeur ajoutée - raisin, fruits (grenades, amandes), tabac, géranium – acheminées vers les marchés de toute l'URSS.

Ces quelques traits de caractère soulignent le rôle essentiel joué par ces milieux naturels dans le cadre de l' économie fermée du monde soviétique mais aussi, plus traditionnellement (dès l'Antiquité), conférant à l'Arménie une spécificité basée sur ces composantes originales dans un milieu de haute montagne.

3.2.2. Les sols : de bons supports de cultures

C'est le contexte volcanique qui crée les meilleures conditions pédologiques. Comme il est omniprésent, la plupart des sols sont d'excellents supports de cultures. Actuellement, l'on assiste à l'abandon de vastes superficies cultivées (dans les régions de production betteravière du Nord, ou céréalières). Compte tenu de la qualité des sols dans ces régions, la question n'est donc pas de savoir si les difficultés actuelles sont dues aux conditions naturelles - pédologiques en particulier -, mais plutôt d'essayer de comprendre pourquoi, sur les meilleures terres, on ne produit plus et que sont laissés à l'abandon des espaces agricoles de grande qualité. Cette problématique, typique de la période de transition post-soviétique, se retrouve, avec différentes variantes, dans d'autres régions de l'ex-URSS, comme l'Ukraine. Le territoire arménien recèle deux fois plus de types de sols que l'ensemble de la partie européenne de l'ex-URSS sur ses 5 millions de km^2. C'est, du moins, ce qui est souligné dans "L'Arménie soviétique"[1]. Sans doute faudrait-il confirmer cette hypothèse qui semble, cependant, plausible compte tenu de la diversité des milieux naturels. On y

[1] *L'Arménie soviétique*, Moscou, éd. du Progrès, 1972, op. cit., p. 44.

relève plus de 15 types et de 40 sous-types de sols dont la répartition coïncide avec la configuration du relief et les caractères du volcanisme : couche épaisse de sols alluviaux dans les vallées et sur les plateaux, sols grossiers et squelettiques sur les versants, sols de décomposition au bas des pentes. Parmi les plus productifs, les terres noires constituent indubitablement le potentiel le plus représentatif des potentialités pédologiques du territoire.

Il faut souligner les contrastes entre un milieu montagnard plus contraignant pour les populations, mais pourtant humanisé précisément en raison des sols de bonne qualité ; "si les hautes terres aussi peu engageantes ont pu attirer et fixer des habitants, c'est que le sol, en revanche, est admirablement fertile. La décomposition des éléments volcaniques, leur mélange avec des sédiments tendres du Miocène et du Pliocène ont formé des glèbes superbes, de vraies terres noires, de culture aisée et rémunératrice[1]" (Blanchard).

Les terres noires ou *tchernoziom*, sont des sols riches en humus, caractéristiques des zones steppiques[2] et qui rappellent ceux des steppes russes. Ces terres noires, correspondant à un climat aux étés chauds et secs et aux hivers froids, évoluent en sols bruns dans les zones les plus sèches. Il s'agit des régions les plus représentatives de l'agriculture en Arménie, vouées aux cultures céréalière et betteravière, ainsi qu'à l'élevage laitier bovin et aux élevages ovin et porcin. Principalement localisés dans le nord du pays – régions de Chirak et de Lori, bassin du Pambak -, ainsi qu'à la périphérie de l'Aragatz dont elles couvrent les pentes: "de belles prairies s'installent sur le sol noirâtre de décomposition des pentes. Des cultures s'élèvent jusqu'à 2 500 mètres sur les flancs" (Blanchard). Les terres noires de Lori sont, dit-on, les meilleures d'Arménie, avec une teneur en humus de 14%. Exploitées activement dans les phases d'accroissement de la demande urbaine lors de l'industrialisation soviétique, sur ces terres riches se sont installés de grands complexes de production agro-industrielle avec le plus grand sovkhoze betteravier du Caucase.

Les sols gris sont localisés dans la plaine de l'Ararat, au bas des pentes, au sud de la zone des sols bruns. On les trouve dans les zones désertiques et semi-désertiques, là où les précipitations sont faibles et les étés chauds et secs. Le sol gris type, dans cette région, est alcalin et argileux, avec un faible pourcentage d'humus dans l'horizon A. Il subissent un actif processus d'érosion dû, en partie, aux conditions naturelles climatiques ; en

---

[1] R. Blanchard, *Géographie universelle*, Op. cit., p. 121.

[2] Sur ces sols noirs, la steppe à stipa est bien représentée, avec association de stipa et de fétuque.

particulier les contrastes extrêmes des températures de +42°C à –22°C , auxquelles s'ajoutent les pentes au contact de l'Aragatz. L'érosion est particulièrement sévère dans les régions Ararat et Armavir, ainsi qu'Argatatsotn et Siounik. De vastes superficies ont subi une dégradation irrémédiable – décalcification et lessivage - dans la plaine de l'Ararat où la sollicitation excessive des nappes, plus ou moins profondes, pour l'irrigation, associée à une forte évaporation ont entraîné un processus étendu de salinisation.

Les *solontchaks*[1] couvrent de vastes surfaces et contribuent à réduire les capacités productives de ces sols pourtant considérés comme les plus favorables aux cultures. L'infiltration des eaux dans le sol entraîne les sels (carbonates) vers la nappe. L'évaporation engendre alors une concentration de ces sels, conduisant à la formation de sols gris semi-désertiques et salinisés, comme en témoignent les croûtes blanchâtres à la surface du sol. Dans la partie sud-est, steppe d'Arazdaïan, les sols halomorphes couvrent des larges étendues, entrecoupées de taches d'argile épaisse jaune-blanc, à la surface craquelée. Dans ces zones semi-désertiques se développe une végétation xérophile de salicornes et de salsolacées.

Les sols bruns, pierreux et semi-désertiques, ou *kirs*, couvrent les pentes des contreforts de la plaine de l'Ararat : monts Yeranos, versants sud de l'Aragatz. Leur faible épaisseur sur les versants où la couche supérieure est fortement lessivée les rend peu propices aux cultures sur les pentes ; mais, sur les plateaux, ils sont relativement épais et supportent des cultures fruitières et des vignobles. Ajoutons la présence de *rankers,* sols à alpages. Ces sols squelettiques couvrent les versants au-dessus de 1 500 m dans la plupart des massifs montagneux : Zanguezour, Aragatz, montagnes ceinturant le Sevan, monts Guegham.

---

[1] Plusieurs études récentes ont été réalisées par les géographes de l'Institut de Géographie de l'Université d'Etat de Erevan, à propos de la salinisation des sols de la plaine de l'Ararat. Le rapport de la Conférence de l'U.G.I. qui s'est tenue en Mai 2000 à Erevan a pour thème essentiel "les aspects biogéographiques et écologiques du processus de désertification dans les environnements arides et semi-arides". Ashot Khoetsyan dans un article intitulé "*Soil salinity of the Ararat valley as a factor of desertification*"(Erevan, 2001) met l'accent sur les facteurs qui ont entraîné la désertification de zones plus ou moins étendues dans cette région. Soulignant le rôle de l'action anthropique dans ce processus, par l'excès de prélèvement dans les nappes pour l'irrigation, il met en évidence l'accélération de l'érosion des sols au cours des années 1980. Les processus physico-chimiques conduisant à la salinisation – et à la désertification – des meilleurs sols, par lessivage ont été accélérés par les effets de l'évaporation estivale intense et en raison de la faiblesse des précipitations (300 mm/an voire 200 mm dans certains secteurs).

Caractéristiques des zones naturelles

(Source : Biodiversity of Armenia – Ministère de la Protection de la Nature – Erevan 1999)

Principaux types d'espaces naturels	Etagement (altitude en m)	% du territoire	Principales espèces végétales	Sols caractéristiques	Localisation
Semi-déserts Déserts (accumulation de sables dans la vallée de l'Araxe)	700-1 300 700-900	10	Salsolacées, salicornes Buissons épineux (astragale, acanthe, thym) Plantes halophiles	Sols bruns pierreux (les « kirs ») Sols bruns-clair Sols gris Sols salins (halomorphes)	- Vallée de l'Araxe - Gorges de Meghri - Plaine de l'Ararat, vers Gorovan
Steppe sèche	1 300-1 600 - jusqu'à 1 900-2 000 dans le Nord et l'Est - jusqu'à 2 000-2 400 dans le Sud	37	Graminacées xérophiles, (fétuque, chiendent, brome) plantes épineuses (astragale, acanthe) buissons épineux, pistachiers, aubépine	Sols châtains riches en humus Sols noirs dans la partie supérieure (steppe à stipas et fétuque)	- Région Ararat (pentes) - Plateau de Chirak - Pambak - Monts Guegham, - Zanguezour, - Région de Vayk - Région de Meghri
Prairie alpine et sub-alpine Toundra montagneuse	2 000-2 800 Sommets au-dessus de 3 000	28	-Couvert herbacé (hautes herbes jusqu'à 2 800m) fleurs, aconit au-dessus de 2 800 m : prairie, éboulis -Rochers, végétation pulvinée rare	Sols noirs Sols à alpages Sols primitifs	- Aragatz - Monts de Vartenis et de Guegham - Zanguezour - Aragatz - Kapoutjough
Forêt	600-2 500	20	Chêne Hêtre Taillis xérophiles : micocoulier, cornouillers, chèvrefeuille, arbustes fruitiers	Sols marrons Sols rouges	Zanguezour Nord-Est

3.2.3. Les atteintes aux écosystèmes

Le maintien des équilibres biologiques est une des conditions essentielles pour la survie des espèces mais aussi pour entretenir l'agrobiodiversité, support d'une harmonie entre milieux naturels et zones agricoles. Or, les atteintes à l'environnement - exploitation irraisonnée des sols, dégradations qualitatives et quantitatives des milieux aquatiques, lacustres en particulier – ont été, depuis le début du XXe siècle, la cause de déséquilibres fondamentaux et parfois quasiment irréversibles.

Parmi ces dommages, la déforestation abusive pénalise des secteurs entiers de l'économie. De nombreuses régions sont aujourd'hui totalement déboisées : Chirak, Armavir, Ararat. Dans d'autres, la couverture forestière a été considérablement réduite : il ne reste pas plus de 1% de la superficie boisée dans les provinces de Vayots Dzor, Kotayk et Guegharkounik. Ainsi, on mesure avec amertume la réduction du couvert forestier à la lumière de la pénurie énergétique qui frappe le pays depuis l'indépendance : le bois est une denrée rare et ne peut assurer une énergie de substitution pour le chauffage ; c'est pourquoi on assiste à des scènes totalement surréalistes quand, pour leur survie, les habitants des villes, en particulier, vont couper les branches des arbres bordant les rues.

Une série de facteurs a aggravé la pression sur les ressources forestières. La plus importante période de prédation se situe entre 1930 et 1950 : plus de 450 000 m^3 de bois ont été alors exploités chaque année pour des usages industriels[1]. Bien que les objectifs affirmés étaient d'entretenir les forêts et de supprimer les arbres déficients, la ressource forestière a bien été parfaitement décimée et la plupart des arbres en pleine maturité furent enlevés, d'où les répercussions actuelles concernant la pénurie de bois. Un deuxième épisode de déboisement est postérieur à l'Union soviétique et se situe entre 1992 et 1995, en raison du blocus économique et de la crise énergétique aiguë en Arménie, alors que la centrale nucléaire de Medzamor était fermée, les besoins vitaux en bois de chauffage furent à l'origine de dégâts considérables dans les zones forestières restantes. Ces dommages s'accrurent lors de l'arrivée de populations rurales réfugiées des pays voisins durant les récents conflits (Arméniens d'Azerbaïdjan). Leur installation a accéléré le déboisement afin de mettre en pâture ou de cultiver des espaces, en particulier, à la périphérie des villes.

A ces dégradations du milieu, dues à une situation d'urgence, s'ajoutèrent les effets d'une gestion déplorable - ou d'une absence totale de gestion - de la forêt. C'est ainsi que durant ces quatre années d'exploitation

---

[1] Source : Biodiversity in Armenia. Yerevan, 1999, p.80. Op.cit.

illégale, 27 000 hectares - soit plus de 8% de la surface boisée du pays - furent ainsi touchés, dont 7 000 ha entièrement abattus. Une autre des causes de déboisement inconsidéré relève de pratiques alimentaires : les brochettes et grillades, *kholovatz,* sont un plat national qui a fortement contribué au pillage des forêts pour le bois nécessaire aux grillades.

Les conséquences de tout cela risquent d'affecter pour longtemps l'activité agricole en raison des phénomènes d'érosion des sols entraînés par la déforestation sur des pentes qui ont alors été mises en pâtures ou en cultures.

3.3. DES POLITIQUES ENVIRONNEMENTALES. LE DESASTREUX HERITAGE ECOLOGIQUE

Les déséquilibres qui affectent les écosystèmes coïncident avec la période d'accroissement de population à l'époque soviétique, à partir de 1920, mais surtout à partir des années 30, avec l'accélération de l'urbanisation et de l'industrialisation et les effets d'une économie de prédation. La dégradation se poursuit aujourd'hui, sous d'autres formes, malgré une prise de conscience pour sauvegarder l'environnement, en raison de la pénurie énergétique et de la désintégration économique.

3.3.1. La logique soviétique : la nature au service de la productivité

Priorité étant donnée à l'industrialisation à tout prix ainsi qu'à l'intensification à outrance de l'agriculture, l'Union soviétique relégua au second plan les préoccupations d'ordre environnemental : c'est ainsi que les considérations écologiques furent balayées, malgré l'alerte donnée par quelques scientifiques à partir de 1930, et que la préservation du milieu naturel fut sacrifiée au profit de la productivité économique.

Accroissement des impacts humains sur les écosystèmes entre 1920 et 1990

(source : Biodiversity in Armenia. Erevan, 1999)

Paramètres	Indices d'accroissement (indice 1 en 1920)
Population (en général)	5
Population urbaine	26
Aires urbanisées	14
Régions et centres industriels	30
Périmètres irrigués	3
Terres cultivées	1,5
Constructions et infrastructures	20

Les politiques soviétiques consistaient, non pas à nier les effets de la pollution, mais à les évaluer sous un angle compatible avec les objectifs de la planification économique.

Ainsi, considérait-on, selon un principe admis par les scientifiques et les dirigeants, que l'environnement était capable de s'adapter aux pollutions de tous ordres. Il suffisait que celles-ci soient convenablement dissoutes dans l'atmosphère ou dispersées en dessous de concentrations maximales admissibles, dont les taux étaient fixés au gré des besoins. En général, elles étaient rarement respectées et, avant tout, les ressources de la nature devaient servir le développement économique. C'est une doctrine qui, malheureusement, reste encore d'actualité malgré les mises en garde des organismes internationaux.

Régulièrement, des rapports d'observation de l'environnement, aux données relativement fiables[1], faisaient l'objet d'études confidentielles, mais ne pouvaient être diffusés en raison des révélations trop alarmistes faites par les scientifiques. Ce fut le cas, en particulier, de la situation catastrophique du lac Sevan, surexploité pour des besoins énergétiques et agricoles. Lorsque de tels dommages étaient avérés, il suffisait de les justifier par des considérations ambiguës dont nous verrons les conséquences à propos de l'agriculture. En fait, la biodiversité fut assez bien préservée : pour les populations, la protection de la nature, richesse collective, se limitait à la préservation des espèces végétales et animales, rigoureusement inventoriées. En 1958, le Soviet Suprême de la république adopta une loi sur la protection de la nature, interdisant, entre autres, la chasse aux animaux endémiques comme le mouflon et le cerf tacheté : "après l'instauration du pouvoir soviétique, on a commencé à prendre des mesures pour la protection et l'enrichissement de la nature et de ses ressources. Les travaux de plantation de forêts occupent une place importante. En 1975, la surface des nouvelles forêts sera de 70 000 ha, ainsi la zone forestière augmentera de 28%" [2]. Un maillage de zones protégées fut défini afin de préserver les écosystèmes, les habitats et les espèces endémiques, en réponse à cette logique.

Hormis les effets de la déforestation abusive et irresponsable, principalement commise dans le cadre de l'URSS, l'érosion des sols, la dégradation du potentiel hydrologique et piscicole sont autant de problèmes aujourd'hui dénoncés. C'est au cours des dernières années de l'URSS, lors de la *perestroïka*, quand le Pouvoir laissa un peu de liberté d'expression, que

[1] Ces rapports, aujourd'hui accessibles, sont consultés par les organisations internationales de protection de l'environnement, en particulier pour le programme des Nations Unies pour l'Environnement (PNUE).

[2] *L'Arménie soviétique*, op. cit.,p. 55.

les dégâts à l'environnement ont été révélés par de timides mouvements écologistes, tel le groupe « Survie » qui deviendra ensuite l'Union des Verts[1].

A plusieurs reprises, et notamment dans les années 70, le régime soviétique prit conscience des dégradations du milieu naturel – à propos des impacts de la gestion désastreuse du lac Sevan, en particulier – mais les mesures adoptées pour compenser les dégâts ne furent pas officiellement annoncées comme des remèdes à des erreurs commises. La sensibilisation à la fragilité des espaces naturels ne débutera qu'avec la montée des valeurs environnementales lors de la période gorbatchévienne.

3.3.2. Un désastreux héritage écologique

Aujourd'hui, le gouvernement a pris conscience du désastre écologique auquel le Programme des Nations Unies tente de porter remède ici, comme dans l'ensemble de l'ex-URSS. Mais, confronté à la faillite totale de l'économie, les priorités vont vers d'autres actions. Les difficultés à reconstituer les milieux détruits et le problème général de la conservation de la biodiversité restent secondaires compte tenu des obstacles de toute nature que le pays n'arrive pas à surmonter.

Une des priorités[2], sous la pression des organismes internationaux pour la protection de l'environnement, consiste à créer les cadres d'une gestion cohérente pour l'utilisation des sols et leur préservation. Les problèmes peuvent être classés en plusieurs catégories :

- la dégradation des sols, soit par érosion, soit par salinisation. Dans les deux cas, il s'agit de facteurs anthropiques. Sur 1 400 000 ha de terres agricoles, 830 000 sont touchées par des phénomènes érosifs et 40 000 sont salinisés ;
- la contamination des sols par des pollutions de nature agricole ou industrielle ;
- les dommages d'ordre physique : glissements de terrains, érosion, éboulis, coulées de boues…

Un Ministère de la Protection de la Nature a cependant été créé après l'indépendance. Déjà, lors de la *glasnost*, un comité d'Etat pour la protection de la nature avait été créé en Russie, témoignant d'un mouvement de

[1] Il y a aujourd'hui, plus de 50 organisations écologiques non gouvernementales enregistrées en Arménie, mais leur rôle est fortement entravé par des difficultés financières, ne serait-ce que par les cotisations que doivent payer leurs membres, ainsi qu'en raison d'une absence de véritable relation avec le Ministère de la Protection de la Nature.

[2] Rapport : *National Environmental Action Plan. Executive summary*. Republic of Armenia. 1998. 25p. Ministère de la Nature.

sensibilisation aux effets de la pollution. En Arménie, les actions de préservation de la nature entrent dans une politique officielle de réhabilitation d'espaces dégradés. Lors de la Conférence de Rio, en 1992, l'Arménie ratifia la convention sur la biodiversité. En octobre 1997, le ministère arménien de la Protection de la Nature engage un Plan de préservation des espaces naturels, en relation avec le pacte de Rio : cette "Stratégie pour la biodiversité" et le Plan d'Action pour le lac Sevan qui l'accompagne sont justifiés au nom du principe de développement durable. "La situation économique du pays et la détresse sociale de la population menacent sérieusement la protection et l'utilisation durable des ressources naturelles. Par conséquent, il est crucial de promouvoir le principe suivant : il y a une terre Mère et la protection de sa nature contribue au bon état de l'environnement et au développement durable de l'humanité" (Discours du Ministre[1] de la Protection de la Nature. Premier rapport national sur la Biodiversité en Arménie, 1999).

L'Arménie est aussi intégrée à la coopération internationale pour l'environnement, en particulier avec l'U.E. Le pays a ratifié 7 conventions internationales et engage plusieurs plans concernant les questions d'ordre écologique. Mais le véritable problème n'est pas de trouver les fonds pour réhabiliter des écosystèmes ou pour promouvoir des actions de sensibilisation. C'est tout le système législatif qui, dans ce domaine et dans bien d'autres, reste inadapté, de même que la formation des personnels impliqués dans ces opérations.

Agréments internationaux et conventions (dates de leur ratification par l'Arménie)
Convention de Ramsar[2] : ratification en 1993
Convention sur la diversité biologique. Rio de Janeiro. 1992
Convention sur les changements climatiques. Rio de Janeiro. 1993
Convention pour la protection de l'héritage culturel et naturel dans le monde. Paris. 1972
Convention pour combattre la désertification. Paris. 1994

Programmes en cours pour la conservation de la biodiversité
Plan pour le lac Sevan : financement Banque Mondiale
Plan d'Action nationale pour l'environnement
Etude sur les changements climatiques en Arménie : financement via PNUD
Stratégie Nationale pour la Biodiversité et Plan d'Action : financement via PNUD

Malgré les résolutions, prises souvent dans l'urgence, les limites apparaissent très vite : faute d'une réelle concertation entre les organismes intérieurs et d'une responsabilisation générale, les règlements ne sont pas

[1] Gevorg Vardanyan, Ministre de la protection de la nature.
[2] Convention de Ramsar : 1971

respectés – qui peut les faire respecter ?- et les moyens techniques et financiers restent insuffisants pour assurer une gestion rigoureuse et efficace des milieux naturels. Par ailleurs, les préoccupations environnementales apparaissent bien secondaires dans la situation de détresse où se trouve la population. Comment se préoccuper des équilibres biologiques et du respect de la nature lorsque l'on est confronté à des difficultés quotidiennes pour survivre ?

Il s'agit d'un problème qui dépasse, de loin, le cadre de la préservation des espèces *stricto sensu* et qui touche aux conditions sociales et économiques du pays. Mais la préservation des espaces naturels serait-elle l'apanage des pays riches ? De ceux qui bénéficient d'un haut niveau de vie, c'est-à-dire disposant de moyens financiers suffisants pour gérer la qualité de leur milieu de vie.

Photo 1-8

Déboisement « sauvage » sur les rives du lac Sevan. Durant les 10 dernières années, la « ceinture verte » (peupliers, pins, arbustes divers) plantée au cours de la perestroïka sur 16 000 ha autour du lac, a été peu à peu dégradée pour diverses raisons : assèchement dû aux mauvaises conditions hydrobiologiques, maladies, impacts humains. Bien qu'il existe, officiellement, une prise de conscience de la nécessité de préserver l'environnement, la déforestation abusive reflète des héritages comportementaux et des difficultés économiques.

On touche là un point sensible de la question : dans les pays de l'ex-URS, où l'idéologie ne se souciait pas de préserver une nature qui devait apporter sa contribution au "progrès", coûte que coûte, il faut éduquer et responsabiliser afin de faire prendre conscience des risques nés du gaspillage. Or, dans cette économie sinistrée, alors que c'est l'agriculture qui assure l'essentiel des besoins, la restauration des composantes naturelles des milieux reste une condition primordiale dans une logique de développement durable, généralement admise.

Ces données de cadrage, intégrant les caractères physiques du territoire de la république d'Arménie et les principaux repères historiques, éclairent la période actuelle de transition post-collectiviste dans les campagnes et, plus particulièrement, dans le secteur agricole. Dans le cadre de l'immense Empire soviétique, l'Arménie, république du Sud, était un excellent terrain pour les productions agricoles rares. Aujourd'hui, que valent ces choix de production dans un pays qui n'est plus en situation méridionale, qui dispose cependant des atouts liés à ce contexte, mais qui a bien d'autres priorités que fournir des produits rares : nourrir les habitants. Voilà le pivot de la réflexion sur la transition dans les campagnes et sur la place que doit jouer l'agriculture dans l'approvisionnement alimentaire de la population.

Malgré leurs inconvénients, les conditions naturelles n'expliquent pas l'effondrement des productions agricoles, ni les difficultés économiques générales. L'Arménie n'est pas un pays de cocagne, loin s'en faut, mais elle n'est ni plus ni moins favorisée que nombre de régions au monde qui subissent les rigueurs d'un climat ou les effets répulsifs du relief. "Il n'est de richesse que d'hommes[1]". La richesse est d'abord celle des sociétés humaines organisées et motivées qui réussissent, à force d'acharnement, à vaincre les handicaps du milieu. C'est dans cette logique que s'inscrivent les capacités des communautés paysannes à développer une activité agricole, dans un cadre qui n'est pas dénué d'avantages.

Au "menu" économique du pays, il y aurait un plat de base, mais ni de bons ingrédients, ni une préparation culinaire de qualité et, pire, personne pour le consommer.

---

[1] Jean Bodin, humaniste de la Renaissance.

DE L'AGRICULTURE COLLECTIVE
A LA PROPRIETE PRIVEE

Le mot d'ordre de la collectivisation fut lancé lors du XVe congrès du P.C.U.S. Il concerne d'abord la suppression de la propriété individuelle ; deux articles significatifs[1] vont peser lourd dans l'organisation de l'agriculture :

- Art. 5 de la Constitution de l'URSS. "La propriété socialiste en URSS revêt soit la forme de la propriété d'Etat (bien du peuple tout entier), soit la forme de propriété coopérative kolkhozienne (propriété de chaque kolkhoze, propriété des unions de coopératives)".
- Art. 9. "A côté du système socialiste d'économie qui est la forme dominante de l'économie en URSS, la loi admet les petites économies privées des paysans individuels et des artisans, fondées sur le travail personnel et excluant l'exploitation du travail d'autrui". Il s'agit du lopin.
- Art. 11. "La vie économique de l'URSS est déterminée et dirigée par le Plan d'Etat de l'économie nationale en vue d'augmenter la richesse socialiste, d'élever de manière continue le niveau matériel et culturel des travailleurs, d'affermir l'indépendance de l'URSS et de renforcer sa capacité de défense".

[1] Cité dans *L'URSS*, P. George, op.cit.,p.272-273.

II

DE L' AGRICULTURE COLLECTIVE A LA PROPRIETE PRIVEE

L'agriculture est devenue, depuis l'indépendance, le premier secteur économique du pays ; "par défaut" pourrait-on ajouter, faute d'autres possibilités dans l'état de déliquescence économique actuelle alors que l'industrie a perdu les trois-quarts de sa capacité de production. Le secteur agricole regroupe, en 1996, 38% des actifs - la part pour l'industrie n'est plus que de 23,4% - et représente 41,3% du PIB[1]. Il devient le pivot de l'activité économique. En moins d'un siècle, ce secteur a subi deux chocs majeurs, tout aussi brutaux l'un que l'autre : la collectivisation et la privatisation. Les bouleversements actuels et les mutations agraires issus de l'effondrement de l'URSS tirent leur origine de l'organisation même du système soviétique et de ses héritages.Sans doute, le système, fonctionnant en vase clos, encourageait-il les productions méridionales de Transcaucasie parce que le marché intérieur de l'Union en manquait. Dans cette logique figée, comme dans une bulle, les productions agricoles n'étaient pas confrontées aux exigences impitoyables de la concurrence. Les industries de transformation, faute d'avoir suivi l'évolution des technologies occidentales, restèrent inadaptées aux canons de la consommation du marché libre.

Aujourd'hui, avec l'ouverture et la compétition internationale, l'agriculture arménienne est inapte à lutter contre la concurrence et l'agroalimentaire, aux technologies décalées, est incapable de répondre aux critères du marché mondial de la consommation parce que les structures industrielles sont obsolètes.

1. L'AGRICULTURE COLLECTIVISEE ET SES HERITAGES

Les chantres du système socialiste ont souvent loué l'œuvre du régime, en particulier la résurrection ou le "miracle" dont l'Arménie bénéficia. "L'histoire connaît peu d'exemples où l'on peut voir un peuple à la veille de la disparition, exsangue, ruiné, qui ait pu trouver en lui la force de ressusciter, de construire une vie nouvelle. S'appuyant sur une base sociale nouvelle, créée par la révolution socialiste, sur l'aide fraternelle et

[1] Source : FMI. 1996-97

désintéressée des autres peuples soviétiques, il a atteint l'épanouissement économique et culturel". Ce constat triomphant sur les vertus du socialisme date de 1972[1]. L'agriculture, qui a toujours été le " fardeau " de l'économie soviétique, fut placée au service de l'industrialisation. L'Arménie ne fait pas exception.

Quatre mots-clés, vocabulaire à l'usage du désastre actuel, pourraient jalonner ce parcours dans l'agriculture collectivisée de l'Arménie, république parmi les républiques soviétiques.

- *Inertie*. Réponse à l'anéantissement de la paysannerie, classe nivelée par le bas, muselée, encore traumatisée par le syndrome de la dékoulakisation qui anéantit irrémédiablement toute initiative individuelle.
- *Lopin*. Seul élément de motivation du paysan : une productivité record dans un espace minimum. Aujourd'hui, îlot pour la survie.
- *Dépendance*, complétée par dirigisme. Moyen au service de l'intérêt commun tel qu'il se définit dans l'idéologie socialiste, arme contre l'individualisme régional. Aujourd'hui, à l'origine du maillon manquant dans un réseau déstructuré.
- *Gigantisme*. Des moyens standards et surdimensionnés,inaptes à valoriser les aptitudes régionales. Un désastreux rapport qualité/prix. Actuellement, on découvre, anéanti et impuissant, la signification du mot "qualité" ignorée des statistiques soviétiques

1.1. LA COLLECTIVISATION DE L'AGRICULTURE EN ARMENIE

1.1.1. Les traits d'ensemble du processus

Lors de l'installation du pouvoir des Soviets, l'Arménie est peuplée de moins d'un million d'habitants[2]. Deux faits historiques concomitants se conjuguent en un même lieu : l'installation de nouveaux habitants, en particulier dans la plaine de l'Ararat (réfugiés de Turquie suite au génocide), et la soviétisation. Ceci différencie fondamentalement l'Arménie des autres républiques, ne serait-ce que par les relations du paysan à sa terre et à son milieu de vie: le paysan arménien dont les ancêtres ont vécu de l'autre côté de l'Araxe, ne possède pas de racines dans l'Arménie orientale[3].

---

[1] A. Aslanian, A. Bagdassarian, L. Valéssian, S. Doulian. *L'Arménie soviétique*. Ed. du Progrès, Moscou, 1972, p.9.

[2] La 1ère République d'Arménie (1918-1920) fut balayée par l'invasion bolchévique de 1920-21. Durant cet épisode, difficile pour les Arméniens (en grande partie réfugiés du génocide), une famine ruina les efforts pour redresser le pays.

3 La langue même est différente: l'arménien occidental, qui reste aujourd'hui parlé par la diaspora, n'est pas la langue parlée en Arménie orientale: si l'alphabet est identique, certains mots et expressions varient. Ceci contribua à différencier les populations vivant de part et d'autre de la frontière.

Collectivisation et planification composent les bases de l'économie agricole qui vont prévaloir durant plus de 70 ans. En 1928, 1,7% des exploitations paysannes de l'Union sont collectivisés. En 1937, le processus est achevé, l'élément capitaliste a été éliminé, sachant que l'essentiel s'est fait entre 1928 et 1932 (61,5% à cette date), en particulier lors de l'épisode de la dékoulakisation."Le Plan est à la fois le décor statistique, la cible multiple qu'il faut atteindre et toute une machinerie économique articulée en constant travail de réadaptation". (P. George[1]).

Progressivement, le système engendre ses propres limites et requiert des ajustements constants entre objectifs idéaux et réalités régionales, souvent au mépris des règles les plus rationnelles et les mieux adaptées aux contextes locaux. Ainsi, par leur intégration à l'ensemble soviétique, chacune des républiques doit apporter ses ressources locales ; les échanges orchestrés par l'unité centrale dans l'intérêt du progrès socialiste supposant des sacrifices, une dépendance et des contraintes. Le pouvoir des Soviets a, certes, hérité lui-même de l'Empire des Tsars d'une immensité qui était restée profondément rurale ; mais, il est aveuglé par des objectifs idéologiques de développement "à tout prix et à toute allure", "sur le dos de la paysannerie" [2] qui va payer un lourd tribut sur l'autel du socialisme triomphant.

1.1.2. La mise au pas d'une république

En 1920, l'économie est aux trois-quarts agricole, avec une classe ouvrière embryonnaire. En 1927, débute véritablement la collectivisation de l'agriculture. La contribution du pays à l'effort imposé est douloureuse. Au cours de années 1928-29, avec les prélèvements forcés du revenu agricole, la résistance des communautés paysannes se manifeste vivement. Après la N.E.P., en 1929-30, l'élimination des koulaks, ces ennemis du peuple, fait plus de 25 000 victimes, exécutées ou déportées en Sibérie. Des révoltes paysannes sont matées dans le sang en 1934 (Zanguezour) au nom de l'intérêt du socialisme[3]. Mais cette résignation du monde paysan a de graves conséquences, dont on mesure aujourd'hui toute la portée : le cheptel abattu

---

[1] P. George, op.cit, chap.II, pp.266-280.

2 *La Russie inachevée*. Hélène Carrère d'Encausse. Fayard, Paris, 2000, p. 276.

[3] Cf.*"L'Arménie. De Staline à Gorbatchev"* (Ed. Ramsay, Paris, 1990), C. Mouradian évoque les réalités du développement économique de l'Arménie au début de la soviétisation et la contribution forcée de la république à l'effort collectif. P.46 est évoquée la "deuxième révolution", celle que l'Arménie dut affronter après la période héroïque de l'indépendance entre 1918 et 1920 :" l'industrialisation accélérée, basée sur la planification centralisée et le prélèvement forcé des revenus agraires par la collectivisation des campagnes. (...) La collectivisation est vécue comme la dépossession pure et simple des terres distribuées par la révolution. Brutalement appliquée (exécutions sommaires, déportations massives, contraintes diverses), elle suscite une véritable guérilla dans les monts du Zanguezour et du Daralaguiaz, peuplés de réfugiés d'Anatolie."

au cours de cette période n'a jamais été reconstitué. La faible motivation du paysan pour le travail collectif trouve son origine dans l'application aveugle des règles idéologiques ; l'anéantissement de la classe des koulaks a laissé des traces indélébiles dans l'inconscient collectif et contribue encore aujourd'hui à freiner bien des initiatives de la part des agriculteurs.

1.2. LES COMPOSANTES DE L'ECONOMIE AGRICOLE DURANT L'EPOQUE SOVIETIQUE

1.2.1. Le foncier. Kolkhozes et sovkhozes

L'évolution de la trame des kolkhozes et des sovkhozes en Arménie est calquée sur celle des autres régions de l'URSS, mais possède quelques spécificités, nées du caractère montagneux et de l'évolution du peuplement de la république. Progressivement et par la force, les villages sont transformés en kolkhozes, fermes collectives de villages, au statut de ferme coopérative, « libre association de paysans » ou en sovkhozes, fermes d'Etat, "propriété du peuple tout entier", c'est-à-dire forme supérieure de propriété.

Au début du processus, entre 1920 et 1930, peu à peu les propriétés privées furent éliminées avec collectivisation de la terre et du cheptel. Pour mieux contrôler une population passive ou rebelle, l'on procède à des regroupements forcés. Entre 1929 et 1930, le rythme de la collectivisation s'accélère, dans tous les secteurs économiques ; des cadences sont imposées et le Gosplan, chargé depuis 1926 de préparer les objectifs, pour faire entrer immédiatement 20 à 25 % des paysans dans les structures collectives[1].

L'Arménie n'échappe pas à la règle ; le "grand tournant de la paysannerie" (la Pravda du 7 novembre 1929) y prend une ampleur toute particulière, vu le contexte social et historique. Les échéances pour liquider les koulaks et collectiviser toutes les terres, annoncées le 5 janvier 1930, sont réduites à une année pour les républiques du Caucase. Pour la paysannerie, le sacrifice fut disproportionné par rapport aux résultats escomptés ou réels. En 1937, la reconstruction socialiste est en marche : 88,7% des exploitations

[1] Cf. chapitre 7 de l'ouvrage *"De la Russie à l'URSS"* (M. Ferro et R. Girault. Ed. Nathan Université, Paris, 1989) décrivant le passage à une économie planifiée ou la seconde révolution et la collectivisation des campagnes (1929-1930). Les auteurs rappellent très justement que "les économistes et les spécialistes du Gosplan soulignaient le caractère assez théorique de leurs évaluations". La hâte pour accélérer le rythme des collectivisations semble avoir été motivée par "le goulot d'étranglement constitué par la passivité de la paysannerie", sans aucun doute, un des blocages majeurs en ce qui concerne l'Arménie où, comme ailleurs dans l'URSS, en 1929, l'économie agricole était marquée par l'autoproduction, le faire-valoir direct et la faiblesse de la production marchande.

agricoles sont intégrées dans les kolkhozes et 92,6% de la superficie cultivable sont concentrés dans les kolkhozes et les sovkhozes[1].

KOLKHOZES ET SOVKHOZES - EVOLUTION DE 1940 à 1969 (Nombre)

Source : Ministère des Statistiques de la RSS d'Arménie

	1940	1950	1960	1966	1968	1969
Sovkhozes	14	27	83	215	257	254
Kolkhozes	1 030	668	760	526	495	490

Au cours des années cinquante, période kroutchévienne, est engagé un mouvement général de concentration des exploitations, en rupture avec la situation antérieure des structures kolkhoziennes. Le nombre de fermes d'Etat – *petakan ferma* (en arménien) - s'accroît rapidement et fortement entre 1960 et 1966, dans un souci de centralisation accrue et afin de résoudre des difficultés structurelles, en particulier les problèmes considérables de l'équipement en matériel. A cela, il faut ajouter, selon toute vraisemblance, des raisons inavouées, les kolkhozes présentant de bonnes performances qui profitaient particulièrement aux paysans. La raison officielle qui prévalut à partir des années 60 était que les kolkhozes ne disposaient pas d'un financement suffisant et que leur regroupement permettrait à la fois d'améliorer la mécanisation, donc, en principe, les rendements, mais surtout, il facilitait leur contrôle. Le sovkhoze, à terme, devait être l'aboutissement du socialisme : le communisme.

Mais, de la théorie à la pratique, les situations diffèrent. C'est ce que confirment des témoignages divers et concordants que nous avons collectés. Pour Rosa, âgée de 70 ans, nostagique, le kolkhoze présentait tous les avantages Tous soulignent que l'avantage, pour le kolkhoze, était important ; d'abord, parce que les surplus étaient vendus plus cher dans le magasin qu'à l'Etat, ensuite parce que les produits distribués aux paysans[2] remplaçaient avantageusement une rémunération en roubles.

La transformation des kolkhozes en sovkhozes fut, idéologiquement, une mesure satisfaisante, mais le travailleur kolkhozien qui passe au statut d'ouvrier sovkhozien n'apprécie pas le changement, d'où un désintérêt de

---

[1] Il existe, toutefois, des biens non collectifs (env. 7,4%). C'est le cas des lopins individuels mais aussi de certains villages de montagne, aux terres émiettées, qui, sans doute jugés peu productives, n'ont jamais été intégrées au processus de collectivisation, comme ce fut le cas pour le village de Vatchagan, dans la région de Kapan.

[2] C'est ce que confirme B.H.Kerblay (*Les marchés paysans en URSS*. Mouton, Paris, 1968) dans un chapitre sur les paysans kolkhoziens et le marché (pp. 294 et suiv.), qui fait une description détaillée de l'économie paysanne :"une économie de subsistance ou économie de marché?". Citant l'économiste Popov (p. 295), l'auteur précise qu'en 1936, 45% des produits vendus par les paysans sur le marché provenaient des distributions en nature des kolkhozes à leurs membres, 30% des produits, de l'exploitation personnelle des kolkhoziens, 15%, des surplus des kolkhozes et 10%, des produits des producteurs individuels (non kolkhoziens).

plus en plus marqué et l'absence de responsabilité, conduisant à toutes sortes de comportements de fraude. Ceci pèsera lourd lors de la période de transition.

L'Arménie est-elle un cas particulier ?

Le transfert du secteur collectif au secteur étatique dans la RSS d'Arménie diffère-t-il de celui des autres républiques ? Les témoignages collectés confortent l'opinion selon laquelle, contrairement aux idées reçues, il n'y eut pas "un" modèle d'évolution mais une diversité de situations en fonction de nombreux paramètres.

Des exemples, du Nord au Sud de la Russie d'Europe, correspondent à une même logique :"les contrastes régionaux de la dimension des exploitations sont plus affirmés que ne le sont les différences au sein d'une même région, entre kolkhozes et sovkhozes. (...) Les dimensions des exploitations augmentent et les accroissements de superficie des sovkhozes sont proportionnels à ceux des kolkhozes. (...) La trame des sovkhozes apparaît directement dérivée de celle des kolkhozes »(Maurel). L'organisation spatiale apparaît calquée sur la recherche d'une adéquation entre les dimensions des unités productives et les conditions de la mise en valeur agricole, sachant que les indicateurs de base sont les superficies moyennes ensemencées et les effectifs animaux en UGB (Unité Gros Bétail). La disparité de surface entre les sovkhozes et les kolkhozes dans certaines régions de la Russie d'Europe est particulièrement importante dans la région de Volgograd et de Saratov, où les fermes d'Etat atteignent des dimensions très importantes : de 8 000 à 10 000 ha. Il s'agit là de zones de céréaliculture, régions où, par ailleurs, la création de sovkhozes a été conçue dans un but pionnier et non par conversion des kolkhozes.

La situation de l'Arménie serait, par contre, plutôt conforme au schéma relevé dans les régions de Krasnodar et de Stavropol, ou encore au Daghestan, où les kolkhozes sont souvent plus vastes que les fermes d'Etat, qui sont, en général, des sovkhozes spécialisés (arboriculture fruitière, viticulture, tabac, coton, ou productions maraîchères). C'est précisément cette logique de spécialisation qui semble avoir présidé à la réorganisation de la trame des exploitations collectives en Arménie, sans que l'on puisse, pour autant, évoquer la recherche d'une adéquation entre dimension matérielle des unités productives et type de production. Ainsi, aurait-on pris pour principe, outre les solutions empiriques, de moduler la taille des exploitations – quel que soit leur statut – selon les types de production et selon les capacités de mécanisation locales. Il est clair que, pour l'Arménie, ces deux points essentiels ont pesé lourd, compte-tenu de la configuration du relief et des potentialités de spécialisation régionale en cultures méridionales ou dans le domaine de l'élevage.

La création des sovkhozes, en Arménie, consista à prélever des terres dans différents kolkhozes d'une région, par exemple, plutôt qu'à regrouper des ensembles kolkhoziens pour en faire des structures plus vastes. Dans l'URSS, l'on procéda de la même façon mais avec des nuances de taille. Ainsi, en Ukraine, la superficie cultivable étant très importante, les sovkhozes étaient de très grande taille, alors qu'en Arménie, où l'on dispose de peu de terres de cultures, et de surcroît fragmentées en raison de la configuration du relief, les sovkhozes avaient une superficie réduite, variant selon le type de production. Dans les régions de cultures maraîchères (Ararat, Armavir), la superficie des sovkhozes était assez réduite. Par contre, dans les régions de montagne, spécialisées dans l'élevage (Chirak, Siounik, Aragatsotn, Guegharkounik), en général les sovkhozes étaient de plus grande taille. Par exemple, à Areni, vignoble réputé, le kolkhoze fut remplacé dans les années 70 par un sovkhoze afin d'optimiser la production de vin, fleuron de l'économie agricole dans la RSS d'Arménie. La superficie viticole passe alors de 45 ha à 118 ha. Autre situation, à Fioletovo (village de Molokanes), existait, dès le début de la collectivisation, un sovkhoze pour l'élevage mais surtout pour la culture de betterave à sucre et de pomme de terre, qui sont les spécialités du bassin du Pambak.

Ces éléments de comparaison confirment ainsi le rôle des caractères spécifiques de l'économie de montagne et de la position méridionale de cette république du Caucase dans l'évolution des structures d'exploitation. C'est ce que traduit le tableau précédent et son expression cartographique.

LES EXPLOITATIONS COLLECTIVES EN 1988
(source : Institut des Terres de la RSS d'Arménie)

NOMBRE TOTAL	SUPERFICIE MOYENNE (ha)	
	Kolkhozes	Sovkhozes
940	543	371

Photo 2-1
Près de Spandarian, un sovkhoze modèle fut créé dans les années 70, spécialisé dans l'élevage. L'alignement des anciens bâtiments témoigne aujourd'hui de l'importance de cette ferme d'Etat, à proximité du vaste réservoir édifié sur la rivière Vorotan.

Figures 2-1 A et B

LES EXPLOITATIONS COLLECTIVES EN 1988

Kolkhozes et Sovkhozes : nombre et superficie moyenne

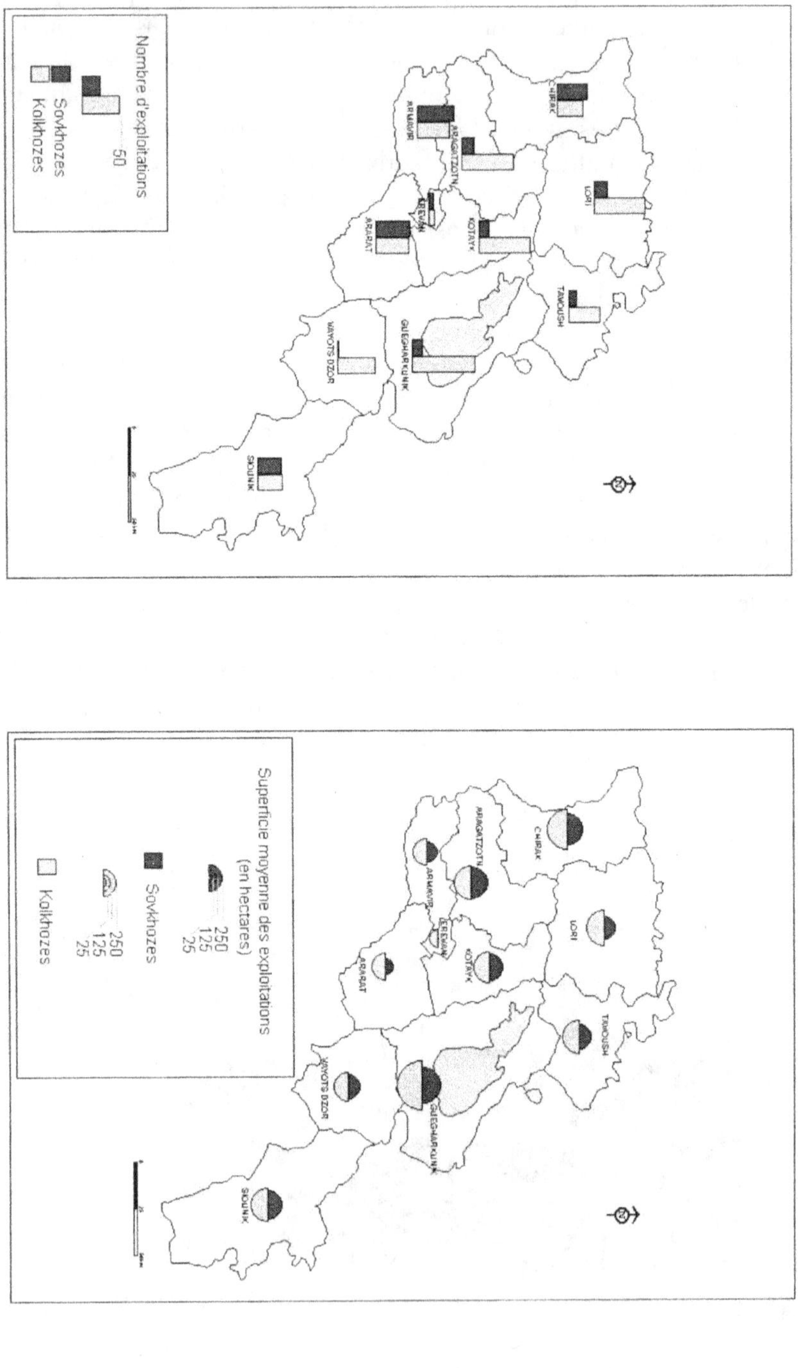

Source : Institut des Terres de la R.S.S. d'Arménie

Réalisation : F. Ardillier-Carras, Y. Guiet, J. Eyssidieux. Laboratoire de cartographie - Université de Limoges, 2002

1.2.2. Habitat et organisation villageoise nés de la collectivisation

La logique politique était la même dans toute l'Union, mais il existait cependant des variantes régionales selon différents critères parmi lesquels les caractéristiques de l'espace de production et de sa mise en valeur plus ou moins intense et plus ou moins continue. Ceci reste une base essentielle pour mieux comprendre la trame de la répartition de l'habitat dans les campagnes montagneuses d'Arménie. Un autre critère souligne le rôle des potentialités du milieu naturel sur la densité humaine, en fonction des capacités de mise en valeur. C'est, en particulier, ce que reflète la trame de l'occupation humaine dans la plaine de l'Ararat, les vallées et les bassins (Arpa, Hrazdan, Pambak), les surfaces planes des hauts plateaux. A cela s'ajoute l'effet dynamisant des villes et de l'industrialisation sur le rythme de développement des campagnes. Ce critère, bien fondé et soutenu par les préoccupations économiques de la planification, s'applique à l'Arménie, république montagneuse, sous-industrialisée, qui connaît, à partir des années trente surtout, un gigantesque essor industriel et urbain. L'organisation des campagnes, en particulier dans les principales régions urbanisées – région de Chirak-Lori selon l'axe Léninakan-Spitak-Kirovakan, et région de Erevan avec l'axe industriel de la vallée de la Hrazdan – fut marquée par les effets de ces transformations socio-économiques brutales.

Au travers des caractères généraux issus des principales préoccupations politiques et des réajustements effectués au cours des années soixante – notamment afin d'éliminer les différences sociales, économiques et culturelles entre les villes et les campagnes – on peut lire les logiques de l'organisation spatiale dans les campagnes d'Arménie. Toutefois, une simple lecture éclairée par ces principes de base ne saurait suffire : il ne faudrait pas mésestimer les caractères propres à l'Arménie, ainsi que nous l'avons déjà souligné, en particulier les héritages de son histoire et de sa culture.

Le village kolkhozien est un standard.

Il se reproduit partout en URSS, à la fois unité d'habitat et unité de travail. Dans ce milieu de montagne, les nouveaux villages, nés de la collectivisation, reflètent peu les conditions de pente et d'altitude, hormis quelques exceptions - habitat accroché aux versants dans le massif du Zanguezour, par exemple - qui cohabitent avec les nouvelles unités villageoises. Ils sont calqués sur un modèle de plan unique : une ou deux voies rectilignes, parfois (rarement) goudronnées, le long desquelles s'étire une série de maisons cubiques, à toit de tôle, séparées entre elles par l'espace du lopin. Le site privilégié est la surface plane des hauts plateaux, de la plaine de l'Ararat ou le long des vallées. Le plan est généralement identique, avec quelques variantes locales selon la disposition topographique.

Photo 2-2
Alidzor, perché sur sa coulée basaltique au-dessus des gorges de la Vorotan, au cœur du Zanguezour. L'alignement des habitations, encadrées de leur lopin, occupe toute la surface horizontale disponible. A droite, la silhouette de bâtiments collectifs, comme dans tous les villages : la maison de la culture et l'école. Les bâtiments du kolkhoze ne sont pas visibles sur la photo.

La collectivisation a introduit en Arménie, comme ailleurs dans l'URSS, des bouleversements considérables de la trame de l'habitat et du plan des villages. Le terroir du village est, à partir de 1930, sous Staline, transformé en une vaste exploitation d'un seul tenant, travaillée collectivement par les paysans : c'est le kolkhoze, géré par le village[1]. Il reflète le conditionnement psychologique de la société paysanne. Avec le regroupement autoritaire dans les nouveaux villages près des bâtiments collectifs, les déplacements du paysan étaient rigoureusement commandés par l'organisation du travail dans le temps, c'est le rythme journalier, et dans l'espace selon des itinéraires "balisés" par les activités en brigades. Il se compose des terres, du cheptel, du matériel et des bâtiments agricoles, ainsi que des habitations accordées aux familles et de leur lopin.

La localisation des villages et les formes d'habitat avant la soviétisation sont totalement modifiés à partir de 1920. D'une part, la population augmente en raison de vagues nouvelles de peuplement et, d'autre part, sont introduits de nouveaux modèles d'habitat dans les campagnes pour répondre aux principes idéologiques de la collectivisation. Toutefois nous allons

[1] Un président élu est placé à la tête de l'exploitation collective. Le travail est organisé par équipes ou "brigades".

nuancer quelque peu les considérations généralement admises – considérations relevant souvent de schémas dont il est utile de souligner les nuances.

Des nuances arméno-arméniennes

A partir des enquêtes menées sur le terrain, entre 1997 et 2002, il apparaît que la situation née de la collectivisation est loin d'être identique partout. Il existe bien des particularités régionales. Ceci mériterait une étude plus approfondie car, contrairement aux idées reçues, l'organisation villageoise de l'époque soviétique n'a pas été partout conforme aux standards décrits dans les ouvrages. Nous n'avons pas pu mener une étude exhaustive de l'organisation spatiale de l'habitat dans les campagnes de toutes les régions d'Arménie, ni faire état de toutes les situations. Néanmoins, à partir des observations et des témoignages dans différentes régions, y compris dans des secteurs isolés de montagne, bien des nuances se confirment et tracent un cadre à peu près conforme à la réalité.

Les bases de réflexion seraient les suivantes :

- s'agit-il d'une situation spécifique à l'Arménie, en raison de ses caractères historiques et socio-culturels propres ?
- la diversité des types de peuplement nés de l'évolution économique et politique de la république sous l'URSS a-t-elle conduit à des schémas d'habitat différents ?
- la configuration montagneuse du territoire et sa situation de frontière méridionale de l'URSS ont-elles joué un rôle significatif dans l'organisation de la trame des villages ?

Ces interrogations amènent à différencier plusieurs catégories d'unités d'habitat à l'époque de l'URSS. On peut distinguer :

- des villages créés par des Arméniens venus du Proche-Orient au cours des années 1947-1948, à l'appel de Staline (en particulier de Syrie et du Liban), dans la plaine de l'Ararat par exemple;
- des villages de non-Arméniens, constitués par regroupement ethnique : villages peuplés exclusivement d'Azéris, enclaves créées par Staline et encouragées ensuite par Bakou : Tigranachen, ou encore Guiotaglu (aujourd'hui Verin Getak), à environ 12 km au nord de Kapan, tout près de la frontière avec l'Azerbaïdjan, de même que dans la région de Goris. Aujourd'hui ces villages sont vidés de leurs habitants et leurs maisons, vides, peuvent être occupées par des familles arméniennes. D'autres villages étaient surtout peuplés de Kurdes (à Guetachain par exemple), ou d'Assyro-Chaldéens (à Artashat, Arzni, Verin Dvin, Dimitrov, Nor Artaguers, dans la plaine de l'Ararat). A cela s'ajoutent les villages des Molokanes, d'une époque antérieure ;

- des villages mixtes, peuplés d'Arméniens et de non-Arméniens : Semionovka où cohabitaient Kurdes, Arméniens, Grecs, Russes, Molokanes, ou encore Vardanadzor, près de Meghri, au nord de Kapan (Artzvanik par exemple).

Ce thème du repeuplement actuel des villages d'Arménie mériterait une étude approfondie qui confirmerait le processus en cours, de reconquête, pourrait-on dire, de leur territoire par les Arméniens. Ce mouvement, constaté plus particulièrement dans les régions frontalières de l'Azerbaïdjan, n'est pas anodin ; il témoigne simplement d'un souci de réoccupation de terres ou de villages pour assurer une présence humaine, non militaire, afin de faire front en cas de visées d'expansion de la part des voisins turcs ou azéris. On retrouve le même souci dans les territoires occupés – où existe, par contre, une forte présence militaire - entre l'Arménie et le Karabagh. Des familles arméniennes s'y sont installées, encouragées par le gouvernement, afin "d'occuper l'espace" laissé vacant après le départ des azéris. Tentatives risquées, certes, mais réponse aux incertitudes de l'avenir et, en tous cas, rejet de l'idée de rétrécissement territorial.

Plus un effet de la géopolitique que d'une pénurie de terres, cette tendance est bien réelle et traduit parfaitement les préoccupations de tous les Arméniens, qui craignent surtout un grignotage de leur espace vital.

En dehors des villages qui se distinguent par divers types de peuplement, il existe aussi des villages où la collectivisation n'a pas eu de prise, comme à Vatchagan, au-dessus de Kapan, dont l'exemple, qui n'est pas isolé, mérite être souligné.

Cet ancien village, appartenant au domaine royal, date de l'époque du roi Vatchan, au XVIe siècle. Il surplombe un torrent descendant du mont Khoustop dans le Zanguezour. Lors de la soviétisation, les habitants allèrent travailler dans l'industrie à Kapan et conservèrent leur maison, leur jardin, deux ou trois vaches, quelques moutons, pour les besoins domestiques. Cette commune, accrochée aux pentes, ne fut jamais collectivisée; sans doute l'économie agricole y présentait-elle si peu d'intérêt que le pouvoir soviétique ne s'y intéressa jamais. C'est ainsi que les habitants conservèrent leur bien personnel, comme le lopin, et purent continuer à faire pâturer le bétail dans la montagne. Il ne s'agit pas d'un cas isolé : dans cette région de haute montagne, la valeur économique de l'espace agricole ne justifiait pas l'implantation d'unités collectives de production.

Tous ces caractères, fruits d'une observation sur le terrain, sont peu pris en considération dans les études soviétiques qui soulignent plutôt les modifications extraordinaires dans l'aspect des villages et de l'habitat paysan en Arménie. Les descriptions de l'habitat mettent en exergue la rapidité des changements et le progrès apporté par le régime. Auparavant "pitoyables", faites de terre séchée ou de pierre non taillée, les masures sans lumière ont connu le confort avec le progrès soviétique[1]. Ce changement n'est pas exceptionnel : partout en Europe, à la même époque, dans certaines régions rendues accessibles, l'électricité et les améliorations intérieures des habitations paysannes apportent la modernité du temps.

Lors de la collectivisation, un des bouleversements les plus remarquables fut la destruction quasiment générale des églises de villages. Il en reste parfois la trace dans les campagnes. A Saravan, le bâtiment en ruines de l'ancienne église a longtemps servi d'étable avant d'être abandonné, gagné par les ronces. A l'entrée de Meghri, les restes d'une belle église sont accrochées au versant ; on peut y voir des lambeaux de fresques noircies représentant des anges. La toiture est aux trois quarts effondrée. Des animaux étaient abrités dans la nef principale.

Le domaine familial est l'expression d'une relative autonomie

Il s'organise autour de la maison avec son enclos, ou lopin, jardin potager de 1 000 à 2 500 m^2, que le paysan reçoit pour son utilisation personnelle. Généralement, il reçoit aussi 1 ou 2 têtes de bétail et quelques volailles. C'est là le cadre social sur lequel se referme la cellule familiale, échappatoire à la logique collectiviste. C'est à partir de là que se construit une "économie souterraine", beaucoup plus productive que celle du kolkhoze. Récalcitrants au processus de mise en commun des moyens de production, les paysans expriment dans l'organisation du village, leurs velléités d'autonomie face aux contraintes du système.

Le lopin, à l'époque soviétique, devient progressivement le seul élément d'intérêt qui motive le travail paysan. Dans toute l'URSS, la surface totale des lopins individuels était de 100 000 km^2, soit 4% des terres cultivées seulement, mais représentaient 25% de la production agricole et, en particulier, 40 % de la superficie en vergers et en cultures maraîchères[2]. Dans le Caucase, il s'agit de 1,3% de la surface cultivée, mais 22% de la production totale et 28% du revenu des kolkhoziens et des sovkhoziens, auxquels il faut ajouter le produit de l'autoconsommation. La parcelle individuelle assure l'appoint pour la subsistance de la famille. Qualifiée d' "exploitation individuelle auxiliaire" par les économistes soviétiques, son

---

[1] *L'Arménie soviétique*, op. cit. Des descriptions de ces habitations sont relatées par des voyageurs ayant traversé le Caucase au début du siècle.

[2] Ce dernier point est souligné par J. Radvanyi, dans le chapitre 5, p. 187, consacré à l'agriculture (*Le géant aux paradoxes*. Ed. Sociales-Notre Temps, Paris, 1982).

rôle ne cesse de s'accroître[1]. On retrouve les mêmes proportions en Arménie. C'est un fait généralisé, dans l'ensemble du monde paysan, que de voir les meilleurs rendements assurés par les jardins familiaux.

La fonction nourricière de l'économie auxiliaire est étroitement liée à l'usage du lopin. Sa contribution à la production agricole concerne surtout les pommes de terre, les œufs, le lait, la viande et les légumes. Sans vouloir exagérer la productivité réelle des lopins, force est de constater que les performances y sont beaucoup plus élevées que sur les terres collectives.

Quelques exemples servent à rendre compte de l'importance du fait en URSS, ainsi pour les légumes, le lait et la viande:

REPARTITION DE LA PRODUCTION AGRICOLE COLLECTIVE ET PRIVEE EN URSS EN 1962 POUR TROIS PRODUCTIONS-TYPES

	Total production (%)		Autoconsomation et besoins de production		Production commercialisée	
	collective	privée	collective	Privée	collective	Privée
Légumes	58	42	26	74	87	13
Lait	55	45	19	81	90,2	9,8
viande	56	44	10,7	89,3	77	23

(source : B. Kerblay. Les marchés paysans, p. 259)

PART DE LA PRODUCTION DES LOPINS DANS LA PRODUCTION TOTALE EN ARMENIE. 1967

CHEPTEL			PRODUCTIONS ANIMALES		
Bovins	Porcins	Ovins et caprins	Lait	Viande	Œufs
37% dont vaches : 48,4%	23,6%	40,85%	37,6%	38,7%	67%

(Source : Annuaire de l'URSS. 1969)

Dans le système collectiviste, l'articulation de la part du "collectif" et de "l'individuel" s'exprime particulièrement bien au travers du revenu paysan. Conjointement aux revenus directs tirés de la production du lopin pour l'autoconsommation, le paysan perçoit officiellement une rémunération, généralement en nature, pour son travail au kolkhoze.

Le revenu des kolkhoziens diffère selon les républiques :

L'Arménie présente un revenu par personne plus faible, mais un revenu par famille parmi les plus élevés. La famille arménienne est un élément d'unité économique d'entraide et de solidarité. C'est ce qui explique cet

[1] B. Kerblay. *Les marchés paysans en URSS*. Mouton, Paris,1968, pp.294-298.

aspect - que l'on retrouve ailleurs pour les mêmes raisons plus ou moins marquées - et c'est ce qui contribue, dans la situation actuelle, à la survie des familles.

Dans la hiérarchie sociale, ce sont les machinistes, les techniciens agricoles et les postes spécialisés qui sont les mieux payés. Lors de la décollectivisation, les effets de cette situation seront déterminants.

REVENU ANNUEL EN 1975[1]
(moyenne nationale = indice 100)

	Par famille	Par personne
Géorgie	127	106
Azerbaïdjan	106	65
Arménie	122	77
Ukraine	91	109

C'est dans le cadre des lopins que le potentiel agricole est le mieux valorisé par une bonne maîtrise des rendements et une gestion efficace permettant de dégager des revenus pour la famille. Or, ces revenus ne sont pas intégrés aux statistiques officielles[2]. Si l'on ne prend pas en compte cette économie "privative", on ne peut comprendre les réalités d'alors et encore moins celles de la transition : revenu relativement modéré par habitant mais de fortes marges qui permettent une amélioration notoire du niveau de vie des familles. Ce revenu, placé sur des livrets en banque, sera un confortable matelas lors de la privatisation. Ces revenus occultes - ou leur souvenir - alimentent l'amertume des paysans quand ils comparent la situation "avant" et "depuis".

[1] Hélène Carrère d'Encausse, *L'empire éclaté*, op.cit., p. 119.

[2] Le revenu du kolkhozien, qui participe à la propriété coopérative des moyens de production, est une fraction du revenu collectif. Une partie est versée en espèces (70%), le reste est donné en nature (selon les productions de la régions). A cela s'ajoute la rémunération du lopin. L'ouvrier, y compris celui du sovkhoze, qui participe à la propriété étatique des moyens de production, dispose d'un revenu plus élevé, sous forme d'un salaire.

1.2.3. La soviétisation de la société des campagnes

A l'époque soviétique, une des préoccupations du régime était la formation de spécialistes, dans tous les domaines de l'économie, afin de façonner des individus dans l'optique idéologique du progrès socialiste. D'où la création de nombreuses formations diplômantes pour le secteur de l'agriculture.

Former une main - d'œuvre qualifiée

En Arménie, le "terrain" est particulièrement favorable : les Arméniens, comme cela a été précédemment évoqué, sont très sensibles aux arguments de l'éducation. Leur intérêt pour les études est manifeste, le fait n'est pas nouveau, c'est ce que soulignait E. Reclus :" Les Arméniens, très ambitieux pour leurs familles, cherchent tous à fournir à leurs enfants les avantages de l'instruction (...). Relativement à leur nombre, les Arméniens sont peut-être ceux qui, parmi les habitants de l'empire russe, impriment le plus d'ouvrages[1]". Or, dans cette république où se manifestent dès le début des signes de résistance paysanne à la collectivisation, il faut pouvoir former des élites dans la ligne politique et moderniser le plus vite possible une économie qui accuse un retard certain.

Pour former une main-d'œuvre qualifiée, une intelligentsia scientifique et technique, on crée des instituts polytechniques divers, aptes à former des cadres politiques et techniques à tous les niveaux : du tractoriste au directeur de kolkhoze le discours est le même et l'embrigadement, général. L'Arménie détient, avec la Géorgie, le taux record du niveau d'instruction. La RSS d'Arménie est même devenue un des meilleurs centres scientifiques de l'URSS : on y vient étudier des républiques éloignées et d'autres "pays frères". L'Arménie a le plus fort taux de spécialistes de toute l'URSS : 2,5% de sa population soit 58 000 spécialistes recensés. L'Académie des Sciences de la RSS d'Arménie[2] comporte des sections réputées, en particulier pour l'agriculture : Institut de génétique, Institut d'élevage, Institut de culture...

C'est ainsi, après 70 années de socialisme, qu'émerge une classe de paysans formés aux meilleures écoles de Moscou, de Léningrad ou de Erevan. Voilà un des paramètres les plus significatifs pour comprendre les divers degrés de l'évolution actuelle.

---

[1] E. Reclus, op. cit., p.264.

[2] Son directeur, M. Ambartsoumian, est, dans les années 68, un physicien et astronome de réputation mondiale. Il dirige l'Observatoire de Biurakan, sur l'Aragatz.

Des nuances dans la qualification selon les groupes sociaux

Parmi les groupes ethniques qui composent la population de la RSS d'Arménie, des tendances apparaissent, comme diverses spécialisations dans le secteur agricole. Ainsi, les Azerbaïdjanais sont-ils plutôt tentés par les activités d'élevage, de même que les Kurdes Yézidis, traditionnellement éleveurs. Les Arméniens sont plutôt des cultivateurs sédentaires, ainsi que les Molokanes qui se sont fait une réputation dans la culture du choux, du cornichon et de la pomme de terre. Ces différenciations amorcent une hiérarchie sociale et certaines spécialisations selon les communautés paysannes que l'on retrouvera dans l'évolution du monde paysan après la privatisation.

A Guetachain, le maire est vétérinaire. Sa profession lui permit, à l'époque soviétique, d'acquérir une certaine notoriété. Avant la fin de l'URSS, lors de la *perestroïka*, il avait déjà fait l'acquisition d'une centaine de vaches de race Switsa, achetées en Bielorussie, et de race Komstrolski, de Iaroslav.

Les Yézidis, de Gaye, près d'Etchmiadzin, sont des éleveurs transhumants. Ils travaillaient dans le kolkhoze (le village s'appelait alors Ghatuna). Le cheptel bovin, de 800 têtes, et ovin passait l'été sur les pentes de l'Aragatz. Chaque famille possédait en propre un petit troupeau. Ainsi, le patriarche de la famille de Fayzo, l'actuel chef de famille, détenait 500 brebis, c'est-à-dire qu'il gérait le troupeau du clan.

Dans la typologie qui termine ce chapitre, d'autres exemples illustreront cet héritage soviétique à l'origine d'une recomposition actuelle de la hiérarchie sociale dans le secteur agricole, ainsi que de l'émergence d'une classe de "nouveaux fermiers".

1.3. LA PLACE DE LA R.S.S. D'ARMENIE DANS L'AGRICULTURE DE L'URSS : UNE REPUBLIQUE MERIDIONALE

L'intégration du maillon arménien au vaste ensemble de l'Union suit les règles de base du système : chaque république entre dans le réseau de la dépendance organisée. L'Arménie doit fournir sa part de production pour le grand marché soviétique et, surtout, répondre aux diktats de la planification dirigée où la situation méridionale du pays sert de référence aux orientations de productions.

Hommes et mentalités, terre et outils, tout est inscrit en droite ligne de l'idéologie omniprésente. La mise au pas brutale de l'économie agricole porte un coup fatal à toute tentative d'initiative individuelle. Globalement, on peut estimer le bilan lourdement déficitaire à tous points de vue, tant à propos des types de production et de leur rendement, qu'au sujet des méthodes et des moyens techniques pour produire, transformer, distribuer.

Les géographes soviétiques tentèrent de démontrer les bienfaits de la planification qui a remanié la géographie de la production agricole. Ainsi, la rhétorique du moment balaie d'un revers de main tous les obstacles : les raisons, pour ou contre l'implantation d'une nouvelle production, répondent à la logique implacable du plan, elle-même justifiée par les efforts à fournir pour le progrès socialiste. "L'agriculture de l'URSS est devenue la plus grande du monde. Cela facilite le remaniement de sa géographie". Quant à l'intérêt des plans, il apparaît évident : "L'agriculture de l'URSS se fortifie. Elle se développe selon un plan d'Etat unique. A une production planifiée correspond une répartition également planifiée. Le remaniement de la géographie de l'agriculture fait suite à la transformation de la géographie industrielle[1]". Dans le cadre de cette réorganisation, le contour géographique de l'agriculture s'élargit vers le sud et la Transcaucasie est intégrée à cette géographie planifiée.

Il convient, cependant, de nuancer quelque peu les idées préconçues concernant l'approvisionnement des marchés en denrées agricoles et, dans ce cadre, la place respective des républiques soviétiques afin d'y pourvoir.

L'Arménie, de même que les deux autres RSS de Transcaucasie, bénéficiait incontestablement d'une situation à part. Bien que cette région soit en marge du grand ensemble territorial de l'URSS, ses productions agricoles lui assuraient une certaine opulence dont l'écho revient, toujours, dans les souvenirs : "avant on ne manquait de rien ", leitmotiv tant de fois entendu et qui exprime parfaitement cette réalité. En Arménie, dans les campagnes comme dans les villes, la ménagère a toujours trouvé les fruits, les légumes et la viande nécessaires au quotidien de la famille, et cela, par opposition avec certaines autres régions ou agglomérations de l'Union où des files d'attente devant les magasins aux rayons presque vides servent souvent d'illustration aux problèmes de distribution et aux pénuries alimentaires.

Il faut donc, si l'on veut tenter de resituer la place de la RSS d'Arménie dans l'ensemble soviétique, ajuster le propos généralement admis – et vérifié dans bien des cas – qui consiste à souligner la pénurie obsessionnelle des produits alimentaires sur les marchés de l'URSS. Le fait essentiel, qui contribua grandement à la réputation de l'Arménie – comme un jardin des Hespérides -, concerne bien la production très spécialisée de cette république, prise en considération par Moscou avec beaucoup d'intérêt. L'interdépendance reste bien une idée fondamentale dans le contexte économique de l'Union, mais cette notion est à double sens pour la

[1] Les citations de cette partie sont extraites de la *Nouvelle géographie de l'URSS*. N. Mikhailov, op.cit., pp. 139-141.

Transcaucasie, Moscou étant, pour les productions méridionales, particulièrement tributaire de ses périphéries du Sud.

1.3.1. Un monde "retourné" : les productions d'un Sud

Absurdité du système, d'une organisation d'interdépendance poussée à l'extrême, l'Arménie, malgré les avantages d'un milieu de montagne, restera déficitaire en produits laitiers et devra les importer d'autres républiques. Dans cette région traditionnellement agricole, l'agriculture devient le point faible de l'économie, le boulet à traîner, comme dans l'ensemble de l'Union. Le décalage et les difficultés de la transition en cours sont mis en lumière par les erreurs accumulées au gré des orientations des plans. La logique de l'économie agricole dans l'Arménie soviétique s'apparente à un périlleux exercice de style et mérite d'être soulignée.

On est toujours au sud de quelque part. La situation de l'Arménie, vis-à-vis de l'ensemble soviétique, était digne d'intérêt. A vivre dans un monde clos où les règles de la concurrence et les exigences gustatives sont à peu près ignorées par les lois du marché - sauf en ce qui concerne la consommation de la *nomenklatura* -, certains produits étaient recherchés parce que rares, mais n'en acquéraient pas, pour autant, une valeur ajoutée commercialisable. Il en était ainsi des fruits et des légumes de Transcaucasie.

Dans cette enveloppe de protection créée par l'hermétisme des frontières, les cultures de ce milieu favorisé par la chaleur estivale sont les points forts de l'agriculture arménienne.

PRINCIPALES PRODUCTIONS VEGETALES DE LA RSS D'ARMENIE
EVOLUTION 1988-1991
En 1988, source : Institut des Terres, Erevan.
Après 1990, source : Ministère des Statistiques de la R.A.

	1988 (tonnes)	1991 (tonnes)
Céréales	261 913	304 000
Fruits	76 227	166 700
Raisins	95 941	191 200
Légumes	302 428	443 500
Pommes de terre	148 000	275 200

Au vu des résultats de l'agriculture et surtout de l'accroissement, souvent présenté alors comme prodigieux, des rendements, quelques questions préalables peuvent être posées. Les cultures méridionales du sud du Caucase étaient-elles de qualité exceptionnelle?

PRODUCTION (EN TONNES) EN 1988

Source : Institut des terres de la RSS d'Arménie

	Fruits (vergers)	Raisins
Aragatzotn	11 469	5 627
Ararat	6 681	36 143
Armavir	19 799	32 201
Ghegharkunik	611	-
Lori	3 828	138
Kotayk	14 127	1 959
Chirak	384	-
Siounik	2 494	594
Vayots dzor	2 484	1 430
Tavoush	13 966	16 311
Erevan	384	1 538
TOTAL	76 227	95 941

Autrement dit, le "Sud" de l'Union soviétique, espace privilégié dans un monde fermé, fournissait les meilleurs fruits et légumes, les vins et alcools les plus fameux, le tabac le plus recherché. L'Arménie - ainsi que les deux autres républiques de Transcaucasie - occupait ainsi une place à part : fruits, légumes, tabac, vignoble étaient autant de produits réputés pour le marché intérieur de l'Union, et, faute de se mesurer à la concurrence, considérés comme de grande qualité. Par exemple, les cultures maraîchères de la plaine de l'Ararat avaient une grande réputation et étaient à la base de traditions alimentaires[1], particulièrement les légumes méridionaux, bien adaptés à ce milieu chaud avec irrigation : poivrons, tomates, concombres, pastèques, oignons, légumes primeurs, ainsi qu'une grande variété d'herbes aromatiques. En 1964, 11 800 hectares irrigués sont consacrés aux cultures de légumes, soit plus de 10% de la superficie irriguée totale (104 400 ha) avec une production estimée à 185 000 tonnes pour cette même année.

Fleurons de l'agriculture arménienne : le vignoble et l'arboriculture fruitière étaient-ils des productions de grande réputation ? Et quels étaient les critères qui fondaient cette réputation ?

La vigne et les fruits, en particulier l'abricot[2] et la pêche, sont alors les productions les plus recherchées.

Le vignoble est une production emblématique

Le vignoble fournissait 90 variétés de raisin. L'Arménie, avec 3% de la superficie en vignoble de l'URSS, soit environ 23 000 ha[1], produit 76 000

[1] Les légumes, frais, secs ou marinés, entrent dans les habitudes alimentaires des Arméniens ainsi que les herbes aromatiques dont il est fait grand usage dans l'alimentation.

[2] Brillat Savarin disait que les Romains importèrent l'abricot d'Arménie et qu'ils appelèrent Pomme d'Arménie.

tonnes de raisin en 1988. Ces "spécialités" alimentaient une industrie agro-alimentaire (distilleries, conserveries) importante : le "cognac" (ou brandy) arménien et le vin d'Areni avaient une telle réputation que les meilleurs crus étaient livrés à la table du Kremlin.

EVOLUTION DES SUPERFICIES ENTRE 1950 ET 1959 (milliers d'hectares)
ARMENIE

Vignoble		Vergers	
1950	1959	1950	1959
16	27	21	24

EVOLUTION DE LA PRODUCTION ENTRE 1940 ET 1969 (milliers de quintaux)
ARMENIE

	1940	1950	1960	1966	1968	1969
Vigne	110	121	915,7	1 612,2	923,3	1 953,7
Fruits	-	185,1	482,9	278,5	723,3	695,9
Légumes	326	671	1 465	1 719	2 145	2 496

(Source : Ministère des Statistiques. Erevan)

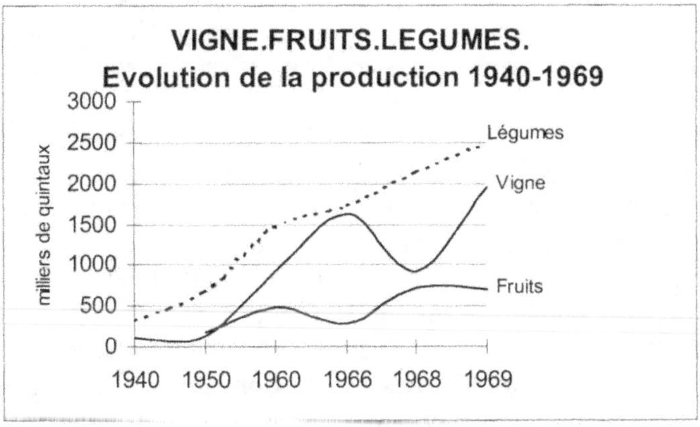

Figure 2-2

C'est au cours des années 50 et 60 que la production s'accroît de manière importante, en grande partie en raison de l'extension des réseaux d'irrigation puisque tel était le principe : irriguer pour accroître les rendements. Pour étendre la superficie viticole, on eut alors recours à des techniques empiriques mais efficaces. Sur les étendues pierreuses, les "*kirs*", par exemple dans la région de Talin, on forait la pierre par des charges d'explosifs afin de pouvoir planter de nouveaux pieds de vigne[2].

---

[1]La superficie du vignoble est de 13 000 ha en 1940 et de 23 000 ha en 1964.
[2] B.Kasbarian-Bricout, B. *Les Arméniens au XXe siècle*. Paris, L'Harmattan, 1984, 254 p. Op. Cit.,p. 124.

Pour bien comprendre ce que représentait le vignoble l'Arménie sur le marché de l'URSS, il faut reprendre quelques-uns des aspects de son histoire, y compris les témoignages archéologiques de l'époque d'Ourartou.

Lors des fouilles archéologiques de Théchébayin, dans le royaume d'Ourartou[1], ont été découvertes sept caves - dont une pouvant contenir 21 000 litres de vin - servant à l'entrepôt de réserves de vin. Dans l'une d'elles furent retrouvées d'énormes jarres de terre cuite, ainsi que de gros entonnoirs d'argile, utilisés pour le remplissage des jarres, et des morceaux de soufre. D'autres traces témoignent de l'ancienneté de la viticulture : grains de raisin durcis, outils, pressoirs, cruches et pots, jarres, auxquelles s'ajoutent des inscriptions et des sculptures (bas-reliefs et hauts reliefs en particulier) sur le site de l'ancienne capitale d'Ourartou, attestant qu'il y a 4 000 ans, la vigne était une production réputée.

L'œuvre littéraire, depuis l'Antiquité, révèle divers aspects de la viticulture en Arménie et de sa réputation très au-delà de la région. C'est Xénophon, dans l'Anabase (430-354 av. J.C.) qui décrit l'Arménie (dans son territoire actuel) comme un pays à l'agriculture féconde où abondent les cultures de blé, d'orge et de vigne. Il en évoque les vins vieux et délicieux. C'est la source la plus ancienne, irremplaçable, écrite de la main de ce témoin qui parcourut la région et raconta ce qu'il vit. D'autres références concernant la viticulture et la vinification, dans l'Ourartou, confirment ces témoignages ; ainsi a-t-il été démontré, par les fouilles archéologiques, que 15 000 litres de vin auraient été payés au roi d'Ourartou, au IXe siècle av. J.C. Les Phéniciens encourageaient les Arméniens à étendre leur vignoble afin de développer le commerce du vin. Hérodote (485-425 av. J.C.) décrit le chargement de fûts de vin sur des embarcations afin de les transporter sur les rivières vers le pays des Mèdes. Les descriptions des voyageurs étrangers parcourant la région à partir du XVe siècle, donnent une idée assez précise de l'importance de la viticulture. Nous les évoquerons ultérieurement pour illustrer la place des cultures fruitières et viticoles dans l'agriculture en Arménie ainsi que diverses pratiques traditionnelles, héritées de périodes bien antérieures à la soviétisation.

Les fouilles archéologiques et les textes anciens nous renseignent aussi sur les cépages originels. Près de Erevan, autour de la capitale ourartéenne

---

[1] Période du IXe siècle au VIe siècle av. J.C. La dernière mention historique se situe en 609 av. J.C. et l'on sait, par un texte d'Hérodote, que la chute de l'Ourartou serait antérieure à 585. Le royaume d'Ourartou s'étendait sur le territoire actuel de l'Arménie ainsi que dans l'Asie mineure. C'était, avec l'Assyrie, une des principales puissances de la région.

d'Erebouni, dans l'ancienne région de Karmir Blour (Mont Rouge), des traces archéologiques révèlent le haut niveau atteint par l'agriculture (cultures maraîchères et viticulture surtout). On y trouva des restes d'une production fruitière variée : cerises, prunes, pommes, grenades, noix, raisins. Les recherches sur le raisin à partir de pépins permirent d'identifier les espèces répandues à cette époque : Voskehat, Ararat, Noïr. Ce sont les plus anciens cépages aujourd'hui encore cultivés. Dans son "Histoire Naturelle" (volumes 12 à 28), Plinius Avag, au 1er siècle de notre ère, décrit plus de 100 espèces de raisin, ainsi que les pratiques culturales (la taille) et les méthodes de vinification. Il évoque même les bienfaits thérapeutiques de l'ampélothérapie, ou cure par le raisin. D'autres cépages sont mentionnés dans des textes plus récents, à propos des espèces importées par l'Arménie afin d'améliorer la production. C'est ainsi qu'en 1828, dans le monastère de Vararchapat, étaient introduits de nouveaux plants de Mouskat rose, d'Alikant, de Cabernet et de Sapéravi. Il serait intéressant de connaître l'évolution de ces cépages aujourd'hui.

Enfin, la tradition orale rappelle les habitudes alimentaires traditionnelles, en particulier les préparations sucrées à base de raisin, dont on a conservé le savoir- faire dans les familles : *soudjoukh*, friandise orientale de pâte de raisin emplie de noix, ou encore un jus de raisin cuit à point et sucré, le *dochab,* aux vertus curatives, la préparation des raisins secs, pour le pilaf par exemple, ou pour les conserver enfilés sur un brin de coton.

Lors de la collectivisation, fut créé un Institut arménien de recherches sur la viticulture, l'industrie vinicole et l'arboriculture. Il s'agissait de sélectionner des plants plus résistants au froid et aux parasites, plus productifs, et d'optimiser les résultats de la production viticole dont le nouveau pouvoir connaissait la réputation. C'est ainsi que 101 espèces de cépages furent retenues par une commission d'expérimentation, dont 33 pour la production d'un raisin de table. Parmi les espèces sélectionnées pour la vinification, on peut citer le Hadissi, Tigrani, Ourartou, Nektareni, Chirak, dont les vins sont réputés pour être délicieusement parfumés.

La vigne est omniprésente, envahit tout, les treilles ombragent délicieusement le devant des maisons, en ville comme dans les villages. Elle court partout, s'agrippe aux murs et aux balcons, escalade les étages des immeubles, grimpant sans vergogne jusqu'au 4eme ou au 5 eme étage, en plein centre de Erevan, adoucissant par le vert de son feuillage, l'austérité des façades de pierre grise. Voilà un trait de caractère particulier, relevé par bien des voyageurs ayant traversé le Caucase.

Les autres productions spécifiques

L'arboriculture fruitière est une autre production caractéristique. L'Arménie est le berceau de l'abricot. C'est Alexandre de Macédoine qui en emporta des noyaux vers la Grèce, sous le nom de *Mala armenia* d'où ils furent ensuite expédiés vers Rome où l'on dénomma ce fruit "pomme d'Arménie". Des noyaux de pêche, fragments d'un collier, ont été retrouvés dans les ruines de la forteresse ourartéenne de Teïchebaïni (VIIIe-VIIe siècle av.J.C.), près de Erevan. Les fruits occupaient la seconde place dans la production agricole globale de la république : fruits à noyaux surtout, mais aussi poires, pommes, alimentant les marchés des villes en fruits frais, ainsi que les usines de conserves et de jus de fruits, vendus dans toute l'URSS et livrés chez les privilégiés du régime. Les ventes "officielles" dans les magasins d'Etat étaient complétées par les échanges sur les marchés locaux, ainsi que le long des frontières, par exemple entre villages d'Arménie et de Géorgie.Grâce à l'irrigation et en raison des fortes températures estivales qui favorisent le mûrissement, les vergers "grimpent" jusqu'à 1 500 -1 800 m. Ces cultures, pivots de la production d'un Sud, sont encouragées par les plans successifs en raison de leur rareté et des besoins considérables du marché. C'est précisément ce qui contribue à la spécificité de l'agriculture arménienne et qui la valorise vis-à-vis d'autres régions de l'URSS. Et pourtant, ce secteur fut toujours déficitaire dans l'économie collectivisée, alors que dans la micro-économie paysanne, le rendement en fruits, légumes et raisin resta plus élevé.

Le tabac est souvent décrit comme la culture la plus avantageuse de la république. Ainsi s'expriment les responsables agricoles pour souligner la part de plus en plus importante de cette culture dont il est déjà fait mention avant l'époque soviétique : E. Reclus[1] rappelle que "le tabac devient une des cultures les plus importantes de la Caucasie, puisque la surface des terres employées à la production de cette denrée était en 1876 de 3 936 hectares", dont une partie dans les plaines de Transcaucasie, y compris en Arménie. Sols et climat lui sont favorables. La RSS d'Arménie (régions d'Idjevan, de Martouni et de Chamchaidine) devient, en quelques années, l'un des principaux producteurs de tabac d'Union soviétique : 10 à 15% de la production totale (14 000 tonnes, par exemple, en 1968).

Enfin, le coton et le riz étaient cultivés dans la plaine de l'Ararat, en raison des conditions favorables : chaleur et eau. Le coton fut cultivé jusqu'à la fin des années 70. La production n'était pas traitée sur place mais envoyée en Ouzbékistan dans des combinats spécialisés pour la transformation. Sans doute riz et coton furent-ils jugés trop peu rentables dans cette région ; ils furent progressivement remplacés par des cultures de légumes et de fruits.

---

[1] E. Reclus, op. cit., p. 288.

Figure 2-3

PRODUCTION DE FRUITS ET DE RAISINS EN 1988 PAR REGION

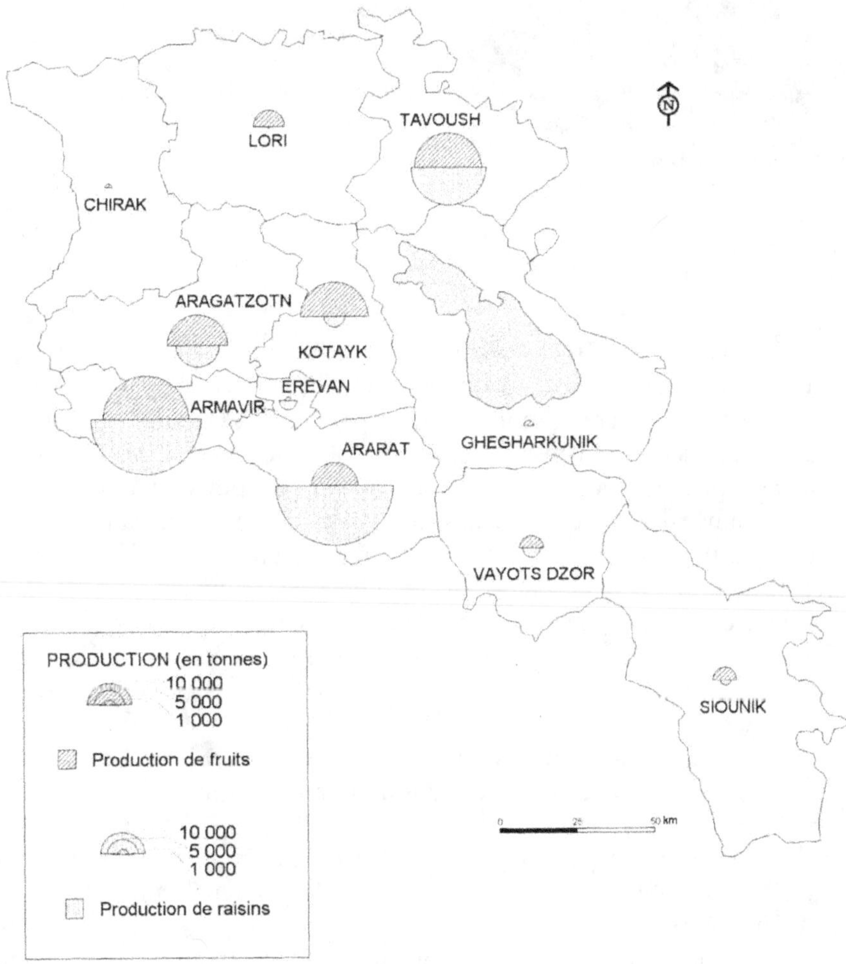

Source : Institut des Terres de la RSS d'Arménie - 1989

Rosa travaillait au kolkhoze d'Araks. On voit ici la récolte du coton dans les années 60. De septembre à novembre, la récolte occupait la majorité des travailleurs kolkhoziens, principalement les femmes, ainsi que des enfants. Les boules de coton devaient être cueillies avec soin et emplissaient des sacs noués autour de la taille

Photo 2-3

Ainsi, la RSS d'Arménie présente nombre d'avantages pour le marché de l'Union. Sa contribution à la demande globale s'inscrit dans le thème de dépendance et de la planification afin de répondre aux besoins. Sachant que l'approvisionnement de l'ensemble des républiques était géré selon une logique de réseaux d'échanges internes, les productions vivrières étaient souvent éliminées dans le cadre des kolkhozes et sovkhozes au profit des cultures industrielles et techniques ou de certains produits de l'élevage. Par contre, les cultures spécifiques aux régions méridionales, qui faisaient cruellement défaut au grand marché, étaient encouragées. Pour l'Arménie, c'est la base de choix de productions commandées par l'économie centralisée.

1.3.2. Dans un pays de pastoralisme traditionnel : le déficit des produits de l'élevage

Parmi les productions animales, l'accent fut mis sur les élevages industriels, alors que le pays connaissait un déficit en produits laitiers et devait en importer d'autres républiques.

Absurdité dans l'absurde, comment un milieu de montagne, à tradition pastorale, a-t-il pu ainsi devenir déficitaire ? Les besoins en lait dans la république n'étaient couverts que pour 48%, alors qu'une partie était transformée en fromages, yaourts, crème et servait à approvisionner des marchés extérieurs (dans la sphère soviétique). Basile H. Kerblay[1] rapporte qu'à Erevan, en 1956, on ne pouvait se procurer du lait sur le marché qu'après commande préalable. Il en était de même pour la viande où la demande intérieure (150 000 tonnes) n'était pas satisfaite par la production (130 000 tonnes). Ces données s'intègrent à tout un contexte de dépendance organisée mais sont aussi étroitement liées aux problèmes du cheptel et ont des effets durables sur la production animale.

Le cheptel bovin et ovin connut, en moins d'un siècle, deux catastrophes majeures.

Elles ont aggravé la situation et ont eu des effets durables sur la production animale :

- en 1928-1933, l'abattage du bétail, par les paysans qui refusaient la collectivisation, a conduit à un effondrement brutal des effectifs, dont l'élevage ne s'est jamais remis ;

- en raison de la dégradation des conditions sanitaires et vétérinaires[2], le cheptel connaît, au cours de l'époque soviétique, des pertes sévères : mortalité et affaiblissement des performances faute d'amélioration génétique.

NOMBRE DE TETES DE BETAIL:EVOLUTION 1967-1988

	1967	1988
Bovins	705 000	616 925
Porcs	93 000	231 280
Moutons et chèvres	2 397 000	1 569 010

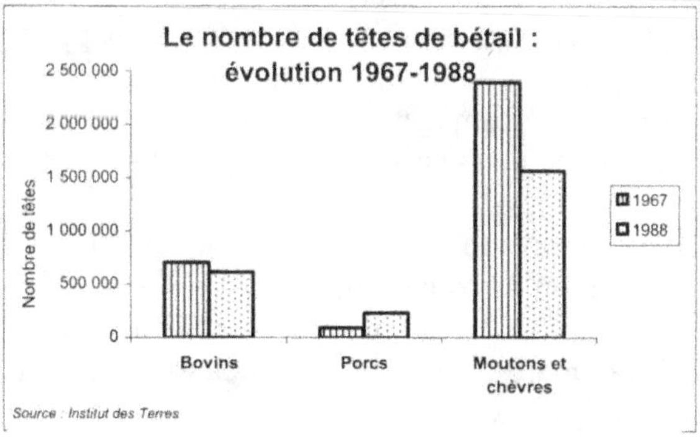

Figure 2-4

[1] *Les marchés paysans en URSS*. Ed. Mouton, 1968. B.H. Kerblay analyse (en particulier dans le chapitre III, p. 393 et dans les annexes de l'ouvrage, p. 437 et suiv.) des situations locales et révèle, au-delà des données statistiques officielles, bien des distorsions constatées dans la réalité vécue.

[2] Ces conditions s'aggravent à l'époque de Brejnev, mais aussi durant la perestroïka.

Pour compléter l'élevage dans les exploitations collectives, se développent, surtout à partir des années 70, des élevages industriels de bovins, porcins, volailles.

Les élevages industriels

Ils sont placés sous l'autorité d'une mega-structure d'Etat, Agroprom, créée en 1986. A sa tête, Agroprom URSS commande tous ses réseaux dans chaque république. Ces structures sont dirigées par le vice premier ministre de chaque RSS, sous l'autorité suprême du vice premier ministre de l'URSS.

Agroprom intègre différents ministères en charge des productions agricoles, il s'agit de "départements", commandant les secteurs de production : départements des cultures maraîchères, du lait, de la pisciculture, des volailles, de l'industrie sucrière.

A l'échelon régional, différents types d'élevages et leurs structures de transformation sont gérés en d'énormes complexes.

Les complexes lait-viande pour l'élevage bovin sont implantés à Yeghart, Atchotsk, Sissian (12 000 taurillons par an) pour la viande et à Martouni, Etchmiadzin, Hrazdan pour le lait. Lait et viande sont ensuite livrés aux combinats de transformation.

L'Arménie soviétique est réputée pour sa production de fromages : 80% du fromage "Suisse" et "Hollandais" est produit dans cette république, dans les usines de Sissian, Kalinino (Tachir), Lori, ainsi qu'à Talin pour les "bleus", autre spécialité arménienne. Pour ce fromage réputé, le lait est collecté dans la région de Stepanavan, en raison de la qualité de ses pâturages, en particulier le lait d'été. Le fromage "suisse" est vendu dans toute l'Union. Au total, sur les 1 800 tonnes de ce fromage produites chaque année entre 1960 et 1991 en URSS, 1 600 tonnes proviennent d' Arménie. Les meilleurs de ces fromages, étaient en particulier réservé aux *apparatchiks* et était donc peu visibles dans les magasins d'Etat des villes.

Les complexes d'élevage porcin sont de grande taille. Agroprom Arménie possède aussi un des quatre plus gros complexes de toute l'URSS, à Talin, à l'ouest de l'Aragatz. Cet ensemble est constitué de trois unités de 24 000, 54 000 et 12 000 mères, associées à un abattoir. Les aliments sont alors importés de Moldavie, d'Ukraine et de Russie. La production se distribue pour 50% en viande fraîche et 50% en charcuterie industrielle.

Les volailleries industrielles emploient près de 1 000 personnes[1]. La plus grande structure, à Djerarat (Armavir), produit 7 millions de poulets de chair par an, soit 33 000 tonnes, dont une partie est exportée vers la Géorgie et l'Azerbaïdjan. Hormis le poulet de chair, certaines volailleries sont spécialisées en poules pondeuses, qui assurent l'essentiel des besoins en œufs du Transcaucase. La production d'œufs passe de 119 millions en 1958 à 193 millions en 1965. L'alimentation des volailles provient d'autres républiques (à production céréalière) : la Moldavie, pour 30%, l'Ukraine, pour 10 à 15%. Ce secteur de production va souffrir de l'effondrement du système, réduit quasiment à néant en 1991.

1.3.3. L'agro-alimentaire, branche active de l'industrie en Arménie

La place de l'industrie agro-alimentaire dans la RSS d'Arménie est à l'image des productions spécifiques de cette région de l'URSS, ainsi que le fruit d'une tradition qui y occupe une place prépondérante, bâtie sur la tradition viticole pour la production de raisin de table et de vin. L'Arménie produit alors plus de 50 marques de vin, dont le célèbre vin d'Areni, ainsi qu'une dizaine de marques de "cognac", quatre marques de vin champagnisé, des liqueurs et des eaux-de-vie et sa production est exportée pour 70% dans toute l'URSS.

Le fleuron de cette branche industrielle est la production de brandy

Le "trust" Ararat, groupe environ 30 usines en 1972, dont une des plus importantes se trouve à Etchmiadzine. Il produit de l'alcool, le célèbre "cognac" arménien, du vin, et des jus de fruits. L'essentiel des unités de transformation sont localisées dans la plaine de l'Ararat, ainsi que dans les régions de production viticole du Nord-Est (Tavouch) et du Sud. Une partie de la production de brandy et de vin est mise en bouteilles dans la région de Léningrad, Kiev, Moscou.

A l'époque de Kroutchev, on développe la production de "brandy", "pour le peuple". A l'instar de la poule au pot d'Henri IV, chaque citoyen soviétique doit pouvoir acheter du "cognac" dont la commercialisation s'étend rapidement à toute l'Union. Et ceci crée alors quelques problèmes de quantités afin de répondre à la demande.

---

[1] Pour les besoins du marché de la RSS d'Arménie, les kolkhozes et sovkhozes ont aussi des élevages de volailles, mais leur production est moins importante.

Photo 2-4

La fabrique de "cognac" la plus prestigieuse est située à Erevan. Les bâtiments, de tuf ocre et rosé, composent un ensemble architectural remarquable et se dressent sur les hauteurs dominant la rivière Hrazdan depuis 1953, date à laquelle l'usine fut transférée du vieux centre sur son site actuel.

La fabrication du "cognac Ararat" débuta en 1887. Créée par Nersès Tayirian la firme est vendue en 1899 à une compagnie russe, appartenant à la famille Chustov. Lors de la collectivisation, en 1920, la famille Chustov fut expropriée. A l'époque soviétique, l'usine s'approvisionnait en vins d'Arménie (Armavir, Artachat, Ayguevan), mais aussi d'Azerbaïdjan, de Géorgie, du Karabagh et même d'Algérie, pour les « cognacs » ordinaires.

Les produits de l'élevage laitier

Malgré la faiblesse relative de la production, ils sont transformés dans des combinats laitiers et des fromageries.

La laiterie de Djermouk illustre bien l'agro-alimentaire des produits laitiers. Pour comprendre l'intérêt de ce combinat laitier, il faut le resituer dans le cadre d'une région de pastoralisme actif, sur les contreforts du Zanguezour, dans la région Vayots Dzor, et dans le contexte de l'activité de Djermouk[1], station thermale où la demande en produits laitiers était importante durant la saison. L'usine de lait a fonctionné de 1971 à 1991, dans le cadre de la collectivisation. Il s'agissait d'un combinat laitier qui traitait toute la production de lait des sovkhozes et kolkhozes dans un rayon de 30 kilomètres. L'usine approvisionnait, entre autres, le centre de cure de Djermouk avec ses nombreux sanatoriums. L'usine fonctionnait 8 heures par jour et approvisionnait toute la ville de Djermouk ainsi que les villes voisines de Vayk, Eghegnadzor, soit 50 000 habitants et 25 000 curistes.

La laiterie-fromagerie assurait la transformation journalière de 20 000 à 25 000 litres de lait et connaissait, en pleine saison thermale (de mai à octobre), une productivité maximale. Voici quelle pouvait être, selon les besoins, la capacité de fabrication de l'usine pour divers produits laitiers :

[1] Située à 175 km de Erevan, à 2 070m d'altitude, la ville est célèbre grâce à ses eaux minérales chaudes ; c'est un grand centre de cure et de repos. La station de cure, fondée en 1935, est devenue réputée à l'époque soviétique : des milliers de curistes, venus de toute l'Union, ont fréquenté les thermes de Djermouk. On y soigne les maladies d'estomac, du foie, de la vésicule et les troubles du métabolisme.

Embouteillage du lait et du yaourt (*matsoun*) : 3 000 bouteilles/heure		
Crème fraîche : 600 kg/h	Fromage blanc : 700 kg/h	Fromage : 1 500 kg/h Beurre: 400 kg/h

A partir de 1988-89 et surtout après 1991, avec le passage à l'économie privée cette laiterie, comme bien d'autres, a cessé de fonctionner.

D'autres branches de l'agro-alimentaire sont, à cette époque, particulièrement florissantes. Il s'agit de la transformation des productions spécifiques à l'Arménie, en particulier fruits, légumes, raisin, dont 90% des conserves et des jus de fruits étaient exportés dans l'ensemble de l'URSS. Les eaux minérales sont une autre ressource de l'agro-alimentaire : nombre de sources, dans ce pays de volcanisme et de montagnes, sont réputées et alimentent une industrie active pour l'embouteillage des eaux de Djermouk ou de Bjni, vendues dans toute l'Union.

Malgré la réputation des productions agricoles d'Arménie, en dépit des performances réalisées pour atteindre les objectifs de la planification, hormis les résultats encourageants proclamés dans les rapports officiels, force fut de constater qu'on ne parvenait pas à atteindre l'avenir radieux promis par le système. La machine se grippait, les rouages de l'économie agricole, en particulier, souffraient de carences de plus en plus rédhibitoires, toute tentative de réforme devenant hasardeuse : au cours des années 70-80, le mécanisme s'enraya irrémédiablement. Jean Radvanyi évoque, à propos de l'année 1965, un tournant pour l'agriculture soviétique : "la fin du boulet ?"[1]. Durant cette période, on remet en cause le caractère prioritaire de l'industrialisation et les directives du Parti mettent l'accent sur de nouvelles pratiques pour développer le secteur agricole qui apparaît de plus en plus comme un fardeau pour l'économie socialiste, d'où le programme de mécanisation, de chimisation et d'intensification des cultures. A ces mesures, d'ordre technique et matériel, s'ajoutent des mutations structurelles : nouveau statut des kolkhozes avec transformation en fermes d'Etat. Par ailleurs, on tente d'appliquer à l'agriculture le "modèle" industriel en développant les "usines" à viande, à lait, à poulets, énormes complexes de l'agro-industrie avec lesquels on espère pouvoir relever les déficits de l'économie agricole. L'Arménie n'échappe pas à ces transformations, comme le montre l'exemple des grosses structures Agroprom.

[1] Jean Radvanyi. *Le géant aux paradoxes*. Ed sociales, Notre Temps, Paris, 1982. "Agriculture : la fin du boulet ?" chapitre 5, p. 187.

Les mauvais résultats, souvent occultés par des statistiques et des rapports euphoriques, préoccupent tout de même les dirigeants. J. Radvanyi rappelle[1] "les mauvais indices du secteur agricole", le "net retard de l'agriculture" et souligne l'idée qui s'impose dans les sphères dirigeantes : "l'agriculture constitue un véritable boulet". Quelles raisons invoquer pour justifier cette situation ? "la nature ? le climat ? ... et les contraintes qu'ils imposent. Mais ils ne suffisent pas à expliquer le retard. (...) Les hommes ? Le système ?".

En face de ces interrogations, faudrait-il rappeler les propos de Nicolas Mikhailov qui, en 1936, porté par l'euphorie du moment, affirmait que "chaque région reçoit les cultures qui conviennent le mieux à sa nature et à son économie et elle donne les meilleurs résultats dans les conditions données". L'idéalisation du milieu laissait présager des perspectives prodigieuses :"l'extrême diversité des conditions naturelles permet en URSS la culture des plantes les plus variées. (...), seule une économie socialiste planifiée est capable de créer une géographie rationnelle et riche de la flore. Une organisation précise de l'économie en accord avec les exigences naturelles s'associe à une transformation active de la nature[2]". Avec cette entrée en matière, comment douter des résultats ? Le climat serait-il récalcitrant ? Et la nature, peu coopérante ?

Afin de comprendre ce qui conduisit le système à la déroute, en Arménie, pour le moins, et particulièrement le secteur agricole, nous allons essayer de reprendre les idées de base de l'économie collectiviste et d'analyser l'évolution à partir de quelques exemples.

1.3. LA SPIRALE DE LA DECADENCE

Les signes annonciateurs de la débâcle n'échappent pas aux responsables de l'économie socialiste. Ils apparaissent à tous les niveaux dans les campagnes, en Arménie comme dans chacune des républiques de l'URSS.

1.4.1.Les failles du système : chronique d'une mort annoncée

Des contre-performances économiques

Une planification inadaptée aux réalités régionales est à l'origine de bien des dysfonctionnements dans la logique collectiviste. S'y ajoutent les effets d'une productivité bien faible eu égard aux potentialités réelles ainsi que des pratiques "perturbantes" tout autant qu'illégales, qui déstabilisent les réseaux de distribution.

---

[1] Id.op. cit.,p. 187.

[2] N. Mikhailov. *Nouvelle géographie de l'URSS*, op.cit., p. 141.

Une des difficultés et des faiblesses de la planification réside dans la distorsion existant entre un volume global de production apparemment satisfaisant, si l'on en croit les statistiques, et les pénuries sur les étals des magasins d'Etat, de même que le choix limité de fruits, de légumes et, surtout, de produits laitiers, alors que de toute évidence, le pays est apte à assurer une production suffisante.

Lors de son voyage en URSS en 1930, Ella Maillart[1], pourtant élogieuse du système, exprime son étonnement devant la pénurie chronique qui sévit dans les capitales de la Transcaucasie. Cela se passe à Tiflis, en Géorgie "au bazar, seuls quelques melons d'eau envahissent les étalages. Déception : au point de contact de la Turquie et de la Géorgie, de l'Arménie et de la Perse proche, j'espérais trouver un bazar digne des Mille et Une Nuits!" Sans doute abusée par l'apparente abondance visible dans les champs et par la propagande, Ella Maillart avoue sa déception. Ce témoignage illustre l'absence d'échanges entre les républiques voisines. Du fait de la centralisation et du dirigisme, les meilleurs produits de Transcaucasie sont envoyés sur les tables du Kremlin.

Autre registre : l'incapacité de l'Etat à gérer la distribution[2], même dans la capitale. "Un jour, on proclame la vente libre du sucre; jusqu'alors il était rationné. Tout le quartier se précipite, fait la queue, achète le plus possible de sucre, soit pour un usage personnel, soit pour faire des échanges avec les paysans vivant de commerce privé (et de ce fait n'ayant pas droit de distribution de l'Etat). L'arrivage de sucre est vite épuisé : il n'y a plus rien le soir, lorsque veulent faire leurs achats ceux qui reviennent du travail".

Pour camoufler les défauts de la situation économique, en particulier ceux de la production agricole qui ne tient pas ses promesses, les statistiques sont truquées. Dès les années 60, les dirigeants rétablissent la peine de mort pour le délit de "trucage des chiffres". Mais les résultats parlent d'eux-mêmes : pléthore de main-d'œuvre pour une efficacité limitée, records de production annoncés cachant une sous-productivité[3], pénuries alimentaires plus ou moins orchestrées, pertes et gaspillage tout au long de la chaîne de production et de distribution. Une boutade, répandue dans le monde

[1] Ella Maillart,. *Parmi la jeunesse russe*. Payot voyageurs, Paris, 1987.

[2] A ce propos, on se réfèrera au chapitre III (p. 393) de l'ouvrage de B.H.Kerblay (op.cit.). L'auteur met en évidence les graves défaillances dues à l'incapacité du système pour gérer la distribution des produits agricoles. Entre autres goulots d'étranglement, il cite "l'insuffisance des abattoirs", la capacité inadaptée des frigorifiques et des silos, le retard de l'infrastructure commerciale et les temps de transport : "les tomates de Krasnodar sont acheminées à Moscou en 7-8 jours en raison des arrêts trop prolongés dans les gares de triage ; un wagon de fruits de Crimée ou de Géorgie met 10 jours pour arriver dans la capitale". (p. 401, en citation de *Gazeta* du 8 juillet 1965 et *Izvestija* du 14 juillet 1965.).

[3] Si les tonnages annoncés s'avèrent à peu près justes, ils ne témoignent pas, quand on les rapporte aux moyens mis en œuvre, d'une réelle performance économique.

soviétique, résume bien le désintérêt du travailleur, paysan ou ouvrier, pour le travail collectif : "L'employeur (l'Etat) fait semblant de nous payer, nous faisons semblant de travailler."

La faiblesse profonde de l'organisation de la production agricole tient principalement à des orientations quantitatives.

Ce sont les quantités produites qui signent la réputation d'un kolkhoze ou d'un sovkhoze, les quantités qui font gonfler les statistiques, les quantités, toujours, qui servent d'objectifs aux plans. Mais ce sont aussi les quantités qui manquent sur les marchés, faute de moyens efficaces pour les transporter. Malgré des records annoncés et des classements honorables, la sous-productivité reste la cause de la rareté, périodique ou régulière, de produits alimentaires de base. Par contre, la notion de qualité reste toute relative. Quand elle est remarquable selon les critères soviétiques - dont beaucoup ne sont basés que sur la rareté - elle n'est pas valorisée auprès du consommateur. Au contraire, soustraite du lot, elle est proposée comme un privilège à certaines catégories de clientèle.

Contrairement aux résultats affichés, la productivité reste faible. Une comparaison à partir de certains produits de base permet de situer le niveau de la productivité en Union soviétique par rapport aux Etats-Unis.

Parmi les productions végétales de base, l'URSS se place en première position dans le monde pour le volume produit, mais compte tenu de ses potentialités, elle reste en deçà des performances de productivité.

TAUX DE RENDEMENTS de l'URSS / USA EN 1959-60[1]

Pour quelques productions de base

Maïs	40 %
Blé	44%
Tabac	65%
Betterave à sucre	44%

Par ailleurs, la surface cultivée par tête est identique à celle des USA. L'URSS est le premier producteur mondial de blé (92,3 M de t.) en 1986, du moins, selon les statistiques officielles dont les méthodes d'estimations sont plus que contestables. Mais la productivité reste bien inférieure à celle d'autres pays : pour le blé, les rendements sont de 1 891 kg / ha, mais 2 626 kg / ha pour le Canada et 5 240 kg / ha pour la France[2].

D'autre part, et c'est là que l'on mesure la place des républiques du Caucase, dont l'Arménie, dans la production de l'URSS :" cette agriculture reste caractérisée par un petit nombre de produits fournis en très grande quantité. Elle ne livre que peu de fruits, de raisin et de vin, relativement peu

[1] Source : Atlaseco 1988, p.323.

[2] Id. Op. cit. p..323.

de tabac. La culture des légumes est encore peu développée" (P. George[1]). D'où l'intérêt de développer des productions méridionales.

Le cheptel bovin de l'URSS est le troisième du monde en 1987 avec 121 millions de têtes, soit un taux de 0,43% par habitant, le même qu'en France. Or, une vache soviétique, à consommation d'intrants égale[2] à celle d'une vache française, ne produit que 2 348 litres de lait / an, soit 1 000 de moins que la vache française. Ces paramètres modifient considérablement les données du problème : ainsi avec une égale valeur ajoutée produite (en fourrages), la production de lait est de moitié inférieure. Mais ce n'est pas tout. A cela s'ajoutent, en ce qui concerne les produits laitiers, ou carnés, les effets du gaspillage, des pertes - dans les transports et les stockages en particulier - des conservations mal faites, soit un ensemble de défaillances conduisant à des résultats catastrophiques compte tenu des moyens employés. Aux chiffres record de la production, s'opposent des performances record de sous production.

René Dumont[3] confirme quelques-uns de ces hiatus de la production animale. Lors d'un voyage en Géorgie, en 1980, il visite des exploitations collectives et note divers défauts de la productivité. A Arachenda, " les 180 vaches n'ont donné que 197 litres ce matin et 40 hier soir. Les vaches "locales" rendent en moyenne 1 180 litres et celles de la race rouge des steppes (Roumélie) 1 500 litres. Nos 2 400 litres de lactation moyenne française faisaient pâle figure à côté de 4 300 litres des Pays-Bas, mais ici...". C'est ce que P. George rappelle, en 1962, à propos des résultats de l'agriculture collective et qu'il attribue en partie aux réticences de la masse paysanne : "Tant que le paysan estimera de son avantage de ne consacrer que quelques dizaines de journées de travail par an au travail coopératif (...), il n'y aura pas d'espoir de développer à la mesure des besoins l'élevage collectif. (...)Il est suggestif de rappeler que, malgré la mise en œuvre de tous les moyens techniques d'une agriculture hautement productive, les rendements restent bas (à peine 8 q de grain à l'hectare pour la moyenne 1949-1953), les effectifs du cheptel demeurent loin au-dessous des objectifs du plan."

Ces retards restent si pénalisants pour le triomphe de l'économie collectiviste que "le développement de l'élevage reste à l'ordre du jour de tous les programmes agricoles depuis plus de 25 ans". En fait, le cumul des erreurs, les ravages de la collectivisation sur l'état des effectifs animaux, les faibles rendements des productions fourragères, tout concourt aux mauvais résultats de ce secteur de l'agriculture.

---

[1] P. George. *L'URSS*, op.cit., p. 313.

[2] Et à consommation de PNB identique.

[3] R. Dumont. *Sovkhoz, kolkhoz, ou le problématique communisme*. Seuil, Paris, 1980, p. 110.

Voilà des constats qui ne datent pas d'hier, ils ont toujours servi de référence pour les réajustements commandés par les plans, mais l'accumulation des contre-performances ne serait-elle pas un des grains de sable qui a grippé la machine ?

ELEVAGE : PRODUCTION COMPAREE URSS / USA en 1960[1]
(en milliers de tonnes)

	URSS		USA	
	Production	Q. par habitant	Production	Q. par habitant
Viandes et graisses	7 675	37 kg	16 320	94 kg
Lait	58 770	284	56 807	326
Beurre	778	3,8	685	3,9
Laine	320	1,5	123	0,7

Les pratiques illégales, les carences diverses, dans l'organisation des transports, de la distribution, la pléthore de main-d'œuvre.

Tout concourt à un gaspillage, à des pertes considérables et à des incohérences grossières dans l'approvisionnement des villes ainsi qu'à la déstabilisation du marché.

Dans l'ensemble de l'URSS, les responsables reconnaissent que l'une des difficultés majeures, pour la planification, réside dans le fait qu'il y a des pénuries dans la production laitière[2] et un choix limité en fruits et légumes dans les grandes villes. Un exemple : en vendant des pommes au marché de Erevan ou bien en se déplaçant dans les grandes villes (à Moscou, à Léningrad, ... les transports aériens ne sont pas chers[3]), une paysanne gagne de quoi vivre durant 5 ans. La vente d'un sac de graines de tournesol à Moscou procure environ 2 000 roubles de recette brute en 1955. La vente de 100 kg de tomates transportées par avion de Bakou à Moscou rapporte un bénéfice de 495 roubles, en 1955 : le prix d'1 kg de tomates était de 25 kopeks à Bakou mais de 12 roubles à Moscou.

Des groupes de spéculateurs se constituent ici ou là, achetant les marchandises directement au camion ou bien dans les magasins d'Etat, sans

---

[1] P. George. Op.cit., pp.293, 313.

[2] "Pour satisfaire la totalité des besoins de consommation de Moscou (1 033 000 tonnes de lait) et de sa province (1 857 000 tonnes), le cheptel laitier disponible au 1er janvier 1963 était de 377 200 têtes alors qu'il aurait fallu un troupeau de 580 000 vaches." (P. George. Op.cit.,p.313).

[3] Les transports aériens sont favorisés par le faible prix du billet et la rapidité (dans une immensité telle que l'URSS, la rapidité compte beaucoup). Les tarifs sont souvent inférieurs à ceux du train. Alors que les chemins de fer, s'ils ont un réseau dense, restent d'un usage aléatoire : la vente des billets est limitée de même que la quantité de marchandises à distribuer.

autorisation, et les revendent le lendemain sur des marchés éloignés. Trafics en tous genres, magouilles institutionnalisées, servent une économie clandestine dont le but est de faire monter les prix et de faire du profit dont on verra les effets, à terme, lors de l'effondrement de l'URSS. "Des chaînes commerciales se forment pour un approvisionnement régulier des marchés éloignés. Un restaurant de Moscou recevait vers 1959 par avion des truites pêchées dans le lac Sevan"[1], alors que cette pêche était sévèrement réglementée.

Il est apparu qu'à l'évidence le produit de l'économie collectivisée est infiniment moins important que celui du petit secteur privé des lopins. A juste titre le paysan, qui a compris tout l'intérêt du "bien collectif" pour sa production personnelle, est soupçonné de détourner matériel, intrants, fourrages appartenant au kolkhoze dans un but personnel. "Nombre de kolkhoziens ne travaillent pas avec la volonté d'améliorer l'économie du kolkhoze, mais pour conserver leur lopin de terre[2]". S'élevant contre ces pratiques nuisibles dont les méfaits ternissent l'image de la marche vers le progrès, lois et répression se succèdent afin de rectifier des tendances qui atteignent tous les niveaux, de l'appareil dirigeant aux institutions locales. Les maux qui gangrènent l'économie sont en grande partie dus aux pratiques délictueuses.

L'Arménie, qui doit apporter sa contribution à l'économie de l'ensemble, devrait, en contrepartie, bénéficier d'avantages pour son développement. Or, plutôt que de créer de réelles solidarités et des complémentarités, la "répartition des forces de travail" aboutit à renforcer la dépendance au Centre et sa domination sur les périphéries. Ainsi, la Transcaucasie apparaît comme une périphérie dominée et exploitée. Considérée comme un ensemble régional mixte, agraire et industriel, elle constitue un enjeu de pouvoir : région tardivement annexée et difficile à maîtriser, dont les populations sont attachées à leur identité nationale. Sans doute faut-il voir là l'effet de la division territoriale des forces de travail. La définition "idéologique" de la relation entre les républiques s'appuie sur la notion d'un espace économique unique, mais l'affirmation officielle de l'égalisation des niveaux régionaux de développement est rarement vérifiée dans les faits.

Pour comprendre le processus profond qui mena à la catastrophe, il faut se replonger dans la situation de la *perestroïka*, cette période intermédiaire où furent mis en lumière les signes avant-coureurs de l'effondrement.

---

[1] Basile H. Kerblay, *Les marchés paysans en URSS*. Ed. Mouton, 1968.
[2] B. H. Kerblay. Op. cit.

1.4.2. La faillite

L'accumulation des erreurs précipite le bloc tout entier dans une spirale incontrôlable. Toutes les républiques sont entraînées dans le même mouvement. Pour l'Arménie, république éloignée par-delà la barrière du Caucase, les effets de la faillite générale se font ressentir au travers des caractères spécifiques de son agriculture et de sa société rurale.

A l'heure de la pérestroïka

Lorsque M. Gorbatchev arrive à la tête du parti, en mars 1985, le constat est alarmant, mais lucide : l'URSS va à la catastrophe. " Le destin a voulu qu'au moment où j'accédais aux plus hautes fonctions de l'Etat, il était déjà clair que le pays allait mal (...). La raison est déjà claire - la société étouffait dans le carcan du système administratif de commande. Condamnée à servir l'idéologie et à porter le terrible fardeau de la militarisation à outrance, elle était à la limite du supportable. Toutes les tentatives de réformes partielles ont échoué (...). Il n'était plus possible de vivre ainsi. Il fallait tout changer" (Extraits du discours prononcé par M. Gorbatchev le 25 décembre 1991).

Aujourd'hui, plus de 10 ans après, une mauvaise image colle toujours à Gorbatchev, en Arménie, par exemple, où les avis recueillis traduisent le dépit de la population. Véritablement, et contrairement à ce que percevait l'Occident, la politique d'ouverture de la perestroïka fut généralement dénigrée par tous au motif que M. Gorbatchev, sorte de bouc émissaire, montré du doigt, a volontairement précipité l'URSS dans le chaos. De là à lui attribuer l'entière responsabilité de la situation actuelle de la transition, il n'y a qu'un pas... et beaucoup le franchissent.

La *perestroïka*, va tenter de redresser les "déviances" du système[1]. C'est ainsi qu'est mis en œuvre un train de mesures destinées à reprendre en mains divers secteurs à la dérive, s'attaquant à la corruption, active à tous les niveaux. Il s'agit d'un véritable phénomène de société, devenu incontrôlable et quasiment planifié (puisque ses résultats entrent dans les statistiques officielles). Dans le même ordre d'idée, M. Gorbatchev s'attaque à certains privilèges de la *nomenklatura,* de plus en plus envahissants, qui "culminent" en particulier durant la période brejnévienne[2].

Ces dérives, révélées par nombre de rapports officiels, irritent les responsables. Gorbachev entreprend une action de moralisation de la société et, dans le domaine de l'agriculture, lance des mesures de contrôle auprès des

[1] Cette démarche part du constat et du refus du déclin économique de l'URSS qui, en 1990, n'est plus que la 3e puissance économique mondiale.

[2] Visiblement décidé à tuer le mal profondément enraciné, M. Gorbatchev engage une série de purges qui touche l'entourage de Brejnev.

paysans. Une des principales mesures visait à détourner les travailleurs de leurs activités illégales et parallèles qui concentraient leur énergie au détriment du travail officiel : les paysans qui vendent sur les marchés sont surveillés car ils sont soupçonnés (à juste titre) d'utiliser les véhicules du kolkhoze pour apporter leurs marchandises, de vendre d'autres produits que ceux qu'ils produisent dans leur lopin, de produire dans leur lopin grâce aux avantages matériels du kolkhoze (semences, engrais, outils sont fréquemment subtilisés à des fins personnelles). Ces pratiques contribuent à des disparités importantes dans l'approvisionnement du marché et encouragent une envolée des prix.

Une autre mesure, dont les effets sont visibles aujourd'hui dans le secteur de production viticole d'Arménie, concerne la lutte contre l'alcoolisme, fléau déjà dénoncé en d'autres temps, dont les ravages dans la société sont tels qu'ils sont dénoncés comme freins à la productivité du travailleur. L'objectif de Gorbatchev est de réduire de moitié la consommation d'alcool d'ici 1990, autrement dit réduire aussi les surfaces de production des vignobles. L'arrachage des ceps est massif en Arménie, une des rares républiques à produire des quantités significatives de vin. Il touche particulièrement la plaine de l'Ararat où les superficies du vignoble sont les plus importantes.

L'encouragement du secteur privé constitue une des orientations les plus significatives de la *perestroïka*.

Tous les indicateurs officiels convergent dans cette direction. On a toujours voulu ignorer le rôle de la motivation individuelle pour l'amélioration des résultats de l'économie et, particulièrement, le poids de l'activité privative du lopin qui, malgré tout - malgré les "déviances" et les pratiques illicites - est une réussite dans l'économie agricole. Force est d'admettre que l'avenir est inscrit dans des mentalités pourtant forgées par l'idéologie collectiviste. Seule une motivation de l'individu est à même de faire progresser le système ; c'est ce que finissent par admettre les responsables politiques et ce que traduit la ligne officielle du Parti : une motivation "contrôlée" par un encouragement à la liberté d'entreprendre.

En 1985-90, on n'envisage pas encore le retour massif à la propriété privée des biens capitaux - terre, bâtiments -, qui doivent rester "propriété du peuple tout entier". Mais, à partir de 1987, l'agriculture s'oriente vers une certaine autonomie des formes de travail : contrats passés entre l'exploitation collective et le paysan, par exemple pour la sous-traitance de travaux.

Cependant, deux nouveautés engagent alors la véritable transition : le bail et la coopérative agricole. Ces deux formes d'organisation vont se retrouver après la privatisation, avec des nuances ; mais, d'ores et déjà, le processus vers une plus grande responsabilisation de l'individu s'officialise. Avec la signature d'un bail, à partir d'août 1988, le paysan peut louer au kolkhoze ou au sovkhoze un bâtiment, des terres, du matériel, du bétail et organiser sa production, c'est-à-dire vendre à l'exploitation collective en gardant les bénéfices. Les paysans peuvent aussi se grouper en coopératives, qui s'apparentent à des structures de production privées. Ce sera l'amorce d'une démarche associative entre exploitants, dont on retrouvera les effets lors de la privatisation. Selon cette même logique, alors que les performances du lopin s'imposent comme des records de rendements[1], la superficie du lopin et le nombre de têtes de bétail "privé" ne sont plus limités, contrairement aux mesures prises entre 1958 et 1962, lorsque le lopin devenait trop gênant pour les résultats de l'économie agricole officielle. A l'époque, les dirigeants avaient réduit la taille des lots individuels de 8% et celle du cheptel personnel de 17%. Les citadins avaient également droit à un jardin collectif, alors qu'il était auparavant réservé aux kolkhoziens et aux ouvriers des sovkhozes.[2]

Ces orientations, dictées par des indicateurs économiques en chute libre, laissent entrevoir les bouleversements brutaux qui, cinq ans après le début de la révolution gorbatchévienne, auront raison du système exsangue.

Les fissures socio-économiques accélèrent l'effondrement

La *glasnost* (transparence)[3] correspond à la sensibilisation de la population à propos des difficultés existantes, et en partie révélées, afin de la convaincre de la nécessité de changement.

Les coups de projecteur officiels laissent dans l'ombre des évènements qui vont peser lourd à l'heure du désastre, en particulier la recrudescence de conflits ethniques. Même dans le cadre de la *glasnost*, les journalistes étrangers sont tenus à l'écart de ce qui se passe dans le Caucase, c'est-à-dire les pogroms anti-arméniens de février 1988 par exemple, perpétrés par les Azéris à Bakou. La version officielle de ce refus d'information étant de ne pas envenimer les relations entre les deux communautés. Ainsi, au cours de cette période, se multiplient les affrontements : Tatars de Crimée, Baltes, Azéris et Arméniens, Arméniens et Géorgiens... Ces revendications nationalistes embarrassent Moscou, qui hésite à engager des mesures de rectifications frontalières. En acceptant de retracer certaines frontières "staliniennes", par exemple celle du Nakhitchevan, ancien territoire

---

[1] L'Etat savait depuis longtemps que la pénurie alimentaire des villes ne pouvait être compensée que par l'apport de cette économie "occulte" et fermait donc les yeux sur cette entorse à la doctrine.

[2] L'intérêt du lopin est tel que pour bénéficier du lopin, "privilège" du kolkhozien, on ne maintient souvent qu'un membre de la famille à ce travail : nombre de kolkhoziens ne travaillent qu' avec la volonté d'améliorer l'économie familiale, d'où un absentéisme croissant dans les kolkhozes et les sovkhozes.

[3] *Glasnost* est un périodique indépendant (Ed. Serguei Grigoryantz) qui n'a pas pu obtenir de statut légal.

arménien, ou du Karabagh, Moscou risquerait d'être happée dans des turbulences incontrôlables. La répression et la loi du silence restent encore les seules armes acceptables pour un régime qui sent venir le chant du cygne.

Ces aspects transversaux ne sont pas, loin s'en faut, étrangers au sujet de la transition dans les campagnes d'Arménie. Ce pays, situé dans un terrain d'affrontement de revendications nationales, imbriqué dans le puzzle à haut risque du Caucase, est profondément touché par les errements de cette période d'incertitude. D'abord, au travers des mesures contre la corruption, puis, à propos des problèmes à répétition entre les communautés (Azéris, Kurdes, Arméniens) qui cohabitent au sein des mêmes villages, enfin, dans les rouages mêmes du mécanisme dont le pays est tributaire pour ses échanges.

Devant les premiers signes annonciateurs du grand chaos, difficilement visibles de l'extérieur, les réactions occidentales dans les chancelleries restent feutrées. En général, on minimise les dégâts dont chacun sait, pourtant, qu'ils sont énormes. Il est vrai que les dirigeants soviétiques pratiquent l'art de la dissimulation avec une longue expérience, mais lorsque M. Gorbatchev tente une timide ouverture, le diagnostic ne fait pas de doute : le "colosse aux pieds d'argile" est sapé dans ses bases. M. Jean-Bernard Raimond était ambassadeur de France à Moscou lors de la première année de la *perestroïka* (puis Ministre des Affaires étrangères de 1986 à 1988) et il s'exprime ainsi à propos de cette période : " En accédant au pouvoir, M. Gorbatchev avait le choix entre deux politiques : améliorer le système existant, comme avaient cru pouvoir le faire ses prédécesseurs et comme le souhaitaient ceux qui l'avaient placé à la tête de l'Union soviétique, ou bien détruire ce système pour créer un Etat de droit et insérer son pays dans l'économie mondiale. C'est cette dernière politique qu'il a choisie. Délibérément. Le monde entier peut lui en être reconnaissant". C'est ce que confesse M. Gorbatchev en 1991, au pied du mur, en une autocritique au nom d'un régime dévasté:" Je comprenais qu'entamer des réformes d'une telle envergure et dans une société comme la nôtre était une œuvre de la plus haute difficulté et, dans une certaine mesure, risquée. Mais il n'y avait pas de choix".

Le monde entier prend alors conscience que l'URSS est dans la situation d'un grand malade, qui a épuisé sans succès nombre de remèdes, auquel on choisit d'administrer un autre traitement. " Il ne s'agissait pas d'abjurer le communisme, il s'agissait d'en sortir; il ne s'agissait pas de le conduire au bûcher, mais d'éviter que sa fin n'embrase tout[1]".

---

[1] Bernard Guetta, correspondant du journal Le Monde à Moscou. *Eloge de la tortue*. Le Monde éditions, Paris, septembre 1991.

Dans ce contexte fragile, se produit le cataclysme aussi brutal que prévisible[1], qui entraîne dans le chaos tous les pays du bloc de l'Est. La réalité que découvre l'Occident au travers de la brèche ouverte dépasse les pires estimations. Pour l'Arménie, qui est plongée dans le traumatisme profond créé par le tremblement de terre de décembre 1988, débute, avec l'indépendance (1991) une nouvelle période de l'Histoire.

2. LE CHOC. LA TRANSITION POST-COLLECTIVISTE OU LE PASSAGE A L'ECONOMIE DE MARCHE

La brutalité du processus, qui se produit dans le contexte fortement déstabilisé de *perestroïka*, prend de vitesse tous les observateurs. A l'évidence, nul n'est préparé à affronter le choc. Le château de cartes s'écroule, entraînant un désastre indescriptible. " Tout ici est en abondance : la terre, le pétrole, le gaz, le charbon, les métaux précieux, d'autres richesses naturelles, sans compter l'intelligence et les talents que Dieu ne nous a pas comptés, et pourtant nous vivons bien plus mal que dans les pays développés, nous prenons toujours plus de retard par rapport à eux." M. Gorbatchev[2]. H. Carrère d' Encausse exprime[3] en une image saisissante le tableau de l'empire déchu :"La sortie du communisme a été maintes fois comparée à l'ouverture imprudente d'un congélateur au contenu intact, pensait-on, mais qui, en réalité, réservait surprises et déconvenues". Les dégâts, aujourd'hui encore sous-estimés, sont tels que "en soixante-quinze ans, un système recouvrant plus que la totalité d'une vie humaine aura effacé toute mémoire du passé, toute conscience d'un univers différent".

C'est bien là que se situe la blessure la plus profonde, ancrée dans le cerveau de *l'homo sovieticus*. La déroute actuelle de tous les pays de l'ex-URSS se manifeste dans tous les domaines économiques, sociaux, politiques. Les impacts sociaux sont très révélateurs, quoique non quantifiables avec, en particulier, l'accentuation des différences au sein de la société. Cette tendance est à la base d'une hiérarchie dans la société actuelle des campagnes d'Arménie. Reflet du chaos général, la situation de l'agriculture est marquée par un retour en arrière, un archaïsme et un repli qui confirment les dysfonctionnements antérieurs.

Peut-on parler de transition, en Arménie, alors que tout a basculé si brutalement?

Sans doute faudrait-il s'interroger sur le terme même qui suggère une évolution progressive vers un changement :"passage d'un état à un autre, en

---

[1] Hélène Carrère d'Encausse : *L'Empire éclaté*. Paris, Flammarion, 1978.
[2] Discours télévisé du 25 décembre 1991. En annexe.
[3] H. Carrère d'Encausse, *La Russie inachevée*, op. cit., p. 25.

général lent et graduel; état intermédiaire" (Dictionnaire Petit Robert). Mélange de souplesse et de brutalité. Souplesse si l'on considère la permanence des réflexes antérieurs, ancrés dans les mentalités ainsi que dans les faits. Brutalité aussi qui s'exprime à tous les niveaux : dans les contrastes sociaux - pas de classe moyenne -, dans les contrastes économiques - la subsistance pour la plupart, la richesse pour quelques-uns -, dans les contrastes paysagers - friches industrielles, infrastructures en ruines, pollution, face à quelques îlots d'opulence - , dans les contrastes mentaux - désespérance, perte de confiance, corruption et business lucratif - et dans les comportements, tel l'attentat meurtrier du Parlement en octobre 1999.

Retenons cependant cette notion "d'état intermédiaire" entre deux situations diamétralement opposées, tout en appuyant sur la notion de passage brutal, et non graduel, de l'une à l'autre. Cette période transitoire peut s'étendre sur les deux ou trois générations à venir. Elle pourrait être comparée à une sorte de pont entre deux moments de l'Histoire, fragile "pont de singe" lancé à l'assaut d'un ravin profond. De la sorte, nous pouvons aborder le choc dans toute sa dimension, spatiale et temporelle, et considérer le pays en transition comme en état de choc.

L'état de choc se situe au degré le plus élémentaire de la vie quotidienne. Il suffit de regarder et d'écouter une réalité qui dépasse toujours, et de loin, les scénarios les plus tragiques. Dans un pays qui a vécu au rythme de l'envoi de fusées sur la Lune et de bien d'autres records spatiaux, on pourrait imaginer que les "détails" du travail quotidien ont été mûrement pensés pour faciliter la tâche des travailleurs et pour assurer les meilleurs résultats. Or, il n'en est rien. R. Dumont[1] raconte qu'il fut étonné de la forme des houes utilisées par les paysans, en Géorgie, si rudimentaires dans leur conception qu'il s'en étonna auprès des responsables du kolkhoze. Il alla même jusqu'à préconiser un modèle de houe en forme d'étrier. On lui rétorqua que l'on n'a nul besoin de perfectionner cet outil puisque tout ce qui se fait à la main va disparaître un jour prochain, remplacé par la mécanisation totale du travail agricole. En attendant, à quoi bon se soucier de la perte de temps : il y a pléthore de main-d'œuvre. Mais, "après", l'héritage de cette "négligence technique" coûtera très cher.

Mais il y a pire dans cet état de choc : que sont devenus les cerveaux ? Nombre de rencontres fortuites, au bord des routes, dans les villages, font prendre conscience du drame vécu par ces chercheurs, ingénieurs, techniciens, spécialistes formés dans les instituts les plus réputés de l'ex-Union soviétique, désespérés par les difficultés insurmontables et rendus inutiles dans le contexte économique actuel. Nous pourrions évoquer divers

---

[1] R. Dumont. Op.cit., p. 106.

témoignages à ce propos ; en voici un exemple bouleversant, qui reflète bien l'amertume due à cette situation.

Sur le bas-côté de la route, dans la région de Goris, le témoignage de cet homme, encombré d'un gros sac qu'il portait sur l'épaule, évoque bien des drames humains. Il se rendait à environ 3 km de là, près de ses ruches.

Il se mit à parler de ses abeilles. Il parlait bien, doctement même. Il faut dire qu'il avait suivi un parcours peu ordinaire. Ingénieur en radio-téléphonie "avant", il avait travaillé dans un combinat d'électricité à Erevan, après avoir fait de brillantes études dans un Institut d'Electronique à Moscou. Formé à la haute technologie soviétique, il lui avait fallu assister, impuissant, au cataclysme de la grande déferlante qui, en 1990, emporta tout sur son passage, y compris tout ce à quoi il avait cru. Usines fermées, chômage, salaires impayés, l'avenir s'annonçait sombre. C'est alors que, regrettant les 100 roubles de son salaire d'avant, il quitta Erevan et alla tenter sa chance à Moscou. Dans la capitale de l'empire déchu, les promesses d'emploi n'étaient pas respectées. Il connut des jours difficiles et épuisa ses économies. Au bout de 3 mois de galère, il résolut de rentrer au pays, déçu, amer, mais décidé à ne pas sombrer dans le désespoir. Il regagna alors son village natal, ici, près de Goris, et entreprit d'élever des abeilles :"le miel de ces montagnes est le meilleur d'Arménie. Les abeilles, elles sont au paradis des fleurs." Son visage s'illuminait quand il parlait de ses abeilles. Monsieur l'ingénieur aux champs n'avait rien perdu de sa prestance. Nous lui demandâmes en admirant son élégance : "vous travaillez toujours en costume-cravate?" Il répondit avec gravité : "c'est pour la dignité" puis il détourna le regard. Cela suffisait pour résumer le gâchis.

Cerveaux oubliés, cerveaux inutiles. Insondable détresse de ces délaissés de la science qui ne savent pas à quoi ils peuvent servir désormais. Il y a ceux qui partent vers les mirages de l'Occident. Restent ceux qui ne peuvent ou ne veulent pas quitter le pays.

2.1. LA PRIVATISATION OU LA REVELATION D'UN SINISTRE

La décollectivisation met en jeu des forces contradictoires : d'un côté, des dirigeants soucieux de réduire la dépendance alimentaire, de l'autre, une paysannerie écartelée entre deux logiques opposées, privée de moyens et dans l'incapacité de commercialiser sa production, en l'absence de débouchés. Les recompositions de l'espace rural sont, en grande partie, issues des impacts directs de la privatisation où les mutations du foncier ont des répercussions préoccupantes. Du côté de l'emploi, l'agriculture agit comme un aimant et l'Arménie représente, dans ce cadre, un cas de figure particulier, contrastant avec la situation des autres Etats de la CEI. Ce pays a, en effet, le niveau d'emploi le plus élevé dans le secteur agricole privé[1]. Mais son poids ne peut être apprécié à sa juste valeur qu'en tenant compte de l'effondrement du secteur industriel et de ses conséquences sur l'emploi.

L'agrarisation de l'économie et la ruralisation de la population constituent indéniablement le fait marquant de l'évolution en cours. Cet aspect se doit d'être souligné à ce stade de l'étude parce qu'il transparaît tout au long des situations qui vont être évoquées et parce qu'il constitue un caractère fondamental de la transition post-collectiviste en Arménie.

2.1.1. Le processus foncier : un microfundium généralisé

La privatisation est décidée dans le cadre de la réforme agraire qui débute en février 91. Après l'effondrement de l'URSS, l'Arménie est le premier de tous les Etats de la CEI à engager le processus de privatisation de l'agriculture, dès 1991, et à le réaliser à peu près totalement, en un temps record.

La distribution des terres aux agriculteurs s'est faite, officiellement, sans difficulté majeure. Les lots distribués au départ avaient valeur de "passeport pour les terres", c'est-à-dire qu'au bout de 3 ans, le propriétaire pouvait modifier son acquis. Rapidement, l'ensemble des exploitations collectives a été partagé en 331 638 propriétés privées, correspondant à 376 086 hectares. La privatisation a donné naissance à des structures foncières de type *microfundium*, dont la superficie moyenne est de 1,1 ha. Cette situation a totalement modifié le contexte agricole.

LA PROPRIETE PRIVEE APRES 1991
(source : Institut des Terres. Erevan)

	Exploitations privées	
Régions (marz *)	Nombre	Surface moyenne (hectares)
Aragatsotn	37 138	1,3
Ararat	51 589	0,5
Armavir	50 371	0,6
Guegharkunik	45 292	1,2
Lori	32 362	1,5
Kotayk	36 662	1,0
Chirak	26 610	2,2
Siounik	12 124	2,8
Vayots Dzor	12 256	1,1
Tavouch	24 489	1,1
Erevan	2 745	0,1
TOTAL	**331 638**	**1,1**

[1] Selon une analyse de l'ONU : « Labour market in Armenia », 1999. Cette étude s'appuie sur un autre rapport « Labour market in the CIS country », 1997.

Au 1er janvier 1999, on dénombre 333 820 exploitations privées, dont 333 810 exploitations individuelles, dont la surface moyenne est de 1,3 ha de terres labourables, et 10 exploitations collectives ou coopératives privées. A cette date, 447 000 hectares de terres labourables ont été attribués en propriété privée, dont 445 600 ha pour les exploitations individuelles et 1 400 pour les coopératives.

Au 1er janvier 2001, le Ministère des Statistiques compte 332 598 exploitations privées dont la surface moyenne est de 1,37 ha et 10 coopératives privées dont la surface moyenne est de 14,7 ha. Aujourd'hui le secteur privé possède 65,2% des terres cultivables et 78,4% des plantations (vergers).

La parcellisation excessive des terres a produit un effet stimulant au cours des premières années, permettant au pays de résister au blocus. Mais les dérives de tout le système économique ont fini par épuiser l'enthousiasme du début de la réforme agraire et, lassitude aidant, a conduit à un retour en arrière. Dans le cadre rétréci de la propriété privée, à laquelle la société paysanne reste très attachée[1], s'engage, pour la population des campagnes, un combat pour la survie.

Le déroulement de la privatisation

Il s'est fait au cas par cas. Dès 1991, la décollectivisation a été menée rapidement et brutalement ; les agriculteurs sont devenus propriétaires de minuscules exploitations selon un principe adopté, dans chaque communauté villageoise, par l'assemblée des agriculteurs. Concrètement, pour devenir propriétaire, il fallait en faire une demande écrite. Le processus de partage des terres fut établi, officiellement, sur la base d'un calcul selon le nombre de personnes au foyer et selon la nature des terres.

Les terres cultivables sont classées en quatre catégories :

- terres arables non irriguées
- terres irriguées
- cultures pérennes (vignobles, vergers)
- prés de fauche

Dans cette classification n'entrent pas les pâturages d'altitude et les terrains de parcours, non privatisés ; ils font partie des terres de réserve des communes. Une fois le processus achevé, en juillet 1994, 81,5% de la superficie agricole a été privatisée, dont 89% des terres labourables.

[1] Ainsi que le soulignait une députée du Parlement d'Arménie, lors d'un entretien en mai 2000 : les paysans conservent une mentalité soviétique et s'accrochent à la moindre parcelle de propriété privée. Mais c'est aussi la raison pour laquelle la décollectivisation du secteur agricole a été réalisée en si peu de temps et avec tant d'enthousiasme dès l'indépendance.

Le reste appartient aux communes ou bien aux fermes d'Etat, anciens kolkhozes ou sovkhozes, dont il ne reste qu'une cinquantaine d'unités à cette date.

Figure 2-5

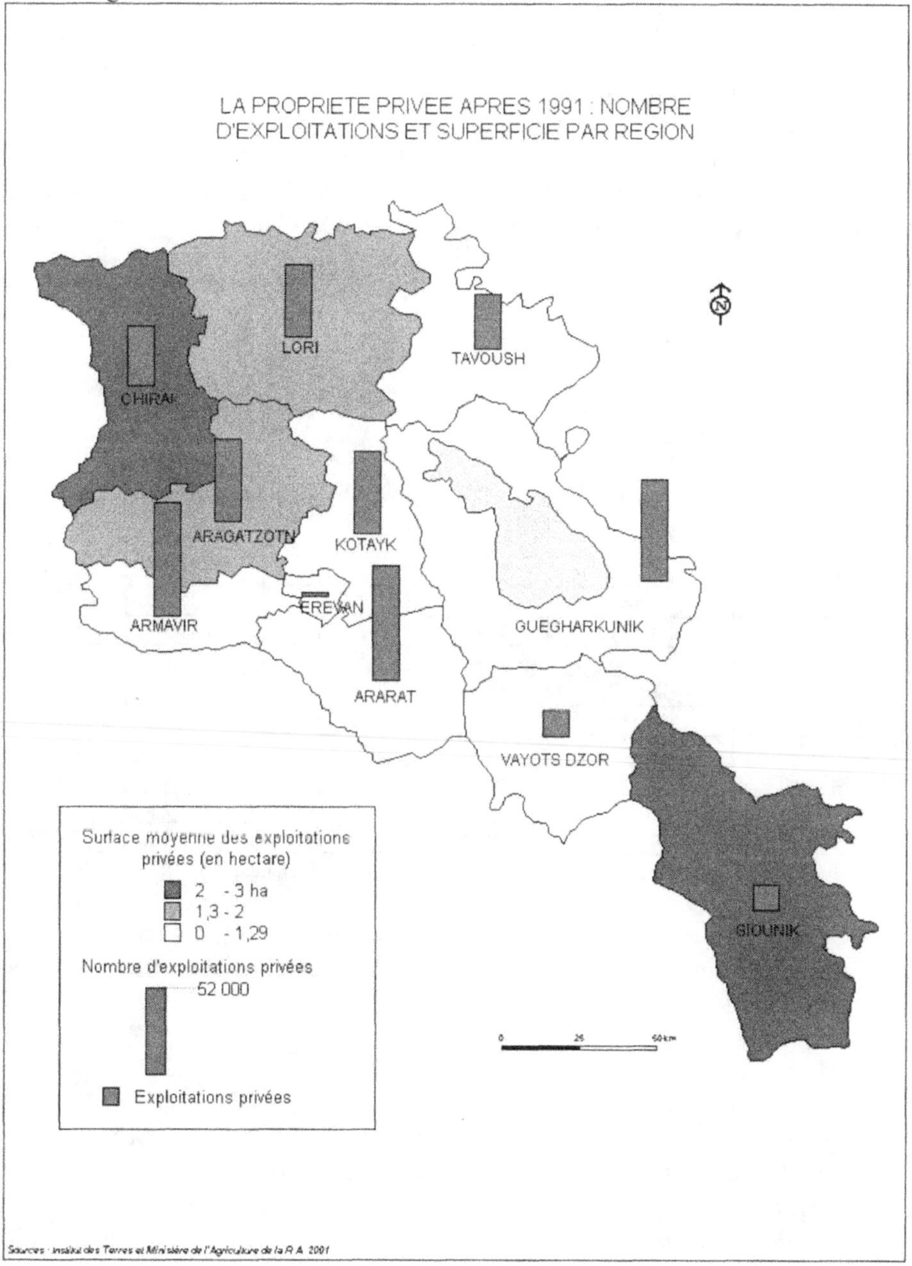

La surface des terres des anciens kolkhozes et sovkhozes privatisables, c'est-à-dire la part qui ne reste pas dans le domaine communal, est divisée par le nombre de paysans demandeurs selon les modalités suivantes, par famille :

- 1 part pour 1 à 3 personnes
- 2 parts pour 4 personnes
- 3 parts pour 6 personnes
- 4 parts et plus pour 7 personnes et plus.

En fonction des divers types de terres et de productions, chaque propriétaire reçoit gratuitement une parcelle dans chaque catégorie : terre labourable, vignoble, verger, prairie. Il conserve aussi son potager (le lopin) soit environ 1 500 m^2 et sa maison d'habitation.

La propriété privée en janvier 2001
Répartition par région

			Dont		
	Nombre d'exploitations	Superficie (ha)	Terres labourables	Vergers et vignoble	Prés de fauche
TOTAL R.A.	**332 598**	**458 642**	**353 173**	**38 298**	**67 171**
Aragatsotn	37 139	51 939	43 840	6 107	1 992
Ararat	52 482	31 893	23 004	8 128	761
Armavir	50 331	41 665	29 312	11 903	450
Guegharkunik	46 133	68 426	51 682	48	16 696
Lori	32 542	59 492	34 692	1 034	23 766
Kotayk	37 611	53 409	38 170	4 588	10 561
Chirak	28 151	66 730	63 885	41	2 804
Siounik	12 707	38 679	33 697	978	4 004
Vayots Dzor	11 010	16 052	11 380	2 504	2 168
Tavouch	24 492	30 357	23 511	2 967	3 879

(Source : Ministère desStatistiques de la R.A. 2001)

Les principes de la distribution des terres furent les mêmes partout mais il existe des nuances dans la répartition du foncier en fonction des espaces agricoles. Voici quelques exemples pour mieux cerner les caractères propres à différentes régions.

- Dans une région viticole.

A Areni, où la production principale est le vignoble, on a privatisé 56 ha de vigne. Le partage s'est fait équitablement afin de préserver le revenu issu du vin. La famille d'Achot, composée de 3 personnes, a ainsi reçu 2 parcelles de 3 200 m^2 chacune et y retrouve, dans les mêmes proportions *que les autres familles, des terres de 1ère catégorie, de la vigne, des vergers, des pâturages.*

Souvent, une partie des terres n'est pas distribuée. Ce sont les "terres de réserve" qui appartiennent à la commune. Celle-ci garde la possibilité de les louer à des propriétaires privés, à des coopératives, ou de les mettre à la disposition du village, c'est "le bien de tous". Ce cas est fréquent dans les régions de montagne.

- Dans une région de pastoralisme.

Chaqui, région de Siounik, est un village de 1 300 habitants, situé à 1 400 m d'altitude[1] *sur les contreforts du Zanguezour. La superficie communale (source : mairie de Chaqui) est de 6 067 ha, dont 33 ha d'espace bâti, 1 770 ha de terres labourables, l'autre partie étant constituée de pâturages en altitude et d'incultes. Dans cette commune, l'ensemble des terres n'est pas d'un seul tenant. Une partie s'étend sur un autre territoire, celui de Gorayk, à 50 km de Chaqui. Ainsi, la commune possède-t-elle là, jusqu'à 2 200 m d'altitude, 2 300 ha de pâturages (terrains de parcours et herbages) où les familles se déplacent l'été avec leurs bêtes. Sur les 310 ha de prairies naturelles, la moitié se situe sur Gorayk. Soixante ha sont mis en location par la commune, le reste est réparti dans les exploitations privées. La commune s'est réservée 215 ha de terres labourables pour les mettre en location. Ici, la surface moyenne des exploitations est de 4 ha, mais la plus grande n'excède pas 9 ha, et la plus petite n'a que 6 500 m^2. La production principale est la céréaliculture qui grimpait "avant" jusqu'à 1 800 m. Depuis la privatisation et en raison de difficultés financières et techniques, on ne cultive plus au-dessus de 1 600 m car ces terres sont éloignées du village et chacun a des problèmes de déplacement (manque de véhicules et prix du carburant).*

- Dans une région de cultures céréalières.

A Guetachain (marz de Chirak), sur 3 698 ha, une vaste superficie s'étend en altitude, 337 ha de terres labourables ont été privatisés et 563 ha sont des terres de réserve. La commune loue 200 ha de terres à céréales (blé et orge), ce qui alimente le budget communal. Le prix de location de 1 ha de terres labourables est de 8 000 Drams (14 E) par an. S'il est irrigué, l'hectare se loue 11 000 Drams, mais seulement 4 000 à 5 000 Drams s'il n'est pas irrigable.

---

[1] Le village est bâti à 1 400 mètres, mais les terres de la commune s'étagent entre 1 400 et 2 300 m.

- Dans une région de cultures maraîchères.

A Vosketap, la plus grande commune de l'Ararat (2 205 ha et 5 500 habitants), 1 300 chefs d'exploitation se sont partagés 890 ha, soit une surface moyenne de 0,68 ha par exploitation, en propriété. La commune s'est réservée 870 ha, dont 120 ha de terres labourables et irrigables qui sont louées en totalité au prix de 100 $ par an et par ha, sachant qu'il s'agit de très bons sols pour les cultures maraîchères, principale production de cette région.

Malgré l'apparente simplicité du processus de distribution, la privatisation ne s'est pas déroulée sans heurts. En insistant un peu, lors des enquêtes, on apprend ce que les paysans livrent avec une certaine réticence : les partages ne furent pas faciles, ils se firent souvent dans un climat de suspicion, de règlements de compte, parfois arbitrairement selon la position sociale du chef de famille. Quant à la location des terres de réserve par la commune, elle s'effectue plus ou moins honnêtement, au profit de ceux qui sont bien placés. Pour Armen, Guaguik, Stepan, et bien d'autres, la privatisation s'est faite par la force et les fusils : "ceux qui avaient les fusils et du pouvoir prenaient les animaux et les meilleures terres. Il ne faut pas croire que cela a été calme, parfois, c'était la guerre dans le village."

Les réflexions à propos de ce sujet épineux sont empreintes d'amertume et traduisent bien des frustrations et des manœuvres qui n'apparaissent pas dans les rapports officiels.

Le cas de l'agrandissement est envisagé dès le début des partages.

Les terres de réserve, qui peuvent être des terres labourables, des pâturages, des incultes, doivent aussi pouvoir permettre des agrandissements.

Les lots distribués ont valeur de "passeport" pour les terres, c'est-à-dire qu'à partir d'un délai de 3 ans[1], des modifications peuvent être apportées. Soit le propriétaire ne peut pas gérer son lot : il veut le vendre et éventuellement, rester locataire. Soit il veut s'agrandir : il peut alors se porter acquéreur ou devenir locataire de terres disponibles, terres de réserve de la commune ou de coopératives agricoles mises en location ou terres d' autres exploitants à vendre ou à louer.

La décollectivisation s'est accompagnée d'une refonte totale du cadastre. Cette opération se heurte à des difficultés nées de la structure même des

[1] Ce délai de 3 années après l'attribution de terres était sensé correspondre à celui de la refonte du cadastre. En réalité, la majorité des communes n'est toujours pas dotée d'un nouveau cadastre, faute de moyens financiers. C'est l'Institut des Terres qui est chargé des modifications cadastrales, mais les difficultés sont telles qu'au bout de 10 ans peu de communes ont été traitées en totalité. L'Institut des Terres a, en particulier, dû faire face au départ de fonctionnaires, y compris du directeur du service cadastral, qui, faute de salaire, ont quitté leur fonction.

services cadastraux et de leur inadaptation à la nouvelle tâche. Le recensement du nouveau parcellaire de propriété, avec les problèmes de restructuration foncière, est ralenti par l'inertie de l'administration et par les difficultés matérielles ; par exemple, à Vosketap, il faut cadastrer 5 000 parcelles pour 1 020 hectares. Le retard accumulé pour l'enregistrement des actes de privatisation occasionne des retards pour les opérations de revente ou d'achat entre propriétaires.

Un autre cas de figure concerne les coopératives privées.

Après 1991, se constituèrent quelques groupements d'exploitants, de type « coopératives » (c'est ainsi qu'elles sont dénommées par les agriculteurs). Ces structures privées sont encore peu nombreuses. Il est difficile d'en connaître le nombre exact tant les statistiques diffèrent[1]. Là où l'Institut desTerres dénombre 537 coopératives privées, les statistiques du Ministère de l'Agriculture ne font état que de 10 unités. Ces distorsions reflètent des situations imprécises et fluctuantes ainsi qu'un certain flou dans la définition de ces structures qui ne suscitent pas, en Arménie, de méfiance particulière. Selon un statut juridique de type SARL, elles regroupent, au total, une quarantaine d'adhérents et sont spécialisées dans la céréaliculture et l'élevage bovin pour le lait. Ces « coopératives » possèdent des terres privées et louent des terres de réserve à la commune. Un exemple sera analysé dans la typologie, à la fin de ce chapitre. Il s'agit le plus souvent de tentatives de groupement pour faciliter l'achat de nouveau matériel, d'intrants, de terres entre des partenaires qui disposent déjà de moyens d'action.

Les nouveaux arrivants créent des situations particulières

Dans le processus de décollectivisation, les problèmes arméno-arméniens ressurgissent et créent une situation tout à fait particulière, en raison des conflits territoriaux et des brassages de population dus aux effets de la guerre du Karabagh ou d'autres circonstances de cette période troublée ; il s'agit essentiellement des Arméniens qui ont vécu ailleurs dans l'URSS et qui reviennent en Arménie, comme les réfugiés d'Azerbaïdjan, depuis le conflit du Karabagh. Pour ces derniers, le gouvernement a accordé, lors de leur arrivée, au cours de l'année 1994, des terres et du cheptel dans des villages afin de faciliter leur installation dans le pays. Un certain nombre d'entre eux se sont fixés dans la plaine de l'Ararat, ainsi que dans les agglomérations des régions frontalières : Vartenis, Amassiya, par exemple. Rappelons aussi le cas d'Arméniens qui s'installent dans des villages auparavant peuplés d'Azéris situés sur le territoire de la république. Nombre

[1] Bien qu'elles ne soient pas exhaustives, nos enquêtes nous ont permis de constater que, ni les données de l'Institut des Terres, ni celles du Ministère des Statistiques ne semblent conformes à la réalité.

de "poches" de peuplement azéri ont été vidées de leurs habitants lors du conflit ; ainsi, dans les régions frontalières, comme aux environs de Kapan, de Vardenis, de Noyemberian (Tavouch), ou encore dans les villages anciennement peuplés d'Azéris et situés au cœur de l'Arménie, comme Tigranachen, sur la route entre Artashat et Areni. Nombre de ces villages sont actuellement "réarménisés" : des familles peuvent s'installer dans les maisons abandonnées et cultiver les terres alentour. Cette situation, tout à fait originale, née de l'imbroglio territorial hérité, sera évoquée dans le cadre de la recomposition des campagnes.

Une autre situation vient aussi des citadins qui retournent dans leur village d'origine, par exemple, des médecins, professeurs, ouvriers, ou autres professions qui n'ont plus de moyens financiers et qui, en récupérant un morceau de terre, pensent s'assurer au moins de quoi faire vivre leur famille. C'est un retour à l'autosubsistance, une véritable agriculture "de bricolage". Mais l'augmentation de l'emploi dans le secteur agricole n'a eu des effets positifs sur le développement de l'agriculture : ces emplois « par défaut » contribuent à plomber les résultats.

Il y a également le cas des descendants d'anciens propriétaires d'avant la révolution. Ils ne peuvent pas espérer récupérer leurs biens familiaux, malgré diverses tentatives de procès, en raison d'une loi de l'époque soviétique, toujours en vigueur. Ils n'obtiennent, de même que les citadins qui s'installent dans les villages, que des parts de terre et n'ont pas droit au partage du cheptel. Ils peuvent obtenir une petite partie de leurs biens antérieurs à condition d'en avoir conservé les titres de propriété. C'est la situation d'Alik, descendant d'une famille de grands propriétaires avant la révolution. Il ne peut obtenir la restitution des biens de ses ancêtres. Son grand-père possédait 45 ha de vignoble dans la région de l'Ararat, qui ont été confisqués lors de la collectivisation. Lors de la décollectivisation, le petit-fils a fait état de cette situation mais n'a pu obtenir qu'un hectare de vigne.

Les aléas de l'histoire sont imprimés dans le foncier de nombre de communes qui ont vu se succéder des familles d'origine diverse. En voici un exemple, parmi bien d'autres.

Aralez, gros village du périmètre irrigué de l'Ararat au sud-ouest de Erevan, a été créé en 1920. Il était alors peuplé d'Arméniens rescapés du génocide, venus de la région de Van (actuellement en Turquie). Après 1947, arrivèrent d'autres Arméniens, du Moyen Orient, territoires sous mandat français. En 1988, avec les échanges de population, des Azéris sont remplacés par des Arméniens d'Azerbaïdjan auxquels on attribue des terres lors de la privatisation. Il y a, aujourd'hui, 650 familles à Aralez, soit 2 550 habitants. Dans cette commune, le partage s'est effectué selon les mêmes principes qu'ailleurs : 1 part, soit 0,6 ha ici, est attribuée à une famille de une à trois personnes. Les 400 ha cultivables ont été partagés et 100 ha conservés en réserve et mis en location par la commune.

Le cas des nouveaux arrivants est particulièrement intéressant pour comprendre les nuances de la décollectivisation et cerner bien des difficultés actuelles. Le problème le plus fréquent est lié à l'adaptation de ces nouveaux arrivants dans un milieu qu'ils ne connaissent pas. La plupart, venus de la ville - en particulier de Bakou -, ne savent pas travailler la terre et ont du mal à s'intégrer à une activité qu'ils n'ont jamais pratiquée. Ces "migrants" se sont installés à la campagne, faute de mieux, et sont mal préparés aux difficultés de l'agriculture. Dans la hiérarchie sociale, ils occupent une place à part.

Parmi les effets en cascade de la décollectivisation, se produit un phénomène paradoxal : sur un territoire aussi exigu que l'Arménie, alors que la terre redevient un refuge "par défaut", dans plusieurs régions, des terres restent inutilisées, alors qu'à l'inverse, certains secteurs connaissent une forte pression sur le foncier.

Les terres cultivables connaissent un déficit d'occupation

Toutes les terres agricoles ne sont pas utilisées. Ainsi, 80 000 ha de terres cultivables n'ont pu être mises en valeur. C'est un énorme problème pour l'Arménie qui, compte tenu de l'exiguïté et de la configuration de son territoire, manque de terres.

La part des terres cultivables non utilisées varie selon les régions et les conditions physiques. Les zones les plus touchées sont situées dans les régions de montagne, en altitude, ainsi, 35% des terres cultivables en Vayots Dzor, 30% dans les marz de Kotayk et Aragatsotn. Par contre, bien que le phénomène ne soit pas précisément quantifié, il apparaît au travers des témoignages recueillis que c'est la situation inverse qui prédomine dans les périmètres irrigués de l'Ararat et d'Armavir. Gaguo, à Griboietov, confirme cette tendance : "ici, on n'a pas assez de terres pour pouvoir agrandir l'exploitation. Les seules terres à vendre sont celles des Yézidis qui partent en Russie. Le prix est élevé : 800 $ l'hectare irrigué ou équipé pour l'irrigation. Sinon, il faut louer des parcelles mais il y a peu d'offre et les transactions, en raison de la demande, se font au plus offrant ; il faut compter environ 100 $ l'hectare". Par ailleurs, certains exploitants ont-ils pu acquérir gratuitement des terres salinisées, *solontchak*, abandonnées à l'époque soviétique, à condition de les remettre en état. Pour cela, ils utilisent des épandages d'acide sulfurique ou bien ils procèdent au « lavage » des sols, ce qui conduit, par ailleurs, à un gaspillage de l'eau. Ainsi, étant donné l'accroissement de la pression foncière, la bande de terres située au bord de l'Araxe, dans les régions Ararat et Armavir, est-elle, peu à peu, remise en culture dans certaines communes.

Les principales causes d'abandon[1] sont toutes liées aux difficultés de la transition, au premier rang desquelles figurent l'absence ou la faible efficacité de l'irrigation pour 20,7% des terres en moyenne. Ce taux est largement dépassé (39,5%) dans les régions Ararat et Armavir, pourtant les plus favorisées mais où les réseaux sont délabrés et où de vastes superficies sont touchées par la salinisation des sols. La faible rentabilité est une autre cause d'abandon : 39,8% des cas[2] en moyenne, mais cet aspect reste la raison majeure des faibles rendements pour 59,7% des cas en Ghegharkunik, 50% en Siounik, 54,8% en Vayots Dzor. Citons enfin l'éloignement du village : pour 9,6% des cas, les parcelles trop éloignées sont inutilisées - en particulier dans les régions de Lori (26%) et d'Armavir (13,6%) – en raison des coûts de transport et des problèmes techniques pour l'entretien des équipements d'irrigation.

Il apparaît ainsi, selon l'étude réalisée par l'UNDP, que la faible rentabilité touche davantage les régions de montagne (Siounik, Guegarkunik, Vayots Dzor) où elle conduit à l'abandon de surfaces agricoles, alors que la principale cause de non-utilisation des terres dans les régions de plaine (Ararat, Armavir) tient plutôt aux problèmes de l'irrigation. Parmi les autres raisons évoquées, entrent en compte les difficultés matérielles diverses ainsi que l'emprise plus ou moins forte d'aides extérieures.

Voilà un certain nombre de paramètres à intégrer pour cerner la complexité des situations individuelles. Ils s'insèrent aussi dans la logique plus vaste d'isolement de l'Arménie avec toutes ses conséquences : difficultés d'approvisionnement énergétique, manque d'intrants, dégradation du matériel, absence de sources de financement. Mais les problèmes ne se limitent pas aux terres, ils touchent aussi les autres composantes du secteur agricole, en particulier le cheptel et le matériel.

2.1.2. Cheptel et matériel

La dégradation des situations durant les dernières années soviétiques laisse percevoir les germes de la déroute actuelle : dépendance des circuits intérieurs de l'Union pour l'alimentation animale ou autres intrants, manque

[1] Selon une enquête réalisée en Arménie en 1996, par l'UNDP, auprès de 1 370 exploitations : Programme de Développement des Nations Unies. Rapport élaboré avec le Ministère des Statistiques de la République d'Arménie. "*Socio-economic condition of rural farms and indices of agricultural goods in the republic of Armenia*", Erevan, 1999, pp. 14-15.

[2] Il s'agit des résultats de l'enquête citée, menée auprès d'un échantillon d'exploitations.

de coordination pour la vente ainsi que pour les transports. Cette dépendance est aggravée par les contraintes inhérentes au système de livraison planifiée : il est souvent nécessaire d'importer les quantités manquantes pour le marché interne de la république.

La presque totalité du bétail est privatisée

Le partage du bétail des anciens kolkhozes et sovkhozes s'est fait selon les mêmes critères de distribution que pour le foncier, en nombre de parts correspondant à la composition de la famille.

Avec la privatisation, dès 1991, les lourds handicaps sanitaires et génétiques sont aggravés par la perte des marchés et par les difficultés d'approvisionnement en aliments pour le bétail, d'où une réduction drastique des troupeaux lors du partage de 1991. La pénurie en produits vétérinaires et les effets des dégâts antérieurs finissent de ruiner ce secteur de production.

BÉTAIL PRIVATISÉ EN 1991

(Source : Socio-economic conditions of farms. UNDP)

	Nombre de têtes	Dont part distribuée dans les exploitations privées
Bovins	354 700	98,9%
Porcins	46 100	96,9%
Ovins et caprins	668 200	99,3%

Le cheptel fut l'objet de diverses tractations. Une partie, principalement bovins et ovins, fut vendue dès l'indépendance. Les liquidités ainsi obtenues ont, durant un moment, donné l'illusion de la richesse. Rapidement, les agriculteurs se sont rendu compte que la reconstitution d'un cheptel coûterait beaucoup plus que le revenu de la vente. Ce processus, lié à la privatisation, pénalise la production animale pour de longues années. En général, les familles possèdent 1 ou 2 vaches pour leurs propres besoins ainsi que quelques moutons et brebis. Certaines n'ont aucune bête pour la fourniture de leurs besoins en lait.

Les pratiques collectives, ou communautaires aujourd'hui, n'ont pas disparu pour autant. La garde des petits troupeaux familiaux est le plus souvent confiée à un berger désigné par le village, à tour de rôle.

Photo 2-5

Sur la grande route, dans la traversée de la Siounik, le troupeau familial rentre au village. Avec ses deux vaches, le paysan a de quoi assurer sa fourniture de lait pour le fromage.

Le scénario de privatisation du bétail diffère quelque peu selon les régions.

▪ *Dans la plaine de l'Ararat, à Vosketap, l'élevage n'est pas la priorité. Lors de la privatisation on n'a conservé que 350 vaches à partager entre les familles, soit 1 à 2 bêtes chacune, pour le lait et le fromage.*

Dans l'Ararat et l'Armavir, la plupart des familles ont éliminé l'élevage, charge trop lourde et de faible revenu, lui préférant les cultures maraîchères.

Dans les régions de montagne, où l'activité pastorale est bien ancrée, le troupeau bovin ou ovin est à la base du revenu paysan ou bien y participe pour une part importante en complément d'autres productions. Reprenons l'exemple des villages enquêtés afin de suivre leur évolution.

▪ *A Fioletovo, chez les Molokanes, chaque famille avait une vache à l'époque soviétique, en plus de son lopin de 2 500 m^2. Le village comptait ainsi 150 "vaches privées" en plus de 1 000 vaches du sovkhoze. L'exploitation privée moyenne (pour une famille de 3 à 4 personnes) se compose aujourd'hui de 5 à 6 vaches, d'une parcelle (bajine) de 2 500 m^2 près de la maison (l'ancien lopin), de 1 500 m^2 au-delà, petite parcelle laniérée caractéristique du village molokane, de 4 000 m^2 de terres à cultiver (pommes de terre, choux, fourrages, céréales), auxquels s'ajoute 1 ha de pré de fauche (sur les 600 ha pour la coupe de foin qui ont été partagés en lots de 1 ha). Le bétail dispose de pâturages en altitude, sur les pentes des monts Pambak et Bazoum, terres de réserve mises en location par la commune.*

▪ *Dans la région montagneuse de Sissian, à Anguerakot, l'ancien kolkhoze possédait 500 vaches et 5 000 brebis. Il a laissé la place à 550 exploitations privées. Armen, le maire actuel, est un jeune agriculteur d'une trentaine d'années. Après le partage, sa propriété s'étend sur 3,4 ha selon la composition du foyer (sa femme, ses parents, c'est-à-dire 2 parts); il a obtenu 5 vaches, pour le lait et le fromage, et 9 brebis pour la laine. Son problème : l'éloignement des pâturages, situés à 7 km du village, à plus de 2 000 m en altitude, sur les terres de réserve de la commune. Il déplore les difficultés actuelles. Ancien directeur du kolkhoze, il rappelle combien les conditions de travail à l'époque soviétique étaient meilleures : engrais, matériel, semences, eau, tout était facile à obtenir, mais il reconnaît que, malgré cela, les rendements en céréales n'étaient pas supérieurs à ceux d'aujourd'hui : en moyenne 25 à 30 q/ha.*

▪ *Guetachain région de Chirak, est un village de montagne, situé au N.O., dans la "petite Sibérie" arménienne, où l'élevage a toujours été la base de l'économie agricole. Les 600 moutons et les 350 bovins restants après les ventes de bétail ont été partagés. Chaque famille reçut 4 vaches et 6 moutons par exploitation, selon sa demande.*

Les situations sont multiples et, à la fois, conformes à un schéma de rétrécissement de l'économie paysanne. Dans cette logique étriquée, il faut garder en mémoire les facteurs pénalisants que sont les difficultés à se déplacer compte tenu du prix du carburant (et de l'état de délabrement de la plupart des véhicules), le prix des aliments pour le bétail lorsque les pâturages manquent, ou s'ils sont trop éloignés, le coût de la location des pâturages d'altitude, soit environ 1 600 Drams l'hectare (3 E). Il est difficile de se représenter une exploitation de 1 hectare dans un système d'agriculture pastorale. La privatisation s'est appliquée sur des bases quasi identiques de répartition des terres, quels que soient le milieu et les vocations agricoles.

L'élevage est parfois la raison d'être de communautés paysannes dont c'est une activité traditionnelle. C'est le cas des Yézidis, pasteurs réputés. 90% des Yezidis sont des éleveurs. Ils font de la transhumance dans l'Aragatz et dans d'autres massifs montagneux, autour du Sevan, dans le Zanguezour. "Avant", ces pasteurs se déplaçaient de part et d'autre de la frontière avec l' Azerbaïdjan, passant des plaines de la Koura aux montagnes d'Arménie. Ces mouvements ont aujourd'hui disparu mais cette communauté d'éleveurs est toujours reconnue pour ses compétences. Toutefois, nous avons pu constater que la transhumance est une pratique encore très active : entre la plaine de l'Ararat et les massifs environnants ou selon les complémentarités spatiales régionales, par exemple autour du Sevan, dans la région de Chirak, de Lori.

Le matériel et les bâtiments sont actuellement dans un état pitoyable.

Les bâtiments collectifs ont été, en partie, démantelés lors de l'indépendance, pour la récupération des matériaux : poutrelles, toits de tôle, pierres, matériel de stabulation. Certains des bâtiments ont été rachetés pour le rouble symbolique, par des agriculteurs disposant de quelques moyens pour les remettre en état. Mais que faire de ces immenses écuries vides, dont on n'a même pas conservé le bétail ? Aujourd'hui, de nombreux hangars et étables sont vacants, vides et à vendre, mais la dégradation est rapide et déjà il devient trop onéreux de restaurer certains de ces bâtiments.

A Guetachain, le maire s'est associé avec un autre agriculteur pour acheter des bâtiments du sovkhoze, situés à 500 m du village. Ce sovkhoze n'a connu qu'une existence éphémère. Construit en 1989 après le séisme qui a ravagé la région, il n'a fonctionné que durant un mois, avec 120 vaches laitières achetées en Biélorussie. En 1992, le sovkhoze, vide, fut acquis par le maire en association avec un ami, ancien responsable agricole, pour un petit prix. Il en fit une étable et un hangar à matériel. Une partie du cheptel du village fut vendue, l'autre fut privatisée. Il s'agissait de vaches de race "Switsa" et "Simental", bonnes laitières, croisées avec des races du pays, plus rustiques, et de "Komstrolski" importées de Iaroslav. Le troupeau en copropriété compte aujourd'hui environ 60 à 80 têtes. Face à l'aggravation des conditions de l'agriculture, aux surcoûts à supporter individuellement, et non plus collectivement, le maire propriétaire vida l'étable. Aujourd'hui, les bâtiments, en état de dégradation déjà avancée à cause du pillage des matériaux et faute d'entretien, sont vides et à vendre.

Nul doute que la formation de ces agriculteurs, leur place dans la hiérarchie "d'avant" leur a permis d'accéder au statut de "gros éleveurs", avec un potentiel financier vraisemblablement plus élevé que celui des autres paysans du village.

Une grande partie du matériel est à l'abandon. Lors du partage, les tractoristes et mécaniciens des fermes collectives ont été les plus intéressés - et les mieux placés - par la récupération du matériel. En fait, les tracteurs ont trouvé preneurs, seuls engins relativement - ou moins mal - adaptés au nouveau cadre parcellaire, alors que les machines lourdes - moissonneuses, épierreuses - s'avèrent inutilisables en raison, entre autres, de l'émiettement des parcelles. Les témoignages abondent ; ainsi, à Areni, dans la vallée de l'Arpa, Hagop, ancien tractoriste du sovkhoze, a racheté un vénérable engin au prix de 500 roubles (environ 100 E). Il regrette de ne pas pouvoir s'en servir sur ses 2 500 m^2 de propriété de vignoble

LA PRIVATISATION DU MATERIEL AGRICOLE

(Source : Agricultural and food. Sector review, fev.95. Banque Mondiale)

	Tracteurs	Combines	Véhicules	Semeuses
Parc au 01-01-91	12 508	2 245	11 464	2 335
Matériel privatisé au 01-01-93	8 077	976	7 823	1 176
Dont : à des particuliers	4 679	456	2 357	534
% privatisé	65%	43%	68%	50%

Lors de la privatisation, ce matériel décadent fut, en grande partie, "bradé" pour la ferraille et transporté vers l'Iran. Dans les campagnes, on évoque avec amertume cet épisode pénible pour les paysans qui ont vu passer, par camions entiers, les débris de leur outil de travail :"c'étaient nos instruments qui partaient à la casse, et maintenant on ne peut même plus réparer nos engins". Cependant, on sait trouver des pièces d'occasion, même si c'est à l'autre bout de la Russie, dans les anciennes usines qui fabriquaient ce matériel ou chez quelques astucieux qui ont récupéré toutes sortes de pièces un peu partout, attendant patiemment le jour où on leur demandera piston ou carburateur qu'ils vendront alors à bon prix. Petit trafic, bricolage et bouts de ficelle, voilà une économie lucrative mais aussi l'expression d'un vrai savoir-faire, acquis, celui-là, durant l'URSS : celui de la débrouille et de la contrefaçon. Une pièce détachée n'est jamais anodine : ou bien elle a déjà servi et on le sait. Elle est alors vendue comme telle et l'acheteur sait à quoi s'en tenir. Si c'est une pièce de fabrication soviétique, il y a fort à parier qu'elle va encore faire de l'usage car adaptée à l'engin lui-même fabriqué en URSS. Par contre, le plus souvent, ce sont des pièces neuves d'importation douteuse, à l'origine de bien des pannes ou d'accidents : plaquettes de freins et autres organes vitaux vont rendre l'âme au premier virage.

Au chapitre des dégradations, le matériel d'irrigation a, lui aussi, subi "l'irréparable outrage" des années soviétiques. Vétuste, au fonctionnement entravé par la pénurie d'énergie, le réseau des canalisations est inopérant. Nous aborderons précisément cette question dans un chapitre ultérieur.

Le manque de machines, d'engins de culture se fait cruellement ressentir dans ces très petites exploitations, ces poignées d'hectares émiettés en de minuscules parcelles. A l'époque soviétique, on ne s'est pas soucié de construire de petits engins mécanisés adaptés au micro-parcellaire des lopins, cadre pourtant idéal pour l'utilisation d'un outillage de ce type.

Actuellement, on ne compte qu'un tracteur pour 60 exploitations[1]. Face à cette pitoyable situation, le Japon et la Chine ont accordé une aide appréciable. La Chine a livré, en 1998, 78 mini-tracteurs, soit une dotation d'une valeur de 280 000 $. Le Japon a fait don de 15 petits engins pour la moisson, 25 mini tracteurs Kobuta, ainsi que 24 600 tonnes de fertilisants, en 1998 et 1999.

Passer des lourdeurs de la mécanisation à la soviétique, à l'image de la rigidité du système, à un outillage de " jardinage" pour microfundium est un véritable problème qui n'est pas seulement d'ordre technique mais qui suppose une refonte complète des comportements.

2.1.3.Des pratiques d'un autre temps

Le retour à l'archaïsme est général, quel que soit le type de production et la qualité du milieu. L'archaïsme des moyens dont dispose le paysan arménien aujourd'hui fait penser à la situation dans l'Europe occidentale au XVIIIe et XIXe siècle : le retour à la bêche et à la houe, le travail des champs qui mobilise des familles entières, toutes générations confondues.

Une des photos suivantes pourrait avoir été prise dans les années 80. Au cours de ses visites en Géorgie, René Dumont[2] exprime exactement la situation d'alors, explicitant ainsi celle d'aujourd'hui. Devant le spectacle de paysans d'un kolkhoze de Kakhétie, en train de piocher une parcelle de vigne, il s'étonne du caractère rudimentaire des outils :" je prends en main, pour une photo que je ne recevrai pas, la houe avec laquelle on pioche une largeur d'un demi-mètre le long de chaque rang après la vendange. Personne ne pense à introduire en URSS des houes modernes en forme d'étrier : tout ce qui est fait à la main devant disparaître tôt ou tard, on ne cherche pas à l'améliorer".

Un pays qui a été industrialisé, qui a vécu à l'ère du développement technique, et connu les progrès du machinisme se trouve renvoyé à la case départ. L'Arménie, comme les autres Etats de l'ex-URSS, vit une situation de « mal-développement ». C'est ce qui fait toute la différence par rapport aux pays « sous-développés » d'Afrique, par exemple.

Il s'agit là d'un trait fondamental de l'évolution des campagnes et d'une dégradation telle dans les conditions de travail que l'on semble revenir à des pratiques d'un autre temps : ce sont à la fois les caractères primitifs de l'outillage et des méthodes de culture et le dérèglement des réseaux commerciaux, suscitant le recours au troc.

---

[1] Source : UNDP. Socio economic conditions in rural farms, 1999.

[2] R. Dumont, op. cit. p. 109.

Photo 2-6
La plupart des machines agricoles sont totalement obsolètes et finissent de rouiller au bord des chemins. Inadaptées, surdimensionnées, elles ne correspondent pas aux besoins du microfundium. Par ailleurs, les usines de pièces de rechange ne fabriquent plus rien. C'est pourquoi une partie des engins sert à remettre l'autre partie en état de marche.

Photo 2-7
Spectacle fréquent de femmes, d'enfants, de vieillards, courbés au sol pour semer ou planter à la main, bêcher, sarcler, désherber. Curieusement, on ne voit pas d'attelages pour les labours ; ce sont les hommes, ou les femmes, qui tracent les sillons, à l'aide de charrues rudimentaires, bricolées avec des restes d'anciennes machines ou, tout simplement, travaillent à la bêche là où, en d'autres lieux, on utiliserait un motoculteur.

Cette incroyable décadence, après des années où l'on n'a cessé de vanter les progrès du machinisme - réels, mais qui n'ont pas tenu leurs promesses -, est peut-être ce qui émeut le plus lorsque l'on circule dans les campagnes. Le tableau de ces familles aux champs, dénuées de tout moyen pour moderniser un tant soit peu leurs méthodes de travail, est une image de détresse profonde qui ne laisse pas insensible. C'est l'image du sacrifice d'une société tout entière, victime d'une idéologie triomphaliste, qui a subi les méfaits de la collectivisation et qui se retrouve dans la plus grande misère morale et matérielle, victime toujours, de l'échec du même système.

Aujourd'hui, un des paramètres essentiels pour mesurer les difficultés de l'agriculture tient aux revenus du paysan et à ses capacités d'investissement. En effet, en Arménie - comme dans les autres républiques de l'ex-URSS - l'utilisation d'engins agricoles performants pour l'économie soviétique, était une réalité à mettre en relation avec les compétences réelles de nombreux spécialistes, ingénieurs, techniciens agricoles. C'est précisément ce qui différencie la situation de transition actuelle de celle des pays du Tiers Monde. Or, les bouleversements de la privatisation et les exigences de compétitivité du marché mondial contraignent à une remise en cause du matériel et à l'acquisition de machines adaptées au nouveau cadre foncier des exploitations privées. C'est bien là le cœur du problème, étant donné que les compétences humaines existent mais que les disponibilités en capitaux sont inexistantes dans la grande majorité des cas.

Pour cerner de plus près ce hiatus existant entre capacité à produire et incapacité à investir, il convient d'analyser les bouleversements du revenu paysan au travers des résultats économiques des exploitations privées. Cet aspect, primordial pour l'avenir, entre dans un vaste ensemble socio-économique où s'affrontent les espoirs et les regrets, les doutes et les certitudes empreintes d'amertume.

2.2. LES BOULEVERSEMENTS DE L'ORDRE SOCIAL : L'ERE DU DOUTE ET DES REGRETS

L'invraisemblable gâchis laissé dans le sillage de l'Union déchue est accru par les difficultés des agriculteurs, petits propriétaires, pour mettre en valeur les miettes d'un parcellaire trop réduit. Du néant de 1991, alors que tout est à reconstruire, émergent les effets des erreurs passées, comme autant de bulles venant crever la surface d'une eau glauque et sombre. Tel un maçon devant l'impossible tâche, le paysan tente d'édifier un bâtiment sans fil à plomb, au mépris des règles de la pesanteur, sur des fondations instables, mouvantes comme du sable.

Parmi les inhibitions les plus fortes, la perte des repères au niveau de l'individu est sans doute le frein le plus puissant : doutes et incapacité à réagir sont les manifestations d'un véritable "sinistre" psychologique.

2.2.1. Résultats économiques des exploitations privées : estimation

La contribution du lopin

Comme à un héros de l'Union soviétique, on devrait ériger un monument à la gloire du lopin, ce mouchoir de poche qui rassemble, en un si petit espace, tout l'espoir d'un peuple démuni de ressources. Il était le refuge dans l'univers collectiviste, il devient îlot de survie au milieu des turbulences de la transition et son rôle ne cesse de s'accroître.

Il s'agit bien d'un phénomène généralisé dans l'ensemble du monde ex-soviétique où le repli sur le potager, "garde-manger" familial, est une tendance perceptible partout. Actuellement, en Russie, la part des E.I.A. (Exploitations individuelles Auxiliaires) augmente à grande vitesse. Avec les difficultés de la période de transition, l'intérêt pour les potagers est si manifeste qu'en 1994, on distribua 50 000 ha de terres dans ce but à 500 000 familles. Ceci porte la superficie totale des lopins à 7,7 M ha, soit 2 fois plus qu'en 1990, date à laquelle on enregistrait pourtant un accroissement du phénomène depuis 1980. La part des jardins potagers dans la production agricole de la Russie passe alors de 25% en 1990 à 38% en 1994. En 2000, ils fournissent 54% de la valeur totale de l'agriculture[1].

PART DES LOPINS DANS LA PRODUCTION AGRICOLE EN EX-URSS
(*source : P. Marchand*[2])

Part de la production agricole	1991
Pommes de terre	72%
Légumes	46%
Viande	31%
Lait	26%
Œufs	22%

Ce processus est aussi à mettre au compte de l'effondrement de l'emploi, donc de la perte d'un revenu face à l'augmentation du coût de la vie. Le prix des denrées alimentaires de base étant trop élevé étant donné le faible

[1] Cl. Cabanne, E. Tchistiakova. *La Russie. Perspectives économiques et sociales*. A. Colin, Paris, 2002, p.163.

[2] P. Marchand. *L'agriculture post-soviétique: la crise sans mutation*. Annales de Géographie. N°597. 1997.

pouvoir d'achat, on produit dans le jardin familial l'essentiel de l'alimentation.

Ce qui est vrai pour l'ensemble de l'ex-URSS, l'est, plus encore, pour l'Arménie où la privatisation de l'agriculture a été plus rapide et plus complète qu'ailleurs.

L'agriculture : en Arménie, secteur d'emploi "par défaut"

Dans les années 90, avec l'implosion du système soviétique, la structure de l'emploi change radicalement en raison de la crise généralisée. La production industrielle diminue, en particulier l'agro-alimentaire (chute de 90% de la production entre 1987 et 1993) alors que la part de l'agriculture dans la production passe de 17% en 1990 à 40% en 1995. Cette évolution s'accompagne de la ruralisation de la population : 31% en 1992, 33% en 1997.

L'emploi dans l'agriculture est dopé par les effets de l'effondrement du secteur industriel. Les actifs de l'industrie, originaires de la campagne, firent valoir leurs droits à la terre et revinrent vivre à la campagne. En réalité, c'est une situation "par défaut", effet du retour des citadins vers leur village d'origine où ils obtiennent des terres dont ils espèrent pouvoir vivre. Pour beaucoup, rude sera la chute. Avec si peu d'aptitudes pour le travail agricole, ces néo-ruraux par dépit ne peuvent assumer leurs nouvelles fonctions et cherchent à vendre leurs parcelles, tout en conservant le lopin, le jardin béni des dieux, leur planche de salut.

Depuis la privatisation, en raison de l'accroissement de la pauvreté dans la majeure partie de la population rurale, le revenu de l'agriculteur d'Arménie reste très bas. La part des investissements à faire, le coût de la vie, les difficultés du marché et les conditions de travail liées, en particulier, à la très petite propriété, sont la conséquence de la gestion collectiviste et du passage brutal à l'économie de marché.

L'enquête précitée, menée par l'UNDP, en 1999, révèle l'affaiblissement du revenu agricole en raison de l'accroissement rapide du poids des dépenses. La rupture des circuits d'approvisionnement, qui oblige à importer les ressources techniques dont l'Arménie est dépourvue, est en grande partie responsable des surcoûts. Ces dépenses représentent une charge considérable pour l'exploitant, démuni de repères pour la gestion de son budget. Les dépenses en matériel agricole apparaissent extrêmement faibles. Avec 1 seul tracteur pour 60 exploitations, on mesure l'immense lacune en équipement dont souffre l'agriculture. Il faut aussi prendre en compte le fait que le bricolage des pièces et des engins contribue à réduire les dépenses dans ce domaine.

Les capacités d'investissement sont très réduites et, compte tenu de la faible rentabilité des exploitations, ne permettent pas d'engager des emprunts. Le remboursement des emprunts reste d'ailleurs, la principale dépense des exploitants. Autrement dit, la rentabilité de l'investissement n'est pas assurée. Ceci conduit, à terme, au déclin de la production agricole, faute de moyens pour améliorer le matériel et les techniques de production. Les équipements pour l'irrigation sont les plus touchés par la dégradation des conditions de travail et leur vétusté reste une cause première du recul de la productivité et de l'abandon de parcelles cultivables. L'agriculteur ne peut prendre que ce que le sol peut produire sans amélioration sensible.

Figure 2-6 PART DES PRINCIPAUX SECTEURS D'ACTIVITE : EN ARMENIE. 1985-1997

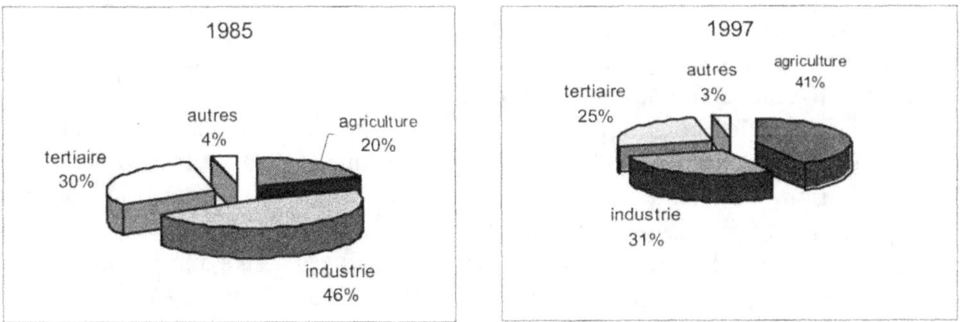

Régions et (nombre d'exploitations enquêtées)	Montant des achats (en milliers de Drams)	Dépenses moyennes annuelles par exploitation (En milliers de Drams)
Total République (1 360)	317 447	233,4
Aragatsotn (144)	34 487	239,5
Ararat (200)	34 725	173,6
Armavir (192)	55 274	287,9
Gegharkunik (160)	38 832	242,7
Lori (144)	36 292	252,0
Kotayk (120)	30 773	256,4
Chirak (144)	43 640	303,1
Siounik (96)	16 777	174,8
Vayots Dzor (56)	7 534	134,5
Tavoush (104)	19 112	183,8

EVALUATION DU COÛT DES MOYENS DE PRODUCTION AGRICOLE[1]

[1] Socio-economic condition of rural farms and indices of agricultural goods in the republic of Armenia. Yerevan, 1999, UNDP.

La moyenne des investissements est de 65 000 Drams par exploitation. C'est dans la plaine de l'Ararat qu'ils sont les plus élevés (80 - 90 000 Drams), alors qu'ils plafonnent à 30 - 35 000 Drams dans les régions montagneuses de Siounik et Tavouch. Les trois-quarts des exploitations ne peuvent même pas assurer un investissement égal au renouvellement de leurs moyens, ni, encore moins, rembourser les emprunts, ce qui, à terme, conduit au déclin des productions agricoles.En moyenne, par personne travaillant dans l'exploitation, les dépenses s'élèvent à 43 000 Drams et le produit des ventes à 71 600 Drams.

Les facteurs à l'origine des disparités de revenus

Le microfundium est un handicap plus ou moins grand selon les régions. Les inconvénients de la très petite taille des exploitations peuvent être compensés par les potentialités naturelles et par les équipements existants. Autre élément déterminant, le nombre de personnes vivant et travaillant sur l'exploitation, de même que la situation de l'exploitation dans le cadre économique régional, sa proximité des marchés et l'état des voies de communications. Il faut compter aussi avec les capacités individuelles à gérer l'exploitation et les moyens financiers dont dispose l'agriculteur, souvent liés à ses activités antérieures à l'époque soviétique.

Pour comprendre les mécanismes de l'appauvrissement actuel, il faut revenir sur la notion de revenu du paysan soviétique, une des clés de la hiérarchie sociale d'aujourd'hui, et comparer le revenu d'alors avec les prix pratiqués pour des biens de consommation courante. Le tableau suivant servira de repère pour apprécier les salaires et les coûts en 1984. Officiellement, le kolkhozien percevait un revenu modeste, environ 110 roubles[1] par mois en 1981, plus des avantages en nature tirés des surplus de production (l'ouvrier du sovkhoze est payé 120 à 180 roubles). Ceci était suffisant pour subvenir aux besoins de la famille grâce, en particulier, à l'apport du lopin.

La réalité est un peu différente. La gestion efficace du lopin, dont les rendements sont supérieurs à ceux des parcelles collectives, permet au paysan de dégager des marges appréciables pour améliorer le revenu de la famille. La vente de leurs produits au marché des villes et sur le bord des routes, assure aux kolkhoziens de substantiels bénéfices : les prix pratiqués y sont 3 à 4 fois plus élevés que dans les magasins d'Etat en raison, d'abord, de la bonne qualité des productions proposées, mais aussi de la rareté (voire de l'absence totale) de ces produits dans ces magasins. L'apport ainsi procuré au paysan est considérable et justifie à lui seul tout l'intérêt que représente cette petite parcelle individuelle.

---

[1] En 1983, le rouble valait entre 9 et 10FF.

VIE QUOTIDIENNE : EXEMPLES DE PRIX ET DE REVENUS en 1984

Salaires 1981-1983 en Arménie

Ouvrier : 120 à 180 roubles
Kolkhozien : 110 roubles + avantages en nature
Président de kolkhoze : 268 roubles
Directeur de magasin ou d'usine : 250 roubles
Médecin à l'hôpital : 150 à 180 roubles
Professeur : 110 roubles
Officier supérieur (maréchal de l'armée soviétique) : 2 000 roubles

Prix officiels de biens de première nécessité (magasins d'Etat)

Réfrigérateur (fabrication soviétique) : 260 roubles
Téléviseur couleur (fabrication soviétique) : 790 roubles
Automobile "Jigouli" : entre 6 000 et 8 000 roubles
Costume d'homme : 68 roubles
Collant pour femme (importation) : 7 roubles

Alimentation:
- 1 kg de viande : 6 à 8 roubles
- 1 litre de lait : 62 kopeks
- 1 kg de beurre : 3,5 roubles
- 1 pain noir : 15 kopeks
- vodka 60° : 4,42 roubles

NB. Cours du rouble : 9 à 10 FF.
(sources : B. Kasbarian-Bricourt. Les Arméniens au XXe siècle, l'Harmattan, 1984. Ainsi que : statistiques officielles et enquêtes dans les foyers.

Les revenus auxiliaires ne cessent de s'accroître, en réponse à l'inefficacité des réseaux d'approvisionnement des marchés d'Etat. Ils alimentent un marché parallèle aux effets aberrants, pratiquement légitimé par le régime contraint de tolérer ces pratiques faute de pouvoir maîtriser les rouages de l'approvisionnement du marché.

Une partie de ce pécule issu d'un enrichissement personnel illicite mais tacitement étendu à toutes les couches sociales, est placé sur des livrets en banque - souvent au nom de plusieurs personnes de la famille afin de "diluer" le revenu dans le cas de contrôles - et constitue un confortable matelas qui va servir à émerger lors de l'effondrement du régime. Les témoignages confirment cette situation : "Les tractoristes et les garagistes gagnaient de l'argent, ainsi que les directeurs des kolkhozes et des usines. Maintenant ils en profitent parce qu'ils ont récupéré leurs engins et qu'ils ont mis de l'argent dans les banques. Mais certains ont beaucoup perdu depuis, à cause du changement de monnaie". De là, des situations très contrastées selon le niveau d'épargne de chacun et, surtout, selon les conditions du change : une grande partie de cette épargne est ainsi considérablement érodée lors de la conversion du rouble au dram, la monnaie nationale, hormis pour ceux qui avaient su profiter du marché noir pour changer leurs roubles en dollars.

Les dérèglements du système ont créé leurs propres antidotes. Même si ces aspects de l'évolution économique n'expliquent pas tout, ils restent fondamentaux pour saisir les nuances de la situation actuelle du paysan arménien. En quelque sorte, les carences du système favorisent le développement d'une économie souterraine, à la fois cause et conséquence d'un chaos annoncé. A l'encontre des objectifs affirmés par l'idéologie socialiste, les dérapages de l'organisation communautaire et collectiviste contribuent à un repli vers une économie en autarcie qui devient, dans le chaos actuel, le seul moyen de survie pour les populations paysannes dénuées de repères.

2.2.2. Une nouvelle hiérarchie. Essai de typologie

Dix ans après la privatisation, à la croisée de ces divers facteurs, émergent plusieurs catégories d'agriculteurs ; l'organisation sociale apparaît guidée par deux composantes psycho-sociologiques majeures : le retour de l'individu et le temps des regrets.

Parmi les types d'exploitations représentatives de la transition en cours, on retrouve, dans d'autres pays de la sphère ex-soviétique, des modèles similaires à ceux de l'Arménie. Ainsi, l'exploitation familiale de taille moyenne, qui s'appuie sur de réelles compétences – agriculteurs qualifiés, anciens agronomes, techniciens spécialisés – et de réelles volontés. Ce type d'exploitation en Arménie, évolue vers une progressive augmentation de sa superficie, du cheptel, une diversification de la production visant, entre autres, la subsistance familiale, mais surtout une recherche de circuits de commercialisation. Un autre modèle, très minoritaire – illustré par l'exemple de la plaine morave -, correspond à une agriculture entrepreneuriale, avec salariés, équipements perfectionnés, machines, stratégie commerciale élaborée. Il s'agit d'un type de "business farmers", décrit par un exemple précis en Arménie.

Le retour de l'individu, après le règne de la masse paysanne, conditionne une nouvelle hiérarchie sociale dans les campagnes. Le syndrome du "koulak" reste bien ancré dans l'inconscient collectif, plus de 70 ans après, et constitue un véritable sinistre psychologique. Durant la *perestroïka*, alors que l'on encourage officiellement l'émergence d'un petit secteur privé, les paysans les plus âgés se souviennent d'un autre épisode de l'Histoire qui se termina par la déportation et la mort de milliers d'entre eux, ceux qui s'étaient laissés entraîner par le mirage du profit. Dans la mémoire d'Armen, agriculteur dans la région Vayots Dzor, il y a le souvenir de ces évènements terribles du début des années soviétiques, que lui ont maintes fois raconté ses parents.

Armen a 25 ans lorsque Gorbatchev amorce un virage vers l'économie privée. Il vient de terminer des études à l'Institut d'Agriculture de Leningrad et comprend vite que c'est là une planche de salut pour l'agriculture. Il décide alors d'acheter une partie des bâtiments collectifs mis en vente dans son village, dans la région Vayots Dzor. Son père s'y oppose formellement, craignant un "retour de bâton", et lui coupe les vivres. C'est seulement après l'indépendance, quand tout danger de ce type semble écarté, qu' Armen peut alors réaliser son projet. Il achète le bâtiment de l'ancien kolkhoze, loue d'autres parcelles pour agrandir son exploitation et, à partir des 5 vaches attribuées lors de la privatisation, se constitue peu à peu un cheptel bovin de plus de 50 têtes.

Le blocage psychologique issu d'un épisode enfoui dans les mémoires aura pesé lourd dans le parcours de nombre d'agriculteurs motivés mais méfiants vis-à-vis d'un régime qui les a si souvent trahis.

Partout on regrette amèrement "le temps d'avant".

Les témoignages sont révélateurs : "Avant, on n'avait pas de souci. On gagnait peu mais on ne payait rien, on vivait bien. La nourriture n'était pas chère, on mangeait de la viande quand on voulait. Aujourd'hui, il faut travailler dur mais on ne gagne rien et il faut payer les charges, comme l'eau par exemple, sinon on ne peut pas cultiver." Pour Rosa, l'époque du kolkhoze à Araks appartient au bon temps :"Quand on travaillait bien, le kolkhoze donnait du blé, des tomates, du lait, un peu de tout. Parfois on en avait trop, alors on le vendait au marché et le revenu était pour nous". Le communisme ne gênait personne, apparemment.

De quelle liberté parle-t-on aujourd'hui ? Avant, la liberté n'était pas réduite puisque l'espace de vie se limitait au village : avait-on besoin de plus de liberté pour aller aux champs ? M. Gorbatchev avait pensé qu'en offrant un capital liberté (liberté d'esprit, liberté de penser), il aurait le soutien de la société. Or, la liberté de l'esprit ne peut avoir de valeur qu'à partir du moment où tous les besoins fondamentaux sont assurés : travail, nourriture, santé, matériel. D'où l'appréciation toute relative, aujourd'hui, du terme de liberté.

Les témoignages recueillis lors de nos enquêtes ne tarissent pas d'éloges sur le régime précédent qui représente aujourd'hui, pour les plus âgés des paysans, le "paradis perdu". Cependant, quelques-uns apportent un bémol à ce concert de louanges *a posteriori*. "Avant - explique Anouch qui, à 75 ans, vit difficilement sur son ancien lopin - dans le kolkhoze il y avait toujours des produits, mais le travail était souvent dur. Certains empochaient l'argent tandis que les autres travaillaient".

Est-il nécessaire d'ajouter d'autres exemples ? Les avis convergent pour reconnaître que l'époque soviétique avait bien des avantages, mais d'autres voix se font entendre, témoignant que si, au temps de l'URSS, on vivait bien, la vie n'était pas pour autant "un long fleuve tranquille". Pour Hovik, qui appartient à une catégorie d'agriculteurs "innovants", aujourd'hui on paie pour les erreurs passées ; pour lui, la privatisation a été trop brutale. Il aurait fallu ménager une période transitoire avant de décollectiviser l'agriculture : "personne n'était préparé à cette nouvelle organisation du travail et à la gestion individuelle. Le système capitaliste présente des avantages mais aussi des inconvénients, par exemple la concurrence à laquelle nous sommes confrontés".

Pour clarifier les données collectées, la situation actuelle des agriculteurs d'Arménie peut être présentée sous la forme d'une typologie. Les tendances de l'évolution apparaîtront progressivement, au fil des exemples tirés des enquêtes menées dans les villages, et classés par thèmes.

Hors des valeurs statistiques et des références de complaisance, ces "portraits" font la synthèse de comportements et de situations familiales et sociales à partir des réalités réellement perçues parmi les agriculteurs : leurs réactions, leurs doutes, leur détresse, d'abord masqués par le jeu de l'entretien d'enquête, s'expriment peu à peu au gré des rencontres et de la confiance qui s'établit.

Type n°1

Microfundium et autosubsistance : survivre sur un confetti de terre

C'est la situation la plus répandue. Elle est aggravée dans les régions dont le contexte de production est inadapté à la très petite propriété (ou très petite exploitation, ce qui revient au même dans la majorité des cas compte tenu de l'impossibilité de louer d'autres parcelles).

Ceux qui vivent au jour le jour dans leur "propriété" de 1 hectare - ou moins - ne pensent qu'à leur survie pour assurer le quotidien. Le schéma est ici construit sur les bases suivantes : autosubsistance, oubli des savoir-faire et retour à l'archaïsme des pratiques agricoles et des techniques, repli sur le foyer familial, paupérisation aggravée par l'inertie des mentalités.

Un exemple, fréquent, illustre la grande détresse du paysan entraîné, presque malgré lui, dans une spirale dont il ne sait comment sortir, sans moyens financiers, sans support psychologique, accablé par ses responsabilités nouvelles.

- *Dans le village de Saravan, sur les contreforts du Zanguezour, il y avait à l'époque soviétique, un troupeau de bovins de 6 000 têtes. Lors de la décollectivisation, chaque famille a reçu 1 ou 2 vaches et, en moyenne, 4 hectares de terre dont une partie en pâturages. Aujourd'hui, avec seulement 260 habitants, la structure sociale du village s'est profondément transformée. En 9 années, seules 7 familles (soit environ 35 personnes) ont franchi le cap de la transition en achetant quelques vaches pour arriver à un petit troupeau de 6 ou 7 laitières. Les autres familles, c'est-à-dire la grande majorité, vivotent sur quelques parcelles et avec une seule vache.*

Pour comprendre l'évolution ultérieure, tous ces aspects ont leur importance : on ne raye pas d'un trait les symboles de l'organisation socio-spatiale des campagnes. La hiérarchie sociale actuelle en est l'expression.

- *A Rind, on survit au jour le jour.* **Dimitri vit avec ses enfants, deux filles mariées et un fils sur son jardin de 2 000 m², dont un petit verger attenant, et un hectare de terres de cultures pour les céréales et le foin Lors de la privatisation,il a reçu en propriété 1,5 ha de terres. Son exploitation correspond à quelques centaines d'ares autour de son habitation, y compris le lopin, environ 2000 m², dont il disposait à l'époque soviétique, et à un lot de 1 ha situé à l'écart du village. Le complément de revenu vient d'une vache et de son veau et de quelques volailles.Pour faire vivre 5 personnes, l'exploitation est trop exiguë. Dimitri est aussi tailleur de pierres et la restauration du monastère de Noravank, en 1997-98, lui a permis d'améliorer provisoirement les finances familiales. La situation est précaire mais toute initiative semble impossible, faute de perspective d'avenir. Dans ce village certaines familles vivent dans la misère et les enfants vont quémander du pain chez ceux qui ont un peu plus.**

Aigris et déçus, les plus âgés des paysans n'espèrent plus rien de cette "société capitaliste" à laquelle ils ont cru, un moment, mais les plus jeunes sont curieux du mode de vie des paysans en France et de leurs méthodes de travail. Inertie, frustration, absence d'initiative et de moyens financiers concourent à aggraver la situation. La spirale du déclin atteint son paroxysme quand rien, aucune impulsion, ni interne ni externe ne vient infléchir le cours du destin. C'est le cas à Semionovka, au col situé au nord du lac Sevan.

- *A Semionovka, c'est la descente aux enfers. Depuis dix ans, le village connaît une hémorragie humaine qui prend, ici, valeur de symbole. A l'époque soviétique, cohabitaient dans le village plusieurs communautés soudées dans la même idéologie collectiviste : Arméniens chrétiens, Molokanes chrétiens orthodoxes d'origine russe, Kurdes musulmans, Azéris et même des Juifs. Il ne reste actuellement qu'une cinquantaine de familles arméniennes et environ dix familles kurdes. Ceci est, en fait, une exception en Arménie où les musulmans, en particulier les Azéris, ont été expulsés lors du conflit du Karabagh. Ceux qui restent, Arméniens ou non, ne savent plus où aller.*

"Avant", dans ce village de montagne, à 2 150 m d'altitude, il y avait un grand sovkhoze de 1 000 vaches. Les pâturages environnants étaient utilisés l'été, pour la transhumance des troupeaux venant des plaines de l'Azerbaïdjan tout proche. Ils étaient ainsi entretenus et valorisés. Depuis la fin de l'URSS, il n'y a plus aucun échange avec l'Azerbaïdjan : la transhumance a donc cessé, les pâturages se sont dégradés et ne présentent plus de grande utilité faute de bétail. En effet, lors de la privatisation, le troupeau (essentiellement bovin) a été distribué à raison de 20 vaches par famille. Mais, compte tenu des problèmes d'alimentation du bétail, sans moyen pour entretenir le matériel et acheter les intrants nécessaires, la plupart des agriculteurs vendirent leur cheptel et ne conservèrent que 2 vaches en moyenne. C'est l'engrenage de la détresse, au plus bas de la hiérarchie du désastre.

Au bas de l'échelle sociale, on trouve donc une population démunie de moyens financiers, sans capacité d'innovation et engagée dans la spirale d'un déclin inexorable qui va, de toutes façons, les éliminer. Ces laissés-pour-compte font partie des défavorisés, en marge d'une possible reprise qui ne favorisera que ceux qui ont des objectifs, des projets. L'état de délabrement des villages et des structures dont ils disposent n'est pas seule en cause : dans le même village coexistent des situations diverses et contrastées.

Tous les paramètres ont leur importance, y compris la capacité à entreprendre. Il ne s'agit pas seulement d'une question de moyens financiers, ainsi qu'en témoignent les exemples suivants.

Type n°2

Des agriculteurs qui commencent à s'en sortir

Ils ont des moyens modestes, sur de très petites surfaces, mais une volonté tenace face au marasme. Ce sont, en général, des exploitants qui ont fait le choix d'une production spécifique, bien adaptée à leur contexte foncier, et qui ont réussi à trouver un réseau de vente. Voici l'exemple des agriculteurs de la plaine de l'Ararat, où ont été lancées les premières actions d'aide au développement.

▪ A Vosketap coexistent des agriculteurs motivés et des survivants en difficulté. Dans cette commune, les orientations de production concernent des cultures légumières et fruitières, bien adaptées à ce vaste périmètre d'irrigation et aux bonnes capacités pédologiques. Malgré les problèmes de commercialisation, quelques agriculteurs décident de maintenir certaines productions, envers et contre tout, en particulier le vignoble, refusant l'arrachage des ceps pour les remplacer par du blé, comme l'ont fait un grand nombre d'entre eux.

Aram est propriétaire d' un hectare de terres labourables et de deux vaches. Il réussit des rendements louables. Sur 2 700 m^2, il a maintenu une petite parcelle de vignoble pour produire du raisin de table qui, selon lui, est beaucoup plus rentable que le vin puisque le kombinat viticole ne fonctionne plus. Sur 6 000 m^2 emblavés, il obtient un rendement record de 60 quintaux/ha, en irrigué. Une année sur deux, cette parcelle produit des tomates et des oignons. Pour compléter son système de production, il a pris en location 7 000 m^2 de terres pour faire de la luzerne. Cet exploitant d'une trentaine d'années est déterminé et progresse pas à pas. Il s'est fixé un objectif : dans cinq à six ans, il devrait pouvoir acheter un autre hectare, pour l'avenir de son fils.

Un autre type de réussite est illustré par le cas de ces réfugiés d'Azerbaïdjan, qui ont réussi à s'intégrer à la fois dans un milieu social différent et dans une activité nouvelle. C'est un exemple qui mérite d'être souligné et ferait même figure de contre-exemple en raison des échecs répétés de ces populations citadines, réfugiées en Arménie à cause des conflits entre les deux pays.

▪ A Vardanadzor, près de Meghri, le cas de Grigor est significatif d'une certaine catégorie d'agriculteurs, récemment installés en Arménie et qui ont réussi à s'adapter rapidement à l'activité agricole.

Lorsqu'ils sont arrivés d' Azerbaïdjan, en 1988, contraints à l'exil en raison des pogroms anti-Arméniens de Soumgaït, Ivan Grigor et sa femme s'installèrent près de Meghri, au sud de l'Arménie, là où on leur donna une maison et un lopin. Ils occupèrent l'habitation laissée vacante par une famille d'Azéris qui venait de quitter l'Arménie, pour les mêmes raisons de conflits entre les deux communautés.

Grigor, poinçonneur dans le métro de Bakou, n'avait jamais travaillé la terre, hormis le petit jardin attenant à sa maison de ville. Sa femme travaillait alors dans une usine de meubles. Ils avaient donc apparemment peu de chances de s'intégrer dans un village loin de chez eux et de réussir dans l'agriculture. Durant 3 ans, ils travaillèrent au kolkhoze où Grigor apprit les techniques de l'arboriculture. Lors de la privatisation, il reçut

2 200 m^2 où il planta un verger, et une dizaine de moutons. Aujourd'hui, cette micro-exploitation se porte bien. Ce couple d'Arméniens ne disposait, en arrivant ici, ni d'une formation agricole, ni d'une position sociale élevée, ni de capacités d'investissements. Au contraire, ils auraient pu abandonner, comme la plupart de ceux qui ont vécu la même situation de réfugiés ou comme les autres travailleurs de l'ancien kolkhoze (ils sont les seuls à être restés, les autres sont partis essayer de faire fortune ailleurs). Le seul atout dont ils disposaient consiste en une capacité d'adaptation certaine et aux acquis de la période de travail comme arboriculteur au kolkhoze.

Photo 2-8. A Vardanadzor, Grigor s'est bien adapté au travail de la terre après son exil d'Azerbaïdjan

Photo 2-9 Ce vigneron d'Areni, dont la famille est en Arménie depuis plusieurs générations, gère son petit vignoble avec rigueur.

Autre catégorie de ceux qui s'en sortent, des agriculteurs qui, à l'époque soviétique, ont exercé une autre activité complémentaire. Depuis l'effondrement de l'URSS, ils se sont recentrés sur la petite exploitation familiale et gardent confiance en l'avenir. Objectif : agrandissement progressif et gestion méthodique.

- Norabats est à moins d'une heure de Erevan, dans la région Ararat. C'est un gros village qui date des années 20. Il s'appelait alors Yenidjar et était peuplé de nombreux Azéris qui sont repartis depuis 1991, remplacés par des Arméniens d'Azerbaïdjan.

Chez Artouch, les débuts ont été difficiles. Il est arrivé ici, avec sa femme, il y a une trentaine d'années, venant de Eghegnadzor où il n'y avait *pas de lopin pour ses frères et lui. Artouch était "pédagogue". Il s'installa donc à Norabats, comme instituteur du village, et put ici disposer d'un lopin de 2 000 m^2. Depuis 1991, la famille a économisé pour acheter 4 ha de terres:"on a préféré acheter de la terre plutôt que de payer des réparations pour la maison, c'est pour les enfants". Les terres disponibles sont rares mais des parcelles se libèrent en raison du départ de familles (en particulier des réfugiés de Bakou) vers la Russie, la France ou ailleurs.L'exploitation produit du raisin de table, le « kimich », et du « tayfoun », un fameux raisin blanc très sucré qui se conserve tout l'hiver au réfrigérateur et qui se vend jusqu'à 500 dr/kg, en particulier à des Géorgiens qui font le déplacement pour acheter ces fruits très prisés. Ce vignoble est bien entretenu - en comparaison avec les parcelles voisines où nombre de ceps sont à l'abandon - et produit 7 à 8 tonnes /an.*

Le joyau de l'exploitation est situé dans le jardin, près de la maison, c'est une serre de 400 m^2 édifiée en 1987. Cette serre, comme toutes celles du village, est un symbole de la victoire du petit secteur privé lors de la perestroïka. L'histoire de ces serres est significative : à l'époque de l'URSS, tout profit individuel étant interdit, le Président Demirdjian en avait interdit la construction pour un usage personnel parce qu'il y voyait le spectre de la spéculation. Gorbatchev autorisa l'édification de ces serres dans les lopins. Artouch profita de cette brèche dans le système, voyant là un moyen de produire davantage, pour lui-même, et de réaliser des bénéfices. Il y pratiqua d'abord des cultures florales, jusqu'en 1991, puis, en raison des coûts de production et de la mévente, il leur substitua les tomates, plus rentables sur le marché, en rotation avec des légumes et des herbes culinaires. Aujourd'hui, les problèmes, pour la serre, viennent du chauffage et du coût des intrants ; sinon, les débouchés existent, à Erevan.

Ici, la relève est déjà assurée. Le fils, qui a fait des études d'hydrotechnique à l'époque soviétique, met ses connaissances au service de l'exploitation où l'irrigation joue un rôle essentiel. Il fait partie de l'association d'irrigants qui a été créée, regroupant plusieurs villages, grâce à des aides techniques et financières de la Banque Mondiale. Avec l'aide de sa femme, il conduit avec rigueur la propriété de ses parents et assure le revenu de la famille, soit 9 personnes. Ces agriculteurs restent résolument optimistes, mais réalistes. Ils sont confiants pour les enfants et pensent qu'avec une bonne formation on peut s'en sortir : "il faudra encore peut-être dix ans pour que l'Arménie renaisse. Si je ne fais pas fructifier les 4 hectares que mon père a constitués, en achetant 2 hectares de plus pour mes fils, je suis un nul".

Il ne s'agit pas d'un cas isolé. Dans cette famille arménienne soudée autour de l'autorité paternelle et de la présence efficace de la mère, qui gère le budget de toute la famille, la génération montante prend le relais avec une remarquable détermination. Tous savent le prix du changement et sont conscients qu'eux-mêmes ne profiteront pas des années fastes. Parlant de "sacrifice", ils restent réalistes, sûrs que leurs efforts et leur acharnement serviront à leurs enfants.

Ce ne sont pas de vaines paroles tant la solidité de la famille reste une valeur sûre. Les propos entendus au gré des entretiens chez les paysans peuvent sembler empreints d'une solennité "dépassée" pour notre société occidentale. Cependant, ils traduisent exactement les préoccupations d'avenir de la génération de transition et restent fortement imprégnés de valeurs identitaires arméniennes avec les notions de sacrifice et d'entraide familiale. Ils reflètent aussi une réelle combativité, héritée, non du passé soviétique, mais de la culture d'un peuple contraint, depuis toujours, à lutter contre l'adversité pour continuer à exister.

Type N°3

Ceux qui tentent d'innover : une agriculture émergente

Ceux qui émergent sont en général ceux qui disposaient d'une fraction de pouvoir (directeurs de kolkhozes, chefs machinistes et autres responsables du Parti dans le monde agricole ou de l'agroalimentaire) et qui avaient fait des études dans l'un des nombreux instituts de formation spécialisés : zootechniciens, agronomes, techniciens en hydraulique. Ils avaient réussi à mettre de l'argent de côté, épargne illicite à l'époque soviétique, le plus souvent mise sur des livrets en banque. Ainsi, se dégage une classe de propriétaires exploitants qui ont rapidement fait fructifier la part de propriété acquise lors de la privatisation.

Dans chaque village, ces nouveaux "fermers[1]", dotés d'une certaine capacité à engager des projets à court ou moyen terme, ont pu faire des emprunts pour moderniser leur outil de travail, mettre en pratique les principes de l'économie de marché et développer des productions agricoles, utilisant leurs compétences acquises par leur formation antérieure. Les motivations sont plus ou moins affirmées compte tenu des incertitudes qui gangrènent le pays ; mais il existe, nous avons pu le constater, une détermination réelle chez certains agriculteurs dont la réussite reste cependant fragile.Intéressés par des orientations culturales plus productives et mieux adaptées au marché, quelques agriculteurs émergent prudemment. Ils ont aussi saisi au vol quelques avantages matériels et financiers, tout en prenant des risques pour l'avenir de leur exploitation.

---

[1] Fermier, ou « fermer », terme employé en Russie pour désigner cette nouvelle catégorie d'agriculteurs entrepreneurs.

Ces exemples ne traduisent pas des transformations spectaculaires, mais illustrent quelques tentatives pour tenter de rentabiliser de très petites surfaces dans un environnement commercial déstabilisé. Dès le début de la privatisation, ces agriculteurs ont acquis des bâtiments, du cheptel, des terres afin d'accroître très rapidement leurs chances de réussite. Il est difficile de mesurer la part réelle de la capacité à innover au regard de la capacité d'investissement de ces "nouveaux fermiers" mais le schéma reste globalement le même : il s'agit d'agriculteurs qui, disposant d'un certain pouvoir et de quelques capacités de gestionnaire, ont pu très vite augmenter leur capital d'exploitation.

- Dans la région de Eghegnadzor, à 1 600 m d'altitude, l'élevage bovin est la principale activité. Depuis la privatisation, 6 ou 7 fermiers ont constitué chacun un troupeau d'une trentaine de vaches laitières pour lesquelles ils louent les pâturages d'altitude du village, à plus de 2 000 m.

L'un d'eux, maire du village de Saravan, a récupéré, lors de la décollectivisation, les bâtiments d'un ancien kolkhoze où il a installé ses étables pour 5 vaches et un petit atelier de fromage, ainsi qu'un élevage de porcs pour valoriser les sous-produits laitiers de sa fromagerie. Peu à peu, il a pu agrandir son troupeau en achetant d'abord 15 vaches, s'ajoutant aux 5 premières. Aujourd'hui, il est à la tête d'un cheptel de 120 bovins dont 38 laitières et un taureau pour la reproduction en vue d'améliorer les performances laitières.L'exploitation emploie une main-d'œuvre familiale et salariée et s'organise en fonction des surfaces disponibles : herbages de montagne, terrains de parcours en altitude (terres de réserve de la commune). La valorisation du lait s'est effectuée, au départ, dans un petit atelier de lait et de fromage. L'exploitation se développe ensuite rapidement. Après avoir acheté d'autres bovins pour le lait, l'exploitant a agrandi son cheptel caprin et constitue petit à petit un véritable patrimoine pour ses enfants : plantation de 4 hectares d'abricotiers, noyers, noisetiers, pruniers le long de la rivière, au bas de sa propriété et extension de la surface cultivable pour les cultures de blé et de maïs afin de résoudre les problèmes d'alimentation du bétail en vue d'agrandir son cheptel. Un projet de pisciculture, avec 3 bassins, est en cours pour l'élevage de truites ; un marché existe et l'eau, ici, est abondante et pure. Seul bémol : le manque d'aliments pour les poissons dont l'achat, dans une firme danoise, grève considérablement les coûts de production.

Le parcours de cet exploitant démontre un esprit d'initiative allié à une formation agricole acquise au cours des années soviétiques. Sa capacité à innover vient en partie de sa formation de technicien agricole mais a été facilitée par des réserves financières familiales qui ont permis cette ascension rapide, confortée par son mandat de maire de la commune. Il a bien compris ce qu'est l'économie de marché et ne s'est lancé dans un accroissement de son cheptel laitier qu'après avoir prospecté une clientèle pour son fromage. Cette clientèle – commerçants de Erevan et de Vayk - vient s'approvisionner régulièrement au village et lui assure ses débouchés pour sa production actuelle. Pour diversifier sa production et conquérir un nouveau marché, son projet actuel consiste à valoriser le lait de chèvre en faisant du fromage. Or, en Arménie, le fromage de chèvre est peu présent sur les marchés. C'est un produit demandé, cependant, en particulier par l'hôtellerie internationale qui se développe dans la capitale.

Les initiatives de ce type sont peu nombreuses mais les résultats sont encourageants pour ceux qui peuvent se lancer dans l'aventure, à condition de maîtriser un minimum de paramètres. Pour sortir du rang il faut d'abord disposer de quelques ressources financières et investir progressivement. Il faut aussi acquérir de nouvelles pratiques, savoir résoudre individuellement les problèmes de transformation et de commercialisation des produits dans une conjoncture intérieure déstabilisée. En d'autres termes, cette petite minorité de « porteurs de projets » apporte une lueur d'espoir dans un contexte difficile où les risques liés à l'investissement personnel sont grands.

Un autre cas-type complète cette catégorie d'exploitants : il s'agit d'une exploitation céréalière sur les hauts plateaux de la Siounik. Cela permet de cerner la question des potentialités du milieu au regard des moyens disponibles pour réactiver une production agricole spécifique à la région. Les structures foncières de minifundium, bien adaptées au contexte des périmètres irrigués de production maraîchère, représentent un handicap pour la mise en valeur des régions de grande culture. Le cas de la commune de Chaqui apporte un éclairage sur ce type de situation.

- A Chaqui, la céréaliculture est la production principale. La commune est engagée, depuis deux ans, dans une opération de formation des jeunes agriculteurs menée par une association américaine (World Vision).

Vahan est maire de la commune et ancien responsable du kolkhoze. Il cultive 5 hectares en propriété et possède 12 vaches laitières. La surface moyenne en propriété est ici de 4 hectares; la plus grande fait 9 hectares. Chez Vahan, les rendements de blé sont satisfaisants : en moyenne 25-30 q/ha en irrigué. Il lui est arrivé d'atteindre 45 q/ha certaines années fastes, lorsqu'il peut payer des engrais et que ses parcelles sont bien irriguées. Vahan rappelle qu'avant, dans le kolkhoze, les rendements étaient faibles avec, pourtant, davantage de moyens : 18-20 q/ha. C'est pourquoi, malgré les difficultés innombrables, il est satisfait de son travail :" au moins, maintenant, on travaille pour nous. Nos enfants profiteront de notre labeur".

Sur ses 5 ha, il fait du blé de printemps, du blé d'hiver, de l'orge (1 ha), du sainfoin et de la luzerne, ainsi que de l'épeautre. Il transforme sa récolte de blé pour moitié en farine pour l'autoconsommation familiale, environ 50% en aliments du bétail et il conserve un peu de semence. L'approvisionnement en semences est un problème important pour qui veut améliorer ses rendements. Les semences d'importation coûtent cher, c'est pourquoi la plupart des exploitants réservent une petite part de leur production pour la semence mais en achètent aussi un peu pour renouveler leur stock. Afin de réduire les coûts de production, il s'est associé avec son frère en une sorte de GAEC : en commun ils exploitent ainsi 10 ha. Avec son cheptel bovin, il fabrique du fromage, vendu à Erevan (à 3 heures de route). Le revenu familial est complété par l'élevage de volailles, lapins et quelques porcs.

Comme la plupart des paysans, le maire déplore les conditions actuelles qui l'ont contraint à abandonner des parcelles pourtant productives, trop éloignées du village (à plus de 7 km) et dont le réseau d'irrigation est défectueux : "Avant, les céréales montaient jusqu'à 1 900 - 1 950 m en irrigué, mais maintenant il a fallu délaisser ces parcelles en raison des surcoûts d'exploitation : il faut payer le carburant pour s'y rendre et la réfection des canalisations n'est pas rentable en l'état actuel du marché". Cependant, cette exploitation possède de bons atouts : adéquation entre superficie cultivable et moyens disponibles dans un contexte agronomique satisfaisant, compétences de l'agriculteur, technicien agronome formé à l'époque soviétique, sa position sociale de maire, une certaine capacité financière en raison de son ancien statut au kolkhoze, mais aussi son association avec son frère pour optimiser leurs résultats.

Il existe ainsi des situations de réussite grâce à des conseils ou des apports extérieurs. Mais il ne suffit pas d'avoir la possibilité de financer un projet, encore faut-il détenir certaines capacités personnelles de gestion. C'est le cas de Gnell, agriculteur à Vardenis.

Le cas suivant est atypique, peut-être actuellement parmi les rares véritables exemples de réussite en Arménie. Le succès tient à deux "détails" : sa détermination et son honnêteté, ainsi que l'aide extérieure apportée dans le cadre d'un jumelage entre la municipalité de Romans, dans l'Isère, et la commune de Vartenis. Sans relater tous les faits qui se sont imbriqués pour expliquer cette réussite, il faut retenir l'essentiel en ce qui concerne le classement de ce type d'exploitant dans la catégorie des agriculteurs innovants. On retrouvera dans un chapitre ultérieur une description de son système de production fromagère.

▪ Dans le cadre d'une mission d'un jeune maître-fromager français, mandaté pour les besoins du jumelage, un agriculteur qui présentait un profil bien adapté aux objectifs fut choisi pour participer à un projet de production fromagère "à la ferme". Deux ans après le démarrage, le succès dépasse les espérances. Un atelier de fromage de vache a été aménagé dans un petit bâtiment attenant à l'exploitation où l'on fabrique deux sortes de fromage : du Lori, fromage égoutté conservé dans la saumure, et une tomme de montagne. La production de tomme est une grande première en Arménie où l'on ne connaissait pas ce type de fromage. Il faut donc habituer progressivement le consommateur au goût nouveau de ce produit qui se vend bien à Erevan, dans les magasins, les hôtels et le marché central.

L'opportunité de développer un projet qu'il ne pouvait réaliser seul lui fut donnée par les aides, techniques et financières, de la municipalité de Romans. Une association américaine, l'USAID, présente en Arménie, s'intéressa à ce programme et apporta une aide sous forme de crédits, soit 10 000 $, pour payer les producteurs de lait qui participent à la collecte. En raison du succès remporté, tant auprès de la clientèle de Erevan qu'à l'extérieur - la tomme de Gnell se vend à Beyrouth ainsi qu'aux Etats-Unis (à titre d'expérience) - il est prévu d'agrandir. Le financement serait de 70% par l'USAID et de 30% sur fonds propres. Gnell possède son réseau de vente et l'a étoffé grâce à la grande qualité, reconnue et suivie, de son fromage. Pour en arriver là, il a dû dépasser les petits conflits locaux de jalousie, fidéliser des producteurs de lait, gagner de nouveaux débouchés et se créer une image, sorte de label, vis-à-vis des consommateurs.

Voilà le cas d'un agriculteur dynamique, parti de rien si ce n'est une solide formation de fromager acquise à Kalinino où se trouvait un des plus gros sovkhozes fromagers de l'Arménie soviétique, puis dans le sovkhoze de Vardenis. Profondément affecté par la perte des forces vives du pays et désireux de contribuer au développement de l'agriculture dans sa région, frappée par un taux de départs accablant, Gnell s'est bâti un projet à partir des compétences acquises et peut le réaliser grâce à la confiance qu'il a su établir d'une part avec les partenaires du jumelage et, d'autre part, avec les éleveurs qui lui livrent leur lait et les consommateurs qui apprécient la qualité régulière de son fromage. La clé de son succès, il la livre avec modestie : "chacun doit être en confiance. Quand on ne trompe pas les autres, qu'on travaille dans la transparence, c'est plus dur au début mais c'est un avantage pour l'avenir, les gens vous respectent et respectent ce que vous faites." Il fait référence aux pratiques généralisées - sous l'URSS et aujourd'hui - de magouille et de malhonnêteté qui faussent les résultats économiques et détruisent les efforts de ceux, de plus en plus nombreux, qui refusent.

Parmi les autres tentatives de développement, citons le cas des exploitants qui ont constitué des « coopératives » de production. Ils représentent une petite minorité mais entrent dans le cadre de cette typologie de l'innovation parce qu'ils ont mis à profit leurs capacités financières propres, la place qu'ils occupaient dans la société soviétique et les compétences acquises par une formation supérieure dans le secteur de l'agriculture.

- Coopératives[1] privées et innovation illustrent une nouvelle conception de l'économie agricole.

A Chaqui, il y a 4 coopératives privées, qui emploient, chacune, entre 20 et 30 salariés. Chacun des trois exploitants à l'origine de ces groupements occupait, "avant", un poste à responsabilité et disposait d'une capacité personnelle de financement : l'un était le directeur du kolkhoze, un autre, chef mécanicien au kolkhoze et le troisième était professeur de gymnastique. Deux d'entre eux, au moins, avaient suivi une formation agricole spécialisée. Lors de la privatisation, ils ont acheté des lots de parcelles supplémentaires et les étables collectives. L'ancien directeur du kolkhoze gère une coopérative de 80 ha de terres labourables et de prairies, dont 7 ha en propriété, et possède un cheptel de 80 vaches laitières, ainsi que des génisses et des porcs. Il emploie 30 salariés (nombre variable selon les besoins du travail). L'agrandissement, par location ou achat, permet une relative adéquation entre la SAU et le potentiel agronomique de ce milieu de haut-plateau où les grandes structures collectives avaient développé une céréaliculture irriguée. Mais la différence vient ici du mode de gestion coopérative et de la création d'emplois salariés.

C'est un exemple-type d'agriculture émergente sous l'impulsion de ces "nouveaux fermiers" constituant aujourd'hui une classe sociale active, qui tire son origine de la situation antérieure. Il est clair que les atouts dont disposent ces agriculteurs sont déterminants pour leur réussite ; mais il s'agit, en fait, d'une articulation complexe basée sur des motivations économiques et sociales diverses. La constitution de groupements de type coopérative est bien perçue par les autres agriculteurs. Il n'y a pas de manifestation de rejet, comme c'est souvent le cas dans d'autres pays de l'ex-URSS, vis-à-vis du concept même de "coopérative", dans la mesure où il s'agit de gestion privée.

Ajoutons - mais les exemples se font de plus en plus nombreux, témoignant d'un mouvement qui s'intensifie – le cas des agriculteurs d'Arpi, village proche d'Areni, qui ont constitué en 2000, une association de type

---

[1] Ces « coopératives » privées constituent des formes de groupement de production. Le terme de coopérative est fréquemment employé par les agriculteurs arméniens.

GAEC, afin de mettre en commun du matériel et de limiter ainsi les coûts d'exploitation. En juin 2002, il y a 45 adhérents. Ce groupement gère 40 ha privés, dont 3 000 à 4 000 m^2 de vergers (qu'on appelle "jardins" par opposition au "lopin") par famille, et, en location, 100 ha de pâturages et environ 100 ha de près de fauche et terres labourables. Le matériel est constitué par les machines dont disposent chaque exploitant selon un principe d'utilisation, convenu par le groupe, moyennant une redevance, par exemple 13 000 Dr pour labourer un hectare de terres.

Le fonds commun, pour la gestion et le fonctionnement du groupement, est de 7 millions de Drams et la gestion se fait sous l'autorité d'un président élu pour deux ans, d'un secrétaire et d'un comptable. Par ailleurs, chaque exploitant dispose de son lopin privé, soit 1 800 m^2 par famille. Selon Edvard, maire et adhérent de cette forme de coopérative, l'entente et la solidarité entre les membres est un gage de réussite. Depuis sa création, rien n'a pu démentir cet engagement individuel, ce qui a contribué grandement à attirer d'autres exploitants et servi d'exemple pour d'autres villages.

Dans le contexte actuel de l'Arménie, il existe aussi une autre catégorie d'exploitants qui ne saurait être classée au même titre que les précédentes en raison de leur caractère atypique : il s'agit de véritables chefs d'entreprises qui gèrent, entre autres, des exploitations agricoles. Ce ne sont pas, à proprement parler, des agriculteurs, mais cette infime minorité illustre les disparités sociales actuelles. Le gouffre qui sépare le paysan qui travaille sa terre, avec sa famille, et le "chef d'entreprise" qui dirige une très vaste exploitation est un exemple criant des héritages de l'époque soviétique.

Type 4
Pouvoir et argent : une classe de privilégiés

Le contexte est totalement différent. Il ne s'agit plus de survie, mais de l'expression du pouvoir d'une classe sociale de privilégiés, "nouveaux apparatchiks", qui a su habilement changer de cap au moment de l'effondrement du régime. Ici, les capacités financières sont inestimables et l'activité agricole ne représente, en fait, qu'une activité parmi d'autres, un moyen de participer au développement économique du pays et d'investir une partie des revenus immenses de ces "chefs d'entreprise".

Une des clés pour comprendre ce type de situation, au sommet de la hiérarchie sociale, est la notion de "clan" familial. Un principe poussé à l'extrême. Une des raisons de l'ascension fulgurante de cette catégorie reste cependant liée à l'accession à des postes politiques et/ou économiques élevés. La plupart, pour ne pas dire la totalité, de ces favorisés appartenait à la *nomenklatura*, où ils se sont enrichis et dont ils ont très habilement conservé les prérogatives tout en changeant de camp lors de la désagrégation de l'Union.

- Une "estancia" post-collectiviste.

Dans la commune d'Abovian, à quelques kilomètres de la capitale, une très grosse propriété foncière est gérée à l'image d'une entreprise, grâce aux lourds investissements réalisés par le propriétaire. Celui-ci, puissant chef d'entreprise, a également investi dans l'industrie en Arménie et est un des plus riches personnages du pays. Le profil de l'exploitation est totalement différent des autres types existant dans le pays, c'est un cas unique. Il est intéressant de décrire cette forme de mise en valeur agricole, bien qu'elle ne représente pas un « modèle », en raison du contraste – et le mot est bien faible – entre cette logique de production de grande propriété capitaliste et les schémas microfundiaires répandus dans tout le pays.

L'exploitation s'étend sur plusieurs centaines d'hectares, auxquels il faut intégrer les pâturages situés à la périphérie immédiate et les terrains de parcours, à perte de vue, sur les hauteurs dominant Abovian à 2 500m d'altitude, contreforts des monts Gegham.

Vartan a une trentaine d'années. Il doit sa fortune et son pouvoir, pour partie, à sa famille ainsi qu'à la politique. Il est aujourd'hui à la tête de plusieurs entreprises dont il a racheté les usines après l'indépendance. Ce qui importe, plus que la description du système d'exploitation, est le contexte extraordinaire qui sert de cadre à cette situation.

L'exploitation est consacrée à l'élevage bovin-lait, avec un cheptel bovin de 500 vaches laitières, ainsi qu'un troupeau ovin d'une centaine de têtes. La production laitière bovine fait l'objet d'une organisation rigoureuse. Les vaches sont réparties dans trois bâtiments disposant chacun d'un parc extérieur. La traite se fait à la main : au total 30 personnes, des femmes surtout, sont employées à la traite journalière, à raison de 12 à 15 vaches chacune. Le rendement moyen par vache serait de 25 litres/jour, soit 5 000 litres/vache/an. Ce chiffre peut surprendre compte tenu de la dégradation des pâturages et de la qualité discutable de la complémentation alimentaire ; peut-être ce rendement est-il atteint à certains moments de l'année. Le lait est vendu à l'industrie – laiterie d'Abovian- au prix de 150 Drams/litre.

Le propriétaire mise beaucoup sur la sélection génétique pour améliorer la productivité du troupeau. L'achat d'un taureau de race canadienne, fleuron de cet élevage, et la pratique de l'insémination artificielle contribuent à la reconstitution d'un troupeau laitier dont les performances font la fierté du propriétaire. La sélection génétique n'explique pas de telles performances, mais sans doute la productivité est-elle quand même supérieure aux meilleurs rendements en Arménie.

Plus qu'une activité agricole, c'est d'un empire qu'il s'agit; l'agriculture n'est qu'une infime partie des activités du propriétaire qui possède des parts dans diverses sociétés industrielles ou de services : brasserie, usine de lampes, usine de meubles, aéroport, restaurants, commerces.

Assise sur les bases de privilèges hérités de l'époque soviétique, ce "modèle" d'exploitation agricole représente-t-il une voie de développement ? Il apparaît, au contraire, que ce système capitaliste reproduit, en fait, bien des aspects de l'ancien système : le pouvoir de l'argent et la puissance du groupe familial propriétaire ne doivent pas faire illusion. Il semble paradoxal d'évoquer l'intérêt collectif dans le cadre de cette structure "gigantesque" pour le pays, gérée comme une entreprise et dont le propriétaire entend faire une exploitation pionnière, modèle de développement au service de l'économie nationale.

Cet exemple ne s'intègre pas dans la logique de cette typologie, il sert cependant à éclairer cet îlot de puissance et d'argent où évoluent quelques familles, "clans familiaux" dont les intérêts et les motivations vont bien au-delà des préoccupations strictement économiques. Les effets de la "mafiosisation" du pays se révèlent ainsi, au travers de ces situations que l'on retrouve ailleurs, dans l'ex-URSS.

Les brutales transformations de l'économie ont créé de nouvelles trajectoires dans le secteur agricole. Les paramètres qui interviennent et infléchissent l'évolution tiennent à diverses composantes où le facteur humain joue un rôle prépondérant. La typologie réalisée n'est pas exhaustive, certes, mais reproduit des réalités observées dans les différentes régions. Les nuances existant entre les exploitations sont davantage corrélées au contexte social et aux valeurs humaines émergentes qu'aux difficultés propres à chacune des régions. Tout va très vite. Les premières enquêtes s'avèrent imparfaites tant évoluent les hommes et les activités dans cette période de bouleversements profonds.

Nombre de paramètres interfèrent pour composer cette mosaïque de situations en mouvement. La plupart sont d'ordre matériel, d'autres tiennent aux mentalités, une autre partie est liée aux capacités du milieu avec, essentiellement, la ressource en eau et son utilisation dans un milieu tout entier tributaire de l'irrigation. Le chapitre suivant va tenter d'apporter quelques éléments de réponses, à propos de la ressource en eau, pour éclairer les difficultés de la transition dans le secteur de l'agriculture

L'EAU

SUPPORT DE L'AGRICULTURE

III

L'EAU, SUPPORT DE L'AGRICULTURE

Dans le chaos de la transition, alors que l'agriculture est devenue branche vitale, par défaut, de l'économie en déroute, le rôle de la ressource en eau acquiert une place primordiale et cristallise les problématiques concernant le développement économique, en particulier dans les campagnes. C'est autour du thème de l'eau que se recentrent les énergies sollicitées dans ce sauve-qui-peut aux allures de désastre. L'eau et son utilisation pour l'agriculture sont une absolue nécessité, focalisant tous les intérêts vitaux du pays, tous les errements du passé et la dérive post-collectiviste actuelle.

Ce chapitre, central, est un passage charnière dans le basculement du temps entre "avant" et "après". C'est à ce stade de l'étude, après avoir présenté les caractères de l'évolution des campagnes d'Arménie et le passage brutal du collectivisme à la privatisation, qu'il faut aborder la question de la ressource en eau, non seulement en raison des effets de la gestion passée, mais parce qu'elle est, aujourd'hui, un outil de reconstruction de l'économie agricole et parce que la maîtrise de l'eau a, de tout temps, été la clé de l'agriculture en Arménie.

Les pivots de la relation entre l'eau et l'activité économique résultent à la fois de conditions naturelles et de références historiques. Fraction du château d'eau caucasien, l'Arménie présente une apparente abondance en eau. Elle possède un savoir-faire multiséculaire en matière de maîtrise de l'eau. Mais les dérèglements profonds dans la gestion de la ressource durant l'époque soviétique ont anéanti des pratiques ancestrales. Enfin, depuis 1991, la rupture des réseaux d'échanges contraint le pays à se recentrer sur une production intérieure et à reconstituer les bases de son alimentation. Ceci passe par la sollicitation de la ressource en eau dont l'agriculture est la plus forte utilisatrice : 1 940 millions de m^3, soit 66% des prélèvements totaux en 1997.

Etant donnée l'importance considérable de l'eau pour la production agricole et les enjeux vitaux dans la détresse économique, toutes les données concernant la ressource convergent vers les besoins de ce secteur d'activité, même si coexistent d'autres formes d'utilisation et/ou de consommation, telles que l'hydro-électricité, l'alimentation des villes, l'industrie.

1. LA RESSOURCE EN EAU : LES QUANTITES UTILES

Si l'on retient comme base la prééminence du château d'eau dans le cadre climatique de la Transcaucasie, l'Arménie apparaît privilégiée par rapport aux deux pays voisins, à cause de sa situation en altitude et des deux principaux apports hydrologiques : le lac Sevan et le fleuve Araxe. Il s'agit cependant de savoir si la quantité d'eau disponible correspond aux besoins dans le temps et dans l'espace.

Les maîtres-mots pourraient être ainsi identifiés :
-*Dépendance* : absolue, de l'agriculture vis-à-vis de l'eau
-*Gaspillage* : utilisation irraisonnée de la ressource. A l'époque soviétique, l'eau était gratuite (mais non inépuisable)
-*Prédation* : gestion désastreuse des milieux aquatiques, en particulier le lac Sevan où la pression inconsidérée sur les réserves en eau a endommagé les équilibres naturels.
-*Irrigation* : technique multiséculaire employée d'abord dans les régions de l'Ararat et les vallées. Objet d'un savoir-faire de la maîtrise de l'eau, oublié par *l'homo sovieticus*.

1.1.UNE APPARENTE ABONDANCE DANS UNE FRACTION DU CHATEAU D'EAU CAUCASIEN

1.1.1.Les apports pluviométriques

Les effets de la continentalité, associés à ceux de l'altitude permettent d'optimiser des apports pluviométriques pourtant relativement faibles. Ceci est d'une importance capitale pour l'Arménie, et en particulier pour l'activité agricole, parce qu'ils valorisent des handicaps - de relief et de climat - au profit de bienfaits économiques grâce à la constitution de réserves naturelles utilisables en période de sécheresse.

L'Arménie ne tire profit d'une pluviométrie globalement faible - 624 mm/an en moyenne, soit un volume annuel de 18,6 millions m^3- que grâce à l'altitude dans un contexte climatique continental. Les précipitations les plus importantes - supérieures à 800 mm/an - concernent 8,4% du territoire seulement (2 385 km^2). Les plus faibles - moins de 200 mm - sont localisées essentiellement entre 500 et 1000 m d'altitude, principalement dans l'Ararat, sur à peine 140 km^2, soit 0,5% de la superficie du pays. Les précipitations les plus efficaces tombent sous forme de neige sur les hauteurs entre novembre et mars-avril. Elles jouent leur rôle dans l'alimentation hydrologique lors du déstockage, à partir d'avril. Tout l'intérêt de ce processus tient en deux points essentiels : l'altitude et la continentalité.

La continentalité entretient des hivers rigoureux et un bon enneigement sur la presque totalité du territoire. Elle est aussi facteur d'optimisation des réserves nivales puisque le printemps est bref et que la fonte des neiges se conjugue au brusque réchauffement des températures, en avril-mai, au moment du démarrage rapide de la saison végétative.

ENNEIGEMENT ET ALTITUDE : LES ATOUTS

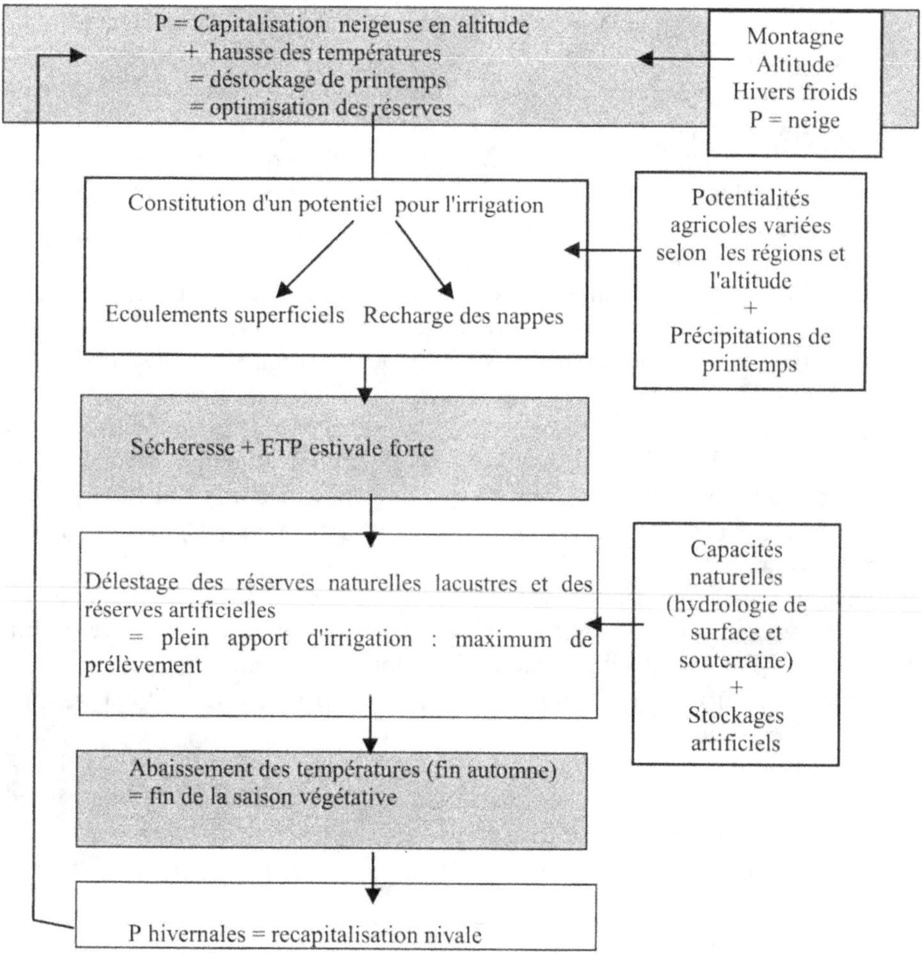

Même si, en apparence, le pays reçoit des précipitations globalement satisfaisantes, il ne faut pas se leurrer. Avec 624 mm par an, la notion de château d'eau est toute relative, d'autant plus que l'ETP est très forte et que le bilan P / ETP est déficitaire à peu près partout, même en altitude. Il ne faut pas non plus oublier que dans les régions les plus favorisées pour l'agriculture (Ararat, Armavir, Erevan, Meghri), les précipitations sont les plus faibles, inférieures à 300 mm/an. On ne peut donc compter, dans ces régions, que sur les prélèvements dans les nappes ou les pompages en rivières, ou bien acheminer l'eau depuis des réserves, en particulier celles du lac Sevan. Les contrastes pluviométriques, de 1 100 mm dans l'Aragatz à 150 mm dans les régions basses et plus méridionales, favorisent les zones en altitude qui ont, par ailleurs, des besoins en irrigation plus restreints.

Ces "zones-mères", qui délestent progressivement leurs réserves en eau dans le milieu, sont la clé d'une maîtrise de l'eau très ancienne et de l'organisation spatiale des périmètres irrigués. Pour approvisionner les régions agricoles les plus pénalisées par la sécheresse, des transferts de bassins et la création de réservoirs artificiels, constituent des pièces maîtresses du dispositif édifié à l'époque soviétique. Il s'agit de principes élémentaires – stocker l'eau en période d'abondance et la distribuer lors de la saison végétative, alors que la pluviométrie est insuffisante – identiques à ceux appliqués dans nombre de régions du monde soumises à des conditions similaires. A une nuance près, cependant, mais une nuance de taille. Ces héritages ancestraux de techniques et de logiques paysannes pour la gestion de l'eau n'ont pas résisté à la période collectiviste soviétique. Ils ont été totalement désappris, détruits par un système qui n'accordait aucune valeur intrinsèque à la ressource en eau, n'hésitant pas à la gaspiller pour les bienfaits du régime. Certes, que pèsent 70 années dans une histoire trois fois millénaire ? Peu importent les dommages matériels : il est techniquement facile de reconstruire des réseaux. Par contre, la perte de savoir-faire, l'oubli total des équilibres entre l'homme et l'eau sont autrement plus graves. Cette amnésie est à l'origine de la rupture d'une relation fondamentale entre l'eau, la terre et l'homme.

Il est essentiel de définir les composantes de la relation à l'eau au travers des statistiques et du bilan entre la ressource et les besoins agricoles, mais surtout d'évaluer les capacités à redémarrer, à réapprendre, dans le contexte de la transition en cours.

Figure 3-1

CAPITALISATION NIVALE

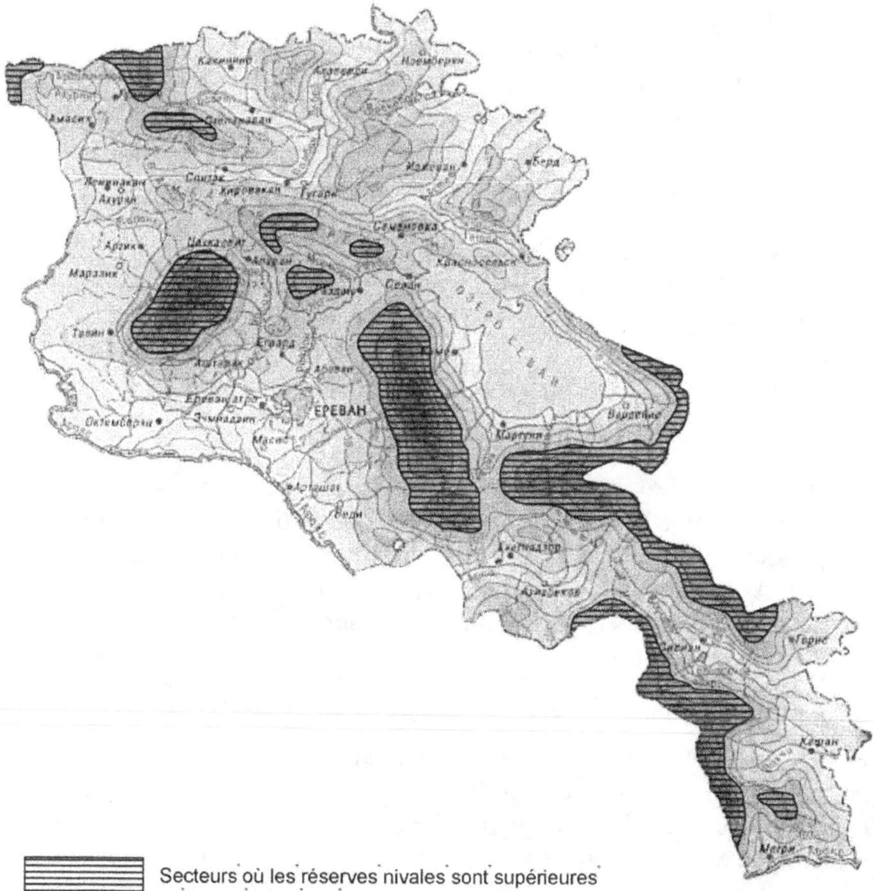

Source : Atlas d'Armnie, Moscou - Erevan 1984

Schématiquement les réserves en eau sont les mêmes, tributaires des aléas du climat et d'une certaine variabilité annuelle. Par contre, de nombreux paramètres changent :

- l'obsolescence des structures d'approvisionnement en eau ;
- le poids des héritages dans les mentalités ;
- la nouvelle configuration foncière ;
- l'ouverture et l'entrée dans l'économie capitaliste ;
- le nouveau contexte d'isolement ;
- l'adéquation, ou non, entre systèmes de production et ressource en eau ;
- les difficultés internes pour la production alimentaire.

Ces divers aspects interfèrent sur les techniques et les choix de productions. Inévitablement, ils se répercutent sur les besoins en eau et remettent en cause les capacités hydrologiques.

1.1.2. Les apports de l'hydrologie de surface : quelle efficacité pour l'agriculture ?

Sur le territoire arménien, les ressources en eaux de surface sont estimées à 6,49 Mm^3/an, dont une grande partie est alimentée par les précipitations tombant sur les reliefs. Les cours d'eau bénéficient également de l'apport des eaux d'infiltration (nappes alluviales en particulier), mais subissent les effets de l'ETP. Près des deux-tiers des volumes précipités sont prélevés par évaporation.

Le chevelu hydrographique s'articule sur l'Araxe[1], qui borde le territoire à l'Ouest et au Sud. Il appartient au vaste bassin-versant de la Koura[2] qui s'ouvre sur la mer Caspienne en Azerbaïdjan. Ceci est fondamental sachant que la Caspienne est une mer fermée, au fonctionnement endoréique, et en raison des problématiques géopolitiques qui conditionnent l'accès à la ressource de part et d'autre de frontières aujourd'hui en partie fermées.

Le potentiel hydrologique disponible doit aussi être évalué en fonction de l'appartenance partielle ou totale des rivières au territoire national. Le sous-bassin de l'Araxe regroupe des affluents dont tout le parcours s'effectue en Arménie - Azat, Hrazdan, Kasakh -, des cours d'eau qui prennent leur source dans les massifs arméniens mais dont l'aval se situe hors des

[1] Araxe : transcription de l'arménien. Autre orthographe parfois utilisée : Araks ou Aras.
[2] Koura : selon l'appellation en arménien. Kür est la transcription en turc. On trouve aussi Cur dans les récits anciens. Les noms des rivières situées en Arménie seront transcrits selon l'alphabet arménien. Certains ont porté plusieurs dénominations au cours de l'histoire : elles seront généralement précisées.

frontières - Arpa, Vortchi, Agstev, Debet, Dzoraguet -, et des rivières au tracé frontalier, comme l'Akhourian et l'Araxe.

L'utilisation de ces eaux de surface varie selon ces critères d'appartenance plus ou moins totale au territoire. Les affluents 100% arméniens de l'Araxe sont entièrement disponibles, alors que les affluents de l'Araxe et de la Koura nés en Arménie mais dont la confluence est extérieure au pays, sont partiellement utilisables. Quant aux fleuves frontaliers, leur accès est géré par des accords bilatéraux entre les pays riverains.

L'essentiel des apports s'effectue au printemps : avril, mai, juin. Ces écoulements correspondent à la période de fonte des neiges. Ils contribuent à approvisionner le réseau au moment où démarre la saison végétative et à alimenter les réservoirs artificiels pour répondre aux besoins de l'irrigation estivale.

L'Araxe est la colonne vertébrale du réseau

Fleuve symbole de l'Arménie, la "mère des rivières" est un fleuve frontalier. Il borde le territoire le long de deux frontières principales : à l'Ouest, avec la Turquie, le long d'un parcours d'une centaine de kilomètres, puis, au Sud, avec l'Iran, sur 35 kilomètres.

L'Araxe a toujours été une référence au cours de l'Histoire, c'est "le fleuve arménien par excellence" (E. Reclus). Au XIIIème siècle, Guillaume de Rubrouck[1] longe cette vallée, axe de pénétration aisé pour les voyageurs qui, sinon, devaient affronter les pentes difficiles des massifs environnants :"Au confluent de la Cür et de l'Araxe (...), l'Araxe perd son nom en cet endroit. De là, nous remontâmes en suivant constamment l'Araxe dont il est dit *pontem indignatus Araxes* (Eneide. VIII.728), c'est-à-dire l'Araxe s'indigne de passer sous un pont car l'Araxe, indigné, avait emporté le pont qu'Alexandre lui avait imposé". Joseph P. de Tournefort[2] évoque l'emplacement du Paradis Terrestre : "Moïse assure que de ce lieu de délices sortait un fleuve qui se partageait en quatre canaux, l'Euphrate, le Tigre, le Phison et le Gehon". Le Gehon ne serait autre que l'Araxe. "Voilà pourquoi le Paradis Terrestre comprenait l'ancienne Médie et une partie de l'Arménie, c'est-à-dire depuis Erzeron jusqu'à Teflis. (...) pour moi qui n'ai pas vu de plus beau pays que les environs des Trois-Eglises[3], je me sens fort disposé à croire qu'Adam et Eve y ont été créés."

---

[1] Guillaume de Rubrouk était un moine envoyé en légation auprès du Grand Khan, en Mongolie. Durant son voyage, il traversa le Caucase. Il a relaté son périple dans son "*Voyage dans l'Empire Mongol.1253-1255*". Paris, Payot,1985. Claire et René Kappeler trad.

[2] *Voyage d'un botaniste* (en 1 700). Paris, FM/La découverte, 1982, p.208.

[3] Il s'agit du nom de l'actuelle Etchmiadzin, à quelques kilomètres à l'ouest de Erevan.

Figure 3-2

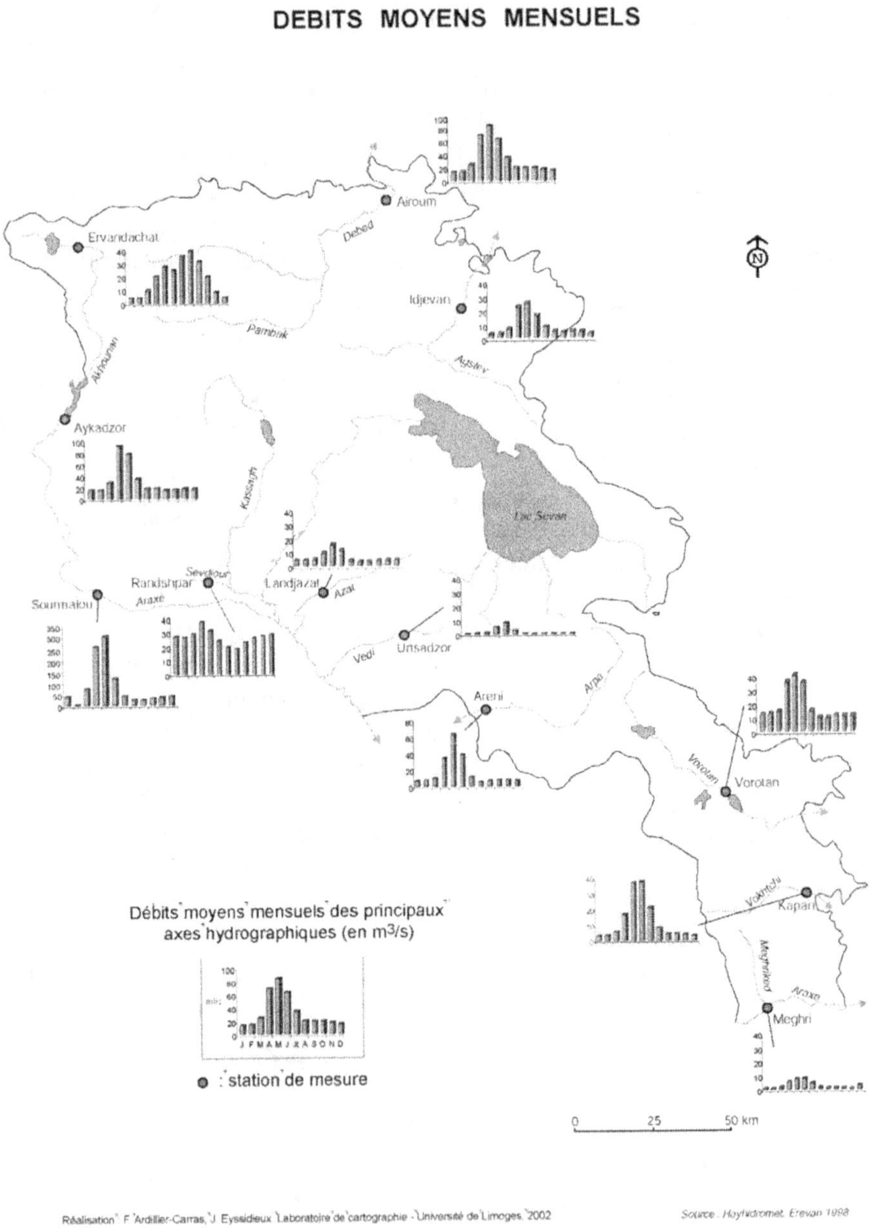
DEBITS MOYENS MENSUELS
Airoum
Debed
Ervandachat
Idjevan
Pambak
Aghstev
Akhourian
Aykadzor
Kassakh
Lac Sevan
Sevdjour
Randshpar
Landjazat
Azat
Sournalou
Araxe
Vedi
Urtsadzor
Areni
Arpa
Vorotan
Voghtchi
Kapan
Meghrikod
Araxe
Meghri
Débits moyens mensuels des principaux axes hydrographiques (en m3/s)
J F M A M J J A S O N D
: station de mesure
0 25 50 km
Réalisation : F. Ardillier-Carras, J. Eyssidieux Laboratoire de cartographie - Université de Limoges, 2002
Source : Hayhidromet, Erevan 1998

D'une superficie de 102 000 km^2, le grand bassin de l'Araxe s'inscrit dans celui de la Koura dont la dépression occupe une large part de la Transcaucasie et s'ouvre sur la mer Caspienne. Sur le territoire arménien, le bassin de l'Araxe s'étend sur 22 790 km^2, soit 76,6% de la superficie du pays. Le fleuve prend sa source hors d'Arménie, dans le massif de Burakn, en Anatolie orientale, tout près des sources de l'Euphrate, à 3 300 m d'altitude. Après un parcours de 995 km, il se jette dans la Koura en Azerbaïdjan, à hauteur du village de Sabirabad, à 150 km de son embouchure dans la Caspienne où le volume d'eau déversé par la Koura est estimé à 3 milliards de m^3/an. L'Araxe double son volume avec son affluent principal, l'Akhourian[1], constituant la dorsale du réseau hydrographique d'Arménie. Ils contribuent pour une part essentielle, avec 1 milliard de m^3/an, à l'alimentation en eau du pays : E. Reclus souligne l'importance de l'Araxe pour l'agriculture :"il peut fournir à l'arrosement d'une grande partie du bassin d'Erivan, qui sans lui ne serait qu'un désert[2]". La plupart des rivières arméniennes sont des affluents directs de l'Araxe. L'Akhourian prend sa source à 3 008 m, sur le versant oriental du mont Erakatar, du côté arménien, à l'extrême N.O.du pays, près de la frontière avec la Géorgie et la Turquie. C'est l'un des principaux apports hydrologiques du réseau. Les débits transfrontaliers des principaux axes, Akhourian et Araxe, correspondent à 2,50 km^3/an, dont 50% sont comptés dans le bilan de l'eau pour l'Arménie. Les flux venant de Turquie, à la hauteur de Ervandachat, sont estimés à 1,41 km^3/an.

Dans la partie méridionale du territoire, l'alimentation en eau doit beaucoup aux réserves nivales dans le massif du Zanguezour. Parmi les rivières transfrontalières du sous-bassin de l'Araxe, la Vorotan et la Vortchi sont deux affluents bien alimentés par la fonte des neiges dans la partie sud du massif du Zanguezour. Ils sortent du territoire avant leur confluence avec l'Araxe, en Azerbaïdjan[3]. Le débit moyen annuel de la Vortchi (ou Voghtchi) en Arménie, est de 335 Mm^3, alors que la Vorotan contribue pour 668 Mm^3 à l'approvisionnement en eau de cette partie méridionale, marquée par une forte aridité estivale. Le complément vient de la Meghriked (101 Mm^3/an) - qui coule vers le Sud et se jette dans l'Araxe à la frontière iranienne - le long de laquelle s'étirent des oasis de vergers et de cultures, jardins d'Eden

---

[1] Akhourian : transcription de l'arménien . Se prononce "Aroulian". L'Akhourian est aussi appelé Achurjan, ou Akhouréan, ou encore Arpa çayi (Arpa - tchaï) selon la transcription turque. On l'appelle aussi "la rivière de l'orge" (E.Reclus)

[2] E. Reclus. *Nouvelle Géographie Universelle*. T.VI, l'Asie russe, Hachette, Paris, 1881, p.258.

[3] La Vorotan devient la Bargusad en Azerbaïdjan.

contrastant avec les versants dénudés des hauteurs du Zanguezour dans cet extrême sud de l'Arménie.

Dans le Nord, les précipitations sont un peu plus abondantes (supérieures à 900 mm sur les hauteurs) et surtout plus efficaces en raison d'une moindre ETP. Les bassins des affluents directs de la Koura occupent moins de 25% du territoire, dans le Nord-Est, régions de Chirak et de Lori, où la pluviométrie est plus élevée ; il s'agit de la rivière Debet[1] qui s'écoule vers la Géorgie et de l'Aghstev vers l'Azerbaïdjan. La Dzoraguet est également bien alimentée par les précipitations du versant nord des monts Bazoum. Cet affluent de la Debet, long de 70 km, pour un bassin de 150 km^2, lui apporte presque la moitié de son débit annuel, soit 500 Mm^3. Ces éléments descriptifs servent à mesurer l'intérêt de cette région hydrologique septentrionale et son utilité dans le contexte économique, non seulement pour l'agriculture mais aussi pour l'énergie hydro-électrique. La Debet et ses affluents, dans leur partie amont, constituent un ensemble important pour l'alimentation en eau de l'Arménie.

POTENTIEL HYDROLOGIQUE : BILAN

(en millions ^{m3}/an) (Source : Aquastat, Ministère des Statistiques de la R.A. 1995 et Hayhidromet 1997)

EAUX DE SURFACE *Dont apport des sources : 1 670 Mm^3* *(= 24% de l'alimentation des rivières)*	*EAUX SOUTERRAINES*
Total des ressources annuelles : 6 440 Mm^3 *(sur une base de 1 250 Mm^3 d'écoulements transfrontaliers)* dont : part des écoulements transfrontaliers : 1 250 à 1 300 Mm^3 (soit 50% du volume commun avec la Turquie)	Total des ressources annuelles : 4 380 Mm^3 dont : part des nappes transfrontalières : 1 410 Mm^3
Estimation pertes annuelles (nappes et écoulements de surface) : 350 Mm^3	
TOTAL ANNUEL des RESSOURCES INTERNES[2] : 9 110 Mm^3	
RESSOURCES ANNUELLES TOTALES[3] : 10 470 Mm^3	

[1] La rivière Pambak prend le nom de Debet (ou Debed) après sa confluence avec la Dzoraguet.

[2] Dans le total des ressources internes (9 460 Mm^3/an), eaux souterraines et eaux de surface, dont sont exclues les réserves des nappes transfrontalières (1 410 Mm^3), sont soustraits les 350 Mm^3 de pertes, ce qui donne un total de 9 110 Mm^3.

[3] Les ressources annuelles totales (10,47 milliards de m^3) incluent les volumes suivants : 4 380 Mm^3 des nappes plus 6 440 Mm^3 des eaux de surface (prenant en compte la fourchette basse des écoulements transfrontaliers, soit 1 250 Mm^3), moins 350 Mm^3 dus aux pertes.

Les réserves souterraines sont principalement celles de l'Araxe - dont la profondeur exploitable atteint 120 à 150 m - et de l'Akhourian. Elles représentent une ressource transfrontalière de 1 410 Mm^3. Les eaux superficielles transfrontalières sont partagées pour moitié avec la Turquie, sur la base de 1 250 à 1 300 Mm^3/an, selon une convention signée en 1927 à Kars. Ces réserves ont une importance considérable pour la mise en valeur du périmètre irrigué de la vaste plaine de l'Ararat.

RESSOURCES EN EAU RENOUVELABLES

Volume annuel des précipitations	18,6 milliards m^3
Ressources des écoulements de surface et souterrains	10,47 milliards m^3
Dont :	
Eaux de surface	6,44
Eaux souterraines	4,38
Pertes	0,35

(Source : Hayhidromet. Hydrometeorology. Erevan.)

L'Araxe, dans sa partie frontalière occidentale, assure un volume disponible de 1 250 Mm^3 pour chacun des deux Etats riverains, Arménie et Turquie. C'est la colonne vertébrale du système hydrographique mais c'est aussi grâce à son affluent le Hrazdan, émissaire du lac Sevan, que l'approvisionnement du réseau peut être assuré pour les objectifs économiques.

La contribution de la ressource aux besoins économiques

Si la demande industrielle a diminué, en raison de l'effondrement de ce secteur d'activité, l'agriculture est, de loin, aujourd'hui, la plus grosse utilisatrice de la ressource. La valorisation de l'eau reste un principe fondamental dont les termes ont radicalement changé depuis 1990. C'est dire toute l'importance de la gestion des réserves en eau dans ce contexte de faible pluviométrie et de forte évaporation estivale.

LA PART DES PRELEVEMENTS EN EAU POUR LES BESOINS ECONOMIQUES (1994)

Secteur d'utilisation	*Volume (Mm^3)*	*% des prélèvements dans la ressource totale utilisée*
Agriculture	**1 940**	**66%**
Industrie	120	4%
Eau potable (et usages domestiques)	865	30%
Total	2 925	En % des ressources totales : 27,9 %
Par habitant	825 m^3/an	

La contribution "utile" du réseau hydrographique à la demande agricole est ainsi évaluée, par bassin, durant les années soviétiques[1], c'est-à-dire alors que le système d'irrigation fonctionnait en totalité :

- l'apport de la Hrazdan, totalement artificialisée, est fortement conditionné par les déstockages du Sevan. Si la part pour l'irrigation (778 Mm^3) est plus élevée que le volume moyen annuel (712 Mm^3), c'est en raison de la contribution du Sevan à l'alimentation du réseau d'irrigation via la Hrazdan, mais aussi par les canaux branchés sur la sortie du lac ou sur la Hrazdan elle-même : canal Arzni-Chamiran, Bas-Hrazdan, Artashat. D'où le volume destiné à l'irrigation, estimé, en 1989, à 778 Mm^3 ;
- l'apport pour l'irrigation est modulé par les ponctions dans l'Arpa, destinées à alimenter le Sevan (par le réservoir de Ketchut, sur l'Arpa), soit 70 Mm^3 en 1986 et 250 Mm^3 en 1989 selon les besoins et les problèmes techniques du transfert.

La part de deux principaux cours d'eau, l'Akhourian et la Hrazdan apparaît essentielle. L'Araxe contribue pour 50% de son volume disponible; son apport est estimé à environ 1 milliard de m^3 par an, non comprises les réserves souterraines.

Les données concernant la part pour l'irrigation ont quelque peu varié depuis 1990, toutefois on peut considérer que la part relative de chacun des apports reste similaire. Cependant quelques éléments complémentaires doivent être pris en compte :

- une partie du débit de l'Akhourian est régulée par le réservoir naturel d'Arpi (Arpilitch), d'où part le canal d'irrigation de Chirak qui, en mauvais état, n'assure plus actuellement le même débit ;
- les apports de la rivière Vorotan, stockés dans le réservoir Spandarian, assurent l'irrigation à l'aval mais sont ponctionnés dans un système de transfert d'eau vers le lac Sevan. Il s'agit d'un point sensible de la gestion de l'eau, qui sera abordé dans la suite de ce chapitre ;
- selon le même principe, l'Arpa est ponctionnée dans sa partie amont, ce qui amenuise sa contribution à l'irrigation dans son propre bassin ;
- les prélèvements dans le lac Sevan, qui alimentent, via la Hrazdan, le périmètre de l'Ararat contribuent globalement pour 150 m^3 à la demande de l'irrigation - sur un total de 778 Mm^3 – mais leur part pour l'industrie s'est considérablement réduite.

Le rôle de réservoir naturel du lac Sevan est éminemment important puisqu'il contribue pour une large part à l'approvisionnement en eau du pays,

[1] Sources : E. Hayrapetian. *Arable lands, classification of mountain territory*. Yerevan, 1972; D. Poghossian. *Valuation of natural territory complexes of Armenia SSR*. Archives de l'Institut des Sciences géologiques, Erevan, 1990.

tant pour l'agriculture que pour l'énergie. Objet d'une gestion déraisonnée à l'époque soviétique, il est aujourd'hui au cœur d'un vaste débat sur la gestion de l'eau en Arménie.

1.2. LE LAC SEVAN : CLE DE VOUTE DU SYSTEME HYDROLOGIQUE

Réservoir suspendu à 1 900 mètres d'altitude au cœur du territoire, le lac Sevan est considéré comme la mer intérieure des Arméniens, "perle naturelle" d'Arménie, avec l'avantage d'être une mer d'eau douce[1]. C'est une ressource stratégique pour l'Arménie et, en tant que telle, objet de pression pour l'exploitation de cette importante réserve d'eau.

1.2.1. Au cœur du château d'eau, le plus grand réservoir naturel

Le lac Sevan est un réservoir emblématique

Nombreux sont les voyageurs à avoir parcouru cette région et qui en ont fait des descriptions tout à la fois littéraires et pittoresques. Sans prétendre citer tous les auteurs qui ont décrit le lac Sevan, il faut évoquer l'apport des géographes dont les observations sont extrêmement utiles pour évaluer l'intérêt de cette nappe d'eau douce et ses usages au fil du temps.

En 1881, E. Reclus dépeint le Gok-tchaï, "Eau Bleue" des Tartares, ou Savanga des Arméniens, qui a toujours fait rêvé ou intrigué ceux qui le découvrirent. "Le Gok-tchaï doit son nom à ses eaux d'un bel azur[2]" dit-il en rappelant que c'est Chardin[3], le premier voyageur occidental a en avoir fait mention. La couleur de ses eaux lui vaut le qualificatif de *fayrouz*, ce qui, pour les Persans, signifie turquoise. Pour les Arméniens, c'est une couleur identitaire, à nulle autre semblable et qui révèle leur attachement à ce lac. R. Blanchard, en une comparaison avec le lac de Van, situé en Anatolie orientale, expose quelques-unes de leurs caractéristiques et, tout particulièrement, le problème de la salinité des eaux[4] :" le lac de Van peut être considéré comme le type même des nappes d'eau arméniennes, intermédiaires entre le Gök-Tchaï et la mer d'Ourmia. Dû au barrage volcanique constitué, à une date récente, par le Nimroud, il représente un bassin profond empli jusqu'à ce que l'équilibre s'établît entre l'apport d'eau et l'évaporation ; il n'a donc pas de déversoir, et il est salé, tandis que le Gök-

[1] Contrairement au lac d'Ourmia, "mer morte" aux eaux salées, au N.O. de l'Iran, et de Van en Turquie.

[2] E. Reclus. *Nouvelle géographie universelle*,Op.cit.p. 254-255.

[3] J.Chardin. *Voyages en Perse et autres lieux de l'Orient (1811)*.T. I-II, Maspero/La Découverte,Paris,1982. Jean Chardin (1643-1713) était un grand voyageur. Il rapporta de ses séjours en Turquie et en Perse des récits particulièrement vivants.

[4] Raoul Blanchard. *Géographie universelle, T.VIII, Asie occidentale*. Paris, 1929.Op.cit.p.124.

Tchaï, né comme lui d'un barrage éruptif, mais situé dans une zone plus humide, a pu se constituer un effluent qui fonctionne aux hautes eaux ; aussi a-t-il gardé des eaux douces". Cette particularité a pesé lourd en ce qui concerne la contribution des eaux du lac dans le développement économique de l'Arménie soviétique, mais revêt, aujourd'hui, en raison de l'enclavement géopolitique du pays, un caractère stratégique accru.

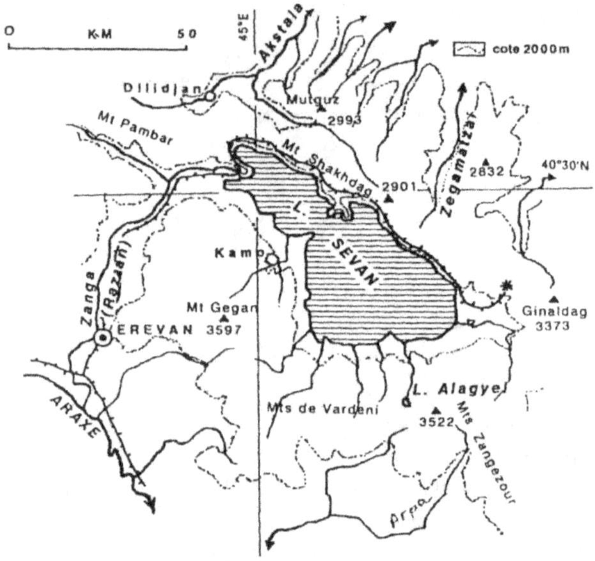

Figure 3-3 **Le bassin du lac Sevan**

(Source : R. Létolle, L. Touchart. Grands lacsd'Asie)

Le lac Sevan est un des plus vieux lacs du monde. D'origine tectonique, il occupe un rift de direction N.O. - S.E, dans un environnement volcanique. Il se caractérise par une faune et une flore spécifiques, avec un endémisme important : par exemple la truite du Sevan ou "ischkhan" (*Salmo ischkhan*) [1]. Parmi les caractères hydrobiologiques du lac, on peut relever qu'avant la baisse de niveau, il bénéficiait d'une très bonne oxygénation, jusqu'au fond à 90 m, même en hiver. D'autre part, ce lac gelait rarement, malgré l'altitude. Les rives du lac ont été très anciennement humanisées, comme en témoignent plusieurs monuments religieux : tertres funéraires, cimetière médiéval de Noraduz, monastère du IV^{e}s. sur l' île aux Oiseaux[2]. De même on signale l'existence ancienne d'habitations lacustres, preuve que le lac était exploité pour ses ressources piscicoles. Il y a 200 ans, les versants bordant la cuvette lacustre étaient boisés. Les restes de forêts, sur la partie supérieure

---

[1] *Ischkhan* signifie "poisson prince".

[2] En raison de l'abaissement du niveau du lac, l'île aux Oiseaux est aujourd'hui une presqu'île.

des pentes, témoignent de leur grande variété biologique et de leur rôle contre l'érosion des sols. Aujourd'hui, suite à la déforestation due au pâturage et au pillage de la ressource en bois, les bords du Sevan sont dépourvus d'arbres.

Photo 3-1
Le lac Sevan, réservoir d'eau douce à 1 900 m d'altitude, encadré de sommets volcaniques.

Le système lacustre est à la fois vulnérable et convoité

L'extrême fragilité de ce milieu aquatique n'a pas empêché l'exploitation forcenée de ses réserves en eau à partir de 1933. Sans détailler le processus qui mena à la catastrophe, le tableau ci-après résume les principaux traits utiles dans le cadre de l'utilisation du Sevan pour les besoins économiques, dont l'irrigation. Pour comprendre tout l'intérêt que présentait cette réserve d'eau douce dans le contexte du développement économique de l'URSS, il faut garder en mémoire la place de la RSS d'Arménie et ses caractères climatiques. Lors de la grande phase d'industrialisation qui débuta dans les années 30, la république, dépourvue d'énergie et fondamentalement rurale, a fait l'objet de transformations radicales, en particulier d'une industrialisation massive afin qu'elle contribue "efficacement" à l'effort collectif. Dans ce but, on sollicita fortement les ressources en eau pour produire de l'énergie hydro-électrique et pour étendre au maximum les périmètres d'irrigation dans la plaine de l'Ararat.

Le lac Sevan présentait tous les avantages : une énorme capacité de stockage, un émissaire, le Hrazdan, accès direct vers la plaine de l'Ararat et dont le profil "en escalier" était idéal pour la production d'électricité avec une dénivellation de plus de 1 000 m sur une soixantaine de km. Cet ensemble hydraulique, d'énergie et d'irrigation, joua un rôle essentiel dans le développement économique de l'Arménie mais subit aussi les effets d'une gestion catastrophique, à la base de la problématique actuelle sur l'hydraulique agricole.

Principaux éléments descriptifs[1]	Environnement	Caractéristiques spécifiques*
Bassin versant 4 900 km^2 *Surface* du plan d'eau : - 1 416 km^2 avant la baisse de niveau - 1 256 km^2 aujourd'hui *Altitude* du plan d'eau : - 1 915,57 m avant la baisse du niveau - 1 902 m aujourd'hui (1 896 selon d'autres sources) *Longueur* : 73 km *Largeur* moyenne : 19 km (maximum : 30) *Profondeur* actuelle moyenne : 28 m (maximum : 83 m, 79 m selon d'autres sources) *Volume* : - 58,4 km^3 avant la baisse de niveau - 33,2 km^3 aujourd'hui	- Encadrement montagneux volcanique dont l'altitude sommitale varie de 2 900 m à 3 598 m. - 28 rivières affluentes débit moyen : 25,8m^3/s - Un seul émissaire : la Hrazdan, affluent de l'Araxe	- Précipitations : 890 mm (soit 538 Mm^3 en 1982) - Evaporation : 800 à 910 mm/an , moy / 860 mm (soit 1,03 Mm^3 en 1982) - Deux parties : le Petit Sevan, plus profond, et le Grand Sevan.

(source : Lake Sevan report, Erevan, 1996)

1.2.2. Histoire d'une catastrophe annoncée : le complexe Sevan-Zanga-Ararat

La mise à contribution du lac s'appuie sur le binôme énergie / irrigation

Dans les années trente, le lac Sevan servit de support aux premiers ouvrages d'électrification de la république par la construction d'un chapelet de centrales hydro-électriques sur la Zanga (actuellement Hrazdan[2]). Le

[1] Pour une description plus approfondie, se référer à l'ouvrage de R. Letolle et L. Touchart : *Grands lacs d'Asie.*, Paris,1998 Ed. l'Harmattan, 232 p.(pp. 51-58). Les auteurs présentent la place du Sevan parmi les lacs d'Asie occidentale, soulignant, en particulier, leur origine tectonique et leur endoréisme ; ils précisent, toutefois, que le Sevan présente l'énorme avantage d'être, contrairement à ses voisins, un réservoir d'eau douce.
Voir aussi le rapport :*Lake Sevan, problems and strategies of action*. International conference, Ministery of environment of the R.A.., UNDP and Embassy of France. Armenia, October 1996.

[2] La dénomination Hrazdan s'emploie indifféremment au masculin et au féminin.

programme énergétique Sevan - Zanga progressivement mis en place consistait en la mise en service de six étages de centrales électriques pour approvisionner en électricité le grand complexe industriel de la région de Erevan. La première centrale hydro-électrique fut édifiée à Kanaker en 1937.

Conjointement, l'eau du Sevan, via la Hrazdan, devait servir à la mise en valeur des terres agricoles de la plaine de l'Ararat par l'extension du périmètre d'irrigation. Ainsi, les deux fonctions, énergétique et agricole, suffirent-elles à déclencher une des plus magistrales erreurs de gestion de l'eau de l'époque soviétique, à l'instar de la catastrophe qui a frappé la mer d'Aral. Entre 1930 et 1970, le niveau du lac fut abaissé de 18 mètres, ce qui réduisit le volume de 58,48 km^3 à 33,20 km^3.

Chronique d'une mort annoncée, la pression exercée sur le Sevan conduisit à l'épuisement d'un stock hydrologique qui, aujourd'hui, constitue une des principales préoccupations pour le redémarrage de l'activité économique du pays.

Le scénario s'appuie sur un raisonnement scientifique imparable.

Dans la logique soviétique, il s'agissait de l'exploitation sans limite d'une réserve unique à des fins économiques. Les ressources en eau du lac étaient d'environ 58 milliards de m^3 avant la baisse des eaux et sont, depuis lors, de l'ordre de 33 milliards de m^3.

Les composantes physiques du système lacustre ne présentent pas, pourtant, toutes les garanties de "sécurité". Il suffit d'en rappeler quelques aspects capitaux :

- le lac Sevan n'est alimenté que par des axes hydrographiques courts et disposant d'un exutoire, la Hrazdan au débit de 110 Mm^3/an, dont 60Mm^3 par nappes ;

- c'est un lac fermé, qui s'inscrit dans le système endoréique de la mer Caspienne : Sevan → Hrazdan → Araxe → Koura → Caspienne ;

les précipitations moyennes annuelles à la surface du lac sont de 890 mm ;

- l'évapotranspiration, principalement estivale, atteint 800 à 900 mm, soit, en moyenne 860 mm.

Toute la logique d'exploitation des eaux du lac s'est appuyée sur les valeurs de précipitations et de l'ETP (évapotranspiration). Les scientifiques soviétiques jugèrent qu'il était indispensable, pour limiter l'évaporation dans la cuvette lacustre, de réduire la surface du lac. Ce principe présentait tous les avantages puisqu'il justifiait, à lui seul, tous les prélèvements utiles pour l'effort économique collectif.

Comme un procès d'abondance inutile, les principes de l'utilisation des eaux du Sevan sont ainsi dictées par les scientifiques : "Le lac Sevan qui alimente le Hrazdan, reçoit de 28 rivières et sous forme de précipitations atmosphériques, environ 1 300 Mm^3 d'eau ; mais 50 Mm^3, soit 4%, s'écoulent par le Hrazdan. La plus grande partie de cette eau, 90%, s'évaporait à la surface du Sevan. En outre, dans l'immense cuvette du lac s'étaient accumulés au cours des siècles plus de 58 milliards de m^3 d'eau[1]". Ainsi l'on démontra l'intérêt de ponctionner ce réservoir qui laisse s'évaporer inutilement l'essentiel de ses réserves : "L'utilisation des eaux libérées du Sevan dans le Hrazdan, pouvait donner un effet énergétique énorme et devenir source d'irrigation pour la plaine de l'Ararat". L'argument énergétique est mis en avant : en l'absence de combustible naturel et en raison de la sécheresse qui affecte le pays, l'utilisation d'une telle quantité d'eau qui s'évapore inutilement était une idée séduisante : si on augmentait artificiellement l'écoulement de l'eau hors du lac, abaissant ainsi son niveau, le plan d'eau diminuerait, réduisant d'autant l'évaporation. Ainsi prit corps un grand projet élaboré scientifiquement afin de "faire travailler" une ressource qui, sinon, s'évaporerait.

Les 7 principaux cours d'eau affluents du Sevan et la superficie de leur bassin versant *(km^2)*

Dzokhaget-Tsovagugh	85
Jil-Jil	10
Masrik-Tsovak	685
Karchakhbur	116
Vardenik	110
Argichi-Getashen verin	366
Gavaraget-Noradus	467
TOTAL	1 839
Ecoulement total vers le lac	727 Mm^3

(source : H. Gabrielian. In Lake Sevan Report, Erevan,1996)

Les calculs montrèrent que si l'on abaissait le niveau du lac de 50 mètres, donc en asséchant complètement la cuvette du grand Sevan, la surface du lac diminuerait de 7 fois et la Hrazdan aurait un écoulement de 700 Mm^3, soit 14 fois son débit naturel. Le Sevan avec son chapelet de centrales et ses apports au réseau d'irrigation a été, à partir de 1933, un véritable catalyseur de l'économie soviétique en Arménie, base de l'industrialisation et d'une agriculture moderne "avec son aide, les forces productives se développèrent et la puissance de la république s'accrut de façon extraordinaire".

De 1933 à 1970, les eaux du Sevan furent exploitées de façon intensive. Pour accélérer les lâchures, on recreusa le lit de la Hrazdan. Vers 1950, un

[1] Extrait de *l'Arménie soviétique*. Moscou, éd. du Progrès, 1972.Op. cit.p.232.

captage à 40 m sous la surface du lac accrut les prélèvements. Associé à 2 canaux prélevant une partie de son débit, il acheminait un volume supplémentaire vers les terres à irriguer de l'Ararat. Entre 1949 et 1964, les lâchures s'accélèrent grâce à l'ouverture de la prise de fond et à la mise en service de la centrale souterraine du Sevan qui, avec celle de Kanaker, produisit 43 milliards de Kw/h entre 1936 et 1977. Dans le même temps, la superficie irriguée s'accrut de 30%. Mais le bilan est lourd : le niveau du lac accusa une chute alarmante de 20 mètres[1]. A cette époque, "les eaux du Sevan fournissaient à elles seules un haut niveau d'efficacité dans l'économie nationale du pays".

Face au déséquilibre engendré, les certitudes sont ébranlées

C'est dans les années 60 que l'on commença à se préoccuper des effets de l'abaissement du niveau du lac et de l'épuisement de cette réserve qui ne disposait pas d'une alimentation naturelle suffisante pour se renouveler. Un nouveau tournant est pris et l'on décida de cesser l'abaissement du niveau à la cote 19-20 m au lieu de 50 m. Pour justifier ce changement stratégique, on invoqua alors la possibilité d'avoir des livraisons de gaz d'autres républiques et l'on ajouta "ce qui permet de sauver le Sevan, œuvre remarquable de la nature". Ce curieux souci environnemental, alors que l'idéologie imposait à la nature qu'elle apportât sa contribution à l'effort collectif, eut un heureux effet sur l'avenir du lac, mais les véritables soucis environnementaux ne furent réellement suggérés qu'à partir des années 70, en raison des graves déséquilibres constatés. Le discours d'alors ne reconnaît pourtant pas la moindre responsabilité de la gestion antérieure, mais il justifie le désastre par le souci d'alimenter industrie et agriculture à l'époque du grand boom économique de l'après-guerre.

Devant l'ampleur des dégâts - il fallut bien se rendre à l'évidence -, l'objectif officiel se transforme en une "réhabilitation du système lacustre en stabilisant puis en faisant remonter autant que possible le niveau de l'eau." Les chercheurs[2] de la station hydrobiologique du Sevan demandaient même une remontée de 7 mètres. Impéritie et imprévoyance ont ainsi déclenché une catastrophe environnementale irrémédiable.

---

[1] Il y a toujours eu des fluctuations naturelles, cycliques, du niveau du lac avant même que ne débute son exploitation intensive ; par exemple, fluctuations jusqu'à 3 m par siècle avant 1933, mais fréquemment entre 20 et 90 cm selon les fluctuations saisonnières.

[2] Le Sevan a été particulièrement étudié au cours de la période soviétique. Il était suivi, entre autres, par l'Institut de Limnologie de Leningrad, de l'Académie des Sciences de l'URSS. Il existe de nombreuses publications, en russe et en arménien, suite aux recherches hydrologiques, biologiques, halieutiques, géologiques...Toutefois, étant donné la situation actuelle, certaines incertitudes demeurent quant aux carences dans la connaissance de l'état actuel du lac.

L'amorce d'une réhabilitation du système lacustre

Le programme de réhabilitation s'appuie d'abord sur le développement d'autres sources d'énergie, en particulier thermique et hydraulique hors du réseau Sevan - Hrazdan, ainsi que par l'utilisation d'autres sources d'irrigation, en particulier le long de l'Araxe et en construisant des barrages sur l'Arpa et l'Akhourian.

En 1978, un décret du Comité Central du PCUS et du Conseil des Ministres de l'URSS, qui s'émeuvent du problème, instaure des "mesures pour la protection et l'utilisation rationnelle des ressources naturelles du Sevan". C'est le coup d'envoi du programme de réhabilitation afin d'accroître la quantité d'eau entrant dans le lac par des transferts inter-bassins. Pour sauver le lac d'une mort inexorable si l'on poursuivait les prélèvements dans les mêmes proportions, un tunnel creusé sous les monts Vardenis achemina, à partir de 1981, 250 à 300 Mm^3 de l'Arpa au Sevan. Autre mesure technique : la construction de collecteurs d'eaux usées autour du lac ainsi que le reboisement des berges pour lutter contre l'érosion, programme de "phytoamélioration" qui conduit, dans les années 80, à la création du Parc Naturel national du Sevan.

Ces considérations au sujet des déséquilibres hydrobiologiques subis par le lac ne peuvent être dissociées de l'aspect purement fonctionnel en faveur du développement agricole. Tout est lié : énergie, industrie, irrigation. Comme une caisse de résonance, le système lacustre accuse les impacts de la pression exercée sur son potentiel aquatique et subit, dans les mêmes proportions, les effets des fluctuations idéologiques, vaguement teintées de valeurs écologiques lorsqu'il s'est agi de justifier le changement de cap.

La situation du lac, 50 ans après les débuts d'une exploitation intensive.

Deux chiffres sur les écoulements entrées / sorties à deux dates-clés révèlent l'importance des ponctions dans les années 50 et les effets des remèdes apportés :

1950 : entrées = 1 166 Mm^3 sorties = 2 335 Mm^3
1997 : entrées = 1 618 Mm^3 sorties = 1 503,3 Mm^3

Ils illustrent toute la logique d'exploitation des eaux du lac. A l'accroissement des sorties en 1950, répond, en écho, l'augmentation des entrées en 1997. D'un côté les ponctions planifiées par les exigences de l'économie soviétique, de l'autre, l'effet de mesures pour tenter de réparer les dégâts ou l'approvisionnement par transferts de bassins. Entre 1927 et 1995, 14,8 km^3 d'eau ont été prélevés dans le Sevan pour l'irrigation. Le rôle de ce réservoir capital pour l'hydraulique agricole se confirme, malgré le lourd héritage des errements passés qui pèse sur la période de transition.

Les indicateurs économiques en chute libre après l'indépendance expliquent l'affaiblissement de la demande en eau en 1992 et 1995, remarquable dans le secteur de l'irrigation et de l'énergie. Les valeurs pour 2010 et 2030 sont des estimations basées sur une reprise de l'économie, mais restent peu probables.

Selon les estimations de R. Manoukian[1], lors de la conférence internationale sur le lac Sevan, le volume d'eau destiné aux différents usages est le suivant :

L'UTILISATION DES EAUX DU SEVAN SELON LES DIVERS USAGES : EVOLUTION (MM^3)

	Utilisateurs de l'eau *(source : Lake Sevan Report. 1996)*			
	Usagers domestiques	Industrie (dont énergie)	***Irrigation***	**Total**
1985	27,2	21,0	***76,2***	**124,4**
1988	25,9	22,7	***79,3***	**127,9**
1992	26,6	16,5	***46,3***	**89,4**
1995	27,2	9,7	***10,5***	**47,4**
2010	27,2	19,3	***88,0***	**134,5**
2030	27,2	20,9	***109,2***	**157,3**

(Les valeurs AEP de 2010 à 2030 ont été établies selon les besoins théoriques, sur la base de la consommation maximum enregistrée).

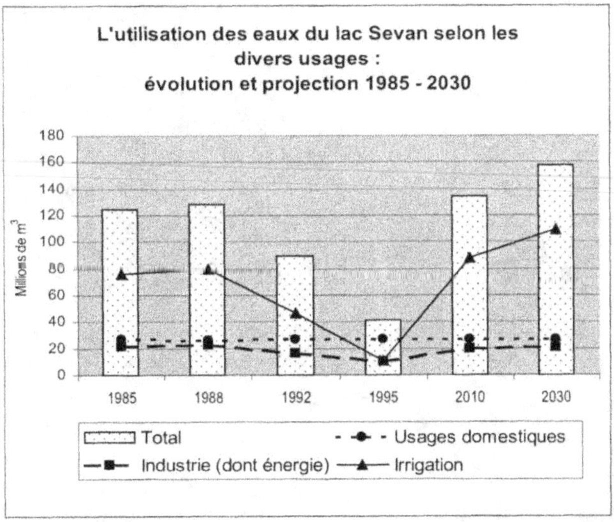

Figure 3-4 *(Source : Lake Sevan report. 1996)*

[1] *Use of Water resources in lake Sevan and its integrated management*. R. Manoukian (Hydroproject Institute) Lake Sevan Report, Yerevan, op.cit., pp 47-51.

1.2.3. Le bilan pour l'agriculture

Dans le bilan hydrique, deux composantes pèsent lourd : la capitalisation nivale et l'évaporation estivale. Pour l'ensemble du pays, le bilan de l'eau est en équilibre instable, fragilisé par les fluctuations périodiques des P et des T°, mais surtout par les plans de gestion et la pression sur la ressource menacée d'épuisement dans certains secteurs.

Les besoins économiques, tous secteurs confondus sont de l'ordre de 4,1 milliards de m^3, dont 1,9 à 2,2 milliards pour l'irrigation. Sur ce volume, 500 millions de m^3 sont perdus entre le point de prélèvement et l'arrivée à la parcelle, par évaporation dans les canalisations ou en raison du délabrement du réseau. Or, les paysans ne disposent effectivement que d'environ 1,3 milliard de m^3, on peut donc en déduire qu'une autre partie, évaluée à 500 millions de m^3 se perd dans les réseaux secondaires ou à l'entrée de la parcelle, soit une perte d'au moins 1 milliard de m^3, c'est-à-dire la moitié du prélèvement dans le milieu. C'est là un point crucial de la problématique puisque non seulement l'eau est une ressource d'abondance relative compte tenu du contexte de sécheresse ; mais, par ailleurs, les quantités prélevées ne sont même pas acheminées totalement sur les sites d'utilisation. Autrement dit, en termes d'efficacité, on se trouve dans une situation catastrophique.

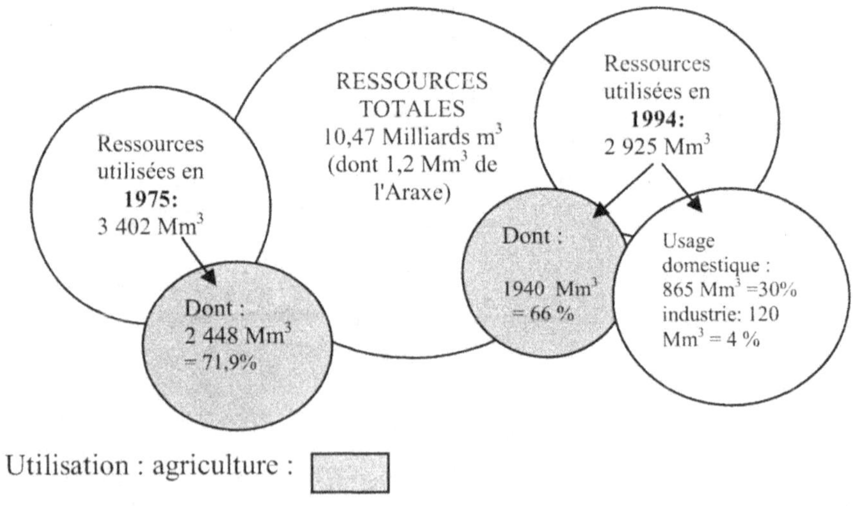

C'est la base des préoccupations actuelles sachant que l'eau a désormais un prix, et que les réseaux ne remplissent pas leur fonction de distribution à cause des coûts de restauration et d'exploitation.

L'agriculture est le secteur le plus gourmand en eau, ses besoins ne sont pas satisfaits, alors que la production alimentaire de base est presque totalement tributaire de l'irrigation, pour les fruits et les légumes principalement. C'est dans ce cadre que s'inscrit la problématique actuelle entre l'eau et son utilisation : produire pour assurer l'alimentation de la population alors que les réserves en eau sont vulnérables, en quantité et en qualité, ne serait-ce que par le déficit dû à l'ETP, et que les réseaux laissent perdre une grande partie des volumes prélevés. Ces handicaps acquièrent une dimension critique au moment où l'agriculture doit faire un effort de production pour compenser l'effondrement des échanges.

2. UTILISATION ET GESTION DE L'EAU POUR L'AGRICULTURE

L'irrigation est une pratique très ancienne en Arménie ; cette absolue nécessité est soulignée depuis l'Antiquité et par nombre d'auteurs : "Sans canaux d'irrigation tout dépérit sous ce climat et la terre se dessèche comme l'argile d'un four (...). Si l'eau vient à se perdre, il faut que l'homme s'exile ou périsse[1]". C'est ainsi qu'Elisée Reclus exprime l'absolue nécessité de l'irrigation. Dès l'Antiquité, au Moyen Age, la maîtrise de l'eau est une pratique répandue dans les plaines et les vallées; des ouvrages de terre cuite, dont certains peuvent être datés de 3 000 ans, ont été retrouvés à proximité de Erevan, témoins de savoir-faire de l'époque d'Ourartou. Au IVe s., 100 000 hectares de terres auraient été irrigués dans la région de l'Ararat.

L'Arménie, située à un carrefour d'influences, profite aussi des techniques apportées d'ailleurs : "Les Perses qui creusèrent toutes les rigoles d'arrosement de la contrée eurent le soin de les établir pour la plupart en galeries souterraines pour diminuer l'évaporation du précieux liquide, sont les bienfaiteurs auxquels les habitants du pays doivent leur existence". (Reclus)

Par ailleurs, l'irrigation reste un des principaux facteurs de peuplement du pays, comme en témoignent les traces d'anciens villages : là où l'eau peut être domestiquée, la vie peut s'installer. C'est ainsi qu'en 1927 des rescapés du génocide vinrent s'implanter dans la plaine de l'Araxe où l'irrigation fut développée afin de nourrir les nouveaux arrivants. Dans un article consacré à la mise en valeur de nouvelles terres lors de l'arrivée des rescapés du

[1] *Nouvelle géographie universelle*, op.cit., p. 259.

génocide, H. Myklebost[1] fait une large part aux aménagements réalisés dans la plaine de l'Ararat, grâce, en particulier, à des programmes de la Commission Nansen. Des travaux furent accomplis sur une superficie de 360 000 ha - drainage et irrigation - pour l'installation de 50 000 réfugiés dans la région de Sardarapat.

Quand les risques de pénurie existent, la logique traditionnelle consiste à économiser l'eau, dont on mesure l'extrême fragilité ; il faudra moins de 100 ans, pour renverser les certitudes les plus absolues, au nom d'une soi-disant idéologie du progrès, alors que les savoir-faire multiséculaires ont, depuis longtemps, tiré les enseignements des contraintes du milieu.

Très vite avec la soviétisation, dès 1921, l'irrigation va être au cœur d'une stratégie de pouvoir, ici comme partout en URSS, en particulier dans les régions méridionales aux productions agricoles si convoitées qui nécessitent de grandes quantités d'eau. Du bon usage de l'irrigation pour la propagande idéologique, voilà une nouvelle fonction exprimée par Lénine, dès 1921 : "une attention toute particulière doit être apportée à la houille blanche, à l'irrigation. L'irrigation passe avant tout : elle régénèrera l'économie, elle recréera la région et facilitera le passage au socialisme". Staline reprend ce cheval de bataille en 1934, devant le XVIIe Congrès du Parti, et souligne l'importance du travail d'irrigation dans la marche du progrès. A partir de là, les Plans successifs vont, en priorité, s'orienter vers l'extension des périmètres irrigués et, en corollaire, intensifier la pression sur la ressource.

2.1.IRRIGATION ET PERIMETRES IRRIGUES

Le maillage du réseau est d'abord conçu à partir de deux pièces maîtresses : le lac Sevan et le fleuve Araxe.

2.1.1. L'ère du gaspillage et la folie des grandeurs

Avec les objectifs de la planification centralisée, la maîtrise de l'eau abandonne ses repères : l'eau est gratuite et, en apparence du moins, coule en abondance. L'extension de la superficie irriguée correspond à l'accroissement de la demande agricole. Jusqu'à 1990, la demande pour l'irrigation s'accroît : 2 750 Mm^3/an en 1987. Avec l'effondrement du système soviétique et les difficultés de l'indépendance, la consommation d'eau pour l'agriculture chute brutalement, en relation avec la réduction des superficies irriguées.

---

[1] Hallstein Myklebost est un géographe norvégien. Dans un article "*Armenia and the Armenians*" publié en 1989 dans la revue Norsk Geografisk Tidsskrift, vol.43, 135-154, Oslo, il traite des actions engagées par la commission Nansen pour venir en aide aux réfugiés.

Figure 3-5

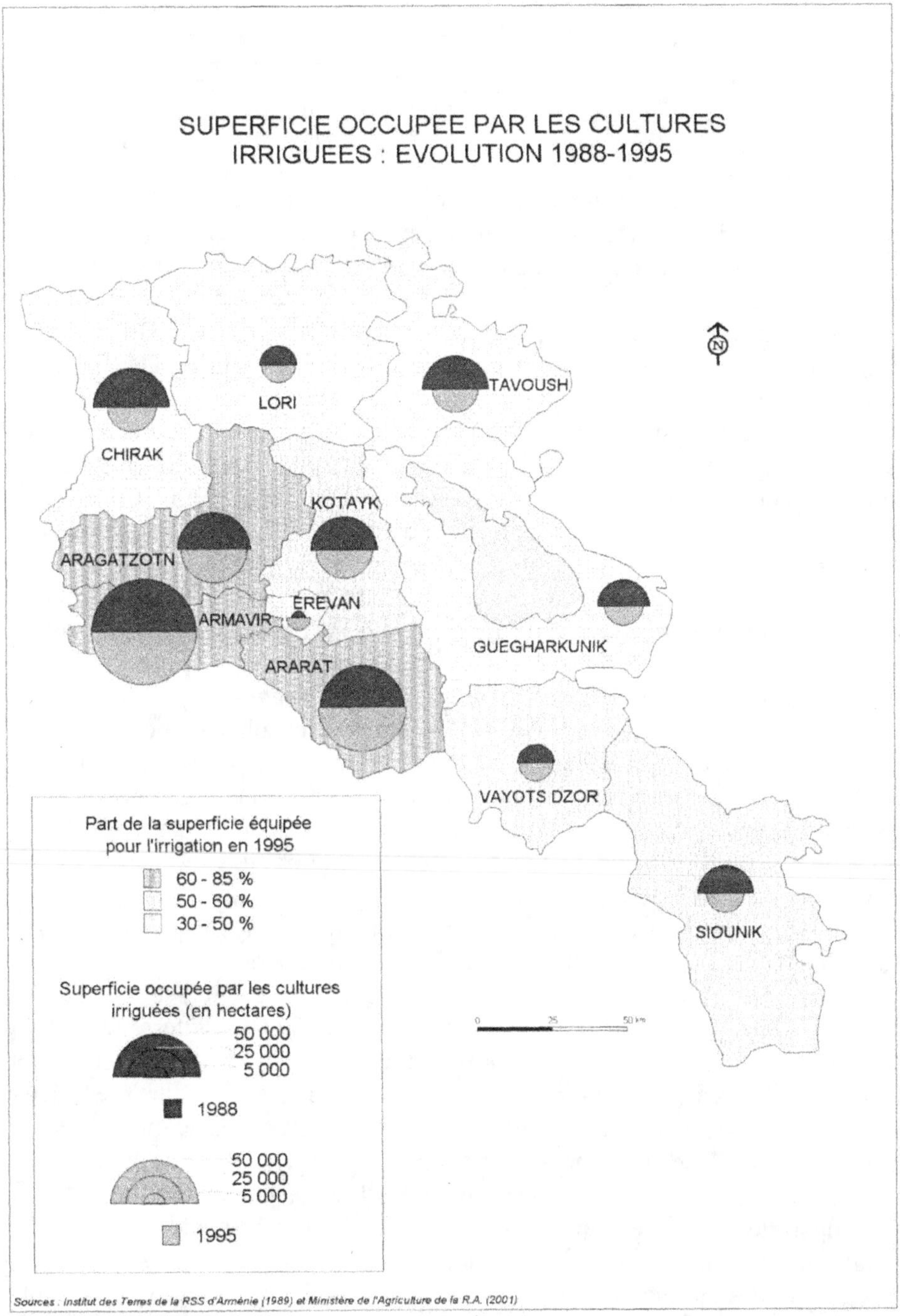
SUPERFICIE OCCUPEE PAR LES CULTURES
IRRIGUEES : EVOLUTION 1988-1995
LORI
TAVOUSH
CHIRAK
KOTAYK
ARAGATZOTN
EREVAN
ARMAVIR
GUEGHARKUNIK
ARARAT
VAYOTS DZOR
SIOUNIK
Part de la superficie équipée
pour l'irrigation en 1995
60 - 85 %
50 - 60 %
30 - 50 %
Superficie occupée par les cultures
irriguées (en hectares)
50 000
25 000
5 000
1988
50 000
25 000
5 000
1995
Sources : Institut des Terres de la RSS d'Arménie (1989) et Ministère de l'Agriculture de la R.A. (2001)

EVOLUTION DES SURFACES EQUIPEES POUR L'IRRIGATION *(hectares)*

1975	280 800
1980	272 500
1985	297 360
1988	251 050 dont réellement irriguées : 213 607
1995	285 649 dont réellement irriguées : 172 578

Entre l'accroissement de la demande de l'agriculture et la satisfaction des besoins, il y a des nuances. Ce furent, à l'époque du plein épanouissement de la production agricole, les capacités techniques et hydrologiques qui définirent la faisabilité des projets. Puis, avec les effets imprévus de l'épuisement de la ressource, les réalisations ne purent répondre à la demande (baisse 1987-1990). Enfin, lors de l'effondrement de l'URSS et de la privatisation, surgirent les problèmes fondamentaux, d'où la réduction des besoins en eau (estimations 1994) et des surfaces réellement irriguées (estimations 1995). Avec la fin de l'époque soviétique, les dommages apparaissent au grand jour : délabrement matériel - dont l'ampleur n'est pas encore estimée - et incohérences de gestion de l'eau. Le morcellement foncier issu de la privatisation - et son micro-parcellaire -, s'avère incompatible avec les réseaux de canalisations existants, conçus à l'échelle des exploitations collectives. Ceci ajoute à la désorganisation de l'ensemble.

La plaine de l'Araxe est le principal périmètre irrigué

Les régions Armavir et Ararat concentrent les plus grandes surfaces d'irrigation. Avec le périmètre de l'Aragatsotn, au pied de l'Aragatz, il s'agit des secteurs qui bénéficient de l'approvisionnement des grands axes hydrographiques, Araxe et Akhourian, et des réserves du Sevan. En 1995, si 44% du potentiel irrigable était équipé, seulement 60% des surfaces équipées étaient réellement irriguées et cultivées.

Selon les données communiquées par l'Institut des Terres (pour 1988) et le Ministère de l'Agriculture (pour 1995), il apparaît que les surfaces équipées pour l'irrigation sont plus vastes en 1995 qu'en 1988, avec des nuances selon les régions (fig.3-4). Sans doute faut-il s'interroger sur la valeur de ces chiffres qui, émanant d'administrations ex-soviétiques, sont vraisemblablement incomplètes (ou bien les disparités entre les deux sources, celle "d'avant" et celle "d'après" seraient-elles cause d'incertitude ?). Toujours est-il que le doute subsiste. Qu'il y ait, en 1995, de plus vastes superficies équipées pour l'irrigation qu'en 1988 est à la fois possible et incompatible avec les effets brutaux de l'effondrement du système. Toutefois, si l'on en croit la confirmation donnée par les services concernés, l'extension des surfaces équipées pourrait venir du fait que des équipements ont été en partie étendus juste après 1988, en particulier, région Armavir.

Figure 3-6

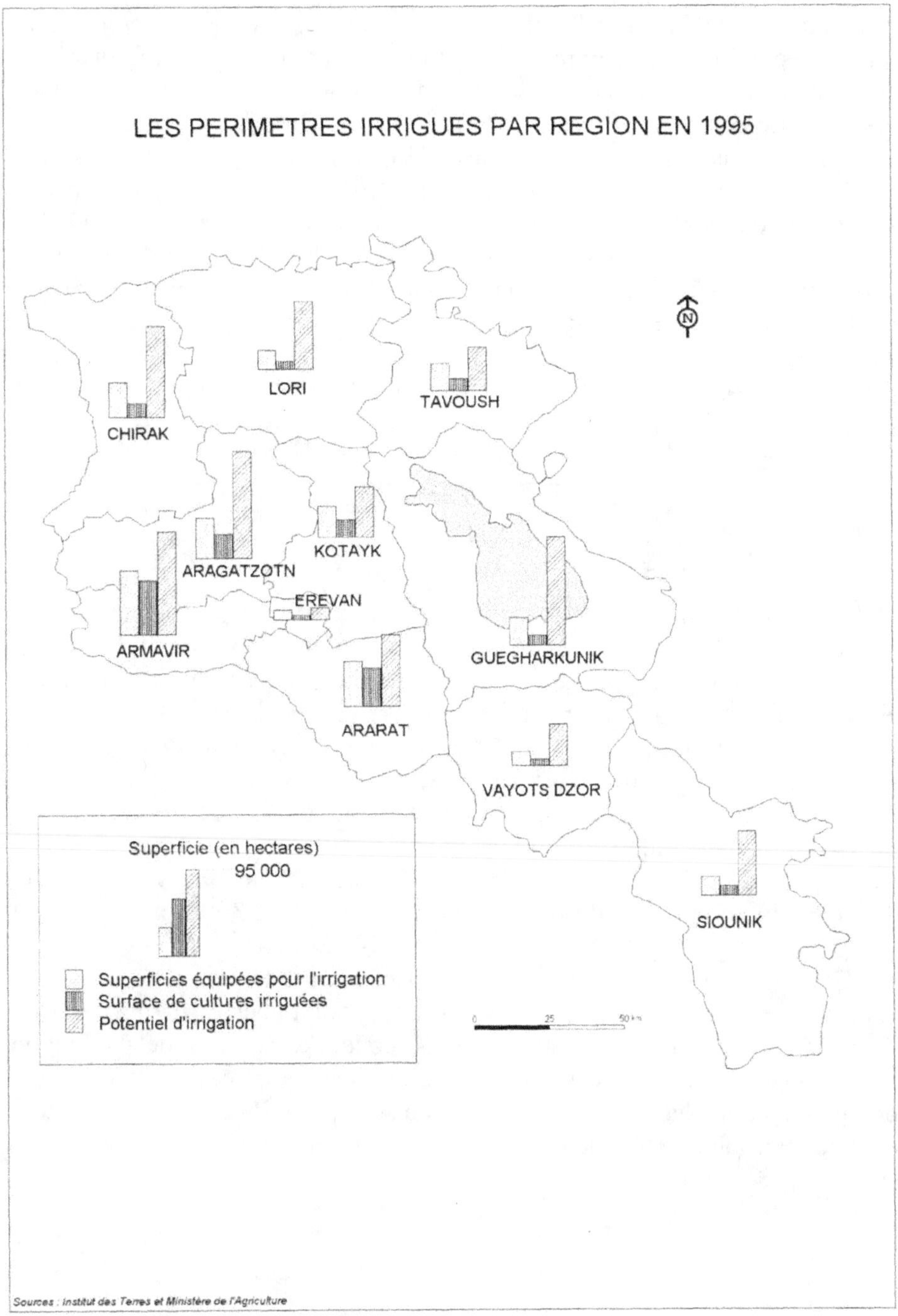

LES PERIMETRES IRRIGUES PAR REGION EN 1995
LORI
TAVOUSH
CHIRAK
ARAGATZOTN
KOTAYK
EREVAN
ARMAVIR
GUEGHARKUNIK
ARARAT
VAYOTS DZOR
SIOUNIK
Superficie (en hectares)
95 000
Superficies équipées pour l'irrigation
Surface de cultures irriguées
Potentiel d'irrigation
0
25
Sources : Institut des Terres et Ministère de l'Agriculture

Par ailleurs, ces données émanent du service du Cadastre de l'Institut des Terres. Or, après la privatisation, ces services ont dû faire face à une situation inextricable pour la refonte des surfaces cadastrées des communes. Malgré l'extrême disponibilité dont ont fait preuve, à notre égard, le directeur de l'Institut des Terres et celui des services cadastraux, il reste bien des incertitudes : à propos de l'irrigation potentielle, les 653 651 ha d'irrigation potentielle tout comme les 285 649 ha de surfaces équipées pour 1995 ne correspondent pas à la réalité et ne sont qu'une valeur approximative en attente de précision. Par contre, pour 1988, une estimation de 292 000 ha[1] environ semblerait plus réelle. Cette bataille de chiffres ne devrait pas faire oublier l'essentiel : la détresse quasi totale des réseaux d'irrigation révélée par l'effondrement du système.

Origine de l'eau alimentant le réseau d'irrigation en 1994

Total équipé (raccordé au réseau): 285 649 ha		
Eau souterraine	35 000 ha	12,3%
Stockages artificiels et naturels	86 000 ha	30,0%
Dérivation des eaux de surface	89 649 ha	31,4%
Pompages en rivières	75 000 ha	26,3%

Dans la région Chirak, l'Akhourian est le principal apport pour irriguer des terres en altitude. Le lac d'Arpi, à l'amont, est un réservoir naturel perché à 2 000 m et alimenté par les neiges des monts Goukassian, à la frontière entre Turquie, Géorgie et Arménie. Pour accroître la capacité d'irrigation du lac, on a construit une digue de 15 m de haut, ce qui a permis d'élever le niveau de 2 m et a accru la surface du lac de 4,5 km^2 à 22 km^2. Ce dispositif naturel fut complété par la construction en 1925, du canal de Chirak, long de 30 km, qui irriguait alors 12 000 ha de hauts plateaux pour la production de céréales et de foin. Plus tard, dans les années 70, le réservoir artificiel d'Akhourian compléta le dispositif avec un stockage de 300 Mm^3 d'eau dont une partie sert à l'irrigation sur les contreforts de l'Aragatz.

Grandiose réalisation pour moderniser et étendre le périmètre irrigué de l'Ararat, la station de pompage de Mkhtchian, était alimentée par les réserves du Sevdjour. Aujourd'hui, les grosses conduites venant de la station n'acheminent plus qu'une partie des volumes d'eau nécessaire : le déficit énergétique et la dégradation matérielle en sont la cause. Cette infrastructure était couplée aux réseaux acheminant les eaux du Sevan via la Hrazdan.

[1] Selon les affirmations du directeur du Cadastre (1998) qui précise, par ailleurs, une valeur de 292 000 ha pour 1988.

Photo 3-2

Grosses conduites qui, depuis la station de Mkhtchian, alimentent une partie de la plaine de l'Ararat. Ce tronçon, près du village de Norabats, est gravement dégradé.

Photo 3-3

Une des principales vannes édifiées dans les années 30 pour desservir la plaine de l'Ararat.

Figure 3-7

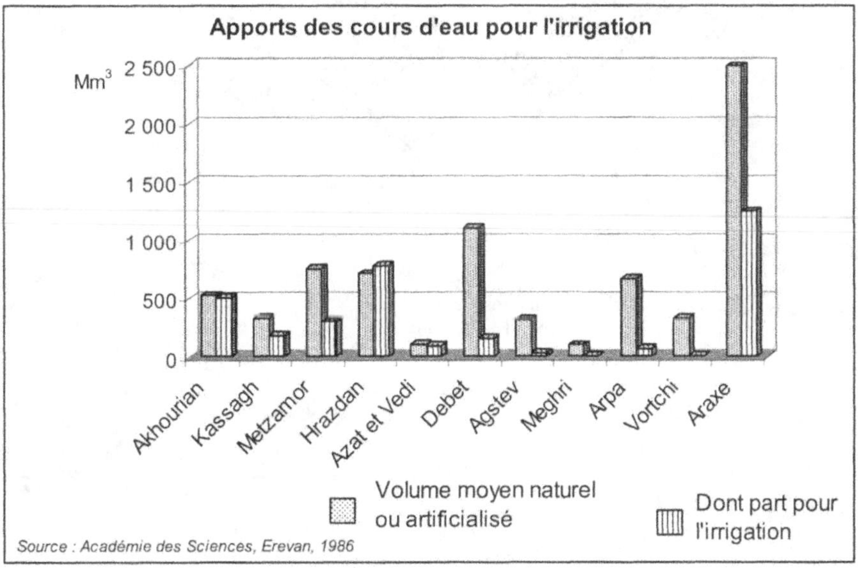

Figure 3-8

PERIMETRES ET INFRASTRUCTURES D'IRRIGATION DANS L'ARMENIE SOVIETIQUE en 1972

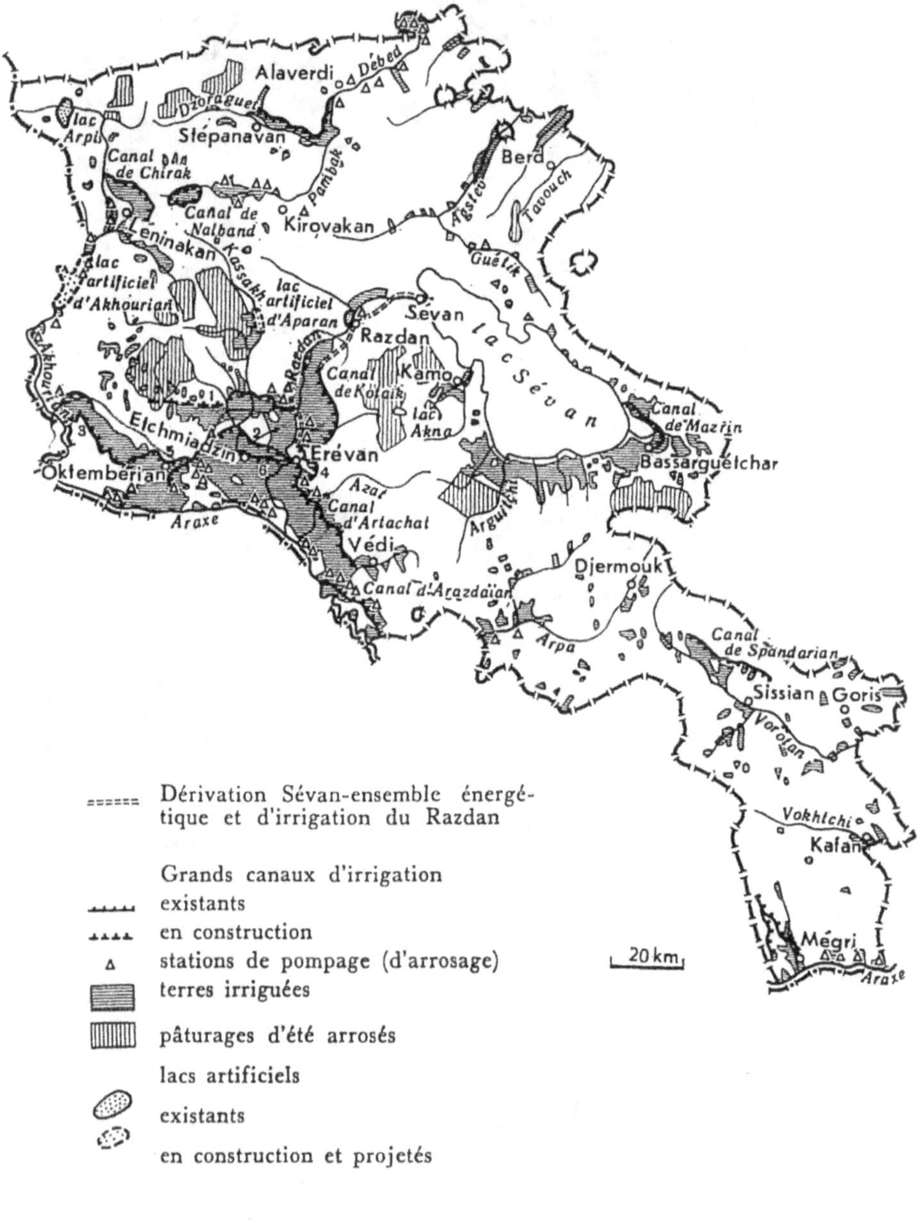

Canalisations, tunnels, pompages, réservoirs et autres ouvrages hydrauliques composent, surtout à partir de 1950, un maillage qui se joue des contraintes du relief. En 1970 on compte 250 000 hectares irrigués - dont 120 000 dans la plaine de l'Ararat - soit plus de la moitié des terres cultivées de la RSS d'Arménie et 3 200 ouvrages hydrauliques. Entre 1971 et 1975, 50 000 ha de nouvelles terres de cultures sont irrigués et 130 000 ha de pâturages bénéficient de l'apport des réseaux. L'extension du réseau pour alimenter des zones de plus en plus éloignées et élevées ne connaît pas de limites : l'irrigation monte jusqu'à 2 300 m sur les plateaux de la Siounik. En 1986, le linéaire de canaux atteint 18 540 km pour 282 000 ha, soit 21,2% des terres agricoles qui donnent 82% de la production. Au pied des monts Guegham, aux versants ravinés et stériles, le vignoble s'étend sur 50 km de long et 10-15 km de large, grâce aux apports des rivières Azat et Védi dont l'eau est acheminée par les nouveaux canaux d'Achtarak et d'Aradzdaïn.

L'apparence de la plaine change rapidement dès la mise en service de nouveaux canaux. Là où s'étendaient des marécages insalubres, s'étendent des vergers d'arbres fruitiers, des champs de melons, de tomates, poivrons et aubergines - grands consommateurs d'eau - de vigne, de luzerne et de blé. Un paysage nouveau surgit aux portes de la capitale, avec ses planches de cultures, un habitat récent, ininterrompu, au bord des routes de la plaine : kolkhozes et sovkhozes se multiplient, attirant une population venue d'autres régions, moins favorisées.

Dans la région d'Etchmiadzin, des chapelets de villages s'alignent le long des petites routes bordées de canaux d'irrigation. A Norabats, le raisin est la spécialité du village. Quand Artouch est arrivé, il y a trente ans, la région était en pleine expansion. Il a quitté sa région d'origine, Eghegnadzor, attiré par la réputation de grande richesse de l'Ararat :" Quand on dit "Arménie" - précise-t-il, comme pour justifier son choix d'alors - c'est comme si on disait l'Ararat. Les autres régions ne sont que des banlieues". Cette remarque illustre, à elle seule, tout l'attrait de ces terres enrichies par l'eau : ici, les nappes sont bien pourvues, les réseaux, denses, et les cultures florissantes.

Avec la création des canaux de Talin, d'Arzni-Chamiran et de Kotaïk, des dizaines de sovkhozes pour la vigne et les vergers ont été créés au cours des années 60. Le canal de Talin servit, après la guerre, à mettre en valeur toute la région d'Oktemberian. Avec les eaux de l'Akhourian, en 1970, il irrigue 12 000 ha, qui seront étendus après la mise en service du barrage-réservoir de l'Akhourian. Dans cette partie de la plaine, la steppe, semée de marécages, était autrefois ponctuellement trouée de parcelles de taille réduite, alimentées par de petits pompages dans l'Araxe. C'est, du moins, ce dont témoignent les voyageurs qui l'ont parcourue au XIXe s. Pour mettre en valeur la région d'Armavir, dès les années 20, débuta une véritable "offensive de la steppe" avec la construction d'un petit barrage sur l'Araxe, raccordé à un canal de 60 km pour irriguer d'abord 7 000 ha.

A partir d'Oktemberian s'est tissée une toile d'eau quadrillant la région et lui apportant l'abondance : le village de 500 habitants au début du siècle devint alors une petite ville du vignoble, prospère, de 20 000 habitants en 1970. Son développement rapide est dû non seulement à la mise en valeur agricole mais à sa situation d'accès facile, bien desservie par une voie ferrée et carrefour routier. Des industries de conserves de fruits, de légumes et de jus de fruits contribuent à son développement, ainsi qu'une usine d'égrenage du coton produit dans la plaine, et de combinats viticoles produisant un vin liquoreux qui fait sa spécialité. Enfin, dans cette région bénie des dieux et du Régime, la culture du géranium est une ressource unique qui alimente une production d'huiles essentielles pour la parfumerie et la cosmétique. C'est un exemple parmi d'autres des transformations magistrales engendrées par les aménagements hydrauliques durant l'époque soviétique, dans une région favorisée par le climat et par une topographie de plaine et disposant, par ailleurs, de rivières et de nappes bien alimentées.

On peut dire, sans conteste, qu'au cours de la décennie 1960-1970, l'irrigation est véritablement un facteur de peuplement et de développement économique. Non seulement l'extension des terres cultivées et irriguées est en constante progression, mais on crée aussi les usines de transformation des produits agricoles. C'est le grand essor de l'agro-alimentaire : conserveries, jus de fruits, combinats viticoles.

Les techniques d'irrigation sont surtout de type gravitaire

Pour l'époque soviétique, rappelons quelques techniques utilisées pour l'irrigation selon les divers types de cultures :

- par écoulement gravitaire : 229 649 ha;
- par arrosage (aspersion) : 28 300 ha desservis par des tuyaux (type à enrouleur) et sous pression (sprinklers), 27 000 ha ;
- micro-irrigation (par apports localisés ou goutte à goutte) : 200 ha.

En altitude, il s'agit d'un réseau sous pression. Les forages se multiplient pour exploiter les nappes, principalement dans la plaine de l'Ararat. En 1986 on compte 2 326 points de forage dont le débit moyen de l'ensemble est de 73,7 m^3/s, auxquels sont raccordées 1 140 conduites d'un débit de 34,3 m^3/s. Malgré une apparente productivité, le principal défaut alors reconnu tient à l'inadaptation du calibre des forages. Chaque année, les pertes en eau[1] des nappes atteignent plus de 150 Mm^3, dont 80% des cas sont situés dans la région d'Etchmiadzin, où est localisé l'essentiel des forages. Ces forages ne sont utilisés que durant la période végétative. Sinon, leurs eaux sont transférées dans la Hrazdan où elles peuvent être pompées en cas de besoin.

Plusieurs stations de pompage ont été construites dans les régions difficilement accessibles, ainsi dans le Sud, à Meghri. Dans cette région la plus éloignée de la république, ce cul-de-sac de l'ex-URSS, à quelques kilomètres de l'Iran, l'eau est le problème prioritaire en raison du climat subtropical où l'aridité est le principal ennemi de la mise en valeur agricole.

Le captage de la rivière de Meghri et de sources sur le versant méridional du Zanguezour a permis, vers 1950, d'arroser vignes et vergers qui, jusqu'alors n'étaient cultivés que dans de petits jardins en fond de vallée. Le canal Kartchevan serpente, à mi-pente, arrosant les parcelles étagées sur les pentes. Les aménagements ont été complétés par l'utilisation de l'énergie hydro-électrique du réseau Hrazdan-Vorotan-Vortchi afin de faire monter l'eau sous pression à partir de l'Araxe, tout proche. Meghri est alors devenu un véritable Eden pour la culture du raisin et des fruits méridionaux qui ont contribué à sa réputation dans toute l'URSS.

Aujourd'hui, les infrastructures sont les mêmes. Cependant, en raison de problèmes techniques, certaines ne fonctionnent pas à la mesure de leur capacité. Les principaux équipements en activité sont les suivants, selon un inventaire dressé par la DEEA et la Société du Canal de Provence qui réalisa, en 1993, un audit sur l'état des réseaux d'irrigation :

- 72 réservoirs et barrages pour l'irrigation – dont la capacité de stockage est de 1 milliard de m^3 - couplés parfois (rarement) à la production d'électricité. Ils irriguent 95 000 ha, avec une capacité totale de 976 420 000 m^3.
- 430 stations de pompage, dont certaines ont une puissance de plus 10 000 kW
- 21 000 km de canaux primaires et secondaires
- 2 000 km de canalisations principales.

Les principales infrastructures[2] alors recensées desservent les superficies suivantes pour les terres cultivées :

---

[1] Le problème des pertes dans le réseau sera évoqué ultérieurement, mais il est intéressant de noter que cette question fait l'objet, à l'époque soviétique, d'une remarque écrite : S. Mousaelian. *Les ressources en eau ... op. cit.*, pp. 88-93 (en russe).

[2] Hormis le gravitaire. Les compétences de la DEEA couvraient, en 1993, 286 000 ha irrigables, dont 164 780 en cultures et le reste en pâturages.

- infrastructures d'aspersion (arrosage) : 40 000 ha en 1993, mais 27 500 ha en 1995[1]

- infrastructures de pompage : 128 000 ha (1993).

Leur entretien dépend de la compétence de la D.E.E.A., chargée de l'exploitation et de la maintenance des réseaux d'irrigation.

Les équipements d'irrigation restent aujourd'hui sous-utilisés par manque de financement pour les travaux d'amélioration que nécessiterait le réseau. La SCP souligne, lors de son expertise, la médiocre qualité du béton et le degré de vétusté des canalisations, le surdimensionnement des infrastructures, la désagrégation des conduites en acier…c'est-à-dire tout un ensemble de problèmes matériels dus à l'irreponsabilité des constructeurs de l'époque communiste.

PRINCIPAUX BARRAGES POUR L'IRRIGATION (1999)

(source : Dam safety project. Banque Mondiale)

Barrages et réservoirs	Superficie de bassin versant (km^2)	Surface irriguée (milliers ha)	Volume (Mm^3)
Arpilitch	220	19	105
Ayguedezor	152	0,9	3,55
Khalavar	40	0,6	1,9
Azat	526	2,7	70
Vardakar	363	1,1	5
Tavshud	17	1,5	6
Sovietashen	31	0,4	1,4
David Beck	56	3,2	0,6
Sevaberd	64	3,2	1,2
Aparan	656	7,5	93
Karnout	93	7	22,6
Tavoush	154	1,2	5
Harkoum	211	2,4	12

D'autres réservoirs, naturels et artificiels, complètent ce dispositif. Parmi les plus importants, le Sevan, réservoir naturel, l'Ayguerlitch et le Spandarian, réservoirs artificiels. Au total, pour 1995, le volume stocké est estimé à 1 155 Mm^3.

Le drainage reste peu étendu

Le système d'irrigation est associé à un réseau de drainage qui s'est étendu, passant de 6 900 ha en 1975 à 20 400 ha en 1988, puis, à 60 400 ha selon les estimations de 1994. Il reste toutefois peu important au regard des

[1] Ces chiffres émanent de sources différentes : Expertise de la Société du Canal de Provence pour 1993 et Ministère de l'Agriculture de la R.A. pour 1995. Mais il est probable que la différence corresponde avec la réalité puisque les difficultés énergétiques ont contraint à abandonner l'exploitation de plusieurs tronçons majeurs.

surfaces nécessitant de telles pratiques. Un réseau de drainage aussi restreint, par rapport à celui d'irrigation, témoigne de défaillances techniques quant à la gestion du potentiel irrigué : sans doute à l'origine de la dégradation des sols en zone irriguée.

L'état des lieux est désastreux : délabrement du matériel, ruine des réseaux, abandon de parcelles qui ne sont plus desservies, chute de la production dans certains secteurs (fruits en particulier) et nombre d'autres dommages qui ne sont pas tous quantifiables. Certes, la désagrégation des circuits commerciaux, les surcoûts dus à l'entretien, les difficultés économiques générales sont responsables, pour une large part, des dysfonctionnements actuels, mais pour mieux mesurer l'ampleur des dégâts, il faut évoquer la logique soviétique de la gestion de l'eau dans son contexte idéologique.

En préalable à une analyse des caractères de la gestion de l'eau, dans le contexte de transition, une réflexion s'impose.

Au vu des progrès spectaculaires de l'agriculture depuis le début du siècle, face à l'immobilisme antérieur, force est de constater le rôle essentiel joué par l'URSS dans le développement, non seulement de l'Arménie, mais de bien d'autres régions auparavant négligées, en marge des programmes de développement de l'époque, comme ce fut le cas, en d'autres lieux, dans l'économie capitaliste.

L'énorme équipement hydraulique - énergétique et agricole - l'effort "vital" engagé, les projets sans limite pour vivifier une terre nourricière jadis improductive, la course effrénée aux rendements et la folie des grandeurs étaient alors justifiés par le désir impératif d'aménager les campagnes.

Comment rester insensible à l'argument du progrès au bénéfice d'un pays qui doit nourrir une population de plus en plus nombreuse, attirée par le regain d'activité de la république soutenu par une planification ambitieuse mais qui se donne les moyens de ses ambitions ? Pourquoi réfuter tous ces arguments alors que le constat s'impose, statistiques soviétiques à l'appui, d'un territoire isolé et montagneux où les contraintes les plus pesantes furent vaincues dans l'œuvre collective de la construction socialiste ?

Si n'étaient, à l'amont, la mort d'un lac et, en profondeur, la disparition programmée de l'âme de la paysannerie.

2.2. LA GESTION DE L'EAU POUR L'IRRIGATION

La période de transition post-collectiviste ouvre la voie à une remise en cause de tous les préceptes qui ont guidé la gestion de la ressource, depuis 70 ans. La découverte de l'étendue des dégâts, l'état critique des infrastructures et les besoins agricoles non satisfaits ont déclenché une prise de conscience de la valeur de l'eau. Pour engager de nouvelles stratégies de gestion, il faut d'abord éliminer les anciens réflexes hérités du système collectiviste et adopter de nouveaux principes afin de rééquilibrer la relation à l'eau, ainsi que certaines formes de partage de l'eau à plusieurs échelles.

La Direction de l'Exploitation des Eaux d'Arménie est un rouage essentiel pour la gestion de l'hydraulique agricole, rattachée après l'Indépendance au Ministère de l'Agriculture. Le siège de la direction est à Erevan et contrôle 40 divisions dans les régions. Cet organisme est chargé de l'exploitation et de la maintenance des réseaux d'irrigation. Il emploie, en tout, 7 000 personnes dont 25% sont ingénieurs ou techniciens. La DEEA doit gérer le potentiel technique des réseaux : sa compétence s'étend sur 286 000 ha irrigables, sur les stations de pompage, les barrages-réservoirs, les canalisations. Elle possède également des installations industrielles pour la fabrication de béton armé, de canalisations, de buses, ainsi que des ateliers de réparation pour les pompes et des engins pour les forages et le drainage. Son rôle porte non seulement sur la réhabilitation des réseaux, mais aussi sur la définition des règles qui s'appliquent aujourd'hui à une gestion "responsable" de la ressource au niveau des exploitants.

2.2.1. Les prélèvements : pour quels besoins agricoles ?

Entre "avant" et "après", les données ont changé. Durant les années soviétiques, les prélèvements pour l'irrigation s'accordaient avec les besoins agricoles du moment, commandés par la planification. Aujourd'hui, avec la réduction des superficies irriguées – due à divers facteurs, matériels et conjoncturels -, la demande en eau pour l'agriculture a considérablement diminué dès les premières années post-soviétiques, passant de 2 750 Mm^3 en 1987 à 1 940 Mm^3 en 1994. La dégradation des infrastructures a porté un coup fatal à certaines productions irriguées.

Quelques témoignages précis peuvent illustrer la brutale détérioration de la situation dans les périmètres irrigués. Un simple exemple suffit pour comprendre l'essentiel : à Areni, dans le vignoble, il y avait 9 pompes au bord de l'Arpa. Aujourd'hui deux seulement fonctionnent. Les autres ont besoin de pièces de rechange et le prix de l'énergie pour les activer est trop élevé. Résultat : on a abandonné des parcelles viticoles, faute de pouvoir les irriguer.

Figure 3-9

Prélèvements en eau pour l'irrigation par bassin versant en 1987

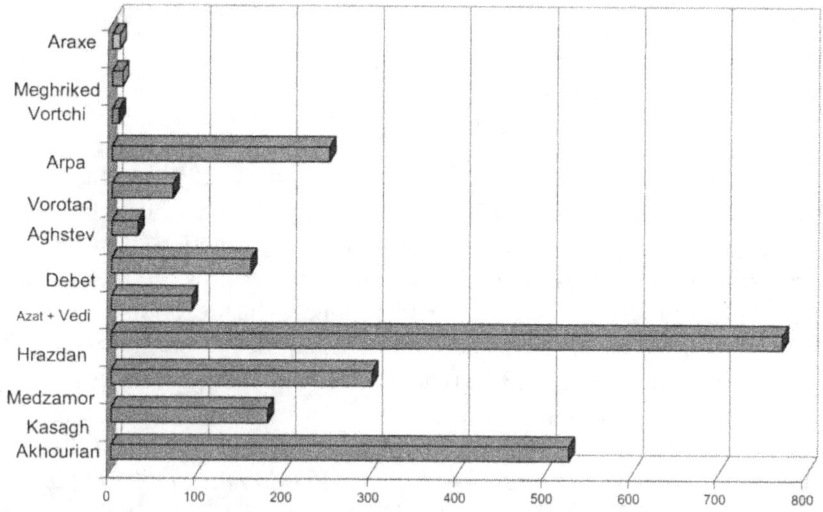

(Source : Moussaelian. Erevan, 1989)

Selon les types de productions, les besoins en eau varient selon la saison et l'altitude. Dans l'économie soviétique, qui visait essentiellement des records de quantités, il est clair que c'est grâce à l'irrigation que l'on pouvait assurer les meilleurs rendements.

Dans le contexte de l'économie libérale, après la privatisation, les données changent. Selon les besoins du marché, il faut privilégier les productions vivrières et celles qui entrent dans l'alimentation de base. Une des difficultés de la gestion actuelle consiste à intégrer la notion de" quantité utile" pour chaque type de culture. Ce point est particulièrement souligné par ceux qui, comme la Société du Canal de Provence, tentent de sensibiliser l'exploitant à la valeur de l'eau. Les volumes utilisés, selon les cultures, sont souvent excessifs pour le résultat souhaité. Nous reviendrons sur ce point mais, d'ores et déjà, il faut le prendre en compte pour mieux comprendre la rupture entre deux logiques de gestion.

Répartition des superficies irriguées selon les cultures en 1993 (hectares)

Blé-céréales	53 146
Cultures fourragères	81 942
Cultures maraîchères	21 776
Pommes de terre	5 355
Tabac	2 562
Jardins	41 671
Raisin (en 1995)	27 594
Pâturages	13 592

(source : Direction de l'Exploitation des eaux d'Arménie)

Les céréales irriguées demandent environ 3 200 m^3/ha/an, qui se répartissent en trois "passages" d'irrigation de 1 100, 1 050, 1 050 m^3 à des dates fixées selon des normes pré-établies en fonction de l'altitude, de l'organisation spatiale, du tour d'eau et autres paramètres. Le blé absorbe 2 500 m^3 d'eau/ ha ; il en faut 6 000 pour 1 ha de choux. Les cultures maraîchères requièrent de plus grandes quantités : en moyenne, 7 800 $m^{3/}$ha/an. Elles nécessitent 13 "passages" d'eau de 600 m^3 chacun.

A Norabats, dans l'Ararat, on irrigue principalement la vigne, les tomates et un peu de blé. Artouch dépense 25 000 Dr pour l'irrigation de sa parcelle de blé, 55 000 Dr pour les légumes et 20 000 Dr pour la vigne, à raison de 6 Dr/m^3 d' 'eau (au total, environ 150^E).

A Areni, dans le vignoble de Levon, il faut 6 passages d'eau à raison de 250 m^3 par passage. Sachant que l'eau lui coûte alors 3 000 à 4 000 Drams pour chaque passage.

Chaqui est un des villages les plus secs de la région en raison d'un micro-climat localisé sur cette partie du haut plateau de la Siounik. Les précipitations atteignent seulement 200 mm/an, parfois 360 mm, les meilleures années. Il faut donc amener l'eau, par une canalisation souterraine à partir d' une rivière près de Dzoghout. Inutile d'ajouter que dans ces conditions, les céréales irriguées à plus de 2 000 m d'altitude ont nécessité des kilomètres de canalisations qui, aujourd'hui, sont en grande partie inutilisées à cause du coût de l'énergie pour actionner les pompes. En conséquence, des superficies de culture en altitude ont été abandonnées, faute d'irrigation, malgré les besoins de production pour le village.

Dans ce contexte de dépendance vis-à-vis des conditions naturelles et de la nouvelle donne économique, on mesure mieux la place que prend l'irrigation pour produire et répondre à la demande alimentaire intérieure. Tout est à reconstruire dans le domaine de la gestion de l'eau plus encore qu'ailleurs, tant l'héritage est lourd à porter.

2.2.2. Les failles et les carences : un lourd héritage sanctionnant des années de gaspillage

Avant, la logique était implacable, la gestion, impitoyable : en face, la productivité alignait des chiffres prodigieux, servis par un usage immodéré des réserves en eau. Le processus d'utilisation des eaux du Sevan tient lieu d'exemple : dans ce mécanisme apparemment sans faille, un grain de sable s'est glissé alors qu'il était déjà trop tard. Cet exemple est suffisamment éloquent pour illustrer toute l'incohérence - qui, alors, n'était que cohérence - du programme.

A l'époque de l'URSS, le réseau fonctionnait selon le principe de la gratuité de l'eau. Dans les "Fondements de la législation de l'eau pour l'URSS et les républiques fédérées"[1], les textes précisaient que l'eau était nationalisée, comme l'ensemble des richesses naturelles du pays. Les kolkhozes et sovkhozes devaient veiller à réduire les pertes en eau par infiltration ou évaporation dans les réseaux d'irrigation et d'en éviter l'évacuation irrationnelle. Cela sous-entendait un entretien régulier de la part des utilisateurs. Par contre, rien n'était dit concernant le prix de l'eau et la gratuité semblait bien acquise bien que ce principe soit contraire à l'affirmation d'une ressource "épuisable". Sans doute ne pouvait-on pas évaluer précisément les réserves, ou bien voulait-on penser que le château d'eau arménien était inépuisable.

Ce point est extrêmement important : il porte en lui les germes des dysfonctionnements structurels qui ont "grippé" le mécanisme et pèsent aujourd'hui lourdement sur les orientations à engager : la notion d'héritage s'applique, en effet, autant aux aspects matériels qu'aux logiques qui commandent la gestion de la ressource.

Des dysfonctionnements paralysants

Les problèmes sont de différentes natures : matérielles, financières, mais surtout psychologiques.

L'état des infrastructures matérielles est dans un état pitoyable. Plusieurs raisons proviennent de l'incurie généralisée du système. Lors de la construction des buses d'irrigation, on a bien souvent employé un mauvais béton qui n'a pas résisté à l'épreuve du temps - il faut penser aux contrastes thermiques saisonniers. On reste sidéré en voyant l'état des canalisations à ciel ouvert, brisées, effritées, d'où sortent les tiges d'acier du béton armé. Les matières premières utilisées étaient, fréquemment, de mauvaise qualité : le sable mêlé de sel de la plaine de l'Ararat fut facile à exploiter, in situ, mais réserva de mauvaises surprises au bout de peu de temps. Le béton des

---

[1] La Pravda, 12 décembre 1970.

immeubles connaît les mêmes limites de résistance. On est toujours surpris en voyant l'état de délabrement avancé des escaliers ou des façades dans des constructions qui ont à peine 15 ans.

Photo 3-4

Les buses, dont le béton s'effrite, sont rompues et n'assurent plus l'acheminement de l'eau aux parcelles. Les pertes sur le réseau sont incalculables (photo prise en 1999)

Les conduites souterraines ou aériennes en acier sont fortement attaquées par la corrosion en raison de la piètre qualité des aciers. L'expertise menée par la Société du canal de Provence en 1993[1] mentionne cet aspect et les mobiles qui peuvent en être l'origine :" Au premier examen, les ouvrages paraissent rustiques. Il ne semble pas que les coûts d'exploitation, aient bien été pris en compte par les réalisateurs. Les moteurs électriques sont insuffisamment protégés, le revêtement intérieur des conduites en acier est inefficace et se détache. Il semble que l'acier ait été souvent choisi comme matériau des canalisations souterraines. On peut s'interroger sur la qualité de leur protection extérieure : revêtements, protection cathodique (...) les usagers se plaignent aussi de la mauvaise qualité du courant électrique qui entraîne des détériorations anormalement élevées des moteurs...". Rien de très surprenant dans le contexte soviétique où la fraude était érigée en système à tous les niveaux et quasiment institutionnalisée.

[1] Rapport sur l'irrigation en Arménie. M. Michelard. 18 novembre - 2 décembre 1993, Société du Canal de Provence, op. cit. p.8.

Le prix de l'énergie pour actionner les pompes est une autre source de surcoûts

Les systèmes de pompages étaient voraces en énergie mais la RSS d'Arménie était largement approvisionnée en gaz et en pétrole, venant des autres républiques. Elle complétait ses besoins par sa production hydroélectrique et par l'électricité nucléaire de la centrale de Medzamor. La situation est bien différente actuellement, dans ce pays totalement dépendant pour son approvisionnement énergétique, et l'énergie coûte cher. C'est un facteur indubitable de la régression actuelle, qui entrave le fonctionnement technique et l'alimentation en eau du réseau.

D'autres facteurs contribuent à noircir le tableau : la logique productiviste antérieure ne prenait pas en compte les coûts de production à leur juste niveau. Le surdimensionnement des installations, par exemple, a de quoi surprendre. Ainsi, on n'hésita pas à étendre les infrastructures d'irrigation jusqu'à plus de 2 300 m d'altitude, pour la production céréalière, dans le Vayots Dzor ou la Siounik, ou encore la région de Chirak. Aujourd'hui, ce sont des secteurs devenus improductifs en raison des coûts d'exploitation et des frais occasionnés par les déplacements vers des parcelles aussi éloignées et élevées dans les régions de montagne. Une question peut être posée : les rendements, fussent-ils les meilleurs de toute la république pour ces zones de montagne, pouvaient-ils justifier des équipements aussi onéreux à construire et à entretenir ?

Le prix du gaspillage

Quand l'énergie et l'eau n'étaient pas comptés, on équipait des régions entières : dans le bilan comptable, que pesait alors le rapport coût d'installation / revenu de la production, puisque, de toutes façons, cette production était déjà planifiée. Avant tout, il s'agissait de forcer la nature, de vaincre tous les obstacles et de contribuer ainsi à la propagande idéologique, statistiques et performances à l'appui. La disproportion entre les vrais besoins et le prix de revient des installations est à l'origine de graves problèmes dans le cadre de la privatisation et de l'économie de marché où pèsent lourds les frais "amont", y compris l'énergie pour actionner les pompes.

On n'économisait ni l'eau ni l'énergie et, sans responsabilités individuelles, on ne se souciait pas de pénurie et de surcoûts. Pire, aujourd'hui, non seulement il faut payer l'eau, mais les pertes sur le réseau atteignent des proportions invraisemblables : plus de 40% de l'eau prélevée dans le milieu (pompage ou forage) n'arrive pas à destination, dans la parcelle. A cela, plusieurs raisons, à la fois d'ordre technique et comportemental. Techniquement, la détérioration du matériel explique les nombreuses fuites tout au long du parcours - canalisations percées, joints

mal soudés ou inexistants, fissures dans les buses de béton - et psychologiquement, on ne sait pas économiser. La situation a empiré de façon accélérée depuis les années 80. En 1988, des difficultés techniques avaient conduit à l'abandon de 15 800 ha irrigués. Par exemple, en 1996, les dommages au réseau ont entraîné l'abandon de vastes surfaces irriguées :
17 000 ha à cause de pannes sur les pompes, 9 500 ha en raison de la dégradation des canalisations et 7 200 ha faute d'eau[1].

De manière anecdotique, on peut dire qu'en Arménie, l'eau coule partout... sauf là où elle est utile. Pour s'en persuader, il suffit d'ouvrir un robinet de cuisine, qui ne laisse échapper, au mieux, qu'un mince filet d'eau, ou d'ouvrir les vannes à l'entrée des parcelles pour constater que le débit réel est loin du débit annoncé. Par contre, les geysers intempestifs qui jaillissent des canalisations dans les rues, au bord des chemins de campagne, ou au gré des circuits des tuyauteries dans les immeubles et dans les endroits les plus incongrus, témoignent de l'extrême fatigue de la plomberie et de l'incapacité, financière ou simplement matérielle, à restaurer les conduites.

Cette somme d'incohérences est à l'origine des maux actuels, accentués par les difficultés dues à la privatisation et à la faillite économique : les réseaux ne sont plus adaptés aux conditions du micro-parcellaire et l'agriculteur, devenu propriétaire, se trouve confronté à une situation qu'il n'avait jamais abordée.

Le blocage des mentalités

Plus encore que les contraintes matérielles et financières, le blocage des mentalités est un puissant frein au développement. En quelques dizaines d'années, on a désappris les réflexes les plus élémentaires d'économie de l'eau, pourtant transmis fidèlement entre les générations dans les civilisations agraires des zones où sévit la sécheresse. Le paysan ne sait pas toujours apprécier l'eau nécessaire, la juste quantité, pour les besoins de ses cultures. C'est une question d'éducation : quand l'eau était gratuite, à quoi bon en limiter l'usage ? L'apprentissage des quantités "efficaces" sera long et fastidieux : cette notion d'efficacité reste encore inconnue pour la plupart.

A Rind, village pourtant privé d'eau depuis la rupture des canalisations il y a quelques années, l'eau est une ressource rare et respectée. Lorsqu'il pleut, Dimitri récupère l'eau de pluie dans un bassin de ciment, en haut de son jardin, mais l'utilise immédiatement, alors que le sol est saturé. Il possède aussi une petite source, de faible débit (environ 0,5 l/s.)pour alimenter son bassin et dispose, comme les autres paysans du village, d'un "tour d'eau" grâce à une petite canalisation qui distribue l'eau selon les jours de la semaine et la surface à arroser. Mais l'eau n'est pas gratuite : il

---

[1] Source : "*Socio economic conditions of rural farms*". Rapport UNDP, Erevan, 1999.

doit payer 2 000 Drams par mois durant la saison d'arrosage (environ 3,5E).

Parler ici d'économiser l'eau est un langage que l'on ne comprend pas. La notion même de micro-irrigation est totalement inconnue et incompréhensible, suscitant un intérêt amusé, mais surtout une franche incrédulité. La petite expérience effectuée à l'aide d'un tuyau souple percé à cet usage de minuscules orifices n'a pas eu les résultats escomptés : le principe fut admis, l'eau s'écoulerait au pied de la plante, goutte-à-goutte, mais les paysans, impatients de voir des effets spectaculaires sur leurs plantations, furent déçus : cela n'allait pas assez vite. Alors, quelques mois après, il ne restait plus rien du petit matériel apporté de France. Il avait été vendu pour quelques sachets de semences.

Une autre difficulté psychologique tient aux comportements entre irrigants. Dans le nouveau contexte foncier, les rigoles ou les canalisations secondaires desservent plusieurs parcelles appartenant à des propriétaires différents. Le partage de l'eau, à cette échelle, est une pierre d'achoppement du système de gestion de l'eau. Des tours d'eau sont établis - en principe surveillés, même, par des employés de la DEEA - et s'organisent selon une logique d'équité, en temps, surface, périodicité, volume. Mais cela reste souvent un vœu pieux. En réalité, chacun essaie de capter à son profit une part qui doit, normalement, aller chez le voisin d'aval et, dans ce jeu-là, tous les coups sont permis.

Dans les campagnes, où que ce soit, nous avons été témoin de tels comportements. C'est, par exemple dans la région de Guetachain, province de Chirak, le propriétaire d'une parcelle de pommes de terre qui casse, à coup de masse, la conduite en ciment desservant l'amont de son terrain. L'eau, qui s'écoule alors en abondance, dépasse largement le volume prévu. Il suffit, ensuite, de reboucher soigneusement le trou à l'aide d'un chiffon imprégné de terre, jusqu'au lendemain. Le voisin d'amont viendra se servir de manière identique, quant à celui d'aval, il ne manquera pas de répéter la même pratique. Chacun pour soi.

Les situations sont les mêmes partout, mais peuvent revêtir des aspects divers.

A Massis, dans l'Ararat, Aghvan, à 70 ans, vient d'investir une fortune – 250 $ - pour acheter une pompe afin d'atteindre la nappe, à 13 mètres de profondeur. Pour cela il dut vendre ses vaches mais le revenu de ses 8 000 m², à condition qu'ils soient irrigués, lui assure bien plus que celui de ses 4 bêtes. Le système d'irrigation est dans un état pitoyable dans cette commune de l'Ararat où le réseau de buses faisait pourtant la fierté du kolkhoze ; mais, ajoute Aghvan, "à l'époque soviétique on n'a rien fait, on n'a pas entretenu, c'est l'héritage. Tout est perdu. Tout est cassé". Aujourd'hui, le béton s'effrite et l'eau n'arrive plus. Alors, pour ce paysan qui ne vit plus que grâce à ces quelques arpents de terre, il a fallu acquérir cette machine, la bricoler pour l'adapter à cette absolue nécessité : pomper l'eau pour arroser les légumes, le petit carré de blé, le mouchoir de poche de sa survie où il réussit à cultiver un peu de tout. Mais, objets de convoitises de la part des voisins, le système de pompage et la machine à pomper subissent parfois des actes de malveillance :"ils viennent la nuit pour boucher le tuyau avec des morceaux de ciment. Ils ont aussi cassé le moteur. Ils sont jaloux". Alors, pour veiller sur ce bien précieux, Aghvan a installé un petit campement au pied d'un abricotier et dort là, à même le sol, guettant les" jaloux" mal intentionnés, tout aussi malheureux que lui.

Certes, ces comportements, qui témoignent de la difficulté à se responsabiliser, ne sont pas généralisés. Il ne s'agit pas, non plus, de pratiques propres à ces pays émergents qui découvrent des notions nouvelles pour éviter le gaspillage. Les litiges de voisinage pour l'appropriation abusive de l'eau ou du droit d'eau alimentent depuis des siècles le "tribunal des eaux" de la huerta de Valence où existe pourtant une longue tradition de maîtrise de l'eau.

Par contre, l'apprentissage des réflexes doit se dégager des tendances corruptrices héritées de l'URSS, en violation des principes d'égalité et de respect des droits d'autrui, en tant qu'individu. C'est pourquoi, nous le verrons ultérieurement, pour la reconstruction en cours, un volet reste fondamental, c'est celui de l'éducation des irrigants. C'est sur ce type d'action que s'appuient de nombreux programmes d'aide internationale.

A une échelle différente, la notion de partage s'applique aussi entre Etats détenteurs de la ressource.

2.2.3. Le partage de l'eau : les effets des changements géopolitiques

De l'échelle du territoire à celle de la parcelle, les stratégies de partage de l'eau sont totalement bouleversées. L'eau est, d'abord, un enjeu stratégique, parfois pomme de discorde entre les Etats riverains. Dans le Sud-Caucase les formidables transformations politiques ont complètement modifié le jeu des frontières. Ouvertes avant et fermées maintenant, ou, à, l'inverse, frontières d'un monde hermétiquement clos qui s'ouvrent et autorisent les échanges interdits il y a peu, voilà le nouveau contexte qui contribue à modifier les relations à propos de l'accès aux réserves transfrontalières. Le long de la frontière de l'URSS, les fleuves mitoyens avec la Turquie et l'Iran étaient gérés selon des accords entre les Etats : ils n'étaient pas franchissables mais l'eau nécessaire, de part et d'autre, pouvait être prélevée sans qu'aucun passage ne soit autorisé.

Dans le contexte "interne", les réservoirs transfrontaliers situés entre l'Arménie et l'Azerbaïdjan, par exemple les 45 Mm^3 du réservoir Djoraz, étaient accessibles indifféremment par l'un ou l'autre des utilisateurs. Leur construction, comme leur gestion étant commandées par les intérêts communs de la planification centralisée.

Une Commission spéciale pour la gestion des eaux frontalières règle les questions concernant réservoirs, fleuves, canaux, rivières.

Le réservoir d'Akhourian, entre Turquie et Arménie, ne fait l'objet, apparemment, d'aucun litige de partage. Celui-ci est défini selon une règle des 50/50 pour les 525 Mm^3 du stockage à partir d'un débit réservé approuvé par les deux parties. Des instruments de mesure chiffrent régulièrement tous les mois les débits prélevés. Pour le fleuve Araxe, le calcul est le même : 50/50 entre Turquie et Arménie. L'eau est ici utilisée par gravité, dérivée de part et d'autre de la frontière : par les canaux Talin-Oktemberian et Akhourian du côté arménien, par les canaux Karacala 1 et 2 pour le côté turc.. Avec l'Iran, sur la trentaine de km du tronçon frontalier, les volumes sont pompés dans le fleuve par moitié, de façon équitable. Quant au réservoir Aghstafa, sur l'Aghstev (Djoraz), il n'est pas utilisé à sa pleine capacité en raison des coûts de pompage dont ni l'Arménie ni l'Azerbaïdjan ne peuvent assumer les frais. En principe le partage de l'eau devrait se faire à parité égale : 47 m^3/s. pour chaque pays riverain.

A l'heure actuelle, la gestion transfrontalière ne crée pas de difficulté particulière entre les riverains, qu'ils soient, ou non, sur une frontière fermée, et malgré les antagonismes respectifs ; c'est ce que confirme le responsable du bureau de de l'IFAD (International Found for irrigation Devlopment) à

Erevan, structure de la Banque Mondiale. La guerre de l'eau n'aura pas lieu tant que chacun des Etats ne manifestera pas de velléités d'appropriation de la ressource. Mais il est bien d'autres sources de litiges dont le scénario est identique à ceux des pays pour lesquels l'irrigation est une pratique ancestrale et vitale. Avant d'aborder les diverses motivations pour l'appropriation de l'eau nées du contexte de la récente privatisation, il est utile de décrire les structures de gestion.

Dix ans après l'indépendance, la situation ne s'est guère améliorée. Le constat des dégâts, les tentatives de réhabilitation plus ou moins avortées, le fardeau des dettes et l'épuisement de l'enthousiasme initial ont fortement secoué les certitudes sur l'intérêt du marché libre. Les valeurs occidentales restent, plus que jamais, le point de mire d'une population déboussolée.

3.L'EAU AU SERVICE D'UN NOUVEL ESSOR DE L'AGRICULTURE : STRATEGIE DE L'IMPOSSIBLE ?

Les enjeux sont lourds de signification pour l'économie d'un pays émergent en pleine transition : optimiser la ressource, dans les limites du raisonnable, pour répondre aux besoins alimentaires fondamentaux de la population est une priorité. C'est pour cela que la gestion de l'eau acquiert une telle gravité dans le secteur de l'activité agricole. Devant l'échec de nombreuses tentatives menées depuis une dizaine d'années, de la force d'inertie, voire de la pusillanimité, ambiante et, surtout, de la faillite accélérée de tout un secteur de production, vital, c'est la course contre la montre. A l'arrivée : restera-t-il encore assez de monde pour apprécier les sacrifices de ceux qui essaient d'impulser une renaissance ?

Dans cette logique infernale, le rôle des partenaires techniques et financiers est primordial. Avec l'aide alimentaire, il ne s'agit que de colmater les brèches. Mieux vaut l'aide à l'apprentissage des méthodes et des savoir-faire adaptés qui, à terme, produiront leurs effets constructifs. La confusion qui règne dans les esprits est proportionnelle à la tâche à accomplir pour rééquilibrer les relations entre l'agriculteur et l'eau. A une autre échelle, ce sont les relations du territoire tout entier avec sa ressource qu'il faut harmoniser : les mécanismes hydrologiques ont été déréglés par une logique de prédation, comme une gigantesque horloge dont on ferait avancer les aiguilles à l'envers. A un niveau intermédiaire, interface entre les conditions de la gestion de l'eau sur l'ensemble du territoire et celles qui s'appliquent à l'utilisateur paysan, les acteurs institutionnels s'efforcent de remettre sur les rails une machine détraquée.

Les remèdes peuvent être ponctuels, pour résoudre des difficultés locales ; mais, puisqu'il faut prendre la vraie mesure de la question, c'est d'un processus beaucoup plus large qu'il s'agit. Au cœur de ce programme : le lac Sevan, comme un poumon, régulateur de la respiration de tout l'ensemble hydrologique. Après avoir évoqué les phases antérieures de l'exploitation du lac, il s'agit, maintenant, d'aborder le - ou les - scénario d'avenir : le remplissage de la cuvette lacustre.

3.1.UN IMPOSSIBLE PARI : REMPLIR LE LAC SEVAN[1]

Comme une clepsydre dont on a perturbé le fonctionnement, le Sevan est l'instrument capital qui exerce son commandement sur le mécanisme hydrologique tout entier, mais il a perdu une partie de son rôle régulateur à cause de l'épuisement de ses réserves.

Quarante ans après le début du plan de réhabilitation engagé dans les années 60, le constat est sévère : impéritie et imprévoyance ont créé une situation irréversible. L'enjeu est de taille puisque moins de deux années après l'indépendance, l'Arménie adhérait à la Convention sur la préservation des zones humides et signait le protocole de Ramsar en juillet 1993. Deux sites furent désignés sur la liste des Zones humides d'importance internationale : le lac Arpi (3 149 ha, dont 2 000 ha de surface lacustre) et le lac Sevan (489 100 ha soit la superficie du bassin versant).

Une Conférence Internationale sur le lac Sevan[2] s'est également tenue à Erevan en octobre 1996. Le diagnostic hydrobiologique mettait l'accent sur l'extrême fragilité de cet écosystème et préconisait une coopération scientifique et une intervention rapide pour sauver le lac. Cette coopération est déjà engagée dans différents domaines scientifiques[3] et techniques, en particulier entre la Direction de l'Hydrométéorologie (Erevan), le Centre d'Etudes de la neige de Météo France (Grenoble) et la Division Hydrologie

---

[1] La question du Sevan a engendré une abondante littérature sur un sujet qui continue d'alimenter une vive polémique. Il n'est pas possible de citer toutes les sources. Rappelons cependant les travaux des scientifiques soviétiques de l'Institut des Sciences de Erevan (G.B.Grigorian, P. Kaplanian, V. Andreassian, R. Oganessian, A. Valessian ...) qui ont traité en particulier des thèmes économiques, hydrologiques, environnementaux du Sevan lorsque commencèrent à se poser les vraies questions pour l'avenir du lac. Pour la période depuis l'indépendance, nous citerons les conclusions des experts arméniens et étrangers qui se sont penchés sur la gestion du système lacustre dans un objectif de réhabilitation conforme aux critères économiques et écologiques actuels. En particulier, le rapport Lake Sevan édité à la suite de la Conférence d'Octobre 1996 à Erevan.

[2] Rapport *Lake Sevan*, op. cit.

[3] D'autres compétences sont associées à la recherche en cours pour élaborer un scénario d'avenir ; citons, parmi les équipes françaises : l'Ecole des Mines de Fontainebleau, le laboratoire de chimie des eaux (Paris VII), la station de limnologie de Thonon-les-Bains, l'INRA...

du CEMAGREF (Antony). L'essentiel du contexte est ainsi résumé par les expertises :" Les problèmes rencontrés par le lac Sevan sont représentatifs de la crise environnementale vécue dans les pays de l'Est, qui partagent le poids environnemental de leur histoire récente et les difficultés de la transition économique qui ne laisse pas beaucoup de place à la protection de l'environnement. A l'échelle régionale, le lac Sevan pourrait être un exemple très intéressant d'application des principes de gestion intégrée des eaux pour la réhabilitation d'un milieu naturel[1]". Mais, les experts français ont souligné aussi le manque de savoir-faire institutionnel et la difficulté à dépasser les schémas adoptés à l'époque soviétique.

3.1.1.Les transferts de bassins au secours du lac Sevan : échappatoire ou plan raisonné ?

Selon les études réalisées afin de chercher des remèdes à la situation, seuls des apports hydrologiques extérieurs peuvent faire remonter le niveau du lac. Des propositions pour utiliser les ressources souterraines du bassin, en plus des écoulements superficiels ont été éliminées : l'élévation du niveau du lac en n'utilisant que les ressources internes du bassin est impossible. La stratégie actuelle vise d'abord à réduire les prélèvements et à continuer le processus de réalimentation de la cuvette par des apports extérieurs.

Le scenario d'ensemble du projet inter-bassins

C'est un processus en chaîne, à trois temps : transfert Arpa-Sevan, transfert Vorotan-Arpa, transfert du bassin de l'Eghvard, auxquels on peut ajouter le projet de construction d'un réservoir sur le Vedi.

L'efficacité ou l'inutilité de telles mesures (tableau suivant) restent à démontrer. C'est ce que s'efforcent de faire les spécialistes appelés au secours avec, à la clé, l'accès ou non aux financements de la Banque Mondiale.

Dans le meilleur des cas, on pourrait espérer une remontée du niveau à l'horizon 2030. Dans le cas de figure où rien ne serait tenté, mais en limitant la consommation des eaux du Sevan à 100 Mm^3 et les prélèvements totaux à 370 Mm^3, il serait possible d'atteindre le niveau de 1 903,5 m[2] au bout de 100 à 120 ans. Le scénario le plus réaliste tient à la remise en route du tunnel Arpa-Sevan, plus la réalisation du tunnel Vorotan-Arpa : l'échéance est alors d'une quarantaine d'années mais, cela va sans dire, avec des impératifs à respecter en termes de quantités utilisables et avec des effets pervers sur les

---

[1] Rapport de la délégation française à la Conférence internationale sur le lac Sevan, 1996. *Lake Sevan*, op. Cit., p. 145.

[2] Rappel : avant 1930, le niveau du lac était à 1 915,97 m ; en 1995, il était à 1 896,75 m. L'élévation envisagée ne dépasse pas 7 mètres.

bassins ponctionnés. Si l'on s'en tient aux seuls transferts Arpa-Sevan, le volume transféré est juste suffisant pour stabiliser le niveau actuel.

Si l'on en croit un synopsis élaboré à partir de la mise en œuvre de toutes ces mesures, les opérations de remplissage donneraient les résultats suivants :

Type de mesure	*Début de l'exploitation*	*Capacité de remplissage (Mm3)*	*Nombre d'années nécessaires*[1] *pour élever le niveau de 7 m*
Aucune mesure : seules ressources en eau du bassin (c'est-à-dire sans transfert Arpa-Sevan)		240	100 à 120 ans
Reconstruction totale du tunnel Arpa-Sevan + construction du tunnel Vorotan-Arpa	2001	+165,9	41
Construction complémentaire réservoir d'Eghvard	2003	+94	28
Construction complémentaire : réservoir de Vedi	2006	+42	25
Application de toutes les mesures précédentes + réservoirs du Zirak et Guetikvank	2006	+38 (dont 20 pour le Zirak et 18 pour le Guetivank)	23

(source : R. Manoukian, Hydroproject Institute. Lake Sevan Report, p. 47)

L'efficacité, ou l'inutilité, de telles mesures reste à démontrer. Avec les seuls transferts Arpa-Sevan, le niveau actuel est juste stabilisé. Dans le meilleur des cas on pourrait espérer une remontée du niveau[2] à l'horizon de l'année 2030. Avec la mise en service des deux tunnels (de l'Arpa et de la Vorotan), l'échéance serait d'une quarantaine d'années.

Ces interrogations sont au cœur des débats actuels, mais, comme un serpent qui se mord la queue, les causes et les conséquences des actions envisageables finissent par se confondre. Avant d'évaluer les effets à terme, revenons aux différentes étapes du programme.

---

[1] Nombre d'années nécessaires dans le cadre d'une utilisation rigoureusement contrôlée de la ressource, à l'aval, pour tous les usages.

[2] Rappel : avant 1930, le niveau du lac était à 1 915,97 m ; en 1995, il se situait à 1 896,75 m. L'élévation envisagée ne dépasse pas 7 mètres.

La problématique fondamentale, maintes fois analysée, se résumerait ainsi :

- une ressource qui s'épuise (si l'on s'en tient aux seuls impacts quantitatifs)
- un réservoir à l'amont d'un vaste système hydrographique qui débouche dans la Caspienne
  \+ une situation d'endoréisme
- une réserve lacustre qu'on souhaite restaurer en ponctionnant ailleurs, afin de lui conserver toute sa fonctionnalité économique (énergétique, agricole, domestique)

- des bassins de secours déjà sollicités (usages agricoles, énergétiques)
- des axes hydrographiques qu'on veut ponctionner en tête de bassin
- un risque pour les usages existants à l'aval : comment vont être alimentés les périmètres irrigués de ces bassins versants ?

MAIS

- POUR REMONTER LE NIVEAU DU LAC DE 1 CM, IL FAUT 12 Mm^3
- UN VOLUME DE 220 Mm^3/AN EST UN APPORT MINIMUM POUR MAINTENIR LE NIVEAU ACTUEL COMPTE TENU DES EFFETS DE L'ETP, DES INFILTRATIONS ET DES PRELEVEMENTS
  IL CORRESPOND A UNE REMONTEE DE 18 CM ENVIRON

Figure 3-10

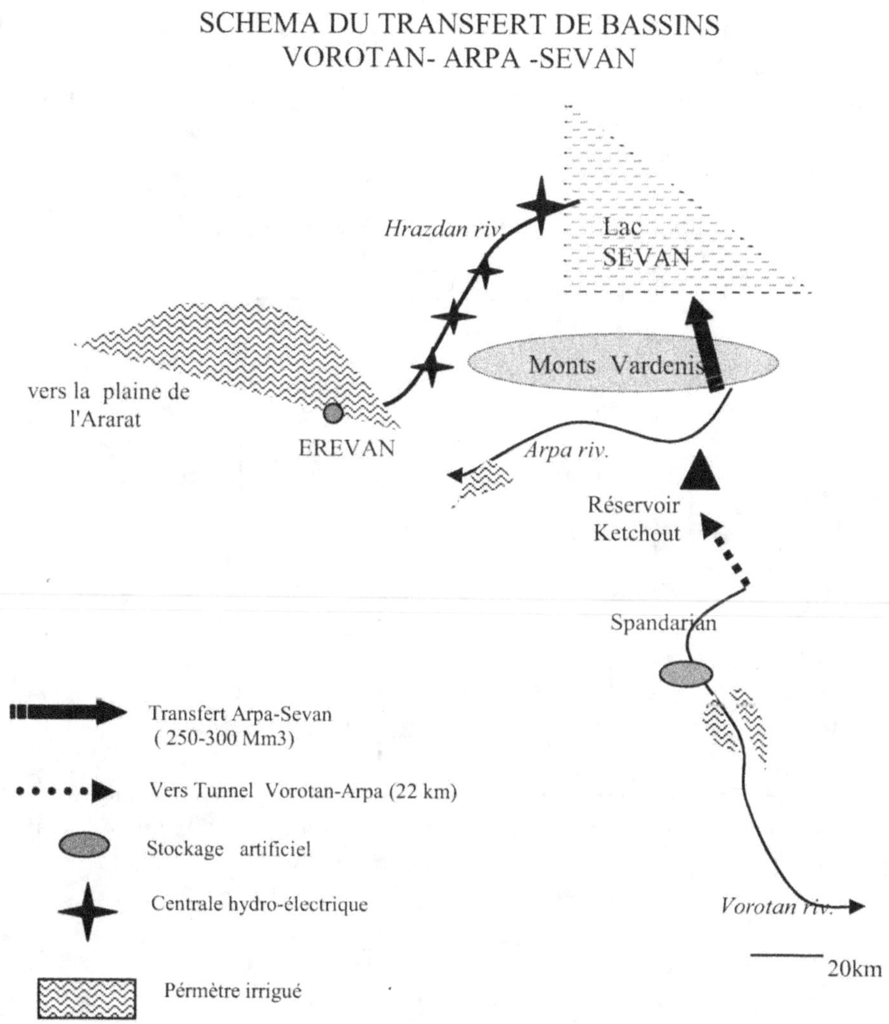

SCHEMA DU TRANSFERT DE BASSINS
VOROTAN- ARPA -SEVAN
Hrazdan riv.
Lac
SEVAN
Monts Vardenis
vers la plaine de
l'Ararat
EREVAN
Arpa riv.
Réservoir
Ketchout
Spandarian
Transfert Arpa-Sevan
(250-300 Mm3)
Vers Tunnel Vorotan-Arpa (22 km)
Stockage artificiel
Centrale hydro-électrique
Pérmètre irrigué
Vorotan riv.
20km

Une programmation en deux épisodes : Arpa-Sevan puis, Vorotan-Arpa

- Premier épisode : Les transferts Arpa-Sevan

Les premières opérations débutèrent au cours des années 70 avec le programme de transfert Arpa-Sevan. Le tunnel de Ketchout, long de 48 km, a été creusé sous les monts Vardenis, pour acheminer l'eau de l'Arpa vers le Sevan. Cette construction, mise en service en 1981, transférait 200 Mm^3 d'eau vers le lac. La retenue de Ketchout est édifiée près de Djermouk, à près de 2 000 m d'altitude. La sortie du tunnel aboutit à la hauteur de Martouni, au sud du lac. Suite à un éboulement dû à des secousses telluriques en 1985, le tunnel devint inutilisable durant deux ans. Sa remise en état complète n'a pu être assurée que grâce à un financement de la Banque Mondiale. Les effets de ce séisme apparaissent dans le bilan des transferts.

Volumes d'eau transférés de l'Arpa vers le Sevan

Année	Volume en Mm^3
1981	142,0
1982	205,0
1983	212,0
1984	227,6
1985	202,8
1986	11,0
1987	0
1988	201,6
1989	187,1
1990	170,5
1991	252,3
1992	306,7
1993	265,3
1994	260,2
1995	302,7
Total	**2 946,8**

Les apports de l'Arpa dépendent de son alimentation, mais aussi des besoins en eau pour son propre bassin. Son module à Areni, à l'aval du tunnel, est de 17,3 $m^3/s.$ avec un maximum en mai (64,2 $m^3/s.$) et un minimum en août (5,9 $m^3/s.$).

TRANSFERT DE BASSINS EN IMAGES

DE L'ARPA AU SEVAN

Photo 3-5

1

Le réservoir de Ketchout, sur l'Arpa, près de Djermouk
Une partie de l'eau est acheminée vers le Sevan , à 48 km au nord.

Ici se trouve le débouché du tunnel de Ketchout.
La conduite souterraine sort à la hauteur de Martouni, au sud du lac Sevan

Le versant sud des monts Vardenis

Photo 3-6

2

Réservoir de Ketchout
La prise d'eau à l'entrée du tunnel qui va passer sous les monts Vardenis

Photo 3-7

3

Vers le Sevan

4

Photo 3-8

A l'horizon, le lac Sevan

Dans un bouillonnement, les eaux de l'Arpa débouchent dans le Sevan, après 48 km dans le tunnel de Vardenis.

La quantité "déviée" vers le Sevan, plus de 200 Mm^3/an depuis 1991, ponctionne sérieusement le débit de la rivière, dont une partie doit servir à l'irrigation. Mais les besoins pour l'irrigation des vergers et du vignoble sont, pour l'agriculture de cette région, prioritaires. Entre 1981 et 1990, malgré l'interruption de 2 années, les transferts ont permis de remonter le niveau du lac de 1 mètre. Mais, au cours des années qui suivirent l'indépendance, avec l'arrêt de la centrale nucléaire de Medzamor, il fallut intensifier la production d'hydro-électricité[1] du complexe Hrazdan-Sevan, d'où une pression plus forte : 3,2 Mm^3 furent délestés, et turbinés, ce qui entraîna à nouveau l'abaissement du niveau du lac[2], annulant le bénéfice des transferts antérieurs. En 1992, 1,3 milliard de m^3 sont utilisés uniquement pour les besoins énergétiques.

- Deuxième volet du programme : le transfert Vorotan-Arpa

Entamé en 1990, un tunnel de 22 km relie l'amont de la Vorotan à l'Arpa, pour se raccorder au tunnel de Ketchout. Sa construction fut interrompue à plusieurs reprises faute de financements mais fut finalement achevée en juin 2003. A terme, la Vorotan devrait transférer 165 à 180 Mm^3/an vers l'Arpa (mais, plus vraisemblablement 150 Mm^3/an selon les estimations de la Banque Mondiale). Cet aménagement est tributaire du réservoir artificiel Spandarian, édifié à hauteur du village de Gorayk, sur les contreforts du Zanguezour. Le débit de la Vorotan est sollicité par l'exploitation hydro-électrique (centrale de Spandarian) et pour l'irrigation, en particulier à l'aval du Spandarian et dans la région de Sissian.

Le réservoir Spandarian constitue donc une pièce maîtresse de ce dispositif. Sa capacité de stockage est de 218 Mm^3. Il se situe à l'aval du tunnel inachevé. Le remplissage du réservoir se fait essentiellement au printemps : le module (aval de Sissian) est de 19 m^3/s. avec un débit maximum en mai (51,4 m^3/s.) et minimum en septembre (9,6 m^3/s.). L'apport demandé pour ses divers usages économiques serait de 165 Mm^3/an. Or, la ponction supplémentaire, à l'amont, pour le transfert inter-bassin risque de

---

[1] Tous les faits politico-économiques sont étroitement imbriqués dans cette logique de gestion. Avec le blocus des frontières et l'arrêt des livraisons d'énergie, ainsi que l'arrêt, pour des raisons de sécurité de la centrale de Medzamor, la pénurie énergétique contraint l'Arménie à produire plus d'électricité d'origine hydraulique.

[2] Par ailleurs, les variations du niveau sont très sensibles aux fluctuations de toutes natures : climatiques ou économiques. En 1998, le niveau a baissé de 13 cm.

compromettre ce remplissage et, par conséquent, de pénaliser les activités existantes (irrigation et énergie).

Si l'ensemble du dispositif était opérationnel, le bilan des apports totaux Arpa + Vorotan s'établirait ainsi[1] : 270 + 165 Mm^3 = 435 mm^3 /an.

3.1.2.Dans le projet inter-bassins, les avis divergent

Avant toute considération sur l'efficacité d'un tel dispositif dont le but premier est de faire remonter le niveau du Sevan, il convient de s'interroger sur les effets provoqués dans les bassins ponctionnés. Comment concilier les besoins des bassins Arpa et Vorotan en même temps que ceux du Sevan, avec la même réserve en eau ?

Voici deux cas de figure pour un scénario qui pourrait être catastrophique :

- Soit on maintient la situation en l'état, c'est-à-dire le fonctionnement complet du tunnel Arpa-Sevan, et un contrôle strict des prélèvements en eau du lac. Pour reprendre les conclusions d'un rapport présenté à la Conférence du Sevan : "Ce qui devrait, dans notre perspective, être inconditionnellement suivi à la lettre est l'interdiction de prélèvements d'eau pour la production énergétique jusqu'à ce que le niveau du lac soit élevé, sauf en cas d'urgence. La même mesure s'applique à l'irrigation. Il convient, au moins, de mettre en ordre le système d'irrigation s'approvisionnant par le canal Sevan-Hrazdan afin d'éviter les dépenses d'eau excessives".
- Soit on termine le tronçon Vorotan-Arpa et on ajoute quelques transferts supplémentaires : du bassin du Vedi et de l'Eghvard. Alors, toutes les conditions seront, en principe, réunies pour que le niveau du lac retrouve les 6-7 mètres du programme prévu. Mais à quel prix ?

Précisément, la question de la facture, dans tous les sens du terme, a été prise en considération par les instances internationales sollicitées pour financer les trous budgétaires, en particulier la Banque Mondiale.

Les réserves expresses formulées par les organismes étrangers appelés en consultation sont contrariées par la détermination des responsables arméniens. D'un côté, les grandes institutions internationales (PNUD, BM) attirent l'attention sur les risques de ces transferts, qui ne participent pas d'un développement "durable" et sont difficilement justifiables dans le cadre des politiques environnementales reconnues à l'échelle mondiale. De plus, l'intérêt économique réel des détournements de la Vorotan vers l'Arpa est peu évident dans la mesure où l'eau de la Vorotan "travaille" pour le développement économique de son bassin.

[1] Une estimation plus modérée fait référence à 249 Mm^3 depuis l'Arpa et 165 Mm^3 depuis la Vorotan, soit un total de 414 Mm^3.

Pour la Banque Mondiale, clé du financement, il n'est pas envisageable de remonter le niveau de plus de 6 mètres (sur les 18-20 m perdus) en raison des infrastructures construites sur les rives (routes, chemin de fer, habitations). Par contre une remontée de 3-4 m est très souhaitable parce qu'elle permettrait (hormis la quantité d'eau représentée) une meilleure adaptation des plages au profil du lac, dans un objectif de tourisme balnéaire. L'attention doit être d'abord portée à la restauration de la qualité du milieu aquatique qui a subi des dommages irréversibles au cours de 50-60 dernières années. C'est surtout le Grand Sevan qui présente les plus graves atteintes d'eutrophisation, mais l'ensemble lacustre est concerné et les problèmes quantitatifs ne doivent pas masquer les périls qualitatifs.

Pour revenir à la position des financeurs, la BM insiste sur les problèmes de remplissage du Spandarian et de l'incompatibilité des usages entre bassins. En principe, il y aurait des mesures de contrôle mais il est clair que pour les responsables Arméniens, quand il n'y aura pas suffisamment d'eau, la priorité ira au Sevan. Du côté des Arméniens, l'explication pour la réalisation totale des transferts tient à un argument-choc : le Sevan est une réserve stratégique - seule alternative pour un pays aussi démuni et isolé - dans la situation de dépendance énergétique du pays. On pourrait même ajouter : surtout depuis que la communauté internationale, et l'U.E. en particulier, a hypothéqué son aide financière à la fermeture de la centrale nucléaire de Medzamor.

Quand les intérêts géostratégiques interfèrent sur la gestion de l'eau, les schémas "politiquement corrects" s'effacent au profit de l'efficacité économique énergétique. Le raisonnement est clair, mais à risques : " la construction du tunnel permet la reconstitution d'une réserve stratégique d'énergie électrique (...) outil essentiel de l'indépendance énergétique de l'Arménie, enclavée au cœur d'une région politiquement instable. C'est grâce à la réserve exceptionnelle du lac Sevan qu'il a survécu à la période troublée de 1991 à 1995. Cette réserve étant maintenant presque épuisée, il souhaite la reconstituer".

Le message est transparent : l'intérêt politique prime l'intérêt économique[1].

L'arbitrage est complexe mais doit tenir compte des effets pervers d'une logique qui "oublierait" le fonctionnement d'un bassin versant.

---

[1] Pour mesurer l'intérêt de cette réserve, il faut la comparer avec la seule alternative qui offrirait une garantie d'indépendance égale : la construction d'une petite tranche de 400 MW nucléaire. Cf. Rapport Lake Sevan.

3.2.REHABILITER LE RESEAU D'IRRIGATION : LE PRIX DE L'EAU

L'autre volet de la question est l'expression de la logique scalaire qui, partant du mécanisme général, au niveau territorial, s'applique à l'utilisateur de base, l'agriculteur, sur la base d'une gestion collective de l'irrigation.

C'est, par le biais d'un programme TACIS, grâce au Crédit Agricole français que furent lancés les premiers essais d'associations d'irrigants. Le principe de la gestion "collective" de l'irrigation fut difficile à admettre par les agriculteurs encore imprégnés des comportements "collectivistes" où ils n'avaient pratiquement aucune part de responsabilités. Au préalable et conjointement à ces actions localisées, des opérations d'envergure sont menées par les organismes internationaux afin de réhabiliter les grosses infrastructures.

3.2.1.La Direction de l'Exploitation des Eaux d'Arménie

La DEEA s'est trouvée face à une situation critique, en charge du réseau et des utilisateurs. Les frais de remise en état et de maintenance du matériel s'ajoutent à ceux de l'apprentissage des utilisateurs, pour lesquels le gaspillage est une pratique courante.

Il a d'abord fallu intégrer le coût des investissements à réaliser pour remettre le réseau en état, ainsi que le prix de l'eau à faire payer. La mission effectuée par la Société du Canal de Provence a mis l'accent sur la nécessité de contrôler les consommations d'eau à la parcelle. Avec les pertes estimées entre 40 et 50% entre prélèvement et distribution, il était impossible de facturer les volumes réellement prélevés sur les réserves. Pour les volumes sous pression, la facturation au m^3 semblait la mieux adaptée, alors qu'avec le gravitaire, il paraissait plus logique de prendre en compte la surface irriguée. En fait, les situations sont variées. Dans certaines régions, des compteurs ont été installés mais ne fonctionnent pas régulièrement, faute de contrôles. De plus, au début, dans les années 93-94, il fut préférable de traiter avec les mairies plutôt qu'avec les agriculteurs directement, ainsi que le soulignait un responsable d'association d'irrigants :" Comment couper l'eau (sous-entendu lorsque les paysans refusent de payer) à des agriculteurs armés jusqu'aux dents, lorsqu'un des utilisateurs, en fin de réseau, a payé ?" Question d'apprentissage. C'est pourquoi le principe de la tarification de l'eau fut retenu dès le départ en raison de son caractère "pédagogique".

Les questions préalables ont été revisitées par les responsables en charge de la gestion : d'abord, l'eau a-t-elle une valeur marchande ? Quels sont les frais qui relèvent de l'Etat ? de l'irrigant ? de la DEEA ? Autant d'interrogations qui, finalement, débouchent sur la véritable préoccupation : l'eau, pour l'irrigant au travers de la facture à payer, est-elle facteur de productivité et de rentabilité ? Voire apporte-t-elle une valeur ajoutée à la production ?

Sans développer plus avant tous les mobiles qui ont conduit, ou contraint, les responsables de la Direction de l'Eau à prendre des mesures coercitives pour se faire payer, il vaut mieux retenir les effets, aujourd'hui, des travaux de réhabilitation de réseaux et des nouvelles structures associatives pour les irrigants.

3.2.2. Le rôle des financements internationaux

Deux vastes programmes ont été conduits avec l'aide de la B.M. : en 1995, pour 43 M$, la restauration d'une partie du réseau d'irrigation et, en 1999, pour 26,6 M$, la réhabilitation de barrages. Une partie des dégâts matériels sur les barrages vient de l'activité sismique. C'est le cas pour le barrage d'Agarak et celui d'Artik, en 1994. Mais l'essentiel des causes tient à la vétusté, au manque d'entretien et à la mauvaise qualité des matériaux.

Des programmes[1] en cours (BM, PNUD) concernent la réhabilitation de 6 barrages et de canaux d'irrigation.La restauration des six barrages s'inscrit dans le "Projet arménien de sûreté des barrages", pour un crédit total de 26 M$ de l'IDA (Association Internationale de Développement) du groupe BM. Il s'agit des barrages de Aparan (90Mm^3), Khalavar (5,5 Mm^3), Karnout (22,6 Mm^3), Arpilitch (104 Mm^3), ainsi que Geghardalitch (3,4Mm^3) et Bazmaverd (0,22 Mm^3).

La réhabilitation de canaux d'irrigation, à partir d'avril 1999, atteint un coût total de 57,2 Mm^3 dont le financement est pris en charge, pour l'essentiel (43 M$) par l'IDA. Un appel d'offre a été lancé pour le canal Arzni-Chamiran : réhabilitation d'un canal secondaire de 3,3 km, de 2 canaux secondaires et un aqueduc + 2 siphons, de 2 canaux secondaires et d'une canalisation de 1,8 km ainsi que d'une section de 650 m.

Ce programme comprend la remise en état de 12 projets d'irrigation et du réseau d'eau souterraine de la plaine de l'Ararat, soit une superficie de 164 700 ha, c'est-à-dire plus de 60% des surfaces irriguées d'Arménie.

C'est un programme capital, complétant les opérations plus ponctuelles. On comprend ainsi le rôle décisionnel des grands organismes internationaux, tant pour l'aide financière que pour leur contribution à l'apprentissage de la gestion, à tous les niveaux.

---

[1] Source : CEDUCEE, 1999. Cf. p. 34.

3.2.3.La création d'associations d'irrigants

Cette initiative fait progresser les mentalités en modifiant la perception de l'agriculteur vis-à-vis de l'eau. Emboîtement d'échelles, à partir de grands programmes internationaux, puis de leur application par une réalisation bancaire, les effets seront illustrés par l'exemple d'une communauté villageoise. D'une manière générale, la BM et l'IFAD (International Found for irrigation Development) ont initié une démarche de création d'associations d'utilisateurs de l'eau pour l'agriculture (Water Users Associations) avec une nouveauté : l'unité de base n'est pas le village mais la source d'approvisionnement. A la base, un organisme de distribution de l'eau, l'OMI (Operation of Maintenance), responsable des principales réserves (canaux principaux et secondaires) pour la distribution à chaque association d'irrigants.

Un système de gestion par communauté d'irrigants s'est mis en place en relation avec ces objectifs, depuis 1995, avec l'aide de l'Union Européenne et le Crédit Agricole.

La Banque Coopérative Agricole d'Arménie (ACBA) a été créée en 1995 pour répondre aux besoins financiers des exploitants privés. ACBA est considérée aujourd'hui comme le meilleur projet de l'U.E. en Arménie et un des meilleurs projets TACIS. Les résultats atteints dépassent les objectifs initialement prévus.[1] L'absence de crédits aux nouveaux propriétaires a été, dès le début de la privatisation, un frein pour les initiatives. C'est pourquoi à partir de l'exemple des banques agricoles européennes, fut engagé un projet ayant pour support un organisme bancaire et pour finalité l'octroi de petits crédits, l'encadrement pour organiser des structures associatives pour l'irrigation et, surtout, un service de conseil et de formation.

Ces associations ont un statut légal et une existence juridique. Elles ont accès à l'aide aux projets sous la forme de micro-crédits, à des conseils, à des formations. L'association d'irrigants se fait sur la base du volontariat. Les membres doivent payer une adhésion. Ils élisent un délégué pour les représenter auprès des organismes de gestion, ainsi que, parfois, au Conseil d'administration de la banque. L'association a un statut légal et une existence juridique.

Au départ, 60 villages ont été engagés dans 3 provinces : Chirak, Armavir et Ararat. Aujourd'hui, s'y ajoute la région Aragatzotn. Les adhésions se multiplient et d'autres régions vont adhérer au projet : Vayot Dzor et Tavoush. L'évolution fut rapide et les adhésions augmentèrent au fur et à mesure que les résultats s'avéraient positifs pour les adhérents dont le

[1] Source : Chancellerie / Ministère de l'Agriculture, 2001.

nombre passe de 4 028 membres en 1996 à 13 000 en 2001, dans 360 villages et 6 régions.

Les résultats enregistrés en 1998 portent sur les effets des crédits accordés : la superficie cultivée gagnée par restauration de l'irrigation atteint 27% et les gains de productivité des cultures sont de l'ordre de 31%. Hormis les résultats qui témoignent d'une évolution notable des capacités à produire, ce sont les actions en faveur de l'irrigation qui sont les plus intéressantes parce qu'elles traduisent les étapes vécues par les agriculteurs et qu'on y retrouve les différentes couches d'innovateurs, telles qu'elles ont été étudiées dans la typologie du chapitre précédent. C'est là un fait essentiel en cette période de transition. Les "pionniers" ont souvent réussi, pour diverses autres raisons, mais l'effet d'entraînement a été garanti.

Le principe de la non-gratuité de l'eau est désormais, admis.

Le calcul de la répartition des frais est le suivant : la somme totale pour le périmètre de l'association est divisée au prorata de la taille des parcelles et affectée d'un coefficient selon la nature des cultures. Le prix de base (1998) est de 2,6 Dr /m^3, dont 0,7 vont à l'association.

Des compteurs fixes sont installés sur les plots d'arrivée et des compteurs mobiles sur les plots secondaires. On évalue aussi les pertes en pourcentage selon les niveaux de distribution. Si l'on estime les pertes à 30% du volume total distribué (ce qu'atteste le compteur d'entrée), on répartit le coût de cette quantité entre les irrigants à part égale pour ne pas défavoriser ceux qui sont en fin de réseau. Mais les pertes existent toujours ! Par ailleurs, les irrigants ont bien du mal à payer leur consommation d'eau. En 1996, 56,3% seulement du montant des factures a été payé. Ceci pose des problèmes de fond puisque les sommes collectées doivent servir à la rénovation et à l'entretien des réseaux. La plus grande partie du prix correspond au coût de l'énergie pour le pompage, c'est pourquoi, parmi les projets actuels, on essaie de développer les réseaux gravitaires.

L'exemple suivant est représentatif des difficultés et de la réussite de cette opération parce qu'il s'agit du premier village engagé.

3.2.4. Vosketap fut le village-pilote, le pionnier de l'opération

C'est le maire de la commune qui, responsable ACBA, comprit l'intérêt fondamental de cet engagement. L'analyse de la situation dans cette commune est parfaitement représentatif des étapes de l'opération. Bien d'autres communes sont actuellement intégrées à ce processus de réhabilitation (technique et de formation), en particulier dans les régions Ararat et Armavir.

A Vosketap, dans l'Ararat, il y a 5 000 parcelles pour 1 020 ha de terres et 1 350 exploitations privées. C'est dire la pertinence du projet puisque dans cette région de cultures maraîchères, de vignoble et de vergers, l'irrigation, qui était conçue pour des structures collectivisées de grande taille, n'était plus adaptée à un micro-parcellaire et à l'émiettement de la propriété. Un autre constat a incité à créer ce projet : après l'indépendance, seulement 30% du réseau fonctionnait. En 1997, 300 ha n'ont pu être cultivés à cause du manque d'eau dû au mauvais état du réseau.

Comme à l'époque soviétique on ne calculait pas les volumes, il n'y avait personne pour organiser la gestion, et l'entretien était fait par les brigades du kolkhoze : 3 brigades pour 150 ha chacune.

Le système global de distribution est géré par la DEEA alors que dans la commune, c'est l'association d'irrigants, avec son représentant légal, qui sert de relais. Ce principe est appliqué depuis février 1997, époque de la constitution de l'association type ACBA. Auparavant, (de 1991 à 1997) la DEEA, qui avait hérité de la gestion antérieure, gérait le secteur avec difficultés : sans interlocuteur désigné dans les villages, il y avait peu de moyens pour percevoir l'intégralité des paiements et, sans compteur, aucun moyen de connaître les volumes distribués, sans parler des aléas de la distribution ni des pertes qui créaient des litiges constants amont-aval. Avec l'association d'irrigants et la pose de compteurs volumétriques sur les points d'arrivée d'eau, la situation s'est améliorée.

L'eau est ici à une profondeur de 20 mètres pour la nappe la plus accessible. On peut atteindre facilement 50 m avec une pompe électrique, mais dans les années 1991-94, la pénurie d'électricité a entraîné l'arrêt des pompages et l'abandon de surfaces agricoles.

Pour alimenter le village, il y a 4 sources d'approvisionnement en eau:

- le barrage d'Artachat (stockage sur le Hrazda : eau du Sevan)

- les eaux de la Vediked, qui arrivent par gravité (canal de Hrazdan à Vedi, puis Vedi à Vosketap)

- des pompages dans l'Araxe

- un forage dans la nappe phréatique jusqu'à 100 m de profondeur, avec un débit de 40l/s.

Le prix du m^3 d'eau s'élève à 2,6 Dr, dont 1,9 Dr revient à la Société pour la gestion et le reste à la communauté d'irrigants pour régler ses frais.

Le plus difficile est la perception des paiements de l'eau. La somme totale perçue correspond au volume enregistré à la source - la borne d'entrée où est placé le compteur - et elle est partagée entre les irrigants en fonction de leur consommation et de la surface irriguée, ainsi que d'un coefficient selon les types de cultures. Le coût de l'irrigation à Vosketap, comme ailleurs, est établi selon un forfait qui inclut les frais inhérents à la distribution d'eau, les besoins des cultures, l'état des canalisations, le fonctionnement des pompes…

Irriguer 2 000 m^2 de potager revient à environ 6 000 Dr /an (env. 10,7E), pour 5 000 m^2 de céréales (ou luzerne)le coût est de 6 000 Dr / ha/ 1 passage. Pour 1 ha de tomates, en 2003, un irrigant dépense 100 $ (env. 83 E) par an. C'est beaucoup, mais il faut amortir les frais de réparation du matériel de pompage, sans lequel on ne peut exploiter le réseau dont l'alimentation se fait par la nappe de l'Araxe, à 100 m de profondeur.

Les divers problèmes à régler sont à la fois d'ordre technique, financier et psychologique :

- pas de connexion entre les réseaux des différents types : forages, puits, pompages à faible profondeur ;
- pas de connexion, non plus, entre les différentes communautés d'irrigants, c'est-à-dire entre les communes. Ceci est dû, en partie, à la nouvelle organisation foncière puisque la connexion entre les parcelles collectives n'est plus adaptée au morcellement actuel ;
- litiges entre les villages situés près de la source d'approvisionnement et ceux d'aval : à la source, l'eau est utilisée à 100%, alors que plus on s'en éloigne, plus il y a de pertes. Comme l'eau est payée selon les quantités distribuées à l'entrée du village, ou à l'entrée dans le réseau, ceux qui se trouvent en bout de réseau ou à l'aval de la distribution du village, paient pour des volumes perdus, environ 40 à 50% pour les plus mal placés ;
- pertes affectant les canalisations à ciel ouvert durant l'été en raison de l'évaporation intense. Mais l'exploitant, ou la communauté doit payer le volume prélevé ;
- dysfonctionnements en raison de l'inadaptation du réseau aux très petites parcelles d'aujourd'hui.

Les problèmes de comportements sont aussi à l'origine de nombreuses difficultés, en particulier la méconnaissance des principes de bonne maîtrise de l'eau : l'irrigant ignore souvent les quantités "efficaces" pour chaque type de culture et a une propension au gaspillage. De plus, il entretient médiocrement ses rigoles. Par ailleurs, les nouveaux arrivants, réfugiés d'Azerbaïdjan, anciens citadins auxquels on a attribué des terres, manquent de savoir-faire pour l'irrigation, d'où des pertes en eau.

Village-pilote, Vosketap a bénéficié de travaux de rénovation avec l'aide de la Banque Mondiale. Les actions de rénovation ont porté, en tout, sur 100 ha pour un montant de 40 000 $.

Photo 3-9
A Vosketap, la nouvelle pompe, pivot de la réhabilitation du réseau d'irrigation. Le nouveau dispositif, financé par la B.M., s'étend à la commune voisine d'Aralez. A l'échéance 2005, l'ensemble du réseau d'irrigation devrait être restauré.

Le nouveau forage, mis en service fin 1999, exploite la nappe à 120 m de profondeur avec un débit horaire de 150 m^3 d'eau et irrigue 50 ha. Les débuts ont été difficiles : une première panne a coûté 500$. Grâce à cet équipement, le village peut remettre en culture des surfaces délaissées depuis 5-6 ans. Une autre partie des travaux concerne la réfection du réseau des buses de béton. La 2e étape, en cours, restaure un linéaire de 4,5 km. En 2002, il devrait couvrir tous les axes principaux de distribution. Autre réalisation : la réparation des puits qui, avec un débit de 30-40 l/s., servent à irriguer 40 à 50 ha. Comme on connaît précisément le débit, l'agriculteur paie exactement sa consommation. Il a donc tout intérêt à économiser l'eau.

Vosketap est un village comme les autres dans l'Ararat, où se présentent les mêmes difficultés, exemple type des embûches d'une période de transition. En fait, les obstacles les plus rédhibitoires tiennent davantage aux héritages - mentalités et inadaptation / dégradation du réseau - qu'au manque d'eau. La ressource est suffisante pour répondre aux besoins élevés de cette agriculture de type *huerta*, ce sont les principes de maîtrise de l'eau qu'il faut réapprendre.

3.2.3. Les facteurs comportementaux pèsent lourd

Il faudra attendre deux ou trois générations pour responsabiliser les agriculteurs afin qu'ils comprennent la portée de la privatisation.

La gestion de l'eau pour l'agriculture est un excellent support pour mesurer la capacité à intégrer les nouveaux principes de l'économie libérale, tant au niveau des organismes nationaux qu'à celui des utilisateurs. La discipline requise pour le partage de l'eau, à tous les degrés, pour l'économie de la ressource, la solidarité dans un cadre privatisé, s'apprend et nécessite information et méthode. Le travail de fond, de type GVA (Groupement de Vulgarisation Agricole), est impératif. Il a débuté auprès d'agriculteurs motivés, en particulier auprès des adhérents ACBA ou d'autres organismes, souvent en relation avec des réseaux en France : ainsi l'AFDI[1], des Chambres d'Agriculture. L'assimilation des principes est assez facile, mais leur application reste entravée par les pesanteurs locales.

Armen est un responsable ACBA dans la région de Eghegnadzor. Il parle parfaitement le français, a travaillé avec des Français depuis 1995 et a fait plusieurs stages de formation en France. Il est convaincu qu'il faut d'abord changer les mentalités. "La chose la plus importante à transmettre, c'est de faire comprendre, ici, qu'on peut travailler sans escroquerie. Les gens pensent, comme à l'époque de l'URSS, qu'il faut tromper les autres si on veut réussir. C'est l'idée la plus difficile à changer". Il sait de quoi il parle. Après une formation de l'AFDI qui a réuni 12 agriculteurs de la région pour constituer un groupement d'exploitants, les résultats ont été décevants à cause de la mentalité soviétique. Mais Armen reste persuadé que cela va changer :" il a fallu deux ans pour convaincre un petit peu de monde."

Son message, mérite attention : "il faut payer les hommes d'abord, mais auparavant, il faut donner aux hommes les moyens de travailler" et, en particulier, ne pas les écraser de taxes afin de leur laisser des capacités d'investissement. Ceci s'adresse aux agriculteurs, bien sûr, mais surtout à l'Etat. On pourrait résumer ce principe par une phrase de Laffer[2] : "Trop

[1] L'association AFDI (Agriculteurs Français et Développement International) a été créée il y a une vingtaine d'années par des organisations professionnelles agricoles qui voulaient participer à l'envoi d'une aide d'urgence au Bangladesh (un bateau de blé). Aujourd'hui implantée en Arménie, l'AFDI Nord-Pas-de-Calais a pour objectif de contribuer au développement de l'agriculture, actuellement, par l'envoi de semences de blé et de plants de pommes de terre à des agriculteurs constitués en groupement et bénéficiant ainsi d'une aide technique et d'une formation agronomique.

[2] L'économiste américain Arthur Laffer a mis au point une représentation graphique (courbe de Laffer) qui sert à démontrer l'inefficacité d'une trop grande imposition des individus. Cette analyse est à l'origine de la politique fiscale du Président Reagan au début des années 80 (forte baisse des impôts).

d'impôt tue l'impôt", une situation qui encourage le travail au noir et la fraude.

La problématique va beaucoup plus loin, elle touche le domaine de la durabilité du développement et la définition de choix stratégiques pour orienter la nature des productions en fonction du marché, la distribution spatiale de périmètres irrigués les plus rentables, le choix d'irriguer, ou non, selon l'appréciation du seuil de rentabilité entre les coûts de production, les rendements et les prix de vente. Dans l'urgence, étant donnés les problèmes alimentaires de base de l'Arménie, la reconstruction du secteur agricole, encouragée par des impulsions extérieures, est aussi soutenue par des initiatives individuelles à partir de micro-projets à l'échelle des communautés villageoises.

Valoriser l'eau pour produire passe par tout un ensemble de réflexes collectifs, de comportements individuels et de financements. Mais dans l'état actuel de l'économie arménienne, l'interrogation la plus pertinente pourrait être : produire quoi et pour quel revenu ? Cela sous-entend une série de questions sur l'évolution des systèmes de production et des capacités à produire.

PRODUIRE

ET TRANSFORMER

IV

PRODUIRE et TRANSFORMER

"Hats ou panir, ker ou banir"
Pain et fromage, mange et travaille.
(Dicton arménien)

Les campagnes d'Arménie apparaissent exsangues et inertes. La rupture des réseaux de l'ex-URSS et les erreurs accumulées ont conduit à un effondrement de la production agricole et à des orientations par défaut, mais cet état de fait est aussi entretenu par ses propres causes. La transition se déroule, globalement, de manière identique dans le monde ex6soviétique, avec, cependant, quelques nuances entre les pays de l'Europe orientale et ceux de l'ex-URSS. La Roumanie et l'Albanie[1] pour leur part, connaissent une évolution dont on peut trouver quelques caractères en Arménie, comme, par exemple, le net renforcement du secteur agricole, "par défaut", l'augmentation de productions de subsistance, mais l'affaissement de la productivité malgré l'accroissement du nombre de bras dû au retour à la terre, valorisant, à la marge, le potentiel de travail de chaque maisonnée. La situation en Arménie n'est donc pas une exception ; par bien des côtés, elle ressemble à d'autres campagnes en transition post-soviétique, mais elle conserve tout de même bien des caractères spécifiquement arméniens.

Ce chapitre est organisé de manière à présenter, point par point, la situation actuelle en ce qui concerne les productions agricoles, comme un état des lieux, 12 ans après la privatisation et l'entrée dans l'économie de marché. La longue introduction servira d'abord à recentrer le débat sur des thèmes plus généraux et à pointer les éléments les plus sensibles. Chacun de ces aspects de l'analyse pourra être ainsi plus aisément répérable parmi les données liées à la production et à sa transformation.

1. LA PRODUCTION AGRICOLE DANS LE CONTEXTE DE LA TRANSITION

Produire, aujourd'hui, est une nécessité vitale d'où une redéfinition des productions prioritaires pour le marché intérieur. Produire efficacement,

---

[1] Dans un article consacré aux *Nouvelles campagnes de l'Europe de l'Entre Deux*, (Agricultures et campagnes dans le monde, Dossier Images économiques du monde, Sedes, Paris, 1996, pp. 163-192) Violette Rey analyse les mutations que connaissent les pays de l'Europe orientale, en particulier la crise du système de production agricole qui, par bien des aspects, rejoint la situation de l'agriculture en Arménie.

c'est surtout assurer les besoins du pays et maîtriser les secteurs économiques amont et aval. La transition en cours amène ainsi à la redéfinition du tertiaire - réseaux des services, transports, commercialisation - et du secteur secondaire pour l'agro-alimentaire. De la production familiale, tout juste suffisante pour l'alimentation quotidienne, à la production d'excédents pour la vente ou le troc, afin de contribuer au revenu paysan, existe une série de nuances et de petits trafics justifiés par la détresse de la population des villes et des campagnes.

1.1. L'ARMENIE N'EST PAS UN TIERS MONDE

Peut-on parler de "tiers mondisation" ? Si oui, celle-ci ne serait-elle pas due aux effets conjoints des contresens accumulés, révélés par la *glasnost*, et des incohérences de la politique économique actuelle ? La logique de tiers mondisation correspondrait ici à la dégradation de la situation économique et sociale d'un pays qui aurait connu une croissance rapide, brutalement interrompue. Cette terminologie[1] peut être entendue dans le cadre précis de la transition post-soviétique par extension de l'expression originelle. Elle se réfère alors à la paupérisation accélérée de la société, voire au fonctionnement autarcique de l'économie, non délibérément voulu mais subi. Cette notion d'autarcie ne doit pas être prise, dans ce contexte de pénurie, comme de l'autosuffisance, mais plutôt comme de l'insuffisance économique. Parmi les critères de définition du sous-développement caractérisant le tiers monde (Y. Lacoste, 1965), certains s'appliquent aujourd'hui aux pays de l'ex-URSS, et à l'Arménie en particulier. Le passage d'une économie socialiste à l'économie de marché a engendré des symptômes de régression dans le développement et de décroissance économique. Ces Etats devenus indépendants après l'implosion de l'URSS portent parfois le qualificatif d'économies émergentes. Après avoir connu une certaine forme de progrès, ils subissent les effets de la désorganisation et de l'effondrement de leurs bases de fonctionnement, conduisant à une dégénérescence de leur tissu économique et social. C'est à partir de cette situation, qui s'apparente à un retour en arrière, que peut être évoqué le terme de tiers monde en l'adaptant au contexte de la transition post-soviétique.

1.1.1. Les caractères de tiers mondisation applicables à l'Arménie

Quelques-uns des caractères identifiant la tiers mondisation peuvent être applicables à la situation de l'Arménie :

[1] 14 – 08 -1952, A. Sauvy, dans une chronique du journal français L'Observateur.

- l'insuffisance alimentaire, en raison des carences de la production agricole;
- le grand nombre d'agriculteurs à basse productivité, en raison de l'absence de moyens techniques et d'investissements;
- le gaspillage des ressources nationales, ce qui correspondait déjà à la situation durant la période soviétique, par exemple pour les ressources en eau;
- la violence des inégalités sociales, compte tenu de la fracture entre une classe qui accumule les richesses et la majeure partie de la population qui vit dans la plus grande précarité;
- la dislocation des structures traditionnelles. Il s'agit plutôt, dans ce contexte précis de la transition, des structures "antérieures", faisant référence à l'ordre social et économique de l'URSS;
- l'hypertrophie et le parasitisme du secteur tertiaire. Ici, il s'agirait davantage des activités de substitution "par défaut" depuis l'ouverture vers l'économie de marché. Ce sont les petits commerces et les services nouvellement créés, appartenant à une seconde économie, une économie parallèle, voire à une économie souterraine, illégale, caractérisant l'économie informelle des pays du tiers monde.

1.1.2. Mais des nuances de taille : industrialisation et formation

Toutefois, le caractère d'industrialisation restreinte et incomplète, applicable au tiers monde, s'entend, ici, d'une autre manière, dans le cadre de la déliquescence et de l'effondrement de l'appareil industriel. Dans cette ancienne R.S.S. fortement industrialisée, l'arrêt brutal de la production (actuellement réduite à moins de 20% des résultats antérieurs), se traduit par une trame industrielle incomplète. Ce qui reste de la plupart des grosses unités de production, ce sont les usines rouillées, le matériel techniquement inadapté et des friches industrielles frappantes dans les régions auparavant industrialisées.

Dans la définition du tiers monde, on fait aussi référence au faible niveau de formation de la population et à l'accès réduit à l'éducation. C'est, pour l'Arménie en particulier, un point de divergence fondamentale, qui la différencie totalement des pays du tiers monde. Le haut degré de spécialisation technique des cadres, l'accès et le suivi d'études supérieures, restent des paramètres spécifiques à l'Arménie. C'est là un contexte radicalement différent de celui des pays marqués par le sous-développement. Par contre, les difficultés viennent davantage du décalage existant entre les formations technologiques - et scientifiques en général – soviétiques et celles du monde occidental, que de l'absence de cerveaux.

Enfin, l'ampleur de la croissance démographique, autre caractère habituellement utilisé pour qualifier le sous-développement, n'est absolument pas adapté à la situation de l'Arménie. Ces trois derniers critères, et quelques autres, différencient radicalement les pays du tiers monde de ceux issus de l'effondrement du système soviétique.

Pour réactiver les bases de l'économie dans les campagnes, l'activité agricole devient le secteur prioritaire, d'où la nécessité de mesurer les besoins du pays et de s'orienter vers les productions utiles, dans l'urgence. La renaissance des campagnes passe aussi par la relance, voire la création, d'activités tertiaires indispensables pour renforcer le tissu économique et social et pour dynamiser les relations entre l'agriculture et les marchés urbains ainsi que pour restaurer des circuits commerciaux embryonnaires.

Le système de production fonctionne en pointillés. Tout l'appareil productif s'est écroulé comme un château de cartes, alors que, dans le même temps, émerge le désir de produits "américanisés", symboles de l'ouverture pour des consommateurs qui n'entendent pas rester en marge du grand marché mondial. Mais l'effondrement de l'URSS a conduit à la rupture des réseaux et à la fermeture d'un immense débouché intérieur. S'y ajoutent les effets de la géopolitique régionale et du blocus frontalier : c'est le problème vital de la dépendance pour les approvisionnements en matières premières, pour les produits alimentaires de base auparavant importés et pour les échanges en général.

Pour les responsables de l'économie, il y a donc un dilemme crucial : à la fois résoudre les problèmes de la production agricole et agro-alimentaire intérieure, donc opérer une orientation d'autosuffisance alimentaire, mais aussi proposer des produits conformes à la demande de consommateurs qui, malgré un faible pouvoir d'achat, veulent s'aligner sur les canons de la société de consommation, ne serait-ce que pour ne pas se sentir exclus.

Avant de présenter et d'analyser la production agricole actuelle, il convient de faire quelques remarques concernant les supports de cette analyse. Les données statistiques citées doivent être prises avec précaution : si les statistiques soviétiques restent des modèles d'incertitude, celles d'aujourd'hui conservent un certain mystère. Les chiffres utilisés dans cette étude servent de base pour apprécier une certaine réalité économique mais, en aucun cas, ne sauraient suffire pour refléter la situation réelle. C'est pourquoi, à côté de ces données officielles - qui, par certains aspects, traduisent une situation complexe - nous essaierons de compléter l'information par des faits constatés sur place, des témoignages vécus et des observations personnelles sans concession, en essayant de donner l'image la plus conforme de la situation. Les chiffres seront donc parfois doublés de commentaires souvent contradictoires parce que le parti pris d'objectivité consistera à la fois à respecter les apparences statistiques et à apporter un éclairage à partir des enquêtes sur le terrain.

1.2. LE MICROFUNDIUM : ENTRAVE OU ETAPE NECESSAIRE AU DEVELOPPEMENT AGRICOLE ?

Suite à la privatisation, la production agricole - toutes productions confondues - a augmenté sensiblement : la transition se traduit d'abord par le passage vers une économie de subsistance. Le poids de l'agriculture dans le PIB s'accroît d'autant plus (de 18% en 1980, il passe à 48% en 1993) que la part de l'industrie s'est affaiblie. Selon d'autres sources (World Development Indicators de la BM), la répartition du PIB selon les secteurs d'activité s'établit ainsi en 2000 :

- Agriculture : 28,7%
- Industrie : 23,0%
- Mines : 9,7%
- Services : 38,7%

Par ailleurs, la diminution du pouvoir d'achat, qui entretient des solutions d'autosubsistance alimentaire, contribue à limiter les investissements privés, réduisant ainsi les capacités internes de développement.

PRINCIPAUX INDICATEURS ECONOMIQUES DE L'ARMENIE 1992-1996

	1992	1993	1994	1995	1996
Production industrielle	- 48,2	- 10,3	5,3	2,4	1,0
Production agricole	- 13,0	24	3	4,7	7

(Source : Comité des Statistiques de la CEI)

A partir de 1994, lors du cessez-le-feu du conflit du Karabagh, le FMI met en place des mesures de redressement de l'économie. Les effets se font immédiatement ressentir et le PIB accuse une variation positive : + 6,9% en 1995. Mais les déficits du commerce extérieur altèrent les finances publiques en raison, tout particulièrement, de l'accroissement des importations en produits alimentaires de première nécessité.

Aujourd'hui, malgré le relèvement sensible de la production intérieure, certains secteurs restent en difficulté. En 1999, environ 60% de la production agricole concerne le lait, la viande, les légumes, dont les pommes de terre; par contre, les céréales et les fruits connaissent une diminution : les conditions climatiques de la saison 1998-99 ayant été très défavorables pour les récoltes. Les premiers secteurs frappés par la débâcle sont les cultures industrielles - céréales, betteraves - et les productions animales. L'agriculture se recentre maintenant pour l'essentiel sur les cultures de base, en particulier les céréales, et sur des productions vivrières où les cultures méridionales et les produits de l'élevage occupent la plus grande place : la priorité des priorités est de nourrir la population et, dans une logique commerciale, de relever l'agro-alimentaire, c'est-à-dire produire et valoriser la production. Un autre volet, non moins important, consiste à identifier le consommateur, à connaître ce qu'il désire et à tenter de répondre à ses attentes : c'est là l'avenir du marché.

Avant tout, il convient de garder en mémoire quelques-uns des éléments qui infléchissent, réorientent et éclairent le processus actuel de production agricole. Chacun d'eux renvoie à des effets de la gestion communiste et à son effondrement. En première position, loin devant, la destruction des circuits d'échanges et la désorganisation du marché et des réseaux d'approvisionnement, de collecte, de distribution. Cette situation renvoie aux ruptures des circuits de l'ex-URSS et aux problèmes arméniens de blocus frontalier. Cet aspect est souligné par tous les agriculteurs rencontrés et par tous les responsables de l'économie agricole. C'est, de loin, le principal blocage. En seconde position viendrait la non-solvabilité du consommateur. Dans l'incapacité de payer, y compris les produits alimentaires de base, il achète peu et pratique le troc. Avec le coût du crédit, voilà, pour le paysan, les obstacles au développement agricole. C'est un effet direct de l'effondrement général de l'activité économique et de l'affaiblissement considérable du niveau de vie. La difficulté à produire naît aussi des nouvelles structures foncières : le microfundium est une entrave irréductible pour les exploitants. Dans l'impossibilité de s'agrandir, en raison du prix des terres, l'agriculteur n'arrive pas à rentabiliser son exploitation. Cet aspect renvoie à la déstructuration du foncier lors de la privatisation mais aussi aux excès du gigantisme des structures collectives antérieures. Le paysan se trouve dans une situation d'enfermement, asphyxié dans l'étroitesse d'un espace de production, au centre d'un labyrinthe dont la sortie n'est pas fléchée. Les autres obstacles proviennent des précédents et les renforcent : matériel et techniques en ruine, pénurie énergétique, effondrement de l'agro-alimentaire, manque de matières premières - engrais, produits de traitement pour l'agriculture, pièces détachées, investissements -, gonflement des coûts de production ... Une spirale de dépendance que rien ne vient inverser.

Les points d'ancrage du schéma de transition pourraient être ainsi formulés :

- le potager[1], ancien lopin d'une superficie variant entre 800 et 1 500 m^2 selon les régions. Il devient le support de productions vivrières destinées à l'autoconsommation et au revenu du foyer paysan ;

[1] Les mots "lopin" et "potager" sont employés à dessein pour désigner le petit carré de terre destiné à la production familiale. Par contre, le terme de "jardin" ,*aïgui*, en arménien, est plutôt utilisé pour désigner les parcelles d'arbres fruitiers.

- les productions méridionales, les fruits surtout, de même que la vigne. Spécificités précieuses pour le pays, elles doivent être encouragées afin de dégager des plus-values commerciales, d'où la nécessité de s'engager dans une logique "raisonnée" de productions de qualité ;
- les productions de base pour l'alimentation : céréales, produits laitiers, légumes et fruits. Elles sont incontestablement prioritaires pour l'économie nationale, privée de ses approvisionnements antérieurs ;
- le consommateur ou la définition d'une terminologie nouvelle. Au seuil de la société de consommation, hormis la satisfaction des besoins alimentaires immédiats, les attentes des consommateurs peuvent infléchir des choix de production et des logiques de distribution. Le "marketing" n'existait pas, il faut réinventer des concepts et leur application pour une société des villes et des campagnes qui aspire à accéder aux standards de consommation de l'économie libérale.

Entre dépendance et aléas saisonniers, c'est dire l'extrême fragilité de la production, comme sur le fil d'un rasoir, à la merci de la moindre brise.

2.LES PRODUCTIONS VEGETALES

Le contexte dans lequel se situe la dépendance alimentaire est étroitement lié aux productions végétales de base : fruits et légumes. Pour faire face à la pénurie, lors des difficiles années après l'indépendance, des aides alimentaires internationales ont assuré l'urgence mais il faut reconstruire tout un système de production qui reposait, pour l'essentiel, sur des échanges avec la sphère soviétique.

Un tiers des livraisons de la France à l'Arménie concerne l'aide alimentaire en produits de base comme les céréales. L'agro-alimentaire représente 24,6% des importations du pays en 1996. La Banque Mondiale ainsi que l'Union Européenne (programme TACIS) assurent un complément d'approvisionnement pour les trois pays du Transcaucase. Entre 1992 et 1994, l'Arménie reçoit ainsi deux crédits de 58 millions d'écus pour l'achat de céréales et de médicaments, ainsi qu'une aide alimentaire directe : à l'automne 1995, l'U.E. envoie 160 000 tonnes de céréales équivalant à 40% des besoins intérieurs ; en 1999, le pays en importe 272 710 tonnes, dont la valeur de 1,8M de $ de céréales au titre de l'aide humanitaire.

La dépendance alimentaire

(Source : Ministère des Statistiques de la République d'Arménie)

	Importations de céréales (tonnes)	Valeur en milliers de $
1996	134 815	33 236,9
1998	281 835	56 735,9
1999	272 710	47 296,6

2.1.LA PRODUCTION CEREALIERE : BASE DE LA DEMANDE ALIMENTAIRE

Elle a subi de plein fouet le contrecoup de la déroute : fermeture des réseaux d'approvisionnement en intrants - semences et fertilisants en particulier - et effets de l'émiettement foncier. Il est clair que le microfundium issu de la privatisation n'a guère favorisé la reprise. L'inadaptation du matériel agricole aux toutes petites parcelles, ainsi que la vétusté d'engins devenus inopérants, sont pour beaucoup dans la situation actuelle. L'Arménie n'était certes pas un grand producteur de céréales : les faibles rendements et l'étroitesse des surfaces vouées à ces cultures dans ce territoire morcelé et élevé n'ont jamais hissé le pays au rang des premiers producteurs sur le tableau d'honneur de l'Union.

PRINCIPALES PRODUCTIONS AGRICOLES.
EVOLUTION 1990-1999
(milliers de tonnes)

	Céréales	**Pommes de terre**	**Productions maraîchères**	**Fruits**	**Raisin**
1990	271,0	212,5	389,7	155,5	143,6
1991	304,0	275,2	443,5	166,7	191,2
1992	309,6	322,4	497,5	133,2	142,1
1993	315,7	414,1	417,0	49,1	135,0
1994	238,1	417,2	424,3	127,5	212,4
1995	262,7	427,7	450,9	146,1	154,9
1996	328,4	423,2	444,5	158,2	158,5
1997	258,0	359,8	369,0	108,8	107,7
1998	325,7	440,0	395,2	126,7	106,0
1999	301,0	414,1	449,0	88,1	114,8

(source : Ministère des Statistiques de la R.A. 2001)

Figure 4-1

REPARTITION DES TERRES AGRICOLES PAR REGION EN 1997

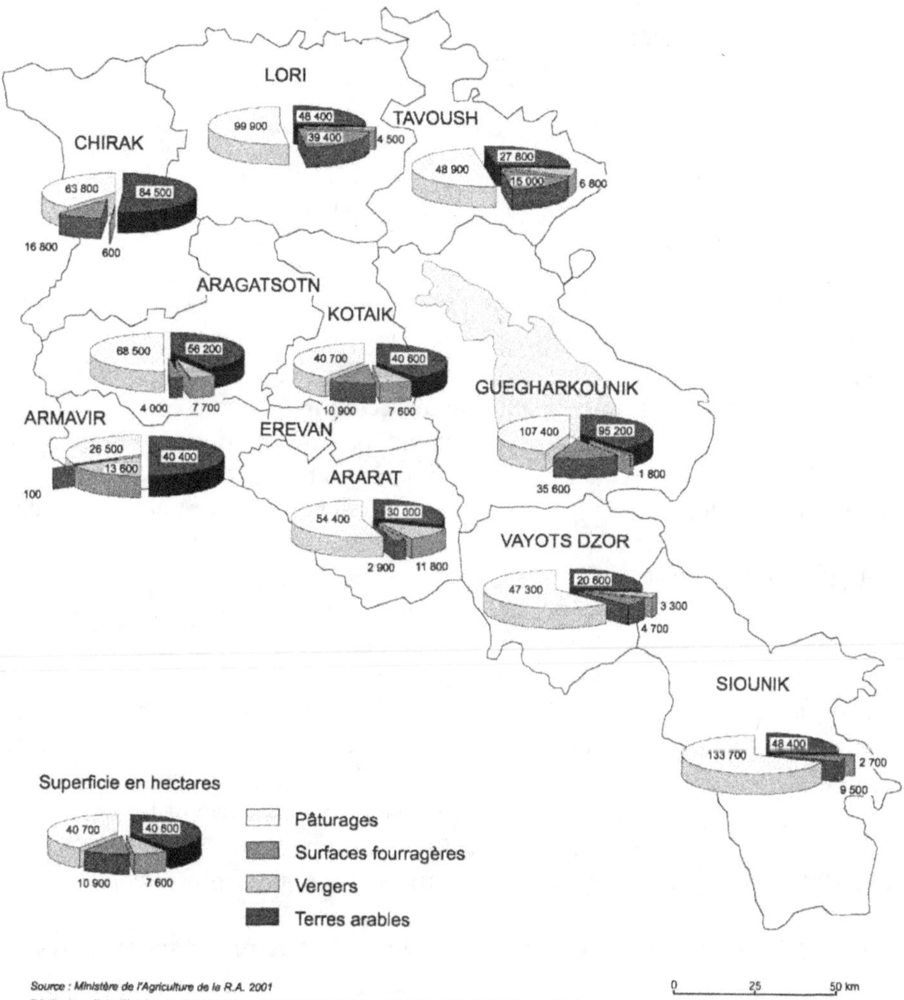

Source : Ministère de l'Agriculture de la R.A. 2001

Réalisation : F. Ardillier-Carras, Y. Guiet, J. Eyssidieux. Laboratoire de cartographie - Université de Limoges, 2002

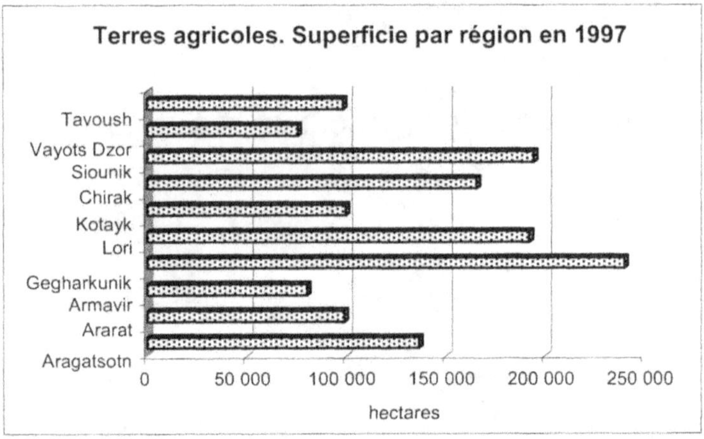

Figure 4-2

Cependant, sur les surfaces planes des hauts plateaux - Chirak, Guegharkunik, Siounik - l'on avait fait monter l'eau à grands frais pour irriguer, au-delà des limites supportables économiquement, en raison des surcoûts d'équipements que ne justifiaient pas les modestes rendements. C'est aujourd'hui le lourd héritage à assumer : quand on doit payer l'eau et la modernisation des réseaux, quand les parcelles sont trop éloignées des villages et que les dépenses pour les véhicules et l'essence aggravent les coûts de production, quel est le choix à faire pour des paysans qui sont au bord de l'asphyxie ? Mais il est vrai, aussi, que le blocus des frontières contribue pour une large part à l'étranglement du pays pour ses importations : tout l'amont du système se trouve débranché des approvisionnements vitaux. Le déficit était auparavant comblé par des échanges avec les autres républiques, en particulier l'Ukraine ; aujourd'hui, le pays doit payer ses importations de céréales. La dépendance grève considérablement le budget en raison des surcoûts concernant les semences et les besoins en aliments du bétail. Dans le volume total d'achat de céréales pour 1999, le blé représente 98,4%, contre 97,5% l'année précédente.

2.1.1.Les rendements céréaliers dépendent de plusieurs facteurs

Parmi ceux-ci, la possibilité d'irriguer, la qualité des semences et l'utilisation de fertilisants. Pour mesurer les réalités de la situation, voici quelques exemples, parmi des exploitations représentatives, dans la région de Siounik où les cultures de céréales sont une des bases principales de l'économie agricole.

A Anguerakot, région de Siounik, à 1 600 m d'altitude, les rendements peuvent atteindre 3,5 à 4 tonnes /ha sur les bonnes parcelles, les années favorables. Sinon, la moyenne oscille entre 2,5 et 3 t/ha. La céréaliculture se pratique ici jusqu'à 1 600 -1 800 m en irrigué, grâce à des réseaux sous pression "tirés" jusqu'à l'extrême possibilité. En raison du mauvais état du système d'irrigation ne fonctionnant plus du tout, ou bien à 50% de ses capacités, les parcelles les plus éloignées sont délaissées. Certains agriculteurs, comme Khatchik, admettent avec fierté que leurs rendements, aujourd'hui, sont aussi élevés qu'à l'époque du kolkhoze : "avec tous les engins dont on disposait, on aurait pu faire mieux."

Avec les rendements, le revenu diffère selon les régions. Une étude comparée entre deux types d'espaces de production illustre des nuances significatives.

Bénéfice net (en $/ha) de la céréaliculture irriguée

Plaine de l' Ararat (inférieure à 850 m)	Zones d'altitude moyenne (entre 1 200 et 1 800 m)
247	175

Un des problèmes clés de la céréaliculture est le manque de semences. Parmi les petits projets d'aide au développement agricole, une association de la diaspora avait créé une petite structure en Arménie pour la vente de semences. Deux responsables, du côté arménien, s'occupaient de la collecte de semences de céréales par achat à des paysans, complétés par des achats en France. Le tout était revendu à prix intéressant aux agriculteurs arméniens. Ce petit commerce fonctionnait bien, si bien même que les deux responsables arméniens partirent, un jour, avec la caisse, sans laisser d'adresse. Voilà l'exemple d'une de ces tentatives utiles, bien adaptée aux besoins réels, mais conduite à l'échec par l'irresponsabilité et les habitudes de filouterie.

D'autres programmes, menés par l'association française AFDI, avec de petits groupes d'agriculteurs volontaires, consistent à diffuser des semences (céréales, pommes de terre) pour améliorer les rendements. Dans un premier temps, elles sont expédiées de France et réparties dans les exploitations adhérentes ; puis, les agriculteurs doivent assurer eux-mêmes la production de ces semences afin d'approvisionner progressivement le marché. Ce programme bénéficie de supports financiers et est en parfait accord avec des objectifs de responsabilisation des producteurs.

A Griboietov, non loin de Erevan, un de ces agriculteurs adhérant à l'association, Gaguo, fait partie de cette génération de l'entre deux mondes, ayant connu la situation "avant" - il travaillait au kolkhoze -, mais bien décidé à prendre immédiatement le virage pour laisser à ses fils, plus tard, une exploitation viable. Ses motivations sont évidentes et, en quelques années, il a réussi à redémarrer sur des bases plus sûres.

Le prix moyen de location est, ici, de 100 $ pour 1 ha, mais cela peut être davantage car la demande est forte : il n'y a pas assez de terres et l'offre pour la vente est rare dans cette région de l'Ararat, proche du marché de la capitale. Pour acheter 1 ha, il faut compter 800 $ et les agriculteurs ne peuvent se permettre une telle dépense même s'ils ressentent cruellement les effets du microfundium. Avec AFDI, Gaguo s'est lancé dans un programme d'amélioration des semences. Il produit déjà de la semence de blé et d'orge, pour ses besoins et pour vendre l'excédent, mais il voudrait développer ce secteur. Pour lui, le handicap majeur de l'agriculture en Arménie c'est le marché, trop étroit et sans consommateurs solvables. Il ne croit pas au manque de compétences des exploitants : «les vrais agriculteurs savent produire, ils connaissent la terre, mais ce qu'il leur faut ce sont des débouchés et puis, ajoute-t-il, des terres, pouvoir s'agrandir est un vrai problème ici, qui bloque toutes les initiatives. Il faut aussi des semences, et de vraies possibilités pour emprunter. Quand on fait un emprunt, à la banque agricole, c'est au taux de 20 à 24% l'an. Comment rembourser, même si l'on produit bien, si l'on ne peut pas vendre ? ».

Le problème du crédit est au cœur de toutes les conversations. Pour le paysan qui veut progresser, c'est le passage obligé, mais c'est aussi, pour beaucoup un piège. Chez Sveta, non loin de là, il a fallu gager la voiture et 5 000 m^2 de cultures légumières pour obtenir un crédit de 750 $ afin d'acheter des plants de tomates, de vigne et d'oignons. La voiture est estimée à 1 500 $ et la terre gagée à environ 600 $. Faisons le compte : pour rembourser, en un an, les 750 $ empruntés au taux de 19,2%, il va falloir payer 894 $. Une partie de la production de raisin et de légumes est vendue sur le marché de Erevan où Sveta loue un banc (800 Dr/jour). C'est aussi par la vente de semences de blé que l'exploitation tire un petit revenu : l'an passé, on a vendu 7 tonnes de semence.

Nombre d'exemples traduisent les difficultés rencontrées. Certes, les chiffres de la production céréalière semblent en progression, mais en réalité, pour compenser l'absence d'approvisionnements de l'ancien réseau de l'URSS et limiter les dépenses d'importation, il faudrait une production beaucoup plus importante - ne plus dépendre de l'extérieur pour l'alimentation animale - ainsi qu'une amélioration de la qualité, par exemple pour la farine panifiable.

2.1.2. Les chiffres de la production depuis les dix dernières années

Ils ne montrent pas une réelle diminution du volume des récoltes. Quant aux superficies, le graphique ne témoigne pas, non plus des nuances perceptibles sur place. Les chiffres refuseraient-ils d'obéir à la réalité ?

Si la production semble se maintenir globalement à un niveau constant, c'est, pour partie, en raison de la mise en culture de nouvelles zones où les conditions climatiques et pédologiques sont favorables : par exemple dans la plaine de l'Ararat. Les rendements restent, somme toute, honorables dans la mesure où l'on abandonne les terres les moins accessibles, sur les hauts plateaux où les parcelles ne sont plus irriguées et sont éloignées des villages.

Figure 4-3

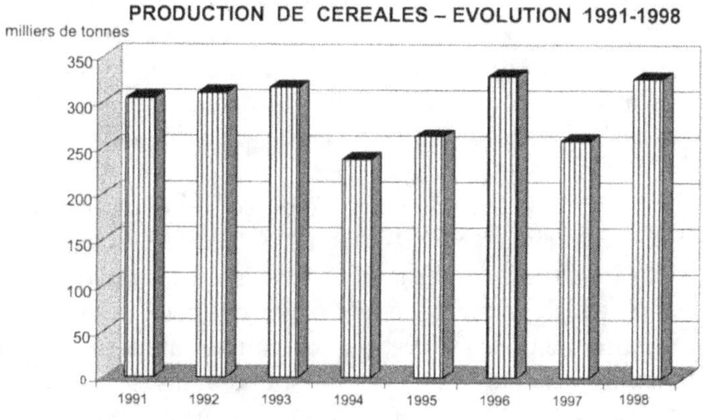

La production céréalière accuse de graves déficits

La récolte 1999 accusait cependant une diminution notable de 24 500 tonnes, imputable aux mauvaises conditions météorologiques : sécheresse automnale en 1998 et au printemps 99, couplée à des disponibilités en eau réduites à cause du faible enneigement, auxquelles s'ajoute la grêle qui a ravagé une partie de la récolte. Les aléas de la météo ont fortement réduit les récoltes au cours des deux dernières saisons. La perte moyenne de production au cours de la campagne 1999[1] atteint 116 kg de céréales à l'hectare (mais aussi 113 kg/ha l'année précédente), soit 24 500 tonnes, ce qui représente une perte équivalente à 5,9% de la récolte moyenne des régions de production.

---

[1] Rapport UNDP (Programme de Développement des Nations Unies) et le Ministère des Statistiques : *Socio-economic condition of rural farms*. 1999, Erevan.

Il ressort de ces données que la production s'accroît légèrement, malgré le déclin des grandes régions céréalières - Guegharkunik, Lori et Siounik - mais sous l'effet de l'extension des superficies dans des régions auparavant peu représentatives : Ararat et Armavir. Leur part dans la production totale s'est accrue de plus de 10% pour chacune. Cet aspect est mis en lumière par la répartition des surfaces céréalières depuis 1991.

Corrélation parfaite entre les quantités produites et les surfaces céréalières : dans le peloton de tête, Ararat et Armavir se taillent la part du lion, alors que l'on enregistre une stagnation ou une nette diminution ailleurs. Les surfaces céréalières sont plutôt en augmentation entre 1991 et 1998 (+37 000 ha). Ceci laisserait penser que ces cultures sont en plein essor. Pourtant, ce que ne disent pas les chiffres, c'est le glissement des surfaces vers les régions basses où la rentabilité est supérieure. Mais derrière cette façade d'apparente expansion se cachent d'autres réalités. Les surfaces emblavées occupent des zones où l'on a arraché la vigne ou les arbres fruitiers pour des raisons précédemment évoquées. Aujourd'hui, parmi les principales régions céréalières figurent l'Armavir et l'Ararat, dépassant même la région de Lori, pourtant l'une des plus importantes à l'époque soviétique.

Les régions de Chirak et Guegharkunik possèdent d'importantes surfaces en céréales : respectivement 38 104 ha (21,7% de la superficie totale en céréales) et 26 464 ha (15% du total). Les marz de Chirak, Armavir et Ararat donnent 61,8% de la récolte totale. Dans ces deux dernières (Ararat et Armavir), en particulier, la superficie céréalière a augmenté de façon significative depuis quelques années alors que dans le même temps la superficie de vergers et de vigne y a diminué. De 32 500 ha en 1990, la surface en vergers est passée à 17 250 ha en 1999. Pour le vignoble, l'évolution suit la même tendance. Ceci tient pour une large part à la mévente des fruits et du raisin pour le vin faute de débouchés dans l'agroalimentaire. Il est moins coûteux de semer du blé que d'entretenir un vignoble ou des arbres fruitiers.

La production de pommes de terre et de fourrages connaît de très fortes variations.

L'accroissement de la production de pommes de terre est une réponse à la demande alimentaire du pays, pour la commercialisation sur le marché intérieur et l'autoconsommation. La production passe de 275 200 tonnes en 1991, à 414 120 tonnes en 1999, ce qui se traduit dans l'augmentation des superficies cultivées : de 22 900 ha en 1991 à 31 960 ha en 1999. Si les principales régions restent Guegharkunik et Lori, avec plus de 9 000 ha chacune, partout on se met à cultiver de la pomme de terre, y compris sur les bonnes terres de l'Armavir (où leur surface a doublé en moins de 10 ans), à la place des cultures maraîchères. C'est d'ailleurs en Arménie, parmi les trois Etats de Transcaucasie, que la consommation de pommes de terre par tête est la plus importante : 84 kg/personne/an en 1998, contre 47 kg pour la Géorgie et 31 kg pour l'Azerbaïdjan. C'est dire l'importance de cette culture, base de l'alimentation des familles. Mais elle n'est pas, pour autant, bon marché et atteint des prix fort élevés pour le consommateur arménien : à Erevan, le 4 décembre 2001, le kg se vendait 180 Dr (0,4 E) sur les étals en plein air. C'est pourquoi dans les exploitations familiales - et même dans les cours des immeubles en ville, où l'on a transformé les jardins d'ornement et bien des espaces libres en potagers -, on s'est mis à cultiver des pommes de terre pour la vente et pour les besoins alimentaires du foyer. Remplacer des cultures maraîchères par des pommes de terre relève de l'absurdité, compte tenu de la valeur ajoutée que recèlent les productions des autres légumes. Cette pratique, en apparence contraire à la raison - surtout dans ce périmètre irrigué de l'Ararat où les conditions naturelles sont idéales pour les productions maraîchères -, répond, en fait, au retour vers une économie de subsistance.

Photo 4-1

Parcellaire de grandes cultures entre 1 800 et 2 000 m d'altitude sur les contreforts de l'Aragatz

A l'opposé, les cultures fourragères sont en pleine déroute et accusent une brutale diminution. La superficie passe de 251 300 ha en 1991 à 93 700 ha en 1998. Parmi les principales régions de production, Guegharkunik, Siounik et Chirak perdent près des 2/3 de leur superficie fourragère, alors que dans le marz de Lori, les surfaces sont divisées par deux. La cause de cette situation serait à rechercher dans les conditions de production : problème des semences, diminution du cheptel et, sans doute aussi, place à l'urgence, on préfère cultiver ce qui est indispensable pour l'alimentation de base des habitants.

On peut mesurer à quel point les orientations de production sont commandées par les nécessités actuelles de la sécurité alimentaire.

Figure 4-4

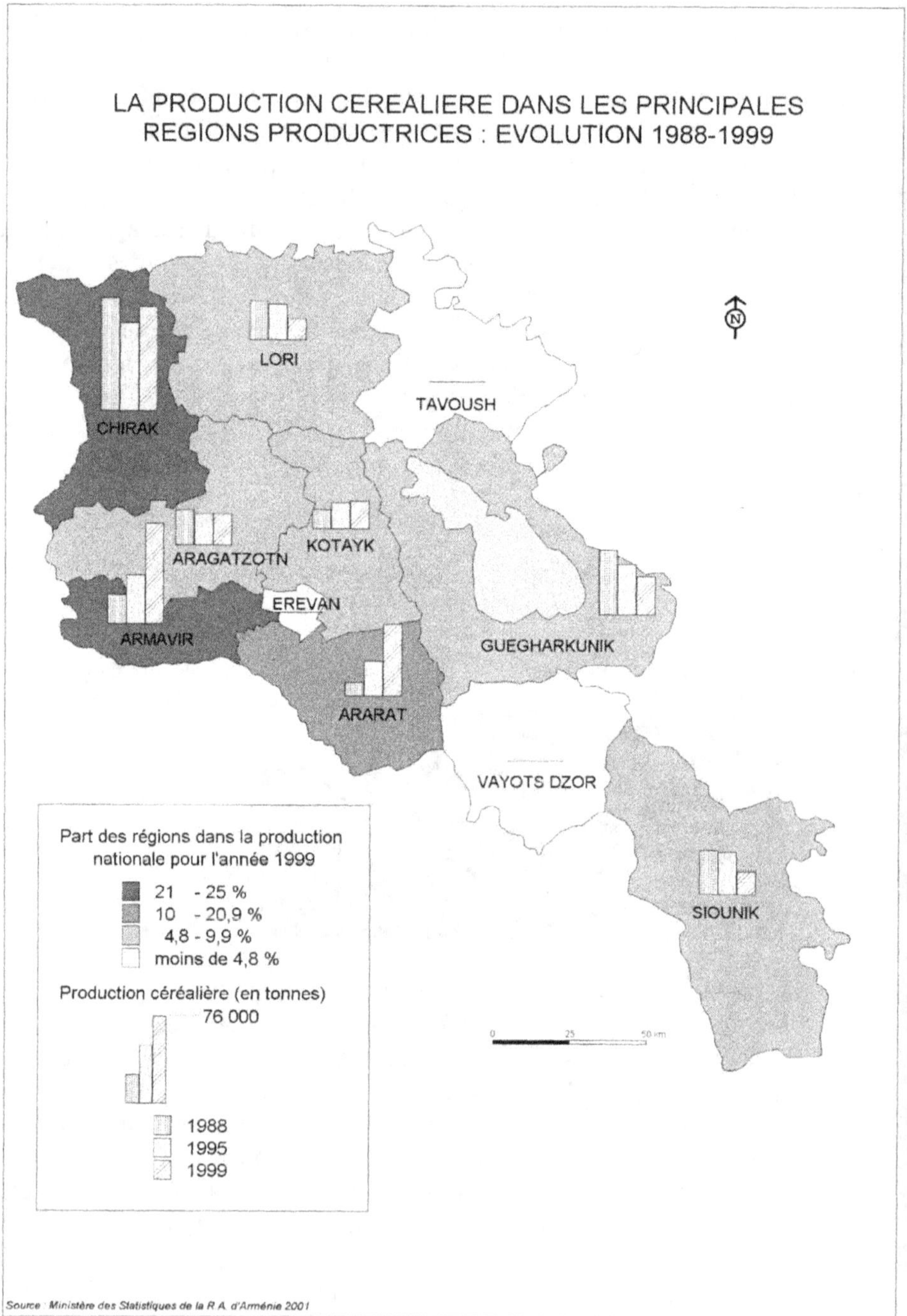
LA PRODUCTION CEREALIERE DANS LES PRINCIPALES REGIONS PRODUCTRICES : EVOLUTION 1988-1999
LORI
TAVOUSH
CHIRAK
KOTAYK
ARAGATZOTN
EREVAN
ARMAVIR
GUEGHARKUNIK
ARARAT
VAYOTS DZOR
SIOUNIK
N
Part des régions dans la production nationale pour l'année 1999
21 - 25 %
10 - 20,9 %
4,8 - 9,9 %
moins de 4,8 %
Production céréalière (en tonnes)
76 000
1988
1995
1999
0
25
50 km
Source : Ministère des Statistiques de la R.A. d'Arménie 2001

2.2. LE VIGNOBLE D'ARMENIE OU LES BIENFAITS DE L'ISOLEMENT

Comme une exception à la règle, le vignoble d'Arménie bénéficie des bienfaits de l'isolement. En effet, les ravages du phylloxera n'ont touché ni l'Ararat, ni la région d'Areni. C'est un des rares exemples de la protection créée par l'isolement géographique : la maladie qui a touché le vignoble de Géorgie ne s'est propagée que dans le Nord, dans le secteur viticole de Idjevan, mais n'a pas atteint les autres régions[1]. Cet avantage a permis de conserver les plants de vigne originels qui assurent la renommée de la viticulture arménienne.

2.2.1. L'évolution depuis 1991

Avant toute analyse des résultats de ce secteur de production, précisons qu'avec la privatisation, la taille moyenne d'un vignoble, en propriété, est de 5 500 m^2, pour un rendement moyen à l'hectare de 9,7 tonnes, en irrigué.

La répartition des zones viticoles et l'évolution de la production de raisin

La situation du raisin pour vinification et du raisin de table reflète les vicissitudes du vignoble arménien frappé à la fois dans sa productivité et dans son extension.

Evolution de la production de raisin.1991 - 1998
(en milliers de tonnes)
(source : Ministère des Statistiques de la République d'Arménie)

	1991	1992	1993	1994	1995	1996	1997	1998
Total	191,2	142,1	134,9	212,4	154,9	158,5	107,7	106,0

1992-1993 : baisse sensible de la production due à la mévente en raison de la fermeture des usines de vinification (difficultés économiques de l'après-URSS)

1997-1998 : effondrement de la production dû à de mauvaises récoltes (problèmes climatiques)

[1] Source : informations orales recueillies auprès des techniciens de la firme Ararat Brandy et confirmées par des viticulteurs d'Areni.

Figure 4-5

Superficie et production de raisin. Evolution 1990-1999

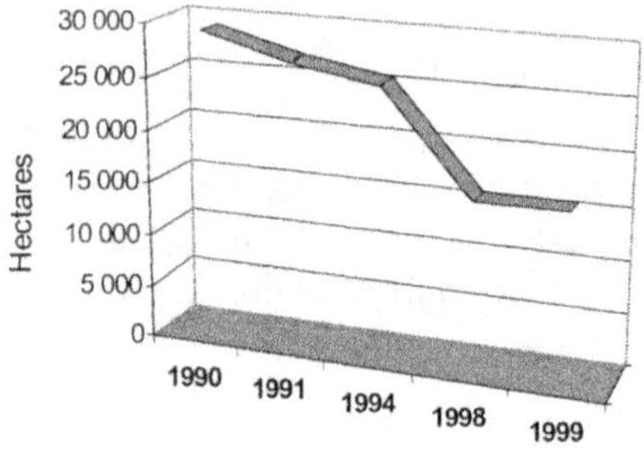

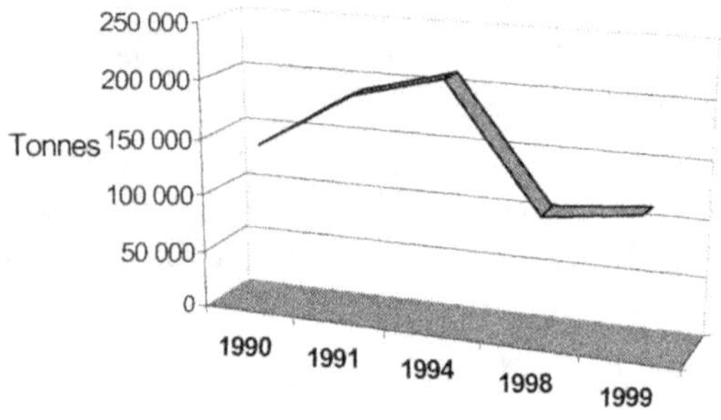

SUPERFICIE ET PRODUCTION - EVOLUTION 1990-1999

(Source : Ministère des Statistiques de la R.A.)

Superficie[1] (ha)	Production de raisin (tonnes)
1990 : 29 175	1990 : 143 600
1991 : 27 000	1991 : 191 240
1994 : 25 500	1994 : 212 380
1998 : 15 800 *	1998 : 107 700
1999 : 15 800	1999 : 114 755

* Estimation vraisemblablement supérieure à la réalité. Le Ministère de l'Agriculture reconnaît plutôt le chiffre de 13 000 ha pour 1998 et de 10 000 ha pour 1999. Selon les estimations de la Yerevan Brandy Company, la superficie pour 2000 serait sans doute de l'ordre de 5 000 hectares, ce qui contredit les chiffres avancés par le Ministère pour cette même année (10 000 ha). Ces incertitudes reflètent assez fidèlement les vicissitudes du vignoble dont on mesure avec réticence le considérable recul.

[1] Ces chiffres concernent le raisin pour la vinification et le raisin de table.

Figure 4-6

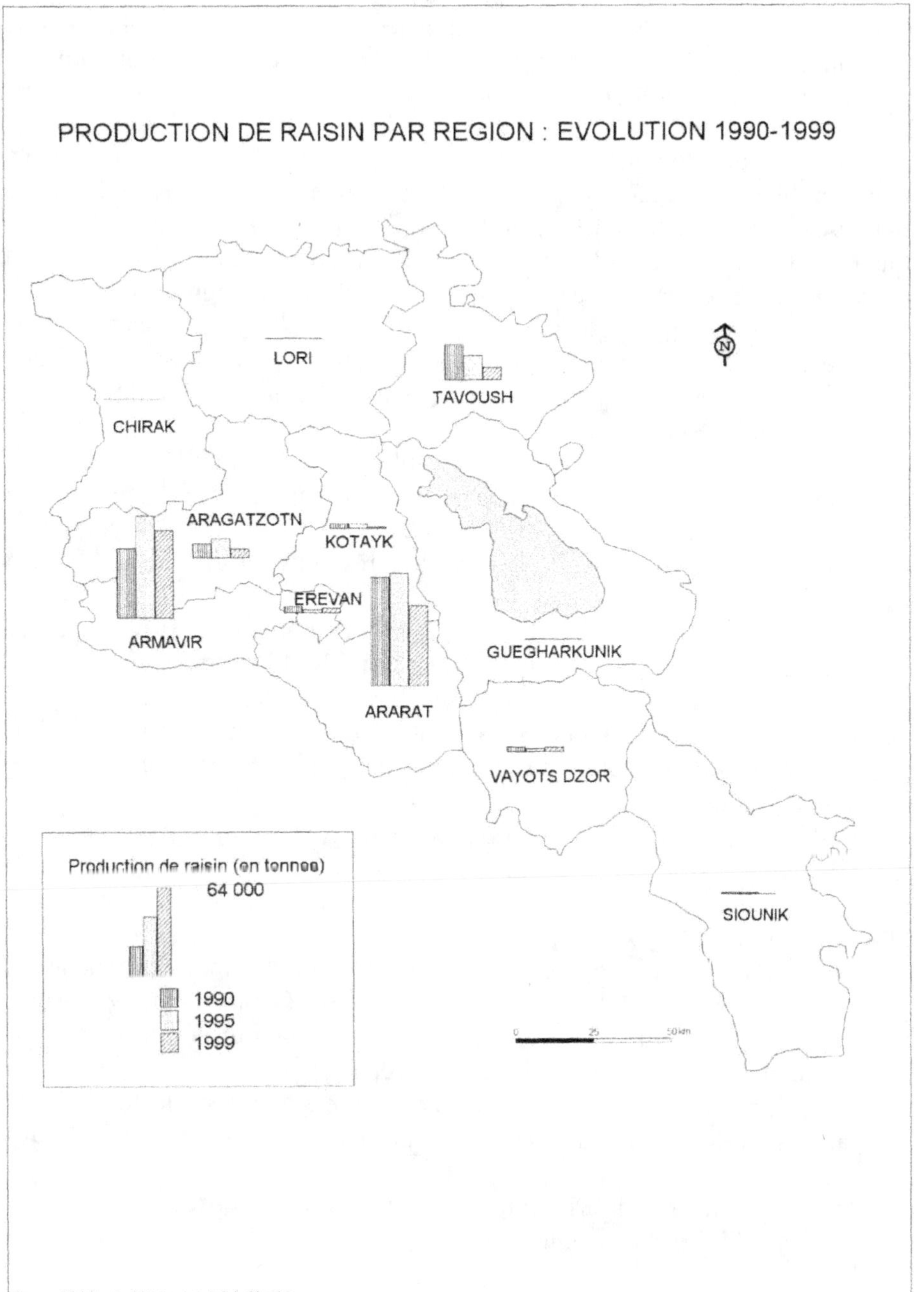
PRODUCTION DE RAISIN PAR REGION : EVOLUTION 1990-1999
LORI
TAVOUSH
CHIRAK
ARAGATZOTN
KOTAYK
EREVAN
ARMAVIR
ARARAT
GUEGHARKUNIK
VAYOTS DZOR
SIOUNIK
Production de raisin (en tonnes)
64 000
1990
1995
1999
0
25
50 km
Sources : Ministère des Statistiques de la R.A. d'Arménie

La diminution brutale 1991-92 correspond à la période où l'accumulation des problèmes a conduit à la fermeture des usines viticoles, comme celle d'Etchmiadzin. La mévente du raisin, dans ces conditions, a contraint les viticulteurs à arracher leurs vignes dans divers secteurs.

Heurts et malheurs d'un vignoble qui fut prospère, la production de vin a considérablement chuté depuis une quinzaine d'années. Lors de la *perestroika* d'abord (dès 1985) en raison de l'arrachage des ceps de vigne quand Gorbatchev voulait réduire l'alcoolisme dans toute l'Union : c'est ainsi qu'en deux ans, à cette époque, la surface de vignoble (raisin de vinification) de la république a perdu près de 12 000 ha. Depuis, la superficie viticole a continué à se réduire pour d'autres raisons : on estime que 13 000 ha de vignoble auraient été arrachés en 1998, mais sans doute plus de 30 000 ha lors de l'indépendance, en 1990.

En dépit de sa renommée, le vignoble connaît aujourd'hui de graves difficultés, en particulier la fermeture des principaux débouchés de l'ex Union soviétique et, en liaison avec la conjoncture, l'arrêt des combinats viticoles Le tableau suivant montre les résultats de la fermeture des débouchés.

La superficie a été réduite de près de 46% en neuf ans et la production a diminué de 20 % dans le même temps, mais de 46% depuis 1994. Trois handicaps majeurs, issus de la nouvelle conjoncture et des pratiques antérieures, conduisent à une accumulation de problèmes : la vétusté du réseau d'irrigation, la rupture des circuits d'échanges, la fermeture des unités de transformation.

Les deux principales régions de production sont, de loin, Ararat (41,5%) et Armavir (35,6%). A ces grands périmètres, il faut ajouter la région Tavouch, avec le vignoble d'Idjevan - vallée de l'Agstev - et le petit secteur d'Areni le long de l'Arpa.

Comme le montre la figure suivante, la plus grande aire de production se trouve dans la plaine de l'Ararat et sa périphérie (régions d'Armavir, Ararat et Aragatzotn). La plus grande partie des surfaces produisent du raisin pour la vinification : c'est le secteur le plus représentatif de la production du vignoble. Il existe cependant un autre secteur : le raisin de table spécialité du Sud arménien (Meghri) et de quelques villages de l'Ararat, comme Norabats.

Les 3 premières régions, tant en superficie qu'en production, restent les mêmes mais l'ordre change entre 1990 et 1999 :

Figure 4-7. **A**

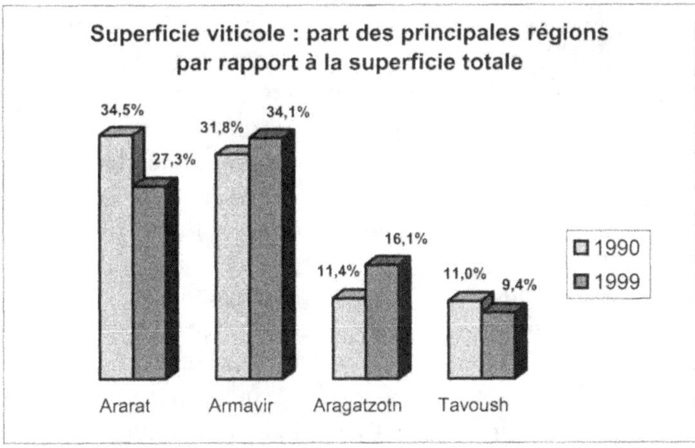

Figure 4-7. **B**

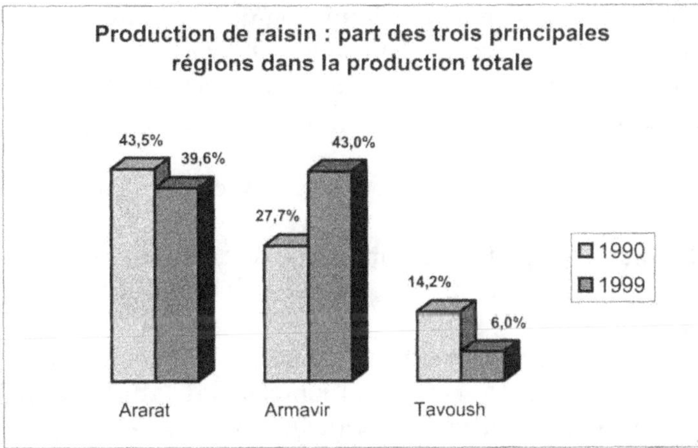

Les problèmes du vignoble ne peuvent échapper à l'observateur. En voici quelques exemples.

Les canalisations éventrées au milieu de pieds de vigne desséchés et abandonnés illustrent la dégradation des systèmes d'irrigation et la pénurie énergétique. C'est l'image qui saute aux yeux de part et d'autre de la route lorsque l'on passe de la plaine, vers Ararat-Armas (près de la frontière du Nakhitchevan) et que l'on s'engage dans la lente montée sur les contreforts occidentaux des monts Vardenis. Ces versants sont pourtant de bons supports pour la vigne, bien mieux adaptés pour la qualité du raisin que la partie basse, le long de l'Araxe. Mais dans ce secteur, l'eau n'arrive plus à la parcelle. Les pompes sont cassées, ou bien il manque l'énergie pour les actionner. Cependant, des travaux de reconstruction du réseau d'irrigation sont visibles en plusieurs points: en particulier, sur ce même axe, jusqu'à Shiva, vers l'Est : il s'agit d'un programme financé par la Banque Mondiale pour la modernisation des canalisations et la reconstruction d'unités de pompage à partir de la nappe de l'Araxe située à plusieurs dizaines de km. La Yerevan Brandy Company[1] (YBC) vient de remettre en état une partie de ce vignoble situé sur des versants bien orientés bordant la plaine de l'Araxe et bénéficiant de sols pierreux, calcaires, de bonne qualité.

L'évolution de la production de vin et d'alcools

Parmi les valeurs auxquelles peut s'accrocher le vignoble d'Arménie, en dépit des vicissitudes actuelles, il en est deux qui méritent intérêt : la production d'alcools et certains savoir-faire qui ont résisté aux standards soviétiques. La production de "brandy" arménien reste une valeur sûre. Une fois le raisin transformé, le vin est utilisé soit pour la vente en bouteilles, soit pour la fabrication de "brandy" et de vodka[2]. A la charnière de la transition, le déclin de la production illustre les difficultés pour valoriser le vin, en particulier les problèmes de la transformation du raisin, qui a subi les effets de la fermeture des combinats. L'ampleur des dégâts est difficile à estimer avec précision, mais c'est tout un secteur de production renommée qui subit les effets de la crise.

Qu'est-il advenu de la production de vin et d'autres alcools : brandy et vodka ?

Tout d'abord, un regard sur ce tableau permet d'évaluer la situation avant et après la fermeture progressive des combinats viticoles : la coupure s'effectue à partir de 1990 - 91.

Comme une grande partie du raisin est achetée par l'usine de Erevan (YBC), voici quelques éléments d'appréciation afin de comprendre l'importance de ce débouché pour les viticulteurs.

---

[1] Les deux appellations Yerevan Brandy Company ou Ararat Brandy Company sont usuellement utilisés par l'entreprise.

[2] Bien que la vodka soit surtout fabriquée, en Arménie, à partir de fruits, dont le raisin, et de blé, nous l'évoquons dans ce chapitre sur le vignoble en raison de la place qu'elle occupe dans la production des alcools.

Production de vin entre 1986 et 1993 (tonnes)
(Sources : Rapport TACIS. U.E. et Rapport Banque Mondiale : Agriculture and food sector review. 1995)

	Vin	Vin pour le brandy (essentiellement pour l'usine de Erevan)	Total
1986-88	36 147	43 250	79 397
1989	51 937	46 165	98 102
1990	40 653	21 787	62 440
1991	43 260	18 416	61 676
1992	25 152	14 938	40 090
1993	25 035	15 009	40 044

Achat de raisin et production de brandy par Ararat Brandy Company
après le rachat de l'entreprise par Pernod-Ricard :

	1998	1999	2000	2001
*Achat de raisin**	26 000 tonnes	18 000	10 500	13 500
Prix d'achat du kg de raisin	112 Dr.	90 Dr.	75 Dr.	80 Dr.
Production de brandy	1ère année du rachat : non significatif	0,9 million de litres	1,7 M litres	3 M litres

(Source : Ararat Brandy Company)

NB : à titre de comparaison, au cours des années soviétiques, l'usine pouvait produire et vendre jusqu'à 5-6 millions de litres par an.

* : 70% du raisin acheté est transformé en vin de 11° à 13°.

Les fluctuations du prix d'achat du raisin aux viticulteurs tiennent aux données du marché. Pour 1999 et 2000, le prix a été considérablement influencé par les méventes sur le marché de la Russie, suite à la crise financière mais aussi à la restructuration du réseau de commercialisation de YBC, face aux effets de la concurrence déloyale sur le marché russe.

Dans le même temps, la production de vin et d'alcools suit une courbe tout aussi catastrophique : de 4,8 millions de litres de vin en 1996 on ne produit plus que 1,49 million en 1998.

Par ailleurs, que dire de la vodka dont on annonce une production de 3 300 tonnes (Ministère des Statistiques, 2001) ? Combien de litres sont-ils ainsi fabriqués pour la consommation des foyers ? A Meghri, chez Chavarch, on avoue 370 litres de vodka par an, une excellente vodka de mûres qu'il conserve jalousement pour les amis et la famille, soit au moins "un litre par jour de l'année" ainsi qu'il l'annonce avec fierté. La vodka, c'est le pain quotidien, le sel de la terre, la boisson miracle, celle qui abolit tous les problèmes, qui met la gaieté dans le cœur à l'heure de la misère, c'est le réconfort du visiteur, le viatique du pauvre, la richesse cachée du chef de famille. Il est donc vain de vouloir estimer l'évolution de cette production : elle se maintient, c'est tout, avec une production estimée officiellement à plus de 7 700 000 litres en 1998. Elle s'exporte peu mais, par contre, une partie de la consommation est importée, en particulier de la Russie.

Une partie de la production de vin, brandy et vodka entre dans les échanges commerciaux. C'est même un des rares types de marchandises qui peut s'enorgueillir, aujourd'hui, de faire pencher du côté positif la balance commerciale. Mais, selon les données officielles, les exportations de "cognac" auraient considérablement chuté entre 1996 et 1998, passant de 3 millions de litres à 790 000 litres

Dans ce contexte fortement perturbé, alors que se ferment les débouchés extérieurs et que les structures de transformation cessent de fonctionner pour des raisons en partie identiques, on arrache des ceps en quantité dans la plaine de l'Ararat et l'on détruit ainsi un patrimoine, compromettant l'avenir de tout un secteur de production. Cependant, dans le vignoble d'Arménie, survivent des pratiques ancestrales qui n'ont pas été gommées par les techniques soviétiques.

2.2.2.La tradition familiale est une valeur sûre : l'exemple du vignoble d'Areni

Voilà une des rares manifestations d'une certaine résistance aux logiques productivistes de la planification. C'est dans la région d'Areni, un isolat viticole où l'on a réussi à conserver un savoir-faire, que les situations illustrent le mieux les exceptions qui confirment la règle. Areni est un très vieux village dont l'origine est imprécise mais dont on trouve trace dans les archives bien avant la soviétisation. La viticulture est une production traditionnelle dans cette région, le long de l'Arpa, dont les versants se couvrent de vignes jusqu'à la limite supérieure de l'irrigation. On raconte que le vignoble d'Areni était célèbre à l'époque des tsars et que son vin était fort apprécié à la Cour impériale. Ce vignoble, un des plus anciens et des plus réputés, bien que d'étendue réduite, s'étend sur les contreforts S.O. des monts Vardenis, le long de la rivière Arpa, à environ 1 000 -1 200 m d'altitude. Le cépage "Areni", qui daterait de plus de cent ans, n'a jamais connu le phylloxéra et reste caractéristique de cette région. L'appellation "Areni" couvre aujourd'hui 400 hectares dans les communes de Areni, Eghegnadzor, Rind, Malishka et Aragnadzor. La superficie moyenne par exploitation est de 2 200 m^2 de vignoble, en partie marcotté avec, en moyenne, 2 500 pieds de vignes par hectare.

Les conditions physiques sont globalement favorables. Les précipitations, de l'ordre de 400 à 500 mm/an, sont plutôt supérieures à celles du secteur de l'Araxe (moins de 300 mm/an). Les excès thermiques hivernaux sont modérés par le couloir de l'Arpa et les gels automnaux sont assez tardifs (mi-novembre); en moyenne, le thermomètre ne descend pas au-dessous de -5°C à -6°C, mais le vignoble peut résister à -18°C, ce qui correspond aux minimas les plus bas enregistrés. La forte chaleur estivale (40° à 45°C à l'ombre) et les apports de l'irrigation grâce au réseau de l'Arpa, autorisent les bonnes performances de ce vignoble où les rendements sont élevés : 25 à 30 tonnes /ha. Le raisin, avec un taux de sucre de 20 à 24%, produit un vin au fort degré d'alcool.

Depuis l'indépendance, la remise en état du vignoble réputé d'Areni-Eghegnadzor est financée pour une très large partie par la Banque Mondiale et les programmes européens (TACIS). Ainsi, à Areni, 9 pompes fonctionnaient pour irriguer[1] le bas des versants (vigne et fruits) à partir des eaux de l'Arpa. Aujourd'hui, 2 seulement sont en action. Il existe une association d'irrigants ou *djiom* (consommateurs d'eau), créée par le gouvernement et aidée par la banque ACBA. Mais, pour le viticulteur, emprunter coûte cher : il faut "gager" un bien personnel au prorata de la somme empruntée; mais beaucoup, ne possédant rien, ne le peuvent pas.

Le sauvetage de ce vignoble est en bonne voie, non seulement en raison des aides financières et techniques mais aussi parce qu'il reste un savoir-faire que les années soviétiques n'ont pas totalement écrasé.

Les pratiques culturales ont été en partie conservées. C'est d'abord la nécessité de protéger les plants contre les rigueurs hivernales et d'irriguer durant l'été: " La vigne ne peut réussir qu'à la condition d'être cachée sous terre pendant les froidures, et durant les chaleurs de l'été elle doit être arrosée" (E. Reclus[2]).En général, on garde 10 à 15 branches par pied et, sur chacune, 3 sarments. Un pied peut donner 10 à 20 kg de raisin, rendement remarquable dû aux conditions climatiques. Aujourd'hui, on peut voir de nombreux vignobles en pergola dans les jardins, alors que dans les parcelles il s'agit de plants bas. Cette pratique de la pergola n'est pas très ancienne : selon divers témoignages, recueillis dans les villages de l'Ararat par exemple, elle daterait de la collectivisation. La technique du marcottage semble assez répandue pour reproduire les plants. Une autre technique utilisée consiste à mettre des plants en nourrice et à les repiquer.

---

1 L'irrigation accroît énormément les rendements du vignoble et fait partie des habitudes culturales. Par ailleurs, la recherche des rendements était, à l'époque soviétique, un des fondements de la logique de production.

2 E. Reclus. Op. cit. , p. 259.

Parmi les réminiscences de l'époque de l'Arménie russe, il est des souvenirs et des pratiques qui ont perduré malgré les bouleversements de la collectivisation. Le savoir-faire viticole a résisté à l'épreuve soviétique. Ce n'est pas une moindre surprise que de découvrir la permanence, dans ce village, de pratiques ancestrales de culture et de vinification, transmises, via le lopin, comme un héritage par des familles implantées ici depuis plusieurs siècles. Le vin est conservé dans de grandes jarres de terre, *karas*, copies conformes de jarres antiques. Quinze à vingt familles vinifient ainsi à Areni et chacune s'accorde à dire que le vin familial est bien meilleur que celui des combinats soviétiques et des coopératives actuelles. Une autre partie de la production de raisin est distillée pour la fabrication, à usage personnel, de la vodka, *oghi* en arménien ou *aragh* en persan[1]. Enfin, on produit aussi un excellent raisin de table, rouge, le *kimich*, pour la consommation personnelle.

L'utilisation de jarres remonte à une longue tradition et s'étend à d'autres régions du Moyen-Orient ainsi que dans le Caucase, en Géorgie en particulier. Michel Chevalier[2] rappelle que, dans le Hakkâri, les populations chrétiennes, Nestoriens et Arméniens, cultivaient la vigne et conservaient leur vin dans des jarres d'une centaine de litres partiellement enterrées. Il rappelle aussi que dans la plaine d'Ourmia, en raison du froid, la vigne est enterrée durant l'hiver .

Il est intéressant de trouver, dans cet "isolat" viticole, des méthodes traditionnelles attachées à une production hautement symbolique et représentative de l'Arménie. Alors que les savoir-faire pour les productions laitières et maraîchères ont disparu, effacés par les canons du productivisme planifié, le vin reste un dernier bastion de résistance à la standardisation. La tradition fut ainsi transmise grâce au lopin.

Peut-on, dans ce cadre, parler de "terroir", avec ses critères de définition basés sur le sol et sa morphologie, sa localisation et son exposition, son altitude, ses micro-phénomènes climatiques ? Il faudrait y ajouter tous les facteurs qui contribuent à l'identification d'un vin, en particulier les cépages et le savoir hérité des générations précédentes. Dans l'état actuel de la viticulture, il est sans doute prématuré de chercher à corréler ces

[1] Ce terme est aussi utilisé, avec des variantes, dans tout le Moyen-Orient, en turc ou en arabe, de même qu'en Hongrie (barak) et dans diverses autres régions où cet alcool fait partie de traditions ancestrales.

[2] *Les montagnards chrétiens du Hakkâri et du Kurdistan septentrional*. Paris, Publications Université Paris-Sorbonne, 1985, 418 p.

composantes pour en déterminer une appartenance patrimoniale à un site de production. Cependant, si cette notion devait avoir un sens dans la démarche d'évolution vers la qualité, ce serait incontestablement dans le petit vignoble d'Areni que cette logique aurait les meilleurs supports.

2.2.3. Le vignoble d'Arménie dans la conjoncture de la transition : tributaire des débouchés

Entre quantité et qualité, les choix sont commandés par les héritages et par des facteurs conjoncturels défavorables, qui s'appliquent aussi à d'autres productions, animales et végétales, mais dont le vignoble fournit un exemple significatif parce que la vigne est, en Arménie, une production quasiment identitaire – la vigne qui grimpe à l'assaut des façades d'immeubles de la capitale est l'illustration de cette omniprésence - et que le vignoble a réagi avec beaucoup de sensibilité aux aléas de l'histoire économique du pays.

Gviton et sa femme ont conservé les jarres de terre cuite depuis plusieurs générations.

Photo 4-2

Malgré la nette diminution, la quantité est encore et toujours l'objectif visé. L'essentiel de la production de raisin est destiné à la vinification : une partie est traitée dans les rares coopératives en activité ; une autre, plus réduite, va approvisionner l'usine Yerevan Brandy. Le reste sert à la consommation familiale soit en vin, soit en raisin de table ; mais s'il est relativement facile de connaître statistiquement la production de raisin pour le vin, il est, par contre, hasardeux d'évaluer la part destinée à l'autoconsommation.

Entre "avant" et "après", un jeu de miroir renvoie au viticulteur l'image ternie d'un produit fortement concurrencé. Pour le viticulteur, qui doit décoder des principes nouveaux pour pouvoir se mesurer à la concurrence, l'enjeu est vital. Les atouts existent, indéniablement : le vignoble arménien, comme celui de Géorgie, a une réputation ancestrale et justifiée. De façon imagée, on pourrait presque dire que les ingrédients sont prêts mais qu'il manque le maître de chais.

Il importe, avant d'aborder les aspects conjoncturels de l'actualité économique post-soviétique, de se poser quelques questions préalables :

- Est-ce le "terroir", qui peut soutenir la production viticole, dans une logique de qualité et d'identification à une aire réputée de production ?
- Ou bien est-ce que ce sont les unités de transformation, les coopératives, qui vont assurer l'avenir du vignoble ?
- Ou encore, les deux sont-ils nécessaires s'il y a émergence de petits viticulteurs talentueux, épaulés par des coopératives et des entreprises privées dynamiques ?

Autrement dit, sans débouché - par la vente du raisin aux unités viticoles puis, par la commercialisation du vin ou des alcools - ce vignoble peut-il subsister ? Et, subsister en tant que production de qualité ?

Mais aussi, l'amont, coûteux et désorganisé, va-t-il aggraver inéluctablement la déprise viticole ? Les coûts de production - eau, énergie, fertilisants et autres moyens techniques - seraient un argument puissant pour abandonner la vigne, y compris sur les meilleures terres, et la remplacer par des cultures moins coûteuses, comme le blé. C'est ainsi que les agriculteurs procèdent à l'arrachage des ceps, dans l'Ararat, où tous les signaux clignotent au rouge :

- réseau d'irrigation inopérant ;
- manque de matières premières et de moyens techniques ;
- absence de débouchés pour livrer le raisin ;
- surcoûts de production au regard d'un hypothétique revenu et endettement du paysan ;
- absence de plus-value commerciale pour le produit fini.

La fermeture des combinats viticoles pénalise la production

Cet aspect illustre la désagrégation du secteur de transformation qui, à la fois, engendre, entretient et subit l'effondrement de la production de raisin.

Avec l'indépendance, les combinats viticoles ont dû fermer, à la fois en raison de la désagrégation des réseaux de collecte de raisin (passant de l'économie collectivisée à la privatisation totale) et de l'impossibilité d'assurer une production faute de quantités suffisantes à vinifier. C'est tout l'amont du système de production qui est à terre : sans moyens techniques, ni intrants et sans irrigation. Pour toute une série de facteurs, inhérents au dysfonctionnement total de l'économie, que l'on retrouve dans les autres types de production, les usines à vin ont fermé.

C'est le cas du combinat d'Etchmiadzin, près de Erevan, fermé en 1996.

Sur le fronton du portail d'entrée, le décor traditionnel de grappes de raisin finit de rouiller. Dans les anciens bassins de ciment où était entreposé le raisin avant traitement, on fait l'élevage d'écrevisses... pour la consommation (ou le bénéfice de la vente) des familles qui habitent encore sur place. Le directeur est amer et frustré :"Ils vont porter leur récolte à Erevan, chez Ararat Brandy". Ce qu'il ne dit pas, c'est qu'il ne peut pas acheter le raisin plus de 60 à 80 Drams/kg (0,15E), alors que le concurrent paie 100 à 120 Drams. A l'époque soviétique, on traitait ici 30 000 tonnes de raisin pour produire un vin alors réputé, le « aïguechat », titrant 19°; en 1994, 3 000 tonnes furent transformées mais en 1996, l'usine dut fermer.

L'usine essaie aujourd'hui de s'orienter vers la production de vodka de blé. Produire de la vodka avec du blé alors que l'on se trouve dans une région viticole est un des contresens parfaits du fonctionnement économique actuel dans ces pays qui ont perdu tous leurs repères. Cette "idée", que le directeur juge parfaitement rentable, vient du fait qu'une grande part des ceps de cette région ont été arrachés depuis l'indépendance, pour les remplacer par des céréales ... en raison de moindres coûts de production.

L'usine est à vendre, par l'Etat, et cherche investisseur étranger. C'est le monde à l'envers. Autant dire qu'il n'est pas possible, dans ce contexte précis, d'évoquer l'intérêt de faire des produits de qualité puisque le marché n'est pas identifié et que les producteurs baissent les bras devant les surcoûts de production, leur vin fût-il le meilleur.

Une autre usine, à Guetap, près d'Areni, s'est arrêtée complètement. Cet ancien combinat qui traitait, à l'époque de l'URSS 4 000 tonnes de raisin /an venant du seul village de Aragnadzor, a fermé durant quatre années après l'indépendance. C'est alors que nombre de ceps ont été arrachés, faute de débouchés. Une coopérative, gérée par des viticulteurs, est en train de démarrer. Les difficultés des vignerons du secteur d'Areni tiennent, en partie, à la mévente de leur raisin. Sur les 480 viticulteurs de la seule commune d'Areni, la moitié seulement peut commercialiser son raisin.

Signe d'espoir, une autre coopérative s'est créée, il y a 3 ans, à Areni. Elle achète le raisin 120 Dr[1] (env. 0,23E)/kg aux producteurs, environ une centaine aujourd'hui. L'objectif de la coopérative est, avant tout, de produire en quantité sur la base d'une appellation "vin d'Areni" qui n'est pas un label, loin s'en faut, même si son origine suffit à rappeler qu'à l'époque soviétique il s'agissait des meilleurs vins de l'Union ; sans travail de sélection, le vin rouge d'Areni ne peut acquérir une qualité reconnue. On touche là un point sensible : celui de la qualité. Il ne s'agit plus de l'usage d'une sphère hermétiquement close qui n'affrontait pas la concurrence et qui n'accordait à l'étiquette de la bouteille aucune plus-value commerciale, mais du marché libéral, dont les critères d'appréciation qualitative sont bien éloignés des

[1] Prix d'achat fluctuant entre 100 et 120 Dr. en 2000.

normes soviétiques. Les marchés extérieurs de la coopérative sont essentiellement Moscou et Krasnoiarsk. Il y a aussi des exportations vers l'Allemagne, les USA et la France, en particulier par les réseaux de la diaspora.

Dans la déroute actuelle, quel revenu et quel avenir pour le viticulteur et le vignoble ?

En plus de la désagrégation des circuits intérieurs pour la collecte et des réseaux d'approvisionnement extérieurs, la situation est aggravée par les surcoûts de production : fertilisants, produits de traitement phytosanitaire, matériel …Le revenu du producteur est faible et aléatoire : le prix d'achat du raisin fluctue plutôt à la baisse selon les années mais aussi en fonction de l'offre de vente durant une même saison. Par contre, le prix des intrants a tendance à s'accroître.

En général, le travail du viticulteur (et de sa famille) dans son vignoble représente 70% du temps passé dans son exploitation. La rémunération de ce travail est loin d'être valorisante et, avec la crise ambiante (fermeture des anciens combinats viticoles, réduction des débouchés…), dans ce secteur de production en particulier, l'arrachage du vignoble pour le remplacer par des céréales est un moindre mal pour l'exploitant.

Selon les responsables de Yerevan Brandy Company, le prix de revient d'un kg de raisin – avec, dans certains cas, l'amortissement de la terre mais sans le travail du vigneron – s'élève à près de 55 Drams. Alors quand le kg de raisin est payé 75 ou 80 Drams au producteur, on mesure ce qui reste pour la rémunération du travail.

Des impulsions permettent d'envisager un nouvel élan pour le vignoble

C'est une possibilité pour l'avenir à condition, toutefois, que les producteurs acceptent de se plier aux règles imposées par les exigences qualitatives du marché. Depuis quatre ou cinq ans, on assiste au redémarrage de la production viticole dans la région d'Areni et de quelques secteurs de la plaine de l'Ararat. Ceci est dû à la conjugaison de plusieurs facteurs. En dehors des aides techniques et financières apportées par des programmes de la Banque Mondiale pour la restauration du réseau d'irrigation, la création d'une coopérative de viticulteurs et le rôle de Ararat Brandy Company sont des impulsions incontestables.

L'enjeu consiste d'abord à assurer un débouché à la production de raisin; mais il faut aussi assister l'exploitant afin d'améliorer ses pratiques, donc ses rendements - dans la logique quantitative qui prévaut -, et l'engager progressivement dans une démarche qualitative, tout en l'aidant, par des moyens psychologiques et matériels, à s'intégrer dans un réseau de producteurs. Avec la nouvelle coopérative d'Areni, la relance de la production est réelle. Cependant, si les adhérents sont chaque année plus nombreux (une centaine en 2001), l'usine ne peut traiter que des quantités encore modestes. Mais l'objectif quantitatif reste prédominant et, malgré l'appellation "vin d'Areni", risque de conduire à une banalisation du produit.

La politique d'achat de YBC, selon les orientations définies par son directeur, Pierre Larretche, vise à la fois à garantir un revenu au producteur et à répartir les achats auprès du plus grand nombre de viticulteurs de manière à encourager le maintien de cette culture et d'éviter l'arrachage systématique. Cette démarche "pédagogique" simple mais efficace porte ses fruits pour avoir les meilleures chances de vendre. Etant donné que l'offre est supérieure à la demande, le producteur va être obligé de s'aligner sur des critères qualitatifs.Le viticulteur qui passe un contrat avec le groupe Ararat Brandy est assuré de vendre 5 tonnes[1] de raisin par an, au maximum, sur la base de 75 à 90 dr./kg pour les deux années précédentes.

Si les objectifs des coopératives procèdent d'intérêts commerciaux, les bénéfices pour les viticulteurs peuvent s'inscrire dans une véritable redéfinition de la production, voire la reconnaissance d'un label pour le vin, gage de réussite sur les marchés. Mais, n'allons pas trop vite, quelle est la traduction de "label" en langage post-soviétique ?

Malgré les aléas de l'Histoire, le brandy reste emblématique de la production du vignoble arménien. "Ils ont aussi des vignes qui produisent une liqueur de couleur brune, très riche en alcool et que l'on peut comparer, comme vin de dessert, au madère et au xérès" (E. Reclus[2]). Le "cognac"[3] arménien "Ararat" s'inscrit dans une véritable logique qualitative aujourd'hui, alors qu'à l'époque soviétique, on produisait en quantité tout en essayant de maintenir une image de produit haut de gamme. Il y a, dans le "musée" de l'entreprise, des eaux-de-vie datant de 1905 : dans la collection, 450 bouteilles de fine champagne[4].

---

[1] Cette quantité correspond au rendement moyen de la superficie moyenne d'un vignoble.

[2] E. Reclus.Op. cit., p. 259.

[3] Ref. chap. 2. Le terme de "cognac" est employé entre guillemets, volontairement, à la place du terme générique de brandy parce qu'il était ainsi dénommé à l'époque soviétique et que cette appellation est encore couramment utilisée en Arménie. Comme l'appellation "cognac" est protégée et s'applique uniquement à ce qui est produit à Cognac, le produit d'Arménie n'a pas droit à cette appellation et, pour les marchés mondiaux, il est dénommé "brandy Ararat" ou simplement Ararat. Mais, par accord tripartite entre l'Arménie, la France et la Russie, et seulement dans le cadre de la C.E.I. (ex-URSS sauf les pays baltes), il a le droit de porter le nom de "cognac arménien", avec la transcription russe :"armyanskiy conyac" ou encore "Ararat". Mais, afin de pouvoir accéder au marché européen, l'appellation doit être revue et corrigée : sans doute s'imposera le terme "Ararat".

[4] Fine champagne ou *endir* , ce qui signifie *de bonne qualité.* Parmi les joyaux de la collection, figure aussi un cognac, le *Dvin,* titrant 50 degrés, dont l'histoire témoigne de la réputation de la maison.

Les tonneaux de chêne (certains proviennent du Limousin) servent au vieillissement du brandy, à côté des « foudres » dont l'entreprise vient de faire l'acquisition dans la région de Cognac (France).

Photo 4-3

On peut voir aujourd'hui les monstres de réservoirs construits à cette époque : ce sont des mélangeurs d'une capacité de 109 000 litres chacun. Alors, pour assurer une production suffisante, il fallait faire appel à des vins de diverses provenances : Azerbaïdjan, Karabagh, Géorgie et même Algérie. Dans le même temps, on se mit à fabriquer du "cognac" arménien dans d'autres régions de l'URSS : Daguestan, Tchétchénie, Ukraine, Géorgie... mais qu'importaient ces quantités de mauvaise qualité, l'étiquette était la même! Les vins d'Arménie étaient utilisés pour améliorer la qualité grâce aux cépages locaux de Vos Kehat, Kaghet, Areni. La réputation de cet alcool s'appuie sur une tradition et une méthode de distillation et de vieillissement transmises depuis l'origine. Les "cognacs" les plus vieux ont 70 ans d'âge ("Noyantapan").

Pour sauvegarder la qualité et maintenir la réputation de ce produit haut-de-gamme, le groupe Pernod-Ricard, qui a acheté l'usine en juin 1998 - pour 28 M$ -, a engagé un véritable combat contre les contrefaçons, encore fabriquées en Russie, pour garantir la valeur d'une étiquette comme un label exclusif. La société française reprochait au gouvernement arménien, ancien propriétaire, de ne pas avoir fait cesser la production de deux autres usines de "cognac" en Russie. Durant plusieurs années, elle fut ainsi concurrencée sur son principal marché – jusqu'à 80% des ventes se font vers la Russie – par les usines de St-Petersbourg et de Saratov, qui continuaient à sortir des bouteilles de "cognac Ararat" avec la même étiquette qu'avant la privatisation. Ceci porta préjudice à la société Yerevan Brandy Company, non seulement sur le volume des ventes – cette production parallèle lui fit perdre 20% des ventes – mais sur le principe de qualité garantie, correspondant à une politique commerciale de la firme Pernod-Ricard.

L'usine connaît des difficultés de toute nature et principalement techniques. Par exemple, avec l'effondrement – anéantissement - de la production de betteraves et la fermeture de la grande distillerie de Spitak, on manque de sucre. Il faut donc en faire venir de France, pour faire le caramel qui entre dans le procédé de fabrication. Il a aussi fallu renouveler une partie du matériel et, en particulier, abandonner les énormes réservoirs de 109 000 litres, inadaptés.

Avec cet exemple, unique, on est au cœur du débat sur l'avenir du vignoble d'Arménie : entre quantité et qualité, l'intérêt d'une production raisonnée dont la plus-value serait valorisée servirait à la fois le travail du viticulteur, la culture, et favoriserait l'émergence de la notion de "terroir" avec ses applications en terme d'image pour la commercialisation.

Les autres unités de production de vins et de spiritueux.

Parmi celles-ci, l'usine de vins de Vedi et celle de vins mousseux de Erevan sont assez représentatives de cette course vers la reconnaissance de la qualité de leur production, clé indispensable pour ouvrir les portes du grand marché.

L'usine de vin "Ararat" à Vedi, dans la région Ararat, fut fondée en 1877 par Tayirov, un homme d'affaires arménien. En 1889, en progression rapide, la production atteignait 16 100 hectolitres de vin. L'usine fut collectivisée durant l'époque soviétique et à nouveau privatisée depuis 1991. Aujourd'hui, elle produit 600 hectolitres de "cognac", 12 000 hectolitres de vin et 50 000 bouteilles de vodka par an. Elle est équipée d'une chaîne de fabrication de bouteilles qui, au maximum de sa capacité, pouvait fournir 3 000 bouteilles de "cognac" et 6 000 bouteilles de vodka à l'heure. Le palmarès de cette usine est à l'image de ce que signifiait la qualité à l'époque soviétique : médailles d'or et grands prix couronnèrent la réputation de l'usine durant les années fastes. Depuis la privatisation, le vin "Arevik" (ce qui signifie "petit soleil") reçut une médaille d'or à l'exposition de St-Petersbourg. La vodka de blé et cornouille figure parmi les produits phare de l'entreprise, de même que le brandy "Choustov" et la liqueur "Arevshat", considérée comme la gloire des vins arméniens.

Un autre fleuron de la production viticole, l'usine de vin pétillant "Erevan", produit annuellement 4 millions de bouteilles de mousseux et 3 millions de bouteilles de vin. Le combinat, créé en 1946, utilisait des raisins produits dans la région Ararat et acquit une réputation de qualité sur le marché soviétique où ces vins pétillants étaient assez rares[1], donc recherchés. Aujourd'hui, si la qualité ne se mesure pas à l'aune d'une médaille d'or attribuée selon les canons de la consommation ex-soviétique, les vins mousseux de "JSC Yerevan sparkling wine", comme le "Tigran Medz" ou le "Garni", sont, comme des prétendants au trône, sur les rangs de la labellisation qui leur assurerait une reconnaissance internationale et de nouveaux marchés à l'export.

---

[1] La Géorgie produisait aussi des mousseux réputés, improprement appelés "champagne".

Cependant, la production de brandy, d'alcools ou de vins n'est pas le seul objectif, pour l'avenir. Un autre objectif - peut-on dire "mission"? - est le maintien d'une production viticole et la formation de viticulteurs. Un des points sur lequel porte le renouveau du vignoble concerne la relation entre la taille moyenne, trop réduite, du vignoble familial et l'incapacité à rentabiliser le travail de 3 ou 4 personnes (membres de la famille). L'orientation à prendre, pour l'avenir, s'applique à l'organisation entre viticulteurs : selon le directeur de YBC[1], "dans les années à venir, il faudrait qu'il y ait finalement une entente entre les vignerons, qu'ils deviennent plus gros, parce que la rémunération restera de toutes façons faible par rapport au travail effectué".

Si l'on considère la situation dans d'autres anciens pays de la sphère soviétique, le cas du vignoble de Hongrie[2] rappelle celui de l'Arménie. Les difficultés conjoncturelles y sont de même type : problèmes liés à l'écoulement de la production de raisin, de vinification, de médiocre qualité pour ces cépages ordinaires à haut rendement, avec, toutefois, une situation particulière pour le Tokay de la région d'Eger, vignoble de cru qui intéresse des maisons bordelaises (V. Rey).

Cette logique instable, aperçue au travers de l'exemple du vignoble, se reproduit quasiment à l'identique pour les productions de fruits et de légumes.

2.3.LES CULTURES MARAICHERES ET L'ARBORICULTURE FRUITIERE

La place des républiques de Transcaucasie pour l'approvisionnement du marché soviétique apparaît prééminente, mais avec l'ouverture des frontières de l'ex-URSS, l'espace de production est, pour ainsi dire, retourné : l'Arménie se retrouve au nord de la méridionalité et perd une grande partie de ses avantages. L'entrée dans l'économie de marché crée une situation de concurrence où la logique de production d'un "Sud" ne tient plus et le pays se trouve confronté à la concurrence mondiale, surtout celle de la Turquie dont les fruits – en particulier des noisettes, des abricots, des prunes -, après transformation et conditionnement, sont exportés vers les marchés de l'Europe occidentale et vers d'autres destinations. C'est le monde à l'envers. Le pays est déconnecté de ses anciens réseaux d'échange qui valorisaient ses productions. Il se trouve étranglé, sans ouverture vers l'extérieur, incapable, avec les mêmes produits, de répondre aux exigences de qualité du nouveau

[1] P. Larretche, dans un entretien au mensuel "Nouvelles d'Arménie", Juin 2002.

[2] V. Rey. *Les nouvelles campagnes de l'Europe de l'Entre Deux*. In Agricultures et campagnes dans le monde, Dossier Images économiques du monde, n°20,SEDES, Paris, 1996, pp. 163-192.

marché. Effet de relativité, ce qui était considéré "de qualité", fleuron de l'agriculture arménienne, n'est plus que produit ordinaire.

L'action des facteurs conjoncturels est identique à celle qui s'applique à la production viticole. Pour l'arboriculture et les cultures légumières, la problématique repose aussi sur leur intérêt pour l'approvisionnement alimentaire du pays. Ces productions ont alors une double fonction : assurer les besoins de base du marché intérieur et apporter un revenu grâce à la valorisation et à la commercialisation des excédents.

2.3.1.Evolution de la production : une courbe descendante

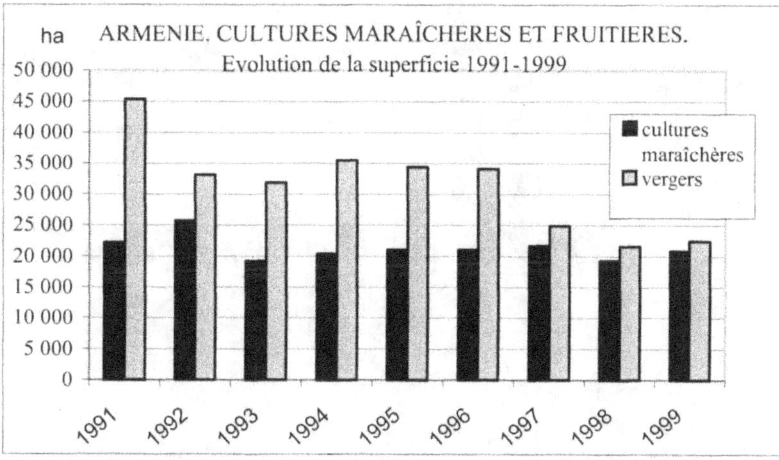

Figure 4-8 (*source : Ministère de l'Agriculture de la R.A.)*

Avec des hauts et des bas, la production de fruits et de légumes tend à stagner, voire à régresser. La régression affecte principalement les périmètres d'irrigation de l'Ararat et Armavir, alors que la production des lopins s'accroît afin d'assurer la subsistance familiale et un peu de vente ou de troc. Mais, sans agroalimentaire capable d'absorber et de valoriser une production plus importante, l'évolution restera paralysée malgré les fortes potentialités du milieu.

La localisation des principaux périmètres de production n'a pas changé depuis 10 ans : elle concerne avant tout la plaine de l'Araxe - régions d'Ararat, d'Armavir - et ses contreforts montagneux, l'Aragatsotn. C'est là que se situe le cœur actif du territoire, à proximité de la capitale, seul vrai marché du pays, accessible rapidement (moins de 2 heures, ce qui, vu l'état des routes et l'absence de chemin de fer, est important), situé dans une zone basse aux sols fertiles et disposant de réserves en eau de surface et souterraine abondantes, soit une des rares régions d'Arménie où les caractères naturels sont un véritable avantage. Région bénie des dieux, petit îlot d'opulence - relative - dans un océan de difficultés, ce périmètre de 87 295 ha de superficie cultivable, soit 31,2% du total national, et 58,3% des surfaces[1] occupées par des cultures irriguées, reste le bastion de la production légumière et fruitière. On y cultive 39,5% des légumes et 53% des vergers de la république.

ARMENIE. PRODUCTION DE FRUITS ET DE LEGUMES PAR REGION EN 1999

Figure 4-9

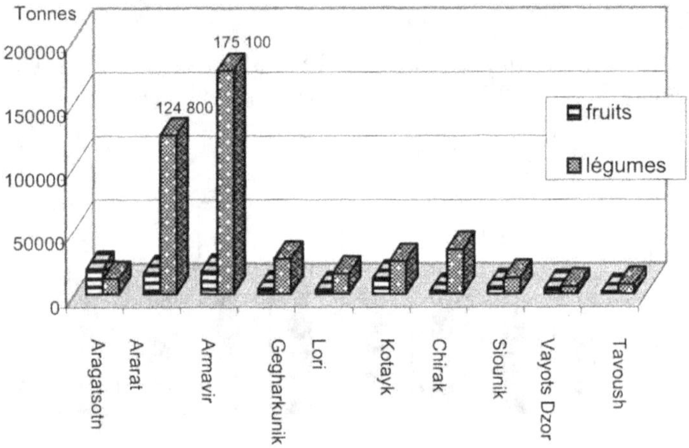

D'autres secteurs sont localisés dans les vallées : vallée de l'Arpa, véritable oasis spécialisée dans l'arboriculture (abricots, prunes, pêches, cerises), périphérie de l'Aragatz principalement versants sud, sud-est et sud-ouest, région de l'extrême sud autour de Meghri, ainsi que dans les vallées de l'Aghstev et de la Debet, au Nord. Enfin, la production essaimée dans les lopins, dans toutes les régions, assure les besoins de la famille et entretient vente et troc de proximité, c'est-à-dire contribue de façon importante à l'alimentation et au revenu des foyers paysans.

2.3.2. Quelles perspectives ?

Depuis 1991, la tendance à la baisse affecte ces productions

Quelle que soit la région, ceci provient de l'accumulation de toutes les difficultés internes ou extérieures au pays : surcoûts de production, nécessité d'importer les intrants (semences, fertilisants...) à des prix élevés, fermeture des unités d'agroalimentaire, dégradation des réseaux d'irrigation, prix de

1 Source : Institut des Terres de la République d'Arménie. 1999.

l'eau … Autant de facteurs déjà relevés à propos du vignoble et qui sont à l'origine des problèmes actuels.

Au travers de la typologie décrite dans la deuxième partie, le détail des situations individuelles est suffisamment explicite : le paysan se trouve dans un labyrinthe dont il ne peut ni retrouver l'accès ni trouver la sortie. Au pied du mur, il n'a d'autre choix que de vivre au jour le jour, pour nourrir sa famille, d'abord et, éventuellement, vendre au marché ses excédents. Dans le meilleur des cas, il pourra trouver au coup par coup un débouché dans l'agroalimentaire. Au pire, il sera contraint d'échanger, par la pratique du troc, pour obtenir des marchandises qu'il ne peut acheter : en particulier des semences et des engrais.

Le problème des débouchés est crucial. La fermeture des usines agroalimentaires et la réduction des marchés extérieurs sont les obstacles les plus rédhibitoires. Les prix, tels que nous les avons relevés sur les marchés de la capitale, dans la rue, sont particulièrement élevés. Voici les prix relevés auprès de petits marchands sur le trottoir près de la place de la République en décembre 2001.

Prix du kg en Drams[1]

pommes de terre	180
grenades de Meghri	500
carottes et choux	80
betteraves rouges	100
Pommes	200 à 250
Oignons	180

Du côté du producteur, le prix de vente aux grossistes reste bas. C'est ce que souligne l'enquête réalisée à Oudjan, un village situé à peu de distance de Erevan (environ 45 mn), c'est-à-dire particulièrement bien placé pour livrer sa production dans des délais réduits.

À Oudjan, sur le versant méridional de l'Aragatz, l'arboriculture fruitière est à la base de l'activité agricole. Il y a 1 050 exploitants qui se partagent 600 ha de terres cultivables soit, en moyenne, 0,6 ha par famille. En 1998, on produisait à Oudjan, 443 tonnes de fruits, dont 348 tonnes de pommes, sur 139 ha de vergers. Les paysans vendent une partie de leurs fruits à des marchands de Erevan. Les prix d'achat varient selon la loi de l'offre et de la demande mais sont tributaires des conditions demandées par les intermédiaires.

[1] Rappelons que le salaire moyen est d'environ 15 000 à 20 000 Drams, environ 38 E.

Si l'on compare avec les prix de vente au consommateur, on comprend mieux la situation du marché : le kg de pommes vendu, au détail, de 200 à 250 Dr/kg est acheté au producteur 50 Dr.

A Aralez, dans la plaine de l'Ararat, les abricots se vendent à des intermédiaires qui approvisionnent le marché de Erevan. La surproduction de la récolte 2000 a fait chuter les prix d'achat à 200 Dr/kg. Par contre, les cerises ont pu être vendues 600 Dr, en raison d'une faible production. Quant aux fraises d'Artashat, achetées 500-600 Dr/kg au producteur, elles se vendaient 1 000 à 1 200 Dr/kg sur le marché de Erevan.

Les situations les plus abracadabrantes prennent des allures de banalité. Quand la récolte est surabondante, l'agriculteur préfère vendre cher plutôt que pratiquer des prix promotionnels afin d'écouler sa production que, de toutes façons, l'agroalimentaire ne saurait absorber. C'est ainsi qu'au bord des routes, des familles entières vont passer des journées derrière leurs seaux de fruits, vendus trop chers et invendables au bout de quelques heures passées en plein soleil. Erreur d'appréciation ? Absence de logique commerciale ? Temps à perdre ? Tout est possible. Pour le paysan, mieux vaut vendre un seul kilo à prix d'or que se débarrasser du stock en vendant bon marché. Combien de récoltes sont ainsi perdues, sans parler des distances à parcourir et du temps de transport pour atteindre les marchés ?

Une lueur d'espoir : la culture des tomates se développe depuis 4 ou 5 années dans la région Ararat-Armavir en raison de l'ouverture d'unités de fabrication de sauce tomate à Artashat, Vosketap, Erevan. Ainsi, une association suisse, pour la fabrication de "ketchup", passe des contrats avec les agriculteurs de ce secteur. Il est clair que ces débouchés ont créé une dynamique, à tel point que l'on n'hésite pas à arracher les pieds de vigne pour les remplacer par la culture de tomates.

La qualité reste un concept à définir

A ce stade de la réflexion, il apparaît évident que l'absence de structures organisées pour l'achat, la transformation et la commercialisation des fruits et des légumes contribue à déstabiliser le producteur et à le décourager. Certes, là aussi, l'objectif quantitatif continue à séduire le paysan et l'intérêt qualitatif passe à l'arrière plan. Cette logique est défendable dans le contexte d'incertitudes qui pèse sur la production agricole sollicitée, dans l'immédiat, pour remplir une mission de subsistance. C'est pourtant une erreur, ainsi qu'en témoignent divers échecs pour s'ouvrir aux débouchés extérieurs : les abricots arméniens, considérés comme les meilleurs du monde dans la sphère soviétique, n'accèderont au rang de produit de qualité que lorsque les producteurs auront compris qu'il faut trier, sélectionner, éliminer pour ne conserver que ceux qui peuvent se mesurer à la concurrence. Faute d'avoir assimilé ce principe, la production de fruits d'Arménie a laissé passer des opportunités sur le marché mondial; un projet, avorté, avec Danone aurait pu ouvrir un débouché important. Il aurait fallu que les producteurs comprennent le sens de la qualité et l'intérêt de la sélection pour affronter la concurrence.

Les fruits et les légumes d'Arménie gardent une réputation de qualité.

En pénétrant dans le marché de Erevan, on est instantanément saisi par la beauté des étals luxuriants, regorgeant de tous les produits de l'agriculture du pays, comme un hymne au jardin d'Eden, perdu. On y trouve toutes les couleurs de la palette du peintre mêlées aux senteurs de l'Orient : roses en pétales, épices, fruits secs et confits, *soudjours* - sortes de fines saucisses de sirop épais emplis d'un mélange de noix, d'amandes - de miel, pastèques, herbes culinaires, fruits frais, toutes les saveurs du Paradis terrestre. Quand on parcourt les allées de ce fabuleux jardin, comme sur un marché de Provence, on est apostrophé par les marchandes, vantant leurs productions. Mais, de façon étonnante, le mot "qualité" n'est pas prononcé. On fait plutôt référence au lieu de production, comme une garantie : les abricots et le safran d'Artashat, le raisin de Norabats, le miel de Meghri... La réputation ancestrale de certaines productions agricoles de Transcaucasie, qui a servi les intérêts du système soviétique, conforte aujourd'hui la renommée des régions productrices en mal de reconnaissance dans la nouvelle hiérarchie des valeurs du marché mondial.

Les produits "labellisables" sont un indicateur d'une timide affirmation de la qualité.

Plusieurs secteurs de l'agroalimentaire misent sur une personnalisation des productions d'Arménie, réputées en d'autres temps, aujourd'hui sur les rangs pour acquérir leurs titres de noblesse. Parmi celles-ci, les boissons et les fruits.

La tradition des fruits séchés, du miel[1] et des confitures reste un débouché toujours actif dans la région méridionale de Meghri. Il existe là deux petites usines de transformation. L'une - l'usine de Tevik - conditionne des fruits secs pour le marché de Erevan. Une autre, plus importante, l'usine de conserve de Meghri, a été fondée en 1930 pour transformer les fruits de la région en confitures, jus de fruits, sirops dont 80% étaient expédiés vers Moscou et Leningrad. Le combinat traitait alors 2 500 tonnes de fruits par an : mûres, abricots, figues, pêches, grenades, cornouilles, coings... Après 1991, en raison de la fermeture des débouchés, l'usine perdit peu à peu ses

[1] Bellonie Chantre, lors de son séjour en Arménie, en 1890, évoque Meghri, ou Migri :"Son nom dérive du mot arménien *meghre*, qui signifie "miel", produit renommé du pays". *A travers l'Arménie russe*. Le Tour du monde, Hachette, Paris,1893, p.45.

marchés. De plus, confrontée à la concurrence, la qualité se trouva bien en-dessous des standards du marché international, interdisant un véritable label. Pour entrer dans la cour des grands, il faudrait moderniser les équipements techniques, ce qui requiert des investissements que l'entreprise ne peut assurer. Aujourd'hui, l'usine est encore la propriété de l'Etat et tourne à 10% de sa capacité. Depuis deux ou trois ans, 30 à 50 tonnes de produits sont exportés vers les Etats-Unis; la demande porte sur la confiture et les fruits confits : noix et abricots confits, confiture de mûres, de cornouilles, de figues. Des ouvertures possibles vers la Russie et l'Egypte font espérer une reprise progressive de l'activité dont les responsables regrettent que ne soient pas reconnues les réelles qualités gustatives de ces fruits, cultivés sans produits chimiques et transformés de manière artisanale, "à l'ancienne". A quand le label de "produit biologique" ?

Dans l'Ararat, l'usine de Sardarapat était une des plus réputées de l'ex-URSS et fabriquait, à partir des fuits et des légumes de la région, des conserves, des jus de fruits, de la sauce tomate et des condiments. Le combinat, un des plus grands fournisseurs de l'Union, fut créé en 1943 sur une superficie de 160 000 m^2, au cœur de la plaine de l'Ararat ; il était doté des installations les plus performantes de la technologie soviétique : capacité de stockage de 2 500 tonnes, capacité de réfrigération de 3 000 tonnes ainsi que chaîne de conditionnement. Il produisait alors 30 millions de litres de jus de fruits, 5 000 tonnes de sauce tomate, des aliments pour bébés, de la confiture de mûres, noix, prunes et de pétales de roses … L'usine fabriquait aussi son matériel de conditionnement : boîtes de fer blanc et emballages carton (de type "brick") pour les jus de fruits. Aujourd'hui, l'entreprise continue de fonctionner au ralenti et approvisionne encore d'anciens clients : Géorgie, Russie, Ukraine, Pays baltes. Misant sur sa renommée "jamais démentie au cours de son histoire" (le slogan de l'entreprise), sur la qualité des fruits et des légumes "biologiques" utilisés, sur les méthodes de fabrication sans additifs chimiques, la "Sardarapat canned food factory" tente une percée vers de nouveaux marchés hors de la sphère de l'ex-URSS.

D'autres produits d'Arménie, en particulier confitures, jus de fruits, alcools, sont vendus par le réseau de la diaspora dans des boutiques spécialisées. C'est là une voie d'avenir pour des productions de qualité.

Les étals du marché de Erevan regorgent des légumes et des fruits de toute la région de l'Ararat, jardin d'Eden où les couleurs mêlées aux senteurs de l'Orient, composent un tableau luxuriant.

Photo 4-4

Valoriser la qualité est un enjeu du développement agricole

Certes, les fruits de Meghri ont une appellation d'origine qui fait référence, comme une sorte de label : les abricots et les noix confits, les fruits secs, sont vendus dans des magasins d'alimentation de luxe à Erevan et considérés comme des produits de haute qualité. Les vins fins et autres alcools pourraient aussi prétendre à une renommée internationale compte tenu de leur réputation antérieure. Mais ces "niches" commerciales sont à la fois bien trop réduites, insuffisamment contrôlées, sans véritable garantie pour le consommateur et, surtout, très concurrencées par d'autres pays qui inondent le marché de ces mêmes produits vendus moins cher et labellisés. Sans doute faudrait-il miser à la fois sur une véritable "appellation d'origine contrôlée", comme celle que mériterait la tomme de Gnell, ou encore celle des spiritueux produits par "Yerevan Brandy Company". Pour l'heure, ni les anciennes structures de transformation, avec leur matériel obsolète, ni les logiques de gestion héritées du système soviétique, ne sont en mesure de hisser l'agro-alimentaire arménien sur le podium du grand marché mondial tandis qu'à l'amont, l'agriculteur arménien est prisonnier de schémas décalés, ligoté par des difficultés techniques et financières, entravé par le manque de débouchés. L'absence d'initiative, qu'il ne faut pas mettre totalement au compte de problèmes matériels, et de repères fiables dans le contexte économique totalement bouleversé, l'entraîne dans des logiques contraires, persuadé que "demain sera un autre jour".

Mais il faut dépasser le cadre des contraintes quotidiennes et regarder vers l'avenir ; ce n'est pas une utopie que de penser à un essor basé sur la transformation de produits de qualité. Voilà un axe de développement à encourager pour des investisseurs étrangers. Les Américains sont déjà bien implantés dans ce secteur, en Arménie, par l'USAID en particulier ; mais des entreprises françaises d'agroalimentaire trouveraient là une place de choix compte tenu de leur savoir- faire et de la réputation gastronomique de la France. Dans la situation actuelle de redémarrage de l'économie agricole, il serait tout à fait dommageable, pour l'agroalimentaire français, de ne pas saisir cette opportunité. Il y a bien des pistes qui se présentent, en particulier celle des confitures, conserves, sirops et jus de fruits ainsi que des fruits séchés.

3. ELEVAGE ET PRODUITS DE L'ELEVAGE

3.1. LE CHEPTEL ET LES EFFETS DE LA PRIVATISATION

Les effectifs des quatre grandes catégories de cheptel, bovin, ovin, porcin et caprin ont subi le contrecoup de la privatisation.

3.1.1.Le contexte de la transition dans un pays de pastoralisme

Avec l'effondrement du système collectiviste, la privatisation apporte son lot de problèmes qui ne font qu'ajouter aux errements de la gestion antérieure. Dans la confusion ambiante, lors du partage du cheptel collectif, on a tout simplement oublié les graves déficits dont souffrait déjà l'économie pastorale du temps de l'Union. Les maladresses qui avaient fait de ce secteur un des moins productifs de l'agriculture soviétique sont confirmées, voire aggravées lors de la décollectivisation quand une partie du cheptel, ovin et bovin surtout, fut bradée pour "alléger les charges des nouveaux propriétaires exploitants". C'est, du moins, ce que pensaient les responsables agricoles de l'époque.

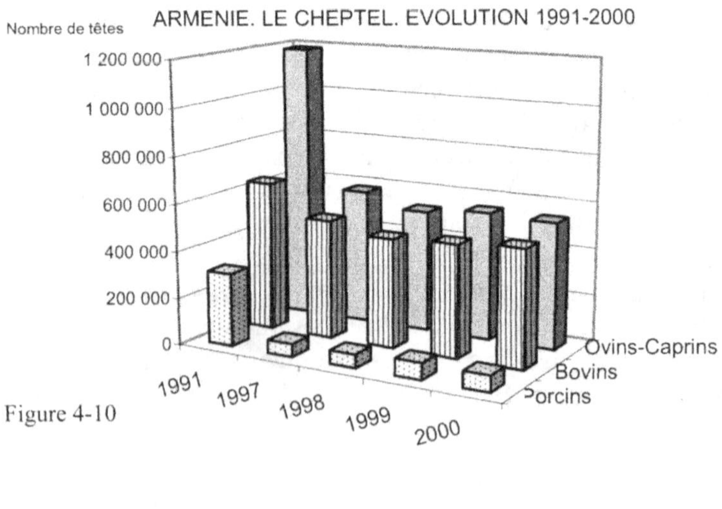

Figure 4-10

LE CHEPTEL : EFFECTIFS PAR REGION EN 1999

	Bovins		Porcs	Moutons	Chèvres
	Total bovins	Dont Vaches			
Aragatsotn	55 284	30 706	4 994	89 402	2 529
Ararat	31 644	18 151	5 403	43 005	3 908
Armavir	36 933	18 838	7 601	39 173	378
Guegharkunik	83 747	46 775	4 936	85 928	1 537
Lori	58 283	32 485	11 223	34 570	4 683
Kotayk	42 445	26 153	4 077	50 427	4 688
Chirak	71 457	36 200	8 012	67 555	894
Siounik	39 947	21 233	3 475	44 002	8 277
Vayots dzor	19 869	10 758	895	20 853	9 370
Tavoush	36 594	19 366	17 385	28 005	4 527
Erevan	2 527	1 430	2 555	4 688	186
Total	**478 730**	**262 095**	**70 556**	**507 608**	**40 977**

(source : Ministère des statistiques de la R.A.)

En deux ans, le troupeau a été réduit de façon drastique, sans réflexion préalable sur les effets, à terme de cette perte du potentiel génétique. Le même phénomène marque le passage à l'économie de marché dans tous les pays d'économie collectivisée. Les gros cheptels nécessitent l'immobilisation de capitaux que nul exploitant n'est capable, individuellement, d'apporter. Par ailleurs, les réseaux d'approvisionnement en aliments du bétail sont inopérants et les moyens techniques d'élevage ne correspondent plus au cadre de la privatisation. Les mêmes causes produisant, ici, les mêmes effets, on assiste, dans toute la sphère ex-soviétique, à la réduction draconienne des troupeaux bovins et ovins mais aussi porcins ou caprins ; toutes les analyses de l'évolution post-socialiste soulignent ces caractères communs : abattages spectaculaires, ventes massives - dont les pays d'Europe occidentale ressentent immédiatement les conséquences sur le cours du marché intérieur - et, last but not least, grave dégradation du potentiel génétique.

3.1.2.Les principales régions d'élevage et leur production en 1999

Les régions de montagne conservent leurs activités pastorales, principalement orientées, pour les bovins et les ovins, vers la production laitière. Parmi les plus plus importantes régions d'élevage, Guegharkunik (17,5%), arrive en tête pour les effectifs bovins, puis en n° 2 Chirak (15%), suivi en troisième position par Lori (12%) et Aragatsotn. Le troupeau ovin se retrouve dans les régions centrales : d'abord Aragatsotn (17,6%), Guegharkunik (17%), puis Chirak (13,3%).

Quoi qu'il en soit, si la place des grandes régions pastorales reste la même, la taille des cheptels a diminué. Causes et conséquences s'imbriquent étroitement et, si des erreurs ont été commises lors des partages de la décollectivisation, il ne faudrait en aucun cas jeter la pierre aux agriculteurs. Les raisons mêmes de cette situation tiennent davantage aux héritages qu'aux maladresses du moment.

Aujourd'hui, le pays est confronté à une grave crise de l'élevage et à la remise en question de tout le système : dégradation qualitative des surfaces de production (herbages, fourrages), déficit de l'alimentation animale, surcoûts pour l'éleveur (produits vétérinaires, engrais azotés, semences) à cause de la rupture des réseaux d'approvisionnement, carences dans la gestion du cheptel. Le paysan paie pour les erreurs passées et affronte en même temps des obstacles considérables, sans y être préparé. Et ce n'est pas tout. A l'aval du système, on ne compte plus les anomalies : l'agro-alimentaire est en panne, les circuits de vente sont déliquescents, les technologies les plus simples pour transformer la production dans l'exploitation sont inconnues, ignorées, perdues dans la mémoire du temps. Or, le marché intérieur souffre de carences en produits laitiers qui sont une base de l'alimentation quotidienne : lait, beurre, fromage, *matsoun* (yaourt liquide), crème. A la clé, deux pénalités pour le consommateur : les prix élevés et le manque de variété proposée. Par exemple, le litre de lait (vendu en brique) dans une épicerie à Erevan coûte 600 Drams, soit l'équivalent de 1,07 à 1,22 E. C'est hors de prix pour une clientèle dont le pouvoir d'achat ne cesse de diminuer. Le lait est un luxe. Le plus cher est importé d'Iran. Quelle aberration pour un pays de montagne à vocation pastorale que d'être obligé d'importer de tels produits et de les vendre si cher. Le fromage de type Lori (de lait de vache, égoutté et salé) est vendu 1 500 à 2 200 Drams le kg selon la provenance, soit de 3,51 à 4,57 E. Comment peut-on s'offrir régulièrement du fromage quand on est retraité avec un revenu de 6 E par mois[1] ?

[1] Les enfants et la famille, en général, y compris ceux qui sont partis à l'étranger, subviennent le plus souvent aux besoins de leurs parents âgés. Grâce à la débrouillardise dont savent faire preuve les Arméniens pour améliorer leur revenu, une partie des ressources familiales provient aussi des petits boulots occasionnels. Cependant, ceci ne saurait cacher les graves difficultés financières de la majeure partie des foyers. Dans le prochain chapitre, nous aborderons l'aggravation de la pauvreté et ses effets sur les capacités d'achat en produits alimentaires de base.

3.2. L'EVOLUTION DE L'ELEVAGE AU TRAVERS D'EXEMPLES CONCRETS

Entre autosubsistance et commercialisation, toutes les situations sont étroitement mêlées au contexte de la transition. Certaines, basées sur de réelles aptitudes individuelles, d'autres, soutenues par un potentiel financier, d'autres encore par des impératifs de formation, toutes ont un rôle à jouer dans la déroute actuelle. Parmi les situations les plus significatives, voici quelques exemples rencontrés au gré de nos enquêtes. Le schéma le plus fréquent est celui des paysans qui ne disposent que de 2 ou 3 vaches et de quelques moutons, reçus lors du partage et qui n'ont pas pu ou pas su faire évoluer leur troupeau. Ce cas a été évoqué dans la typologie au bas de l'échelle sociale, nous n'y reviendrons pas. Les activités d'élevage peuvent prendre diverses formes, selon le degré de spécialisation de l'exploitation. Les situations suivantes sont celles de véritables éleveurs et non plus seulement d'agriculteurs possédant un petit troupeau.

Photo 4-5
Sur l'Aragatz, un campement de Yézidis et leur troupeau de bovins.
(Photo J. Soumagne)

3.2.1.Elevage et savoir faire pastoral : les Yézidis.

Les pasteurs Yézidis continuent à pratiquer la transhumance. Depuis la fermeture de la frontière avec l'Azerbaïdjan, due au blocus, il n'y a plus de mouvements entre les pâturages du bassin de la Koura et les montagnes d'Arménie mais la transhumance se pratique toujours entre les plaines et les massifs, en particulier entre la région Ararat et le massif de l'Aragatz. Ce sont principalement les Yézidis qui assurent ces déplacements.

Dans le village de Gaye, dans la région Ararat - un des ces villages où vivent encore ces minorités - lors de la privatisation, il y eut quelques discordances entre les deux communautés d'Arméniens et de Yézidis. Les anciens responsables agricoles bénéficièrent d'une grande partie du cheptel, ovin et bovin, alors que les Yézidis furent, selon les témoignages, défavorisés. Ils conservèrent cependant celui qu'ils avaient individuellement auparavant et, selon leurs traditions familiales, le mirent en commun. Aujourd'hui, sur les 40 exploitations yézidies du village, 10 se consacrent exclusivement à l'élevage avec transhumance et les 30 autres complètent leur revenu avec des cultures irriguées : en particulier pastèques, oignons, choux, tomates, pommes de terre. Le revenu issu de l'élevage est le plus élevé. C'est la spécialité de ces familles.

Dans l'exploitation de Fayzo, à Gaye, il y a 35 vaches, de race "brune du Caucase", qui vont passer l'été en altitude : la transhumance s'effectue durant 5 à 6 mois, entre mai et octobre sur les pentes de l'Aragatz, ainsi que dans les monts Guegham et Vardenis. La gestion de l'exploitation est rigoureuse, particulièrement pour les dépenses d'alimentation du bétail, poste essentiel du bilan financier.

Il faut acheter une partie du fourrage (foin, luzerne) pour l'hiver, sachant qu'une botte de foin de 15 à 20 kg coûte 700 Drams et qu'un kilo de viande se vend 700 Drams. Or, il faut 10 kg de fourrage pour un kilo de viande, ce qui laisse peu de bénéfices, une fois qu'ont été payées les autres charges, comme la location des pâturages d'été. Un hectare de pâturage en montagne se loue entre 1 000 et 2 000 Drams selon les zones, pour la saison, plus le prix de l'eau pour le bétail. Il faut environ 500 ha pour 10 familles ; c'est la surface nécessaire pour 150 à 200 bovins et 2 000 moutons. Le coût du déplacement estival se justifie par la difficulté à trouver des herbages dans la plaine de l'Ararat durant l'été, en raison d'une intense sécheresse. La transhumance s'impose donc, aujourd'hui comme auparavant, et reste intégrée au mode de vie de ces éleveurs.

La réputation de ces éleveurs Yézidis est telle qu'ils sont aujourd'hui sollicités par la Russie qui leur propose des terres à cultiver, des pâturages et du bétail dans les régions de Stavropol et de Krasnodar. Dans la hiérarchie qui se dessine, cette catégorie de paysans peut être classée parmi les agriculteurs émergents : ils disposent d'une renommée dans le domaine de l'élevage, de compétences reconnues et d'une cohésion clanique qui leur assure une réelle solidarité financière. Fayzo est le digne descendant d'une famille d'éleveurs. On dit que les Yézidis savent transformer leurs moutons en or… et ce n'est pas faux. A travers leur histoire, il reste une constante : un véritable savoir-faire en matière d'élevage, bovin ou ovin. Ces pasteurs ont conservé, comme un fait de civilisation, des traditions basées sur la hiérarchie sociale du clan familial où l'autorité du chef (le plus souvent un *cheikh*), est rigoureusement respectée.

Photo 4-6
La grande route du Sud, ici vers Vayk, est un axe important de circulation … pour les troupeaux qui gagnent, au mois de mai-juin, les pâturages des monts Vardenis ou du Zanguezour, parcourant une distance de 30 à 40 km, sous la conduite de trois ou quatre bergers ou vachers et accompagnés de ces chiens du Caucase, race redoutable, capables de défendre le troupeau contre les attaques des loups.

L'exemple suivant illustre la situation de "business farmer", telle qu'elle a été détaillée dans la typologie du chapitre II. Il s'agit simplement, ici, de la rappeler et de l'intégrer dans cette évolution, bien qu'elle reste très minoritaire dans le contexte actuel.

3.2.2. Un gros élevage bovin-lait : le complexe d'Abovian

Cet ensemble d'élevage qui appartient à un gros propriétaire a été décrit dans la typologie. Il fournit l'exemple - type de ces mutations extrêmes, dans un contexte fluctuant, en grande partie liées au pouvoir politique et à l'argent. Si l'objectif vise, on le comprend aisément, à produire un revenu notable, il est aussi fortement connoté par la satisfaction personnelle du propriétaire, qui n'exploite pas directement mais gère cet élevage comme une entreprise. Si, en Arménie, la privatisation du secteur agricole a été aussi rapide que complète, il se trouve tout de même quelques situations en marge de la privatisation, pour d'anciens sovkhozes dont l'Etat conserve la gestion.

3.2.3.Les "nouvelles" fermes d'Etat

Il reste, en 2002, une quarantaine de ces anciennes exploitations collectives, qui sont peu à peu privatisées. Héritières directes des anciens sovkhozes, les fermes d'Etat ont aujourd'hui un rôle ambigu : à la fois représentantes de la politique agricole officielle et à la fois moteurs pour redémarrer une économie exsangue et en réactiver certains volets déficients. Une de leurs missions consiste à relancer la génétique.

L'amélioration de la génétique est un objectif prioritaire

Il y a peu d'exemples de ces actions en cours, à cause de graves difficultés de financement, mais les responsables de l'élevage sont parfaitement conscients de la nécessité d'améliorer ce volet de la production animale.

A Lori, l'ancien sovkhoze, auparavant spécialisé dans l'élevage bovin (le plus grand du Transcaucase), est devenu ferme - pilote sous contrôle de l'Etat qui a injecté 9M de Drams (182 938E) en 1999 pour créer une unité d'amélioration génétique bovine, en particulier pour le croisement des races Grise du Caucase (pour la viande) et Schwiss (pour le lait). Il est encore trop tôt pour tirer une conclusion de cette tentative. Mais force est de constater que le déficit du potentiel génétique est une préoccupation sérieuse pour l'Etat.

Autre volet, le centre d'insémination de la ferme d'Etat de Guegharkunik, qui ne possède plus que cinq reproducteurs bovins, pour la race laitière Grise du Caucase. Mais le directeur avoue ses doutes quant à la pérennité de ce centre : "il y a peu de clients car les agriculteurs ne sont pas solvables et ne peuvent payer le coût de l'insémination". Pourtant, sur les 3 000 Drams demandés, l'Etat en paie la moitié ; mais, malgré cela, les demandes sont en chute libre. Il existe, en tout, quatre centres d'insémination : Artashat, Martouni, Sissian, Stepanavan, mais leur rentabilité est compromise. Les besoins existent cependant, presque essentiellement pour les races laitières. C'est là un autre aspect de la question : la production de viande bovine est fortement déficitaire et, même si une partie de la consommation concerne la viande de porc et de mouton, il y a là un déficit qui, nous le verrons bientôt, porte préjudice aux activités de transformation de produits animaux.

La reconstitution d'un cheptel porcin répond à une demande en produits carnés

C'est un objectif inscrit parmi les priorités, étant donnée la pénurie de viande, et de viande de porc en particulier, sur le marché intérieur. La ferme d'Etat d'Etchmiadzin s'est reconvertie dans l'amélioration génétique.

A Etchmiadzin, la génétique porcine est à l'origine de la relance de l'exploitation d'Etat. Il y avait là un grand combinat porcin qui, après quelques années difficiles lors de la privatisation, a dû fermer au bout de quatre ans, en 1994. Preuve du déclin inexorable de cet élevage, les effectifs porcins sont passés de 9 000 têtes au cours des années 1987-88, à 1 000 au début de l'indépendance. Faute de moyens techniques et financiers et en l'absence d'une gestion adaptée à l'économie de marché, la production périclita et il fallut se résoudre à la fermeture totale en 1995. A l'initiative d'un responsable de l'agriculture, frappé par ce désastre face aux besoins du pays, l'élevage rouvre ses portes dans le courant 2000 avec une dizaine de porcs seulement. L'objectif est clair : reconstituer par croisement de quatre races une "race porcine arménienne" et la diffuser dans les élevages familiaux. Un an et demi après, il y avait là 350 porcs et truies, répartis dans cinq des douze grands bâtiments de la ferme, qui compte aussi 100 ha de terres pour produire du blé et de la luzerne.

En dépit de premiers résultats encourageants, transparaissent les difficultés bien connues pour l'alimentation des animaux. Ashot, responsable et initiateur du projet, confirme : "depuis onze ans, en Arménie, on n'a plus les réseaux d'achat et on ne produit pas assez de nourriture pour les bêtes. Avant, les aliments venaient de Moldavie ou d'Ukraine. Maintenant, on peut acheter en Arménie un peu d'orge, de blé, du maïs et de la luzerne et on fait le mélange sur place. Mais cela coûte cher et les animaux manquent d'apports en vitamines". La rentabilité de cet élevage encore balbutiant est encore loin des objectifs de viabilité : d'abord en raison des problèmes généraux précédemment évoqués, qui tiennent essentiellement à la dépendance de l'Arménie - donc au contexte arménien - et à la désorganisation des réseaux, ainsi qu'au déficit de formation pour préparer la future génération d'agriculteurs. Les contraintes techniques et financières freinent également l'évolution de cette tentative. C'est ce que confirme l'estimation des dépenses, illustrée par le coût de production d'un porcelet, témoignant des surcoûts et des faiblesses techniques.

Un porcelet de 7 kg se vend en général entre 21,34 E et 22,87 E (en France, il se vend environ 45,73 E mais le pouvoir d'achat est beaucoup plus important). Ce porcelet, vendu à 50 jours, coûte à l'éleveur 11 000 Dr (22,87 E). Dans ces conditions, on ne peut pas parler de revenu. Un porc de 110 kg de poids vif (environ 80 kg de carcasse) se négocie autour de 121,96 E. Mais le kg de porc est vendu entre 1 500 et 1 700 Dr (environ 3,5 E) chez le boucher, quel que soit le morceau puisque, par habitude, on ne valorise pas la découpe.

Voilà quelques-uns des aspects les plus rédhibitoires : héritages, frein des comportements, incapacité à répondre à une demande de consommation en raison des multiples facteurs qui pénalisent la production.

La relance de l'élevage ovin pour la laine

Il s'agit d'un autre volet pour les fermes d'Etat. C'est l'objectif prioritaire pour l'exploitation d'Aragats, où l'on tente de réhabiliter une race à laine, unique dans la Transcaucasie à l'époque soviétique. Cette laine était alors utilisée pour fabriquer des tapis mécaniques - tapis de Erebouni - qui étaient vendus dans l'URSS et qui, selon le responsable actuel de l'élevage, étaient si beaux qu'on ne pouvait même pas les acheter en Arménie. Leur prix pouvait atteindre 500 à 600 $ pour un tapis de 3m x2m. Aujourd'hui, une des fabriques, à Aragats, est fermée depuis 1993, une autre fonctionne à Erevan à 20-30% de sa capacité. Le but de cette ferme d'Etat est précisément de relancer l'élevage de cette race à laine pour approvisionner la manufacture de tapis qui manque de matière première.

A Aragats, dès 1928, il y eut d'abord un kolkhoze où l'on créa cette race à laine, par croisements. En 1973,en raison des bons résultats de l'élevage, il fut transformé en sovkhoze pour un élevage de plus de 20 000 moutons à laine. Aujourd'hui, la ferme d'Etat, gérée par le Ministère de l'Agriculture, dispose des mêmes surfaces : 1 600 ha de pâturages auxquels s'ajoutent 1 600 ha en location pour l'été sur les hauteurs de l'Aragatz, ainsi que 400 ha de surfaces fourragères, dont 100 en irrigué, pour la luzerne et l'orge. Le troupeau est réduit à 800 ovins, complété par un petit troupeau caprin d'une quarantaine de chèvres, pour le lait. La finalité de cet élevage est de reconstituer un effectif suffisant pour assurer une production de laine de bonne qualité dont on manque cruellement.

Sur les étendues steppiques de ces hauts plateaux, les animaux passent une grande partie de l'automne et du printemps, avant de monter en altitude. Le lieu est magique avec la silhouette altière de l'Ararat, magistrale toile de fond. Quelques habitations saisonnières, cubes de béton posés sur la steppe, abritent, au milieu des pâturages, les bergers et leur famille. Dans ces domiks (petites maisons) vivent des Yézidis avec femmes et enfants. Ils passent là cinq à six mois de l'année pour garder les troupeaux. Le directeur de la ferme parle de ces bergers avec un certain respect : "ils connaissent bien les animaux, ce sont de vrais éleveurs mais malheureusement, beaucoup partent en Russie où on leur propose de meilleures conditions".

Photo 4 -7
Sur fond d'Ararat, troupeau de moutons de la ferme d'Etat d'Aragats

Dans le cadre de ces fermes-pilote, malgré une volonté affirmée et de réelles compétences parmi les techniciens, l'Etat déclare forfait : à Aragats, le sovkhoze est à vendre et les investisseurs étrangers seraient bienvenus. Mais cet héritage de l'économie collectivisée - il reste encore 50 fermes d'Etat, dont les jours sont comptés – est à la fois trop lourd à gérer et encore trop marqué par le mode de fonctionnement antérieur. La ferme est mise à prix 60 000 $ pour 2 000 ha, dont 490 irrigués, 1 000 moutons à laine, des bâtiments d'élevage, du matériel et des pompes à eau. C'est une somme ridicule pour un ensemble d'une telle importance, mais ce n'est pourtant pas une "affaire" car le repreneur devra tout revoir, non seulement la gestion matérielle mais surtout la pertinence des objectifs d'élevage pour la laine. Dans le contexte actuel de pénurie alimentaire, dont une partie vient de carences en viande, il faudrait sans doute évaluer l'intérêt de la production de laine – pour des débouchés étroits et un revenu aléatoire - en face des immenses besoins du marché intérieur pour la nourriture de la population. L'enjeu est, ici, de l'ordre des priorités.

Voilà l'exemple type d'un effet de la transition, issu de l'inadaptation des structures héritées de la collectivisation face aux exigences de l'économie libérale. Le dimensionnement de ces fermes d'Etat ne correspond plus aux logiques actuelles de mise en valeur agricole. D'autre part, déconnectées du système fermé qui leur assurait une certaine viabilité[1], ces vastes exploitations n'ont pas l'autonomie suffisante pour se développer et s'intégrer à d'autres réseaux économiques, intérieurs et extérieurs. Pour aider le pays, l'U.E. a accordé des subventions, en particulier pour maintenir sous

[1] Même en l'absence de bons résultats, les sovkhozes, considérés comme des fermes-modèles, bénéficiaient d'une certaine impunité et ne subissaient pas directement les effets de mauvais résultats. Pour pallier la baisse de productivité, il restait bien d'autres moyens, y compris celui d'annoncer une superficie inférieure à la réalité afin de rendre excellents de médiocres résultats.

perfusion ces grandes structures non privatisées. Mais ces crédits européens vont être supprimés et l'Etat cherche à se défaire de ce fardeau encombrant,. Pour le responsable du Ministère, c'est un drame. Il avait, un temps, espéré relancer la production de laine, pensant que les débouchés seraient reconstitués. Le bilan de cet élevage est fortement déficitaire et la ferme d'Aragats cherche acquéreur privé. Aucun de ceux qui y travaille ne peut rassembler assez de capitaux pour constituer une société et racheter le lot.

Mais, tout évolue très vite. Quelques mois après cette enquête, nous apprenons qu'une partie de cette exploitation vient d'être rachetée par l'ancien directeur et une autre partie par des investisseurs australiens. Dans ce nouveau cadre, les orientations pour l'élevage ont changé. Ayant parfaitement pris conscience des difficultés à réhabiliter à la fois une race à laine et une production de tapis, l'exploitation privilégie maintenant l'élevage ovin pour la viande, ce qui, il faut bien en convenir, est une voie plus réaliste dans le contexte actuel.

Bientôt ce sera au tour de l'élevage porcin d'Etchmiadzin, qu'il faudra vendre : espoirs déçus et illusions perdues, à moins que, là aussi, un acquéreur ne se propose. Ainsi que le répètent inlassablement les responsables agricoles, comme pour souligner les compétences, réelles, qui existent :" nous avons des spécialistes pour l'élevage, de très bons spécialistes, des Instituts d'agriculture de Moscou ou de Leningrad ". Ce qu'ils ne peuvent pas dire c'est que si les spécialistes des écoles soviétiques sont si compétents, comment se fait-il que l'élevage ait toujours été un fardeau pour le secteur agricole et qu'aujourd'hui, les élevages d'Etat soient moins performants que ceux des agriculteurs privés ? Et puis, qui va assurer la relève puisque ces techniciens vont bientôt arriver à l'âge de la retraite ?

3.2.4. Perspectives

L'inventaire des handicaps ne suffit pas

Ces situations décrivent parfaitement les aléas de la transition en cours. Incontestablement, voilà quelques-unes des grandes faiblesses de l'élevage. Parmi les principaux handicaps dont souffre le secteur de l'élevage, retenons l'essentiel :

- la valeur marchande du produit n'est pas reconnue selon la plus-value apportée par des méthodes d'élevage, par une alimentation équilibrée, par la qualité bouchère, ni par la valorisation des meilleurs morceaux en fonction de la découpe. Manifestement, le marché ne tient pas compte des technologies de production animale ;
- l'incapacité à remettre en culture des terres pour produire les céréales et les fourrages nécessaires. Dans la ferme d'Etat d'Etchmiadzin, il faudrait

remettre en culture les 100 ha - dont on apprend, au cours de la conversation, qu'une partie est en jachère, à cause de la salinisation des sols et de la vétusté des réseaux d'irrigation - pour y produire de l'orge, du maïs, du blé, et louer aussi des terres voisines, abandonnées. Apparemment, tous, ici, en sont conscients mais rien ne se fait. Ce n'est pas par négligence ou incompétence, mais parce qu'on n'a pas de quoi acheter les semences, restaurer les surfaces de culture, gérer efficacement le cheptel et maîtriser l'amont de la production.

- la relève est un thème crucial. "Notre gros problème - confie le directeur de la ferme - c'est qu'on ne trouve plus de jeunes qui veulent se former. Avant, on avait un réseau de conseillers agricoles et de techniciens. Il faut tout réapprendre. C'est un drame pour l'agriculture de notre pays". Il apparaît ici brutalement exprimé par des responsables, des technocrates pourrait-on dire, qui ont vécu le régime communiste, dont certains savent en discerner et reconnaître les failles, et qui veulent repartir en entraînant des jeunes "pour qu'ils apprennent comment on travaille dans la nouvelle économie".

Préparer une nouvelle génération d'agriculteurs

Le but serait de faire des fermes d'expérimentation non seulement pour la génétique mais pour l'engraissement et d'y associer un but pédagogique pour former les agriculteurs et diffuser les techniques d'élevage. Vaste programme pour lequel les agricultures occidentales ont une mission d'accueil. Une des requêtes fréquemment formulées par les responsables - et que l'on entend aussi de la part d'agriculteurs - concerne les technologies de la reproduction : ici, il est possible d'introduire quelques specimens de races porcines qui ont fait leurs preuves en France, la race Carélie et la Tia Meslan, qui sembleraient adaptées à cette région de production. C'est un des volets d'action pour une association française d'aide au développement agricole en Arménie, C.A.P.[1], qui a expédié 4 reproducteurs porcins français, 3 bovins mâles ainsi qu'un petit cheptel caprin afin d'aider au redémarrage de l'élevage dans différents villages. L'autre volet consisterait à aider l'effort de formation de jeunes agriculteurs. C'est une autre des missions d'associations françaises – les Maisons Familiales Rurales, en particulier - afin d'accompagner la diffusion de techniques et de méthodes de gestion.

[1] L'association Caucase-Arménie-Plus a été créée en France (en Limousin) pour venir en aide aux agriculteurs d'Arménie par de petits projets concrets. L'une des premières opérations a été relatée dans l'exemple de Saravan (voir typologie chapitre 2) et a consisté à envoyer, en juin 2000, un cheptel de 9 chèvres et boucs pour relancer la production de lait de chèvre et créer un atelier de fabrication de fromage dans le village.

Le refus de la fatalité est une réalité

En fait, il manque une véritable impulsion. Développer un cheptel dans un objectif d'amélioration qualitative est "tout un programme" pour un secteur qui a perdu le sens de la mesure. Comme pour les autres types de productions, l'élevage fait les frais du blocus. Certes, les erreurs passées se paient aussi, c'est vrai, mais la gestion et les orientations sont aussi à la fois ambitieuses et irréalistes.

L'effondrement de l'élevage tient à des facteurs de récession concernant l'ensemble du secteur agricole. Par exemple, la limitation forcée aux seules ressources fourragères locales, la raréfaction des produits vétérinaires (donc l'accroissement sensible des pertes) sont des facteurs limitants qui encouragent la vente d'une partie du cheptel mais qui entretiennent aussi la régression qualitative des effectifs animaux. Etre un pays de montagne à vocation pastorale contribue à rendre encore plus cruelles ces constatations.

Selon les spécialistes français venus visiter ces élevages, il faudrait tout reprendre à zéro : le support de production, c'est-à-dire la qualité des pâturages, l'amélioration fourragère, le suivi vétérinaire et la sélection génétique. La conduite d'un troupeau dans un tel contexte d'incertitudes psychologiques et matérielles ne peut réussir qu'à la condition de prévoir les besoins - amont et aval -, de penser les débouchés, de préparer la future génération qui, elle, va réellement prendre en main l'avenir de l'agriculture. Il y a des valeurs sûres, des éleveurs qui connaissent bien leur cheptel, qui conservent des pratiques pastorales fort bien adaptées au milieu. Il ne faut pas faire table rase des acquis antérieurs, fussent-ils soviétiques, mais les utiliser intelligemment pour les intégrer à des processus nouveaux. La pédagogie la plus efficace, expérience vécue à l'appui, reste celle de l'échange d'homme à homme, l'observation de la nouveauté "venue d'ailleurs" puis son adaptation à la situation réelle, qui n'est pas la même d'une région à une autre, d'un homme à un autre.

Rien de tout ceci n'est illusoire. L'erreur serait d'entretenir l'illusion d'une réussite par des conseils et par des dons. Cette erreur a conduit nombre de projets - dont certains partaient d'une excellente initiative - à l'échec. L'humanitaire ne sert à rien pour reconstruire et redonner un sens à l'activité agricole. L'humanitaire est une logique de l'urgence, de la désespérance, indispensable et courageuse forme d'entraide ponctuelle. Pour réussir, il faut, au moins, que chacune des parties ait quelque chose à gagner, mais soit aussi consciente des risques de perdre. C'est à ce titre, celui de la responsabilisation, que l'aide apportée de l'extérieur peut avoir quelque efficacité.

3.3. LES PRODUITS DE L'ELEVAGE DANS LE CONTEXTE DU MARCHE

Les produits de l'élevage restent tributaires du contexte global du marché ainsi que de facteurs liés à la gestion privatisée.

3.3.1. Viande et produits laitiers : l'ampleur des carences

La dépendance

Un regard sur les données du marché des produits de l'élevage suffit pour apprécier l'ampleur des difficultés nées de la dépendance vis-à-vis de l'extérieur. Le déficit de production, entre 1996 et 1998, atteint des valeurs très préoccupantes : 30,3% pour la viande de bœuf, 15% pour celle de porc, 15% pour le fromage, mais aussi 86% pour la production de volailles et 99% pour celle de beurre. Ces lourds déficits s'expliquent bien dans un pays qui ne peut produire tout ce dont il a besoin (rendements faibles et fermeture de l'agroalimentaire) dans le contexte de rupture des anciens réseaux d'échanges. L'autoconsommation n'est pas prise en compte dans cette estimation qui, quoi qu'il en soit, suffit à peine pour répondre aux besoins des foyers paysans.

Pour comprendre ce déficit, il faut tenter d'interpréter l'évolution de chacune des composantes du système.

A l'amont

- Dégradation des pâturages : problème de réensemencement des prairies, de rendements fourragers, d'irrigation
- Potentiel génétique affaibli
- Surcoûts
- Manque d'aliments pour animaux et d'intrants en général.

Le cheptel :

- Sous productivité en viande et surtout en lait
- Pas d'organisation de collecte de lait
- Effondrement des effectifs : extinction de races (porcines en particulier)
- Cheptel bovin-viande insuffisant.

A l'aval

- Oubli des procédés de transformation à la ferme
- Fermeture des laiteries-fromageries (mal dimensionnées pour la production actuelle et mal approvisionnées)
- Fermeture des volailleries et des porcheries industrielles
- Pas de réseaux de commercialisation des produits lait et viande (débouchés réduits)
- Faible pouvoir d'achat du consommateur

Voilà l'état des lieux : malgré un potentiel de production favorable, le bilan est désastreux. Comme pour les autres productions, les causes générales dues à la transition - les mêmes dans les anciennes républiques de l'URSS -, interfèrent ici avec des paramètres spécifiquement arméniens, comme le blocus des frontières et l'absence de garanties du gouvernement qui suscitent les réticences des investisseurs étrangers pour la modernisation de l'industrie agroalimentaire.

La répartition par région confirme les données antérieures de spécialisation des aires de production à partir des structures existant auparavant ; le classement des produits de l'élevage en trois catégories met en évidence la part des régions d'économie pastorale du Centre et du Nord en 1999.

	Animaux vendus à l'abattage (tonnes)		Production de lait (tonnes)	
TOTAL	85 800 * dont :		466 200 dont :	
N°1	Guegharkunik	14 200	Guegharkunik	80 200
N°2	Chirak	11 300	Chirak	63 400
N°3	Lori	10 200	Lori	56 400
(à égalité)	Aragatsotn	10 100	Aragatsotn	56 400

* le reste est réparti dans les autres régions *(Source : Ministère des Statistiques de la R.A).*

3.3.2.La valorisation des produits animaux

Elle reste une des faiblesses de la production actuelle. La raison est la même que pour les productions végétales : la fermeture des combinats agroalimentaires a porté un coup fatal à la production qui ne trouve plus de débouchés. D'autres facteurs interfèrent comme la difficulté à estimer l'intérêt de la valeur ajoutée : ainsi la viande n'est pas vendue en fonction de la qualité du morceau et l'on ne fait pas la différence entre deux types de fromages, l'essentiel est de se nourrir. Les réflexes acquis durant les années soviétiques sont difficiles à modifier. Il n'est pas souhaitable de changer totalement les pratiques qui perdurent mais pour aider à la formation des agriculteurs, il ne faut pas mésestimer les données du contexte : habitudes alimentaires, faible pouvoir d'achat de la majorité de la clientèle, tradition culinaires, sans parler du « packaging », un concept nouveau dans les logiques commerciales.

Quelques exemples illustrent les limites et les lenteurs qui doivent être prises en compte dans une démarche d'aide à la formation.

Après un stage de formation en France, où un agriculteur de Saravan (le village-pilote d'une association pour la fabrication de fromage de chèvre) a non seulement appris les techniques de fabrication avec affinage, mais surtout la valeur ajoutée d'un produit par la qualité gastronomique, les premiers essais ont eu lieu. Au début, les résultats sont loin de ce que laissait entrevoir le séjour en France. D'abord,en Arménie, le fromage de chèvre ne bénéficie pas, auprès du consommateur arménien, d'une valeur commerciale spécifique : à quoi bon, dans ce cas, perdre du temps à affiner puisque l'on ne vendra pas plus cher. Il a donc fabriqué un fromage de chèvre "à l'arménienne", c'est-à-dire égoutté et conservé dans la saumure, qui se vend entre 1 500 et 1 800 Dr le kg, comme le fromage de Lori (vache). Deuxième écueil : la lactation. Les chèvres ne sont pas séparées de leur chevreau qui, durant plus de 3 semaines, consomment une partie du lait qui devrait être transformé en fromage. La raison est simple : la valorisation de la viande de chevreau rapporte plus que celle du lait de chèvre.

Cet exemple montre que même après avoir vu de près les conditions de la production fermière en France, le producteur, dans un premier temps, n'envisage pas de changer de méthode, partant du principe qu'il ne faut faire que ce qui se vend et qu'il est vain de tenter d'innover puisque qu'il n'en tirera pas de plus-value. Toutefois, sensibilisé, lors de son stage, à certaines initiatives pour vendre mieux, il tente de créér un nouvelle sorte de fromage, ou plus exactement, un goût nouveau, en y intégrant des herbes aromatiques. C'est bien d'innovation qu'il s'agit, même modeste, préfigurant sans doute d'autres évolutions commerciales. Les exemples d'incohérence, ou d'ignorance tout simplement, sont multiples, pénalisant à la fois la production et l'agriculteur. Mais sans pouvoir d'achat, pour le plus grand nombre des consommateurs, la demande se limite à l'urgence du quotidien et l'offre à la demande prioritaire de nourriture.

Peut-être arrivera-t-on un jour à inverser cette démarche qui relève d'un raisonnement ordinaire : d'abord se nourrir en payant le moins cher possible. Dans un tel contexte, on marche la tête à l'envers. S'il n'y a pas d'exigence qualitative de la part du consommateur, inutile de proposer un produit élaboré selon des normes de qualité. Mais si on ne propose pas ce type de marchandise, c'est parce que la niche de clientèle est si étroite et si mal identifiée qu'on ne veut pas se risquer dans cette voie. Par ailleurs, s'il y a si peu de produits gastronomiques dignes de ce nom dans les magasins ou les marchés (surtout ceux de la capitale), le consommateur averti ira les chercher à l'étranger, même s'il doit les payer plus cher. Pourtant, la renommée de la gastronomie française est reconnue, y compris au travers des étiquettes.

Un fromage estampillé "selon la tradition française" aurait de bonnes chances de percer, c'est l'intérêt du producteur. Le fromager Gnell, de Vardenis, est un des rares à l'avoir bien compris.

Il effectue sa collecte de lait auprès d'environ 30 producteurs, dont 17 de manière constante Ils y trouvent bien des avantages et souhaitent continuer cette association.. En pleine période de production, une collecte quotidienne est assurée, malgré les problèmes d'approvisionnement en gaz. Parmi les frais à assurer, hormis le carburant, Gnell doit payer la pepsine, les papiers d'emballage, le gaz pour la chaudière de la laiterie et l'électricité. La valorisation du lait passe ici par l'adoption de nouvelles techniques de fabrication fromagère. Ici, c'est une véritable démarche d'innovation. En intégrant les frais divers, le prix de revient d'un kg de Lori atteint 1 150 Dr. Le bénéfice est alors de 150 Dr/kg.

L'autre fromage, la spécialité de Gnell, est la tomme de vache. Compte tenu des frais de fabrication, le revenu issu de ce fromage varie entre 1 000 Dr et 1 400 Dr /kg, ce qui valorise le lait à environ 110 - 140 Dr le litre. C'est une bonne performance, nettement plus élevée que pour le Lori. Cependant, avec la tomme, l'immobilisation du stock pour l'affinage est d'environ 4 mois, d'où un décalage pour l'investissement et la rentabilisation. Par ailleurs, en hiver, il y a moins de lait et le stock affiné s'épuise : c'est un manque à gagner de quelques mois. C'est aussi, précisément, ce qui freine d'autres initiatives ; les avances de trésorerie ne sont pas encore entrées dans les mentalités et les comportements, procédant d' une vision à très court terme. En schématisant, il s'agit de produire le matin, pour empocher le soir.

L'amélioration technologique mise à profit pour la tomme, ainsi que pour le Lori qui a bénéficié du perfectionnement des processus de fabrication, reste une opération rentable à terme. C'est un moteur qui s'est mis en route. Indirectement, cette dynamique va, c'est certain, toucher bien d'autres rouages endormis ou enrayés.

3.3.3.Les volailleries industrielles : la relance ?

Après la privatisation, en 1991, trente volailleries ont continué à fonctionner et produisaient 12 millions de volailles (poules et poulets). Les difficultés ont commencé lorsqu'il s'est agi de trouver de l'alimentation animale. Toute la logistique de l'approvisionnement était en ruine et la pénurie entraîna la fermeture d'unités d'élevage. Aujourd'hui, quatre volailleries importantes sont privatisées mais ne fonctionnent qu' à 20% de leur capacité : Lousakert et Djermouk élèvent des poules pondeuses, alors qu' Etchmiadzine et Armavir (Djerarat) produisent du poulet de chair. Il existe une forte demande pour le poulet de chair. En 1991-92, on en produisait encore 30 000 tonnes, mais aujourd'hui la production atteint à peine 1 500 tonnes par an, accusant une baisse sensible.

Les chiffres du marché sont assez évocateurs de la situation :
(Valeur en tonnes)

	1996	*1998*
Importations	13 649,7	16 171
Exportations	0	0
Production intérieure	2 615	2 640
Déficit		**86%**

(Source : Foreign trade of the R.A. 1999)

Figure 4-11

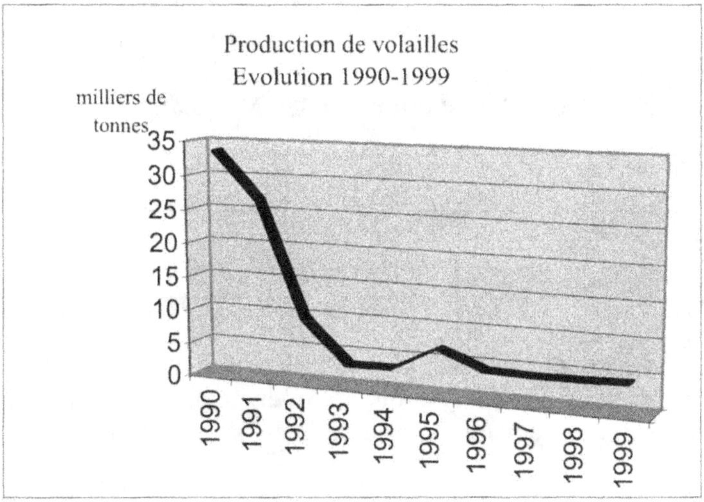

Le pays se trouve face à un véritable déficit de production en raison des coûts trop élevés et doit importer de Russie, Israël, Hongrie, Iran ce qui manque à son marché intérieur. En considérant la situation réelle des besoins du marché et des coûts de production, encore une fois, on marche sur la tête : il est plus onéreux de produire sur place que d'acheter à l'extérieur. En voici un exemple.

Le prix de vente des poulets arméniens est de 1 400 Dr/kg contre 700 à 800 Dr pour un poulet importé d'Iran par exemple. Un petit poulet de 25 jours (500 gr) coûte déjà 700 Dr à cause des frais d'élevage (alimentation, chauffage …) et est vendu à 1 mois pour 1 500 Dr dans les restaurants. D'où l'idée d'un "businessman" iranien qui désire acheter une volaillerie en Arménie pour faire de l'engraissement de poussins apportés d'Iran, avec des aliments également importés d'Iran, mais pour produire un poulet "arménien" et le vendre en Arménie. Ce producteur futé a fait le calcul suivant : puisque les consommateurs arméniens "avertis", une partie de la clientèle des villes, préfèrent le poulet national, bien meilleur, autant le produire sur place avec des ingrédients venus d'ailleurs. Bilan, tous frais payés, l'Iranien gagnerait 0,5$ par poulet vendu 1 500 Dr (poulet d'1 mois). Voilà un nouveau business.

Reste que pour le consommateur de base, le choix est clair : s'il ne peut payer ni le poulet arménien, ni celui d'importation, il lui reste au moins une alternative, le "goût" de poulet en achetant les pattes de volailles congelées, sous-produits – ou produits de moindre valeur marchande – des élevages bretons, entre autres, qui feront l'ordinaire des plus pauvres.

La problématique de la production des œufs est quasiment la même, mais là, en revanche, la situation s'améliore nettement avec l'augmentation de la production des volailleries privées, ce qui a permis de réduire progressivement les importations. La production intérieure s'accroît sensiblement ; pour 2000, elle est estimée à 380 M d'œufs.

(millions d'œufs)	1996	1998
Importations	133,6	52,1
Exportations	0	0
Production intérieure	192,2	219,4

(source : Foreign trade of the republic of Armenia. 1999. National Statistical Service of the R.A.)

Certaines régions ont développé leur production et contribuent, depuis 2000, à l'augmentation sensible de la production, ce qui permet, non seulement d'assurer la demande intérieure, mais aussi d'exporter un peu en Géorgie.

Production d'œufs en 1998 (millions)		
219,4 dont :		
N°1	Kotayk	50,2
N°2	Guegharkunik	42,7

Toutefois, compte tenu du poids des coûts de production, le prix des œufs produits dans le pays est plus élevé que lorsqu'ils sont importés (de Russie, d'Iran et même de Turquie). Situation en apparence paradoxale mais qui s'explique quand on prend en compte les coûts d'alimentation de la volaille et ceux de l'énergie dépensée dans les bâtiments d'élevage. Ce sont les externalités, ici aussi, qui pénalisent la production interne, ce que reflète le prix d'un œuf.

Un œuf de poule est vendu 33 à 40 Dr pièce dans les magasins à Erevan, soit un peu moins de 1E la douzaine. Il existe un autre type d'œufs sur le marché : à deux jaunes. Ceux-là se vendent 50 à 60 Dr la pièce. L'œuf est un produit basique mais, ici, c'est un luxe pour une clientèle qui n'a pas de pouvoir d'achat.

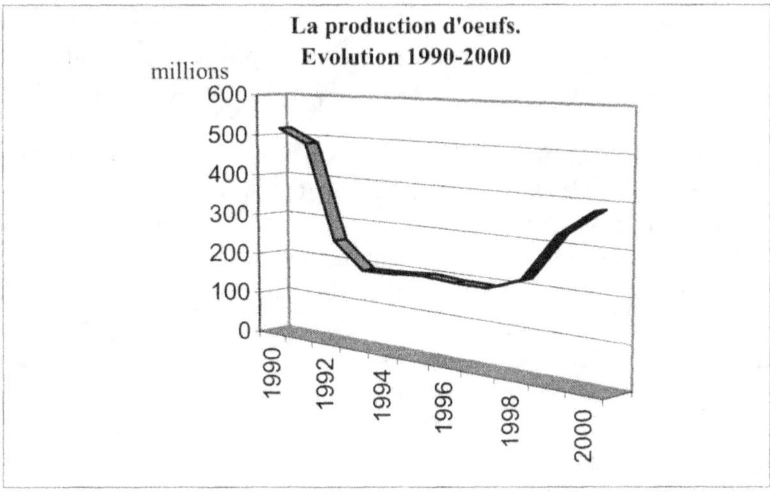

Figure 4-12

La paralysie de la production animale ne tient pas uniquement aux conditions matérielles de l'élevage. Parmi les causes de l'affaiblissement, l'effondrement de l'agro-alimentaire joue le même rôle que pour les autres productions agricoles.

3.4. LE MAILLON MANQUANT : L'AGRO-ALIMENTAIRE POUR LES PRODUCTIONS ANIMALES

Le lait et les produits laitiers constituent un secteur important des productions de l'élevage bovin. Base de l'alimentation, les produits laitiers manquent sur les marchés, malgré quelques signes de redressement.

3.4.1.La transformation du lait

Elle est dépendante à la fois de la collecte et de moyens techniques. Les anciens combinats laitiers sont, pour une large part, fermés.

Il ne reste, à notre connaissance, que 5 laiteries-fromageries qui ne fonctionnent qu'à 15-20% de leur capacité : Ashtarak, Sissian, Stepanavan, Djermouk, Tachir et Talin. Chacune emploie entre 10 et 30 personnes et produit du lait, fromage blanc, crème, *matsoun* ainsi que des crèmes glacées dont une partie est exportée vers la CEI. Une autre usine, à Lori, une des plus importantes auparavant, est à l'agonie. On y fabriquait, outre le "Lori", un fromage de type suisse dont la production s'est effondrée passant de 1 600 tonnes à 0, puis à 10 tonnes au cours des dernières années. Autant dire que cette production par à-coups ne suffit pas à traiter le lait de la région.

Un des plus gros problèmes, hormis l'état du matériel, est la collecte de lait, dans le contexte déstructuré et désorganisé de la production. Le paysan peut y vendre son lait 70 Dr le litre (0,10E) du printemps à l'automne et 100 Dr l'hiver. Il n'a pas le choix, sinon, il doit le transformer et le vendre par lui-même.

La laiterie de Djermouk – décrite dans un chapitre précédent - est un bon exemple de ces soubresauts issus de la privatisation.

Après un arrêt de plusieurs années, les nouveaux propriétaires, qui ont acquis l'usine après la décollectivisation, ont décidé de remettre l'usine en état. Comme nombre d'autres unités de l'agro-alimentaire, elle n'a pas supporté le choc de la transformation économique. Le matériel, qui a fait l'objet d'une expertise par des spécialistes Français, n'est pas mis en cause. Ils constatent que le séparateur, de fabrication soviétique, est même d'une grande précision mais a, semble-t-il, été "bricolé", n'offrant plus les garanties d'efficacité et de sécurité.

Les appareils et installations - comme le circuit d'embouteillage automatique qui n'est plus qu'un tas de rouille -, avaient beaucoup souffert en raison de l'arrêt de l'usine et, suite aux hivers rigoureux, les tuyaux d'eau, l'atelier de compresseurs (frigos) , le système de chauffage pour la stérilisation et les câbles avaient été endommagés. Pourtant, une partie du matériel venait d'être modernisée - séparateur, pasteurisateur - mais n'avait jamais fonctionné.

La cause profonde du non-fonctionnement tenait plutôt à l'impossibilité d'assurer une collecte de lait en raison de la diminution des effectifs bovins de la région. Il aurait fallu au moins 3 000 litres/jour pour permettre à la laiterie de redémarrer sérieusement. : ce problème "amont", pénalisant la remise en route de plusieurs unités industrielles de ce type. C'est la logique de tout l'ensemble qui était totalement déstructurée. De plus, ici, se pose, de toutes façons, la question des débouchés : quelle clientèle pour quels produits et quand ? Avec la décadence de la station thermale, les curistes ne sont plus au rendez-vous. Cependant, grâce à quelques réparations, l'usine s'est remise à tourner durant la saison d'été 2001. On ne sait trop comment, une collecte de lait dans le secteur a permis de traiter 2 000 litres / jour et de fabriquer de la crème et du yaourt. Lors de l'hiver 2001-2002, l'usine traita 500 l/jour, soit la production d'un seul éleveur.

En juin 2002, la situation est stupéfiante : avec 3 000 à 4 000 litres/jour, l'usine fonctionne et approvisionne les marchés de la région. Une collecte bien organisée, dans cette région de pastoralisme, permettrait de traiter au moins 5 000 litres/jour, ce qui relancerait le marché dans la station thermale, l'été.

Peut-être n'est-ce pas le chant du cygne. Sans doute faut-il raison garder : c'est une initiative privée, soutenue par un réseau familial et des objectifs louables puisqu'il s'agit de restaurer un outil de travail et de réactiver un débouché pour les élevages de la région. Il manque pourtant une phase de formation et d'aide technique pour inculquer quelques principes essentiels auprès des gestionnaires de la laiterie mais aussi des agriculteurs, ne serait-ce que pour assurer une production de lait suffisante et un suivi sanitaire de la fabrication. C'est, sans doute, une évolution très positive qui pourrait entraîner un développement du cheptel bovin dans la région.

3.4.2.La charcuterie

La production charcutière est en pleine mutation. La privatisation des anciennes unités n'assure qu'une faible partie des besoins du marché, mais il existe au moins un exemple de réussite : la fabrique de saucissons « G.G.G. » à Norabats (région Ararat).

Exception qui confirme la règle des espoirs et des échecs, il s'agit là d'une réussite familiale. Ces exemples sont rares, mais témoignent de l'émergence d'initiatives bien comprises et adaptées à la situation. A l'époque soviétique, Gourguen, le chef de famille, produisait des œillets et diverses fleurs dans des serres à Norabats. Il était même devenu un spécialiste des œillets, une référence dans la profession. Mais, lors de l'effondrement de l'URSS, la culture des fleurs devint trop coûteuse - en particulier à cause du prix de l'énergie - et les fleurs de Hollande firent une concurrence si rude que Gourguen abandonna cette activité.

C'est alors que l'histoire devient véritablement édifiante. Voyant son voisin fabriquer des *basturmas*, sortes de saucissons de viande de bœuf séchée et enrobée d'épices, il eut l'idée de se lancer dans la charcuterie artisanale. Le 4 novembre 1994 – cette date reste, pour lui, inoubliable - avec ses trois fils, Gaguik, Guevork, et Galoust, il crée la marque "G.G.G." et se lance dans le saucisson : "on n'avait rien - dit-il -, rien que des idées, et on a démarré en famille, avec les fils et leur femme". Et la famille se lance dans la fabrication de saucissons, de filets de porc fumés et de *basturma*s.

La fabrication de cette charcuterie artisanale se fait dans un atelier, au rez-de-chaussée de la maison. Une vingtaine de personnes sont employées là, à 5 postes de travail : le débitage de la viande, le hachage et le mélange, le remplissage manuel des saucissons, le fumage dans des fours à bois et le conditionnement du produit fini. Dans quelques mois, un atelier tout neuf et très moderne devrait remplacer celui-ci, trop petit et mal équipé.

La viande - porc et bœuf – est achetée dans des exploitations en Arménie, abattue à l'abattoir avec certificat vétérinaire. Une partie des ingrédients, comme le lard, vient de France. Une des surprises de cette fabrication vient de l'utilisation de viande de vache importée de l'Inde.

L'explication est simple : comme il n'y a pas assez de viande bovine en Arménie, que celle de la France, du Brésil ou des USA est trop "persillée" - or, le saucisson arménien ne supporte pas la viande grasse – l'entreprise "G.G.G." s'est tournée vers l'importation d'une viande "maigre", celle des vaches "sacrées", importée de l'Union indienne, qui trouvent là un débouché commercial. Le kg de saucisson se vend environ 3$; il s'agit de saucisson fumé au bois de hêtre, au goût raffiné, l'orgueil de Gourguen, qui veille personnellement à l'opération de fumage dans 4 grands fours alimentés par du bois qu'il fait venir tout exprès de Dilidjan.

Cette charcuterie est vendue en Arménie, dans des magasins de Erevan, parmi les produits haut-de-gamme, en Géorgie, en Iran - pour les Arméniens d'Iran -, à Moscou. Voilà une entreprise qui a conquis le marché avec des produits de qualité, reconnus comme tels et médiatisés à la télévision par des spots publicitaires.

La « dynastie » familiale « G.G.G. »pose sous le tableau d'Andranik, un héros national. Fierté du père qui a réussi, image de la dynamique impulsée par de petits groupes d'entrepreneurs, illustration de l'avenir de l'Arménie.

Photo 4-8

Le succès de cette entreprise montre à quel point la détermination, le sens du travail et l'organisation familiale sont des facteurs importants dans la situation actuelle. Gourguen possède un sens inné des affaires. Témoins de la réussite : les trois superbes maisons qu'il a fait construire pour chacun de ses fils, symboles de réussite, pour que richesse paraisse.

Cet état des lieux de la production animale et végétale ne sert pas à alimenter une géographie du malheur, née de la perte du paradis soviétique. Par contre, la perte est celle des repères. Egaré dans l'enchevêtrement des voies, au cœur d'un labyrinthe, l'agriculteur ne sait s'il pourra sortir, ni quelle sortie choisir. On est véritablement là au centre de la problématique : tous les éléments du contexte social, économique, politique, géopolitique s'entremêlent et brouillent les cartes.

Peut-être faudrait-il voir si les causes, pour tout ou partie, ne sont pas du côté de l'organisation du marché. Ici, comme ailleurs, le paysan est à l'amont d'un système de production et reste tributaire des réseaux de distribution, même si ces réseaux sont embryonnaires, c'est bien la question de l'organisation des débouchés et de la rentabilité pour le producteur qui est posée et non pas celle de ses capacités à bien travailler.

Actuellement, on voit émerger toutes sortes de situations, tentatives plus ou moins solides, mais initiatives dotées d'un sens aigu du commerce et, il faut bien en convenir, comportements innovants qui créent une dynamique salutaire.

Les productions agricoles suivent une évolution différente selon les capacités de l'exploitant, les qualités du milieu et bien d'autres facteurs que nous avons essayé de décrire. Pour compléter ce tableau général, une typologie des régions agricoles reste le meilleur moyen pour apprécier les dynamiques régionales à l'échelle du petit territoire de l'Arménie.

4.LES REGIONS AGRICOLES D'ARMENIE : TYPOLOGIE REGIONALE

En dépit de ses dimensions réduites, mais en raison de ses caractères montagnards, l'Arménie offre une palette de campagnes très diverses. Il serait déjà possible d'opposer les campagnes sans bois, ou presque sans bois, à celles qui ont conservé tout ou partie de leur couverture forestière. Celles-ci ne se situent plus que dans le sud du pays et dans le Nord-Est. Du point de vue strictement agricole, et en raison des potentialités physiques, existent des contrastes tout à fait singuliers du Nord au Sud du pays, selon l'altitude.

Une typologie basée sur 5 types régionaux, peut présenter un aperçu des caractères de la diversité des campagnes d'Arménie :

- la plaine de l'Ararat ou le jardin de l'Arménie ;
- le bassin du Pambak, un couloir de grandes cultures ;
- hauts plateaux et hautes surfaces : des greniers à blé ;
- la haute montagne, réserve pastorale ;
- des vallées protégées, rubans de méridionalité.

4.1. LA PLAINE DE L'ARARAT : JARDIN POTAGER DE L'ARMENIE

Etiré le long de la rive gauche de l'Araxe, c'est, de loin, le secteur agricole le plus riche du pays. Cette richesse a été reconnue depuis longtemps, comme en attestent les infrastructures permettant la maîtrise de l'eau dès l'époque d'Ourartou. C'est dire qu'en dépit de quelques inconvénients, cette plaine dispose, depuis l'Antiquité, de multiples atouts, raison pour laquelle elle est occupée – depuis l'arrivée des rescapés du génocide, surtout – par une population agricole très dense qui se répartit dans de gros villages disposés en un maillage serré dans les deux *marz* Ararat et Armavir.

4.1.1. Des avantages

Actuellement, cet espace agricole est unique. Il cumule - et c'est le seul dans ce cas - deux avantages essentiels :

- la présence des plus vastes étendues planes du territoire ;
- la proximité du marché de la capitale.

La présence de vastes étendues planes ou plates, qu'il est possible d'irriguer, est un avantage indéniable dans ce pays de montagne. Nulle part ailleurs, les surfaces planes ne sont aussi importantes : Armavir et Ararat totalisent 3 338 km^2, soit 11,2% du territoire, presque entièrement cultivable. L'altitude étant relativement basse (500 à 900 m) pour le pays, cela permet de bénéficier de printemps et d'étés chauds. Comme la plaine est corsetée de montagnes, il a été, très tôt, possible de compenser l'extrême faiblesse des précipitations par des apports d'eau de fonte des neiges au moment où les cultures en avaient besoin. Par ailleurs, comme on se situe, pour l'essentiel, sur des terrains alluviaux, les nappes de l'Araxe peuvent apporter une partie des eaux nécessaires.

La proximité du seul marché d'envergure et solvable du pays, celui de Erevan, est un autre atout, décisif, qui se traduit à la fois dans les systèmes de production agricole et dans l'omniprésence des points de vente le long des routes qui vont et viennent de la capitale.

Les systèmes de production agricole sont fortement, mais non exclusivement, marqués par les cultures maraîchères – avec des surfaces de serres importantes – et fruitières, par la vigne, ainsi que quelques cultures industrielles comme le tabac qui fait une percée rapide dans ces deux régions (42,5% de la superficie totale et 50% de la production totale), en particulier dans l'Armavir qui a vu progresser cette surface, passant de 0 ha en 1990 - comme en 1998 - à 225 ha en 1999 (en raison de la reprise de l'usine de tabac par Gran Tobacco). La place écrasante de ces deux régions pour la production maraîchère apparaît nettement : rappelons qu'elles produisent à elles seules 300 000 t. de légumes sur une superficie totale de 11 230 ha, soit plus de 50% de la surface totale des cultures maraîchères de la république. Avec les débouchés de la capitale et la facilité d'accès (moins d'une heure), la vente des produits frais est grandement assurée ; mais l'absence de débouchés agro-alimentaires pénalise tout de même les producteurs, en particulier les vignerons qui arrachent leurs plants de vigne pour les remplacer par des céréales. Dans un cadre microfundiaire et un contexte climatique aussi peu adaptés, c'est là une aberration qui répond aux incertitudes de la transition.

La création d'exploitations microfundiaires particulièrement étriquées, lors du démantèlement des structures agraires collectives - l'exploitation moyenne est souvent inférieure à 1 ha dans de nombreuses communes - ne s'avère pas être un handicap, ici, grâce à l'addition de ces atouts sans équivalents. Ce cadre productif pousse à l'intensification car, dans ce domaine, il existe des marges de manœuvre importantes.

Par contre, la plaine souffre d'handicaps et de faiblesses.

4.1.2.Des faiblesses

Sur le plan physique, l'altitude est trop forte pour permettre les cultures les plus délicates, en particulier en raison du gel qui exclut, par exemple, les agrumes. Par ailleurs, l'ancienneté de l'occupation humaine et la surexploitation du milieu naturel ont entraîné la dégradation, voire la stérilisation, des sols, par lessivage ou par salinisation.

Heureusement, et c'est encore un avantage de la proximité de la capitale, sur les sols les plus dégradés il a été possible - dans ce pays au seul littoral lacustre du Sevan - de développer une aquaculture qui, sans être aussi florissante qu'auparavant, garantit une production piscicole très demandée (*sigs*, carpes, truites…). Certains propriétaires projettent même de créer des activités récréatives autour de ces petits étangs.

Les héritages soviétiques et les difficultés de la transition, qui y sont liées, sont lourds et leurs stigmates sont visibles à l'œil nu dans les paysages. Cela se traduit par la présence - étonnante dans ce pays qui n'arrive pas à nourrir sa population - de systèmes de culture extensifs, voire qui, localement, s'extensifient. L'élevage, fréquent, est un indicateur d'extensivité. Il n'est pas rare de voir des friches pâturées par des vaches ou des ovins au cœur même du périmètre irrigué. D'autre part, dans la plaine de l'Ararat, se maintiennent des villages habités par des éleveurs Yézidis qui continuent à pratiquer des formes traditionnelles de transhumance vers l'Aragatz ou d'autres massifs.

4.2.LE BASSIN DU PAMBAK : UN COULOIR DE GRANDES CULTURES

Cette région possède quelques similitudes avec la plaine de l'Ararat. Tout d'abord, il s'agit d'un couloir étendu, eu égard à la surface du pays, ou, plus exactement, une cuvette cernée de massifs montagneux et située sur un axe tectonique actif (faille nord anatolienne). C'est, dans cette partie de la région de Lori, après la plaine de l'Ararat, la seconde unité naturelle à peu près plane. Par ailleurs, le climat continental lié à l'altitude - le bassin se trouve aux environs de 1 200 à 1 800 m - exclut les cultures délicates. Cependant, en raison de la grande richesse des sols et de la possibilité d'irriguer – ce bassin est encadré des monts Bazoum et Pambak, culminant à 3 000 mètres - c'était là que se situaient, à l'époque de l'URSS, les formes d'agriculture se rapprochant le plus de la grande culture. On y avait créé des grands kolkhozes et sovkhozes, pour la betterave à sucre en particulier.

Actuellement encore, la céréaliculture domine dans le cadre d'assolements du type betterave-blé. Mais, depuis l'indépendance, des cultures, comme celle de la pomme de terre, progressent pour le marché national : la région de Lori se place en seconde position (derrière Guegharkunik) pour la pomme de terre : production de 967 000 quintaux pour 9 360 ha en 1999, en progression depuis 1990 (641 000 q. pour 6 300 ha). Quoi qu'il en soit, le couloir du Pambak souffre de son éloignement de la capitale (plus de 100 km d'une très mauvaise route). Les marchés des villes comme Gumri (seconde agglomération) et Vanadzor (troisième ville d'Arménie) ne reflètent en rien les besoins d'une clientèle citadine. Ces deux villes subissent de plein fouet un exode de population qui, ici, revêt une importance toute particulière en raison, d'une part des ravages du tremblement de terre de 1988 (qui a détruit l'essentiel des infrastructures industrielles) et, d'autre part, des effets induits de l'effondrement de l'industrie, avec un taux de chômage effarant[1].

4.3. HAUTS PLATEAUX ET HAUTES SURFACES : DES GRENIERS A BLE

Dans ce pays au volcanisme ancien, des surfaces étendues – à la topographie à peine mouvementée et d'altitude pas trop élevée – ont permis le développement d'une agriculture céréalière mécanisée à l'époque soviétique.

Ce sont, entre 1 200 et 2 000 - 2 300 m d'altitude, les vastes étendues qui cernent l'Aragatz : entre Erevan et Gumri, ainsi que dans les *marz* de Vayots Dzor et de Siounik (par exemple entre Spandarian et Goris), de même qu'au nord des provinces de Chirak, de Lori et, même, autour du lac Sevan. Il s'agit là, entre 1 500 et 2 000 m des régions de montagne les plus peuplées (60

---

[1] Evaluer le taux de chômage en Arménie relève déjà d'un exercice difficile, tant les statistiques officielles restent peu précises sur la question, mais évaluer le nombre de chômeurs de l'ancienne grande région industrielle sinistrée de Gumri-Vanadzor, reste du domaine de l'utopie.

hab/km2), environ 28% de la population totale. En fait, ces hauts plateaux et ces surfaces élevées occupent un vaste espace entre les plaines et bassins inférieurs, et la haute montagne. Les limites altitudinales supérieures sont celles de la limite de la culture, qui varie en fonction de l'exposition et de la latitude, entre 2 000 et 2 300 m. Or, pendant la période soviétique, les cultures ont été étendues, grâce à l'extension des réseaux d'irrigation sous pression, jusqu'à l'extrême limite des possibilités. Actuellement, l'aire cultivée se rétracte considérablement en raison des coûts de production – et, en particulier, du prix de l'eau et de l'énergie – et ne dépasse guère 2 000 m d'altitude. Ces hautes surfaces sont pratiquement toutes complètement déboisées. Elles sont mises en valeur selon des systèmes de production agricole peu différenciés. Deux types s'opposent selon la localisation et l'altitude :

- le versant sud de l'Aragatz
- les hauts plateaux éloignés

Sur la périphérie méridionale de l'Aragatz, non loin de Erevan, entre 1 000 et 1 500 m, on trouve des économies spécialisées dans la viticulture et, surtout, l'arboriculture (pommiers, abricotiers, cerisiers). Les limites altitudinales de la vigne se situent aux environs de 1 300 à 1 400 m, alors que l'abricotier monte au-delà de 1 500 m.

Dans les régions éloignées, la céréaliculture – en général irriguée – l'emporte, associée, de plus en plus à d'autres productions. La région Chirak est la première région pour les céréales : 38 100 ha pour 700 000 quintaux en 1999. Parmi les autres régions productrices, Guegharkunik, autour du Sevan, vient en seconde position avec 26 000 ha en céréales mais une moindre production : 260 000 quintaux en 1999 ; cependant, elle arrive en tête pour la pomme de terre avec plus de 1,2 M quintaux sur 9 450 ha, en progression rapide depuis 1990 (7 180 ha pour 640 400 quintaux).

Il n'y a pratiquement plus d'économies fondées sur l'arboriculture ou la viticulture sur les hautes surfaces, hormis dans quelques secteurs de Siounik et de Vayots Dzor (région de Gladzor, par exemple) où l'abricotier peut être cultivé jusqu'à 1 700 m.

Dans les deux cas, l'élevage est omniprésent : bovins, ovins, parfois caprins. Cette activité est facilitée par la présence, toujours proche, de la haute montagne.

4.4.LA HAUTE MONTAGNE, RESERVE PASTORALE

Au-dessus des terroirs cultivés, au-delà de 2 200 m, s'étendent de très vastes surfaces à haute altitude. Rappelons que la surface moyenne du pays se situe à 1 800 m. Entre 2 000 et 2 500 m se trouvent les plus faibles densités : 12 hab/km^2, soit 5% environ de la population totale. En fait, en raison de la méridionalité du pays, la quasi-totalité des zones situées au-dessus de 2 000 m constitue un espace pastoral exploité. En effet, il n'y a pratiquement pas de neiges éternelles en Arménie. Dans ce pays qui souffre structurellement de la sécheresse, les alpages sont particulièrement précieux à partir du mois de mai ; cela explique qu'ils aient été traditionnellement utilisés par les éleveurs. Ce qui a changé, ce n'est pas l'utilisation des alpages, qui est toujours aussi intense, mais les formes de pastoralisme.

Autrefois, et cela était vrai aussi dans le cadre de l'URSS, de grands mouvements de transhumance, venant de régions lointaines ou d'autres républiques (Azerbaïdjan, Géorgie), animaient ces zones d'alpage convoitées. Actuellement, en partie à cause du blocus frontalier avec l'Azerbaïdjan, les itinéraires de transhumance s'organisent dans le cadre étroit du territoire arménien. Il s'agit, de plus en plus, de mouvements à courte distance ou, surtout, de simples estives villageoises. Celles-ci sont, la plupart du temps, organisées : les communautés villageoises envoient leurs troupeaux sous la garde de bergers ou de vachers, rémunérés. Les déplacements de ces troupeaux – journaliers ou saisonniers – font partie des spectacles ordinaires que l'on rencontre sur les routes d'Arménie à certaines saisons (printemps et automne) ou à certains moments de la journée (à l'aube ou au crépuscule).

Voilà les activités qui animent encore aujourd'hui les espaces pastoraux de haute montagne. Difficile d'évaluer leur ampleur, ni la place réelle occupée dans les économies agricoles de ces régions, mais il est certain que, comme dans d'autres massifs montagneux, le pastoralisme s'accorde avec d'autres activités : la complémentarité des espaces est particulièrement marquée ici, entre ces zones d'altitude élevée et les vallées traversant les massifs ou les dépressions. Ce sont, par exemple, les complémentarités cultures – élevage entre les villages des vallées (comme dans la vallée de l'Arpa, de la Debet, de la Vorotan) ou de plaine (villages de l'Ararat) et les montagnes périphériques : monts du Sevan, de Vardenis, Guegham, du Pambak, Aragatz…

4.5. DES VALLEES PROTEGEES : RUBANS DE MERIDIONALITE

Haute montagne méridionale, qui devait une partie de sa renommée à ses produits agricoles de qualité au temps de l'URSS, l'Arménie d'aujourd'hui – dans le cadre étroit de ses frontières nationales – découvre en son sein de nouvelles méridionalités. Celles-ci se réapproprient, en quelque sorte, la réputation de qualité qui s'appliquait, avant l'indépendance, au pays tout entier. Il s'agit d'espaces climatiquement privilégiés et localisés en de très petits secteurs, le long des vallées, qui acquièrent, par leurs caractères méridionaux, une valeur tout à fait à part. Ces rubans de méridionalité sont dispersés sur le territoire : vallée de l'Arpa, vallée de Meghri, de la Debet, de l'Aghstev. Ces espaces protégés constituent des fragments de "midi" éparpillés sur les bordures du territoire et fondamentalement délimités selon des critères altitudinaux et des caractères d'abri. Ce sont, en effet, les secteurs les plus bas qui bénéficient du climat le plus clément aux hivers les moins rigoureux.

4.5.1.Dans le Nord, des lambeaux de "midi"

On trouve, curieusement en apparence, des lambeaux de midi dans la partie la plus septentrionale du pays, là où les altitudes s'abaissent en-dessous de 500 m. C'est dans les secteurs frontaliers avec la Géorgie – régions de Noyemberian, Bagratachen, partie inférieure des vallées de la Debet et de l'Aghstev – que l'on trouve ce type d'espace, comme en prolongement des plaines géorgiennes de climat subtropical. Ces espaces extrêmement réduits bénéficient d'une douceur hivernale qui rend possible la culture d'agrumes (mandariniers) et de l'olivier, localisés dans un mouchoir de poche, dans la partie aval de la vallée de la Debet. Vignoble, arboriculture fruitière et tabac complètent les productions spécialisées de cette région où ont été implantées, sous l'URSS, des combinats agro-alimentaires (à Noyemberian, Alaverdi) pour les confitures, les jus de fruis, les crèmes glacées...

La région Tavouch, au Nord-Est occupe une place relativement importante pour le raisin et le tabac, eu égard à l'étroitesse des espaces voués à ces cultures :1 480 ha de vignes, mais moins de la moitié de la superficie de 1990 (3 230 ha). Là aussi, le tabac a subi une chute vertigineuse passant de 548 ha en 1993 à 3 ha en 1997, et en accroissement sensible avec 257 ha en 1999, en raison de la relance de Gran Tobacco, soit la plus importante des superficies régionales.

4.5.2.Meghri, une extension de l'Eden ?

Parmi ces "isolats" méridionaux, la région de Meghri constitue le véritable "midi" de l'Arménie. Située à l'extrême sud du territoire, elle occupe toute la retombée externe de la dernière ride montagneuse du Caucase. En quelques kilomètres, après avoir franchi le col à 2 500 m près du village de Tachtoun, la route descend vers un autre monde ; on passe de la haute montagne continentale avec alpages, à une région subtropicale sèche, voire subdésertique, de type iranien. Le climat est caractérisé par sa sécheresse (moins de 300 mm de précipitations), la chaleur de l'été et surtout la douceur hivernale. Grâce aux eaux provenant de la montagne (la rivière de Meghri ou Meghriked est un apport essentiel) ou pompées dans l'Araxe, prospèrent des fruits de toutes sortes, comme les grenadiers, figuiers, ou les mûriers des jardins de Meghri où cohabitent presque tous les délices du Paradis terrestre. Les paysages sont, ici, comme une sorte d'extension de l'Eden avec un foisonnement de jardins et de vignes, rubans luxuriants le long des vallées et accrochés au bas des pentes jusqu'à la limite des canaux d'irrigation.

Dans cette région tout à fait originale, se distinguent deux types de paysages et d'économie :

- Dans l'étroite bande plane bordant l'Araxe à une altitude inférieure à 500m, ainsi que dans la partie basse de la Meghriked, se localise la véritable agriculture du "midi" arménien. Dans de minuscules parcelles, travaillées selon des pratiques jardinatoires éprouvées par le temps, sont cultivés primeurs et fruits de qualité notoire destinés, en grande partie au marché de la capitale : raisins sans pépin, grenades, mûres, noix,, cornouilles, coings, pêches, figues, légumes... Ces produits donnent naissance à un artisanat ou, même, à une petite industrie agro-alimentaire produisant confitures, fruits séchés ou confits, conserves et jus de fruits (par exemple la Meghri Canning company).
- Au-dessus des vallées, accrochées, parfois suspendues, aux flancs de la retombée montagneuse, de petites exploitations – avec leurs habitations – se maintiennent partout où sourd l'eau d'une source, dans des conditions de précarité qui frisent la survie. Ceci donne un paysage de guirlandes d'enclos qui rappellent la masure cauchoise, si ce n'était la topographie, ici, extrêmement difficile. Les taches vertes de ces enclos circulaires, irrigués, se détachant, l'été, sur l'ocre des versants dessinent comme des flaques de végétation au milieu d'une sorte de matorral bas. Ne perdons pas de vue qu'il s'agit d'une économie de survie, basée sur quelques ressources de montagne : élevage et cultures (dont fourrages) irriguées.

4.5.3. Autour d'Areni, un isolat méridional

Par extension, certaines vallées internes, comme celle de l'Arpa dans le secteur d'Areni, peuvent faire figure de régions "méridionales". En fait, on pourrait les qualifier d'intermédiaires, à la fois par leur situation et leur altitude, entre la plaine de l'Ararat et la région de Meghri. Ici, les précipitations sont très faibles (entre 300 et 400 mm/an) et l'hiver est moins rigoureux, ce qui autorise, avec irrigation, des cultures fruitières et maraîchères. Comme une oasis serpentant le long de la rivière légèrement encaissée par rapport à la plaine alluviale, les vignobles et les jardins s'étirent entre Malishka et Areni. A bien des égards, cette région ressemble à la plaine de l'Ararat, à une nuance près, cependant : le contraste avec les versants dénudés, de part et d'autre, souligne davantage encore le foisonnement verdoyant de la végétation le long de la rivière.

Le vignoble est omniprésent, à Areni, à Guetap et à Eghegnadzor. Dans le fond de la vallée ou sur ses replats, les vergers d'arbres fruitiers, où domine l'abricotier, sont imbriqués parmi des parcelles jardinées pour les cultures maraîchères. Voilà bien un autre "jardin des Hespérides", qui s'est créé une image de qualité mais qui souffre, lui aussi, aujourd'hui, de la fermeture des anciennes usines d'agro-alimentaire et de vinification.

Ce rapide parcours à travers les régions d'Arménie offre, malgré tout, une image valorisante de ce petit pays de montagne : la diversité des paysages agricoles et la grande variété des produits témoignent d'un travail acharné pour arracher à la terre du *karastan* des productions qui furent, un temps - un temps seulement - le support de l'économie collectivisée et planifiée. Aujourd'hui, l'Arménie vit une difficile période de transition, mais laissons de côté le désordre apparent, trace temporaire du grand dérangement provoqué par l'épisode soviétique. Mieux vaut, plutôt, lire, au travers de ces paysages et de ces cultures, l'opiniâtreté d'un peuple qui a maintes fois fait la preuve de sa capacité à vaincre les obstacles. C'est ce que veut exprimer, à des degrés divers, cet itinéraire dans les régions de l'Arménie.

Malgré les obstacles considérables, souvent rédhibitoires, qui freinent le développement de l'agriculture, secteur économique vital, il existe des valeurs sûres parmi les agriculteurs. L'absence de motivation que l'on évoque, peut-être trop souvent, ne saurait être une explication ou une cause profonde du marasme. On a du mal à imaginer la détresse morale de ceux qui ne voient pas le bout du tunnel malgré les efforts engagés et le désir de travailler. Indéniablement les compétences existent. Même s'il faut trier, mesurer les propos entendus, apprécier les résultats – fussent-ils minimes - à leur juste valeur, celle du courage, le paysan, en Arménie, possède des capacités suffisantes pour réussir.

"*Ou intchbes outi, aïnbes el kashrati*" : "dis-moi comme tu manges, je te dirai comme tu travailles". Ce dicton arménien est la parfaite illustration du dilemme actuel entre moyens de production et besoins de consommation. Il est certain que tous les agriculteurs n'ont pas les moyens ni les compétences requises, mais il est des valeurs qui ne demandent qu'un petit déclic pour s'exprimer :"l'Arménie est un pays petit - dit Gourguen, le "charcutier" de Norabats - mais promis à un avenir brillant". C'est aussi l'avis de bien d'autres, comme Gaguik, l'agriculteur de Griboietov :"si l'on peut redresser le pays, la situation est préférable maintenant. Les vrais agriculteurs savent produire, il leur manque le marché". Comme en écho, Bénik, jeune agriculteur dans l'Ararat, exprime son espoir et ses difficultés :"si je ne fais pas fructifier les 4 hectares que mon père m'a laissés, en en achetant 2 de plus pour mes enfants, alors je suis un nul". Et Aram, responsable agricole à Eghegnadzor, souligne sans ambages les carences de l'Etat :"ce qu'il faut, c'est donner aux paysans les outils pour travailler, les aider au lieu de les accabler d'impôts et apprendre aux gens que la fraude n'est pas un moyen de développer le pays".

Les témoignages sont multiples, aveux d'impuissance souvent, mais aussi sursauts d'énergie qu'il est urgent de prendre au sérieux. Assez de ces Cassandre qui prédisent la fin imminente des paysans, de l'agriculture et du pays tout entier ! Non, ce n'est pas une géographie du malheur, c'est une confrontation, dure, sans pitié, avec une réalité que beaucoup, finalement, acceptent parce qu'ils croient en l'avenir de leurs enfants sur la terre qu'ils travaillent. N'est-ce pas un acte de foi, envers et contre tous ?

LA RECOMPOSITION

DES CAMPAGNES D'ARMENIE

V

LA RECOMPOSITION DES CAMPAGNES D'ARMENIE

A l'époque soviétique, les campagnes étaient ouvertes sur l'espace économique de toute l'Union, mais en vase clos. L'habitant d'un village vivait au centre d'un réseau à double commande. C'était, d'abord, le maillage territorial des activités économiques, commandé par la planification centralisatrice, conditionnant les déplacements vers la ville la plus proche et les relations élargies avec les autres régions d'Arménie, voire avec les périphéries du territoire dans les villages peu éloignés des limites frontalières (Géorgie, Azerbaïdjan). Ensuite, c'étaient les relations sociales et économiques, voire administratives, avec le reste de l'Union ou les pays satellites. Toutefois – et ceci est souligné par H. Carrère d'Encausse[1] en 1978 - les migrations des campagnes vers les villes touchent beaucoup moins les paysans d'Arménie, et du Caucase en général, que ceux des autres républiques de l'URSS, ce qui révèle un attachement à leur lieu d'origine et confirme le fait que les campagnes restent fondamentalement des lieux de vie ; mais, pour les nécessités de la vie familiale ou professionnelle, les déplacements occasionnels sont fréquents. L'habitant des campagnes pouvait ainsi se déplacer vers Moscou, assez fréquemment, ou d'autres villes de l'URSS pour des raisons économiques, sociales et culturelles. Le paysan allait vendre ses productions hors de la RSS d'Arménie, les familles dispersées dans toute l'Union se rendaient visite, la fréquentation d'écoles et d'instituts spécialisés à Moscou et Leningrad ou ailleurs nécessitait des déplacements pour les jeunes étudiants et pour nombre de responsables économiques qui étaient en relation régulière avec les centres de formations spécialisées de l'URSS. Ce dernier point est particulièrement important puisqu'une des particularités des Arméniens, ce qui fait aussi leur force, est leur haut degré de formation professionnelle. Multiples étaient les raisons de déplacement quand on vivait, à l'heure soviétique, dans les campagnes d'Arménie.

---

[1] H. Carrère d'Encausse, *L'empire éclaté*, op.cit., p. 105 :" Les paysans restent dans leur campagne et sont infiniment moins migrateurs que dans le reste du pays". Comme en témoigne une estimation entre les différentes républiques, sur 1 000 ruraux, en Transcaucasie, 23 seulement se déplacent vers les villes, contre 147 en Extrême- Orient ou 102 dans l'Oural, la moyenne pour l'URSS étant de 64,7 pour 1 000.

1. LES BOULEVERSEMENTS DE L'ESPACE DE VIE : DU VECU AU REVE

Aujourd'hui, la recomposition du tissu socio-économique modifie totalement la hiérarchie des relations entre les campagnes et le territoire national, au sein même des zones rurales et entre les zones rurales et l'extérieur du pays. La redéfinition des rapports socio-spatiaux est une des clés pour comprendre les effets de la transition post-soviétique. Pour cerner ce phénomène, il faut mettre à plat tous les principes préexistants : le château de cartes qui s'écroule en 1990 a cédé la place à de petites constructions isolées les unes des autres mais qui ont en commun des intérêts et des réseaux complexes.

1.1. LA POPULATION : ESTIMATIONS

Entre villes et campagnes, la redistribution des habitants s'est faite selon les nécessités de l'emploi. Les régions urbanisées qui apparaissent ici - Chirak avec l'ensemble urbain de Gumri-Maralik, la région de Lori et ses centres urbains de Spitak et Vanadzor, Kotayk et l'axe urbanisé le long de la Hrazdan jusqu'à la périphérie de Erevan – comportent une part importante de population vivant dans les villes. Cependant, avec le déclin de l'activité industrielle qui animait et caractérisait ces régions, le mouvement d'agrarisation de ces anciens centres industriels, nettement perceptible partout, modifie, en réalité, la notion de ruralité et l'importance de la population rurale. C'est à partir de cette notion élargie que nous allons aborder la recomposition des campagnes.

Les documents suivants expriment une image de la population par région en 2001. Etablie d'après des chiffres officiels[1] (estimation 2001) mais elle ne traduit pas exactement la réalité. Il apparaît que les régions de Chirak et de Lori sont les plus peuplées. Or, c'est précisément là que se situe le plus fort taux de départs depuis 8 à 10 ans. Les chiffres n'ayant pas été revus à la baisse, pour toutes sortes de raisons - pour un pays qui dépend, en grande partie, des aides internationales -, il reste nombre d'incertitudes quant à l'effectif réel de la population, vraisemblablement réduite de plus d'un million d'habitants, soit un tiers du total de 1989.

[1] "Officials statistics of Armenia, 2001" , Statistical booklet, p. 4.

Figure 5-1

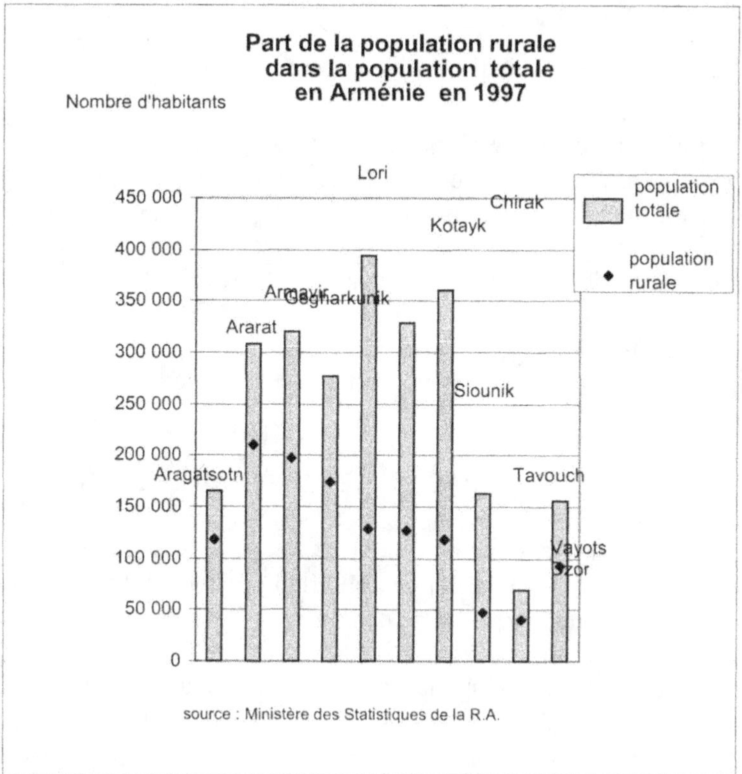

L'estimation de la population actuelle relève d'un exercice de style périlleux et aléatoire. Voici cependant les résultats officiellement admis.

Selon les statistiques du gouvernement, il y aurait 3 344 336 habitants[1] en 2000, dont 1 247 200 à Erevan, ce qui peut être un ordre de grandeur conforme à la réalité, mais, plus surprenant, 210 900 à Gumri et 171 600 à Vanadzor, là où se produit, de manière particulièrement dramatique, une véritable hémorragie de population. Pire, à côté de ces chiffres livrés par les services de l'Etat, la Banque Mondiale[2] édite des données fondées, selon toute évidence - et c'est sans doute le but des estimations officielles - sur des données discutables, annonçant pour l'année 2000, 3,8 M d'habitants, tout autant que pour 1996. Mais le taux de croissance de la population est cependant revu à la baisse : de 0,94% en 1995, il est estimé à -0,28% en 2000. Comment, dans ce cas, étant donné qu'il n'y a pratiquement pas

[1] Selon les mêmes sources, il y en aurait 3 802 000 en 2001, ou bien encore moins de 3 200 000. La publication des résultats du recensement 2000 prête à controverses ; ils ne peuvent, en aucun cas, être confirmés.

[2] Banque Mondiale. *Armenia data profile avril 2002*. http://devdata.worldbank.org.

d'immigration, que les flux d'émigration vont croissant et que, last but not least, la natalité décroît (22,8°/₀₀ en 1995, mais 10,9°/₀₀ en 2000) y aurait-il autant d'habitants[1] qu'en 1989 ?

Par ailleurs, si l'on veut pousser plus loin la réflexion, le rapport statistique officiel précise, à propos du chiffre de 3 802 400 hab. pour 2001, que "la population actuelle est sensiblement réduite" et que le dénombrement précis doit être lié au décompte des mouvements migratoires qui, apparemment, ne sont pas connus. Le seul élément complémentaire apporté est le chiffre donné par le Département de l'aviation civile depuis 1992, c'est-à-dire le nombre de passagers au départ de Erevan : il dépasse celui des arrivées avec un solde migratoire négatif de 644 000 personnes en 1992. Mais ceci ne saurait refléter la situation étant donné qu'un nombre croissant de candidats à l'émigration n'emprunte ni les circuits officiels, ni les transports aériens.

1.2. UN ESPACE EN TROIS DIMENSIONS

Les habitants des campagnes, dont le nombre est estimé à 1 270 000 personnes[2], soit un tiers de la population citadine, évoluent aujourd'hui dans un espace en trois dimensions, sorte de sphère redessinée :

- la dimension étriquée, limitée à l'espace villageois, zone de survie aux relations réduites au périmètre de proximité immédiate. C'est la famille, le lopin, le microfundium, les commerces et services élémentaires ;

- les flux quotidiens, à faible rayon et, selon la région et la distance à la capitale, incluant plus ou moins régulièrement des déplacements vers la seule véritable agglomération du pays ou vers d'autres villes ;

- l'extérieur, l'ailleurs, aux formes diverses. Comme un aimant, agit l'attraction des grandes villes de l'ex-URSS où a émigré au moins un membre de la famille. Malgré la crise qui frappe la Russie et, par effet de conséquence, les pays de sa zone d'influence, il semble qu'on ait de meilleures chances de trouver du travail à Moscou ou en Ukraine, qu'en Arménie. C'est, du moins, la raison qui pousse les Arméniens à partir. Dans cette dimension il y a aussi le réseau international de la diaspora, qui attire, dans les pays riches, comme une pompe aspirante, les alouettes éblouies par l'éclat du miroir.

Cette approche de l'espace de vie ne serait pas complète sans la quatrième dimension, cette projection mentale qui acquiert une valeur

---

[1] Si, à Erevan, les enquêtes ont été menées de manière relativement exhaustive (ce que confirment quelques témoignages recueillis dans différentes familles), il apparaît douteux que les méthodes d'investigation aient été rigoureuses dans les campagnes où les agents enquêteurs ont parfois été très discrets.

[2] Toujours selon les estimations approximatives des statistiques 2001.

Figure 5-2

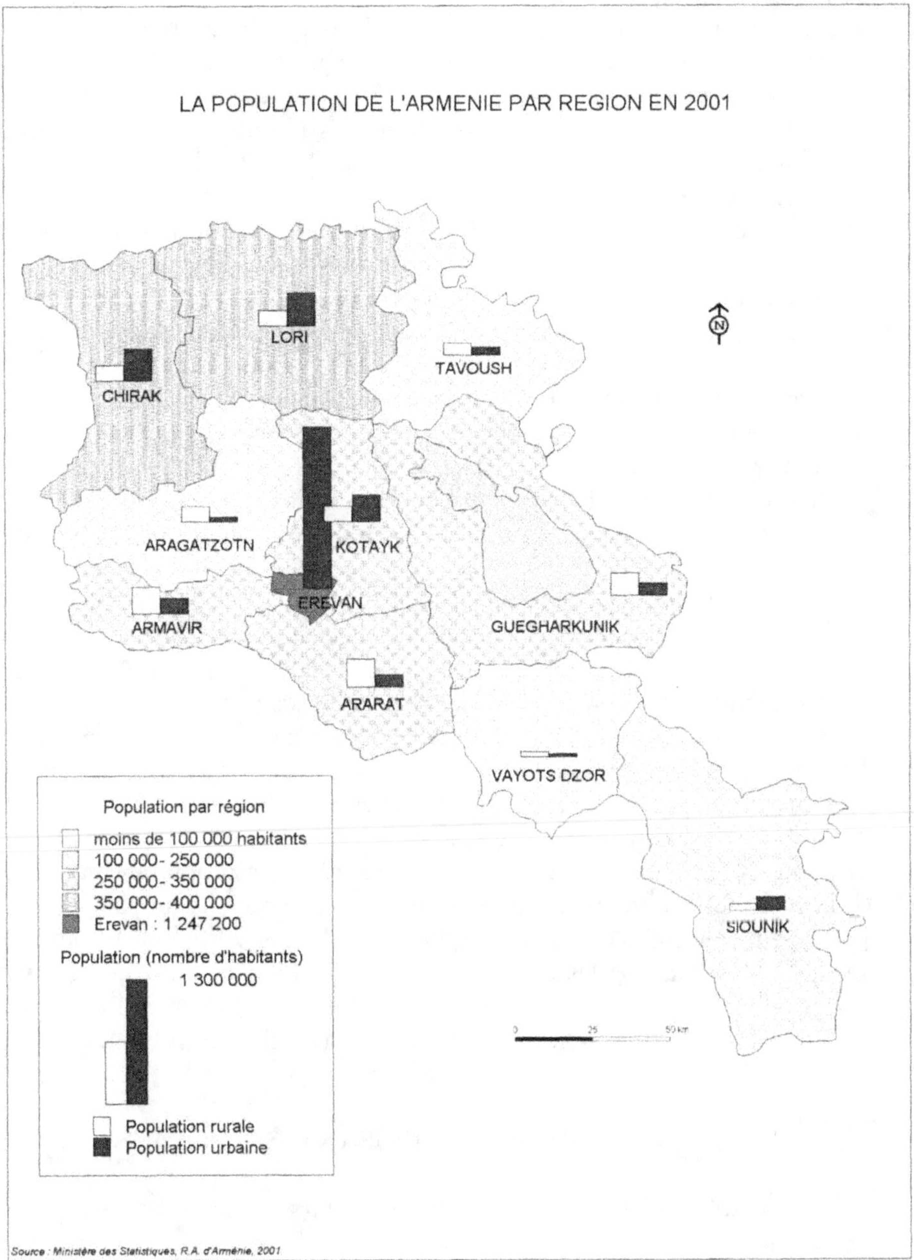
LA POPULATION DE L'ARMENIE PAR REGION EN 2001
LORI
CHIRAK
TAVOUSH
ARAGATZOTN
KOTAYK
EREVAN
ARMAVIR
GUEGHARKUNIK
ARARAT
VAYOTS DZOR
SIOUNIK
N
Population par région
moins de 100 000 habitants
100 000- 250 000
250 000- 350 000
350 000- 400 000
Erevan : 1 247 200
Population (nombre d'habitants)
1 300 000
Population rurale
Population urbaine
0
25
50 km
Source : Ministère des Statistiques, R.A. d'Arménie, 2001

particulière dans les campagnes où l'enfermement dans un monde clos est davantage ressenti qu'en ville. Dans l'organisation sociale des campagnes c'est une dimension fondamentale, entre rêve et réalité, une dimension à géométrie variable cristallisant tous les espoirs, justifiant tous les sacrifices, comme une représentation intérieure qui intègre le vécu et l'absolu rêvé. La perception mentale de l'espace de vie est une sorte de réponse aux incertitudes quotidiennes, une projection vers un ailleurs pas toujours bien localisé, ni identifié ; mais, à la manière d'un eldorado, de toutes façons, une échappée vers une vie meilleure.

Chacun porte en soi un paradis terrestre intérieur, un fardeau d'espoir et d'illusions, comme Abrechoum, la petite marchande de plein air à Aragats, qui ne peut retenir une supplique et nous demande avec insistance et dignité : "je veux partir, on ne vit plus ici. Je veux aller en France, c'est un beau pays et il y a du travail", et cette supplique insupportable malgré son sourire "emmenez-moi s'il vous plaît". Emouvante, poignante, maintes fois l'avons-nous entendue cette plainte de tous ces laissés-pour-compte, ces paralysés d'une impossible cause ; c'est Hermine à Semionovka qui voudrait aller étudier à Erevan, c'est Dimitri qui voudrait "voir comment font les paysans, en France", c'est Benik, Nara, Sveta et tous les autres, tous candidats au voyage.

Quels contrastes! Comment rester indifférent ? Et les livres d'Histoire qui disaient, doctement, l'économie planifiée et la société harmonieuse de l'URSS ? Comment ne pas avoir pu lire derrière les lettres, derrière les phrases, l'indicible déchéance d'une société abusée par un régime qui n'a pas su prévoir ? Et ceux qui y ont cru à ce régime, à ce qui a souvent été présenté comme un paradis ? Qu'ils viennent, maintenant, qu'ils voient et qu'ils reconnaissent combien ils se sont trompés. Là encore, il ne faudrait pas prendre les conséquences pour les causes du désastre. Si le régime s'est effondré, si vite, c'est bien parce qu'il engendra son propre anéantissement. Si la chute fut si dure c'est bien précisément parce qu'il ne fut pas possible de passer en douceur d'un système qui durait depuis 70 ans, à un autre, qui focalise pourtant tous les espoirs. S'il y a transition douloureuse, c'est bien parce qu'il y eut effondrement brutal de tout un ensemble. Et les causes profondes de l'effondrement sont bien à l'origine des bouleversements actuels.

1.3.L'ATOMISATION DES COMPOSANTES DE LA VIE RURALE

Avant d'aborder les mutations en cours concernant les activités économiques dans les campagnes d'Arménie, il convient de rappeler quel était l'état des infrastructures commerciales et des services au cours des années soviétiques. Les transformations de la société et les ajustements apportés par le régime ont conduit à certains changements : "à partir des années soixante, les orientations définies par les dirigeants politiques dénotent un changement de conception en matière d'aménagement rural" (M. Cl. Maurel[1]). Il s'agissait de combler les retards d'équipement dont souffrent les campagnes. C'est alors que furent améliorés "tour à tour l'électrification des kolkhozes, les liaisons téléphoniques, la construction d'écoles, de bibliothèques et d'hôpitaux, l'amélioration de la desserte commerciale".

Alors que l'espace rural gravitait autour d'un noyau central, kolkhoze ou sovkhoze, assurant le nécessaire suffisant pour vivre collectivement plus ou moins bien, du jour au lendemain, avec la fin du système, on assiste à l'atomisation de toutes les composantes de la vie rurale. L'activité commerciale, qui fut brutalement et irrémédiablement éliminée après l'épisode de la N.E.P.- les effets de la dékoulakisation ont frappé non seulement l'agriculture dans ses racines mêmes, mais aussi toute capacité d'initiative privée dans d'autres domaines, comme celui des services à la consommation -, n'a jamais pu, par la suite, se reconstituer. Toutefois, le développement d'une économie illégale finit par compenser les désordres du commerce officiel, substitution d'une "économie de l'ombre" à une économie planifiée, collectivisée, au monopole d'Etat (Radvanyi). Il y aurait eu, selon les estimations officielles de la *perestroïka*, 1,5 million d'emplois non répertoriés dans le tertiaire de l'ombre, en particulier dans le tourisme, la restauration, l'immobilier[2]. Dans le nouveau contexte d'économie libérale, l'organisation des campagnes subit un remaniement total. De nouvelles formes de travail émergent avec l'apparition d'un secteur tertiaire de services et de petits commerces privés. C'est toute l'infrastructure des campagnes qui en est bouleversée ; dans un espace rétréci, replié sur des moyens élémentaires de fonctionnement, il faut tout réinventer pour, au-delà de la simple survie, améliorer le quotidien : services de première nécessité, petits commerces, cafés, loisirs.

L'ordre nouveau, qui prend souvent allure de désordre, est balisé par divers "marqueurs" de la vie rurale dont nous allons suivre les traces :

- la famille et la solidarité familiale, qui restent un indicateur essentiel dans les campagnes, repère sociologique indéracinable;
- la propriété microfundiaire dans laquelle le potager, ou ancien lopin, reste le pivot économique ;
- le troc, autre repère économique dans un système à la dérive ;
- la route, objet socio-économique majeur, fil conducteur et axe de fixation pour le nouveau tertiaire, mais aussi axe de circulation pour les

[1] *La campagne collectivisée.* Op. cit., p. 201.

[2] J. Radvanyi. *La nouvelle Russie. L'après 1991 : un nouveau "temps des troubles".* Paris, Masson/A.Colin, 1996. p.152.

marchandises et pour les hommes. Bien que l'émigration ne se fasse pas de façon massive par la route, certains réseaux -vers la Géorgie, vers la Russie - utilisent cependant les transports routiers.

Ces relais animent la vie des villages et sont des points d'ancrage dans la redistribution des fonctions sociales et économiques. Ils sont à la fois témoins du fonctionnement antérieur, à l'époque soviétique, mais reflètent aussi les nuances arméniennes, celle de l'identité et celle de l'enclavement géopolitique.

Le désastre économique conditionne une nouvelle fonctionnalité des campagnes où les valeurs socio-culturelles - familiales, religieuses, historiques - plus ou moins atténuées ou occultées au cours de l'époque soviétique, tendent à ressurgir, comme une défense contre les agressions extérieures dues aux effets de la transition et aux pesanteurs héritées. La restructuration des liens entre ville et campagne témoigne d'une réelle dépendance vis-à-vis de l'agriculture, mais peut-on parler de "ruralité"? L'appartenance au monde rural est-elle alors ressentie comme un nouvel état de fait, social et économique ? Le tissu humain s'affaiblit, la détresse s'accompagne d'un désir de fuir, nombre de villages se vident rapidement et irrémédiablement. Les contrastes, dans l'évolution des campagnes sont parfois étonnants : dans le même village, ou entre des villages voisins, peuvent coexister des situations diamétralement opposées. Pour ceux qui restent - qui ne peuvent ou ne veulent pas partir – tout est question de survie : ou bien on s'organise pour vivre moins mal, ou bien on prend des risques pour aller de l'avant, envers et contre tout. Dans tous les cas, les valeurs culturelles et les solidarités familiales sont de plus en plus actives. D'où une redéfinition des campagnes à la lumière des réalités constatées, souvent différentes des réalités statistiques. Les schémas de développement appliqués dans les territoires ruraux fragiles de l'Europe occidentale trouveraient-ils, ici, un terrain d'application ? Nos concepts perfectionnés de développement "durable" sont-ils adaptables à ces espaces ex-soviétiques hautement fragilisés ? Voilà une série d'interrogations et de réflexions à mener pour entrevoir les mutations profondes et les perspectives d'avenir.

2.LA RECOMPOSITION DES SERVICES ET RESEAUX DANS LES CAMPAGNES : LES MECANISMES COMMERCIAUX

Au commerce d'Etat, centralisé, encadré, s'est substitué un commerce privé, éclaté, atomisé en une multitude de micro-systèmes plus ou moins éphémères et isolés les uns des autres. Déstructuré, le marché reflète les incertitudes du producteur qui avance à tâtons sur un terrain nouveau, celui de l'économie libérale dont il ne maîtrise pas les règles. La consommation est tributaire de l'offre intérieure et sollicite aussi des produits plus élaborés, à l'image des économies occidentales. Elle est aussi conditionnée par la faiblesse du pouvoir d'achat et par la diminution du nombre des consommateurs en raison de l'importance de l'émigration. Les pratiques commerciales prennent, dans ce cadre, des aspects particuliers qui démontrent l'incapacité à gérer les réseaux de distribution. Parmi les points sensibles, soulignons le coût des déplacements pour acheminer les productions vers les marchés et le rôle des intermédiaires.

L'ouverture vers l'économie de marché signe l'entrée en scène d'un nouvel acteur : le commerçant privé. Ceci n'est pas spécifique à l'Arménie et correspond à l'évolution de toutes les anciennes républiques socialistes soviétiques. En revanche, pour l'Arménien, l'Histoire retrouve son sens et l'acteur, son costume. Le commerce, pour ce peuple industrieux, est une très vieille "affaire de famille" qui a fait sa réputation et est fréquemment mis en évidence par bien des récits ; c'est ce qui a particulièrement frappé F. Braudel[1] : "C'est au moins le cas étrange, éclatant des Arméniens, devenus les marchands favoris des shahs d'Iran et conquérant, à partir d'Ispahan, une place de choix dans l'Inde, la Turquie, la Moscovie, présents en Europe au XVIIe siècle, sur les grandes places de Venise, de Marseille, de Leipzig ou d'Amsterdam...". Face aux multiples carences de la distribution, tout devient prétexte pour ouvrir une boutique ou devenir prestataire de services.

L'organisation du commerce et des services s'inscrit dans un schéma spatial à deux niveaux. D'abord, dans les villages, pour répondre à la demande locale en produits de base : c'est le réseau alimenté par les paysans, les intermédiaires, les marchands ambulants. Sur place, de petits commerces se créent, ainsi que divers types de services à l'usage de la population locale. Un deuxième maillage se surimpose à cette trame ponctuelle : il s'agit des commerces et services au bord des routes principales et aux carrefours routiers. Là, l'offre est calquée sur un autre type de demande, celle d'une clientèle de passage, en partie extérieure à la région et souvent citadine. Saisissant cette nouvelle opportunité, l'acteur se réveille et le décor est vite planté : étals en plein air, buvettes, bazars en tous genres, débits de carburant...

En fait, la situation d'un village par rapport à la route est d'une importance extrême : plus il est à proximité d'un axe routier et plus le paysan a de chances d'écouler sa production.

---

[1] F. Braudel, *La Méditerranée*, op. cit., p.33.

2.1. L'OFFRE COMMERCIALE DES PRODUCTIONS AGRICOLES

2.1.1.Entre l'agriculteur et le consommateur

Les produits agricoles arrivent aux consommateurs selon trois voies principales : par des organismes d'achat, par des intermédiaires individuels, par la vente directe de l'agriculteur.

Alors que la part des organisations d'achat - qui peuvent être par exemple une coopérative viticole, une usine d'agro-alimentaire - ne représente que 6,5 à 7% du total des ventes de marchandises agricoles, celle des "entrepreneurs", ou intermédiaires individuels, atteint plus de 55% du volume des transactions. Le passage par plusieurs niveaux d'intermédiaires - dont la plupart n'a aucune relation directe avec le producteur - est, à coup sûr, une cause des fluctuations artificielles des prix. C'est pourtant cette fraction, ce maillon des services marchands, qui absorbe une large part des revenus, au détriment du bénéfice de l'agriculteur. Dans les conditions actuelles du passage à l'économie de marché, les agriculteurs, engagés dans le processus de production, ne peuvent pas, en même temps, assurer la vente de leurs produits. On assiste à l'émergence d'agents de vente individuels, assurant la fonction d'intermédiaires entre le producteur et le consommateur. Cette forme de petit *business*, petits boulots captés par une catégorie de personnes inemployées, ces laissés-pour-compte de l'économie industrielle ruinée, est une caractéristique de cette période trouble de la transition. C'est le règne de la "débrouille" et de la filouterie, le *papakh*. L'économie souterraine alimente ainsi des petits trafics et contribue à entretenir une certaine pagaille. Tout naturellement, pourrait-on dire, les marchandises agricoles passent par différents niveaux de revente avant d'arriver sur le marché. De leur côté, les ventes directes du producteur au consommateur représentent environ 38% du total, sur les marchés, au bord des routes ou sur les trottoirs dans les villes.

Aujourd'hui, le problème de la vente en gros sur les marchés se pose avec acuité, c'est-à-dire que l'inorganisation générale et le chacun pour soi ne permettent pas de réguler offre et demande. Les lois du commerce sont sens dessus dessous.

2.1.2.Entre vente, troc et autoconsommation : un autre sens du commerce

Economie à deux vitesses, le marché exprime la faible valeur de la monnaie nationale, le Dram[1], dans les transactions. Manque de confiance

[1] Le cours du Dram est déterminé lors d'enchères sur le marché interbancaire et est en général aligné sur le dollar.

dans un système monétaire né de l'indépendance du pays, ou rappel de la méfiance envers le rouble, aujourd'hui comme hier, le dollar est la référence. Durant la *perestroïka*, le dollar s'échangeait au marché noir ; d'abord apanage de quelques privilégiés, il pénètre peu à peu dans l'économie populaire, sur les livrets en banque, valeur sûre dans un système en déliquescence. Hors du billet vert, point de salut, pourrait-on dire. Le Dram c'est l'économie du "no money", celle du marché rétréci, un ersatz de moyen d'échange dont le troc constitue l'autre expression, suite logique des pratiques soviétiques. Par contre, l'économie dollar s'impose dès que les échanges dépassent le cercle réduit des transactions locales.

Parmi les productions agricoles, certaines sont peu commercialisées – moins de 30% passent dans les circuits commerciaux - et servent, avant tout, à la consommation familiale : produits laitiers, œufs, pommes de terre, céréales. A l'inverse, fruits, légumes (entre 58 et 70% de la production) et surtout viande (plus de 87%) sont vendus sur les marchés des villes ou localement, contribuant ainsi au revenu des foyers paysans.

Faut-il en déduire que l'on consomme peu de viande dans les foyers paysans ? Ou bien que le revenu tiré de la vente justifie la mise sur le marché des produits carnés ? Sans doute ce principe s'applique-t-il dans de nombreux cas et correspond-il aussi à des habitudes alimentaires qui privilégient la consommation de lait et produits laitiers ainsi que des pommes de terre. La demande des marchés urbains en légumes et en fruits explique la forte part des ventes réalisées pour ces types de production ; pourtant, l'absence d'unités d'agro-alimentaire pénalise considérablement l'écoulement de ces marchandises, dont une grande partie est consommée dans les exploitations (en frais ou et en conserve). Production stratégique, les céréales sont moins présentes sur les marchés : 60% des céréales sont réservés à l'autoconsommation, soit pour la fabrication du pain, soit pour l'alimentation animale, ou encore sous forme de semences.

Les marchandises sont écoulées :

- soit directement par l'agriculteur sur un marché ;
- soit indirectement par des intermédiaires qu'il approvisionne.

On voit aussi la part du troc et celle de l'autoconsommation : une partie importante de la production paysanne n'entre pas – ou indirectement - dans les circuits commerciaux.

Les résultats de l'étude précitée (UNDP. 1999) sur les indicateurs de marché des produits agricoles illustrent les pratiques de "marketing" et la part de l'autoconsommation dans les exploitations

Figure 5-3
PART DES VENTES DES PRINCIPALES MARCHANDISES AGRICOLES SELON LE TYPE DE COMMERCIALISATION EN 1996 (%

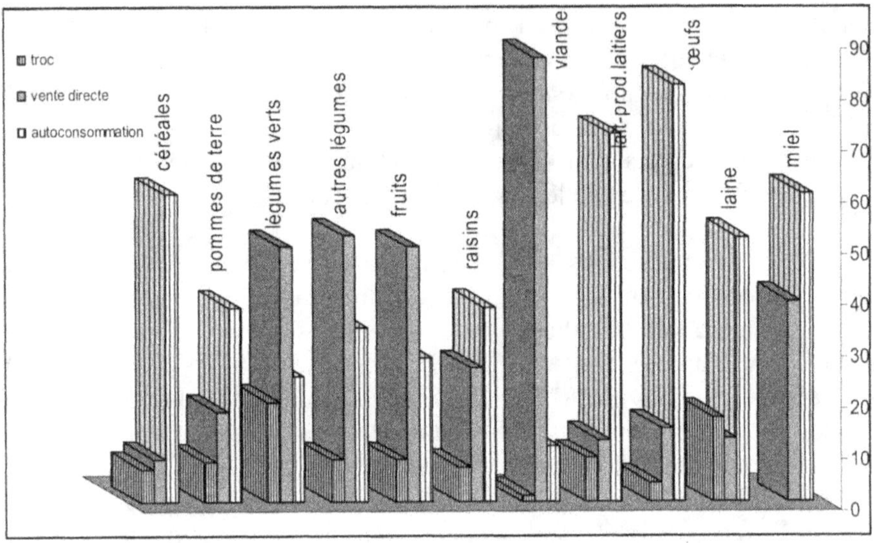

(Source : Etude socio-économique. Ministère des Statistiques de la R.A., UNDP, 1999)

Les trois principaux types de commercialisation peuvent être traduits ainsi :

- le troc : échange par le paysan des produits directement auprès d'un consommateur ou par un intermédiaire ;
- la vente directe : vente par le paysan, soit directement (au marché, au bord d'une route), soit indirectement à un grossiste ou à un intermédiaire (qui va lui-même, revendre à un grossiste) ;
- l'autoconsommation : produits gardés pour la consommation familiale.

D'autres pratiques coexistent, commandées par les aléas de la consommation : il s'agit des achats par des organisations gouvernementales, en particulier pour les usines appartenant encore à l'Etat. Par ailleurs, certains produits échappent aux circuits de commercialisation directe : ce sont les marchandises non consommées par la famille mais conservées pour la saison suivante, en particulier pour la semence.

Les mécanismes sont complexes. La plupart des transactions se font par troc, au village, entre le producteur et un marchand itinérant qui va lui-même vendre directement sur un marché ou échanger avec d'autres paysans dans d'autres villages.

2.2. LE TROC, PIVOT DES ECHANGES

2.2.1.Le système du troc ou la permanence d'une pratique antérieure.

Le troc reste un maillon fondamental de l'économie. Réminiscence de la période soviétique ou colmatage d'une brèche dans le système de distribution, le troc n'est pas une pratique qui se perd, loin s'en faut. Il se généralise, s'institutionnalise. C'est l'économie du "no money", l'indicateur incontestable de la souffrance économique, le suppléant toujours actif des circuits d'échanges défaillants, à l'image d'un commerce triangulaire dont Erevan serait le port d'attache. Dans cette période de transition, il est un fait significatif de l'absence de cohésion dans l'organisation des réseaux de commercialisation.

Photo 5-1
Le dialogue commercial ou la complémentarité économique d'une économie parallèle. Une voiture et sa cargaison de choux stationne dans la cour d'un immeuble à Erevan. Après les tractations d'usage, on convient d'un échange satisfaisant pour les deux parties. Ce jour-là, 5 kg de choux partiront en contrepartie d'une bouteille de détergent et de 250 g de sucre. Chacun y tourve son compte.

Une géographie du troc permet, certes, d'évaluer les productions selon les différentes régions mais aussi de comprendre la géopolitique et les effets du blocus des frontières, tout autant que les relations villageoises, les détresses et les frustrations de l'habitant des campagnes confiné dans l'étroitesse de son espace vital. Le marchand ambulant, comme une araignée sur sa toile, raccorde les extrémités d'un fil, relie entre eux les lieux de vie et les groupes sociaux et compose le maillon manquant de la chaîne économique dont le village est à la fois l'origine et la destination.

Avec l'ouverture vers l'économie libérale, il pourrait sembler paradoxal que les échanges en nature occupent tant de place dans le commerce des campagnes. En fait, érigé en institution, ce système apparaît parfaitement adapté à un fonctionnement en quasi-autarcie. Dans cette économie rurale rabougrie, enfermement d'un monde des campagnes au sein de lui-même, le troc fonctionne bien. La complémentarité des échanges qui s'instaure entre les villages ainsi qu'avec les villes est l'expression simplifiée d'une logique du commerce où l'offre et la demande s'emboîtent précisément et coïncident avec les besoins du moment.

Le marchand et sa camionnette - on appelle camionnette tout ce qui peut rouler et qui dispose d'un coffre et d'un toit sur lequel on peut arrimer des ballots de marchandise - sont, dans cette économie parallèle, un élément moteur du dialogue commercial hors des circuits monétaires.

Les échanges villageois font partie de la vie quotidienne et témoignent même d'une convivialité, d'une sociabilité, exprimant les solidarités dans les campagnes et entre la ville et la campagne. En empruntant un itinéraire du troc, nous allons d'abord illustrer l'animation dans différents villages à l'arrivée de la camionnette du marchand ; puis, suivre un des parcours de ces nouveaux colporteurs, témoignage ordinaire de la complémentarité économique entre les régions.

2.2.2.Instantanés villageois : quand passent les cigognes

Les villages choisis au long de cet itinéraire du troc sont d'importance différente, ce qui permettra de saisir, pour chaque cas, l'intérêt de cette pratique. Ils ont également été choisis en fonction de leur éloignement de la capitale ; ainsi peut-on mieux évaluer ce qui fait l'utilité du troc quand on est proche de la grande ville.

Le troc rythme les activités villageoises

Parfois, la ville est loin et les marchandises circulent au gré des circonstances.

- *A Chaqui, sur le haut plateau de Siounik, la capitale est loin. On s'est organisé pour résoudre les mille et un tracas quotidiens et le système marche bien. Dans le village, quelques "boutiques" proposent de l'épicerie, des vêtements, des produits d'hygiène. Ici, on paie en nature : huile ou sucre contre pommes de terre ou viande. Ensuite, le commerçant s'arrange : il échange avec des marchands qui lui apportent de la marchandise."On ne peut plus aller vendre en Géorgie, en Russie, on peut produire tant qu'on veut, on ne vend pas. Pas de marché, pas de régulation". Vahan, le maire, se lamente. Il fait ce qu'il peut pour que son village, malgré tout, ne manque pas des produits indispensables. "Avant, quand la production n'était pas vendue, l'Etat indemnisait les kolkhozes. Aujourd'hui, c'est une perte totale."*

Alors des camionnettes passent régulièrement, de Goris (à 50 mn de route) ou de Sissian, la ville la plus proche, pour la vente ambulante de village en village. Ces colporteurs de la misère "font la chine" comme dans les villages des zones rurales du Massif Central, de Vendée ou d'ailleurs. La nuance : ici, on ne se sert pas d'argent. Les produits agricoles - blé, orge, pommes de terre, viande, beurre, fromage - s'échangent contre des ampoules électriques, du fil à coudre ou un réfrigérateur. Pour les marchandises "rares", telles que l'électro-ménager, les meubles, pas de problème, il faut seulement attendre l'approvisionnement du marchand.

▪ *Dans le village de Rind, pour s'approvisionner, il faut pouvoir aller à Eghegnadzor - à une vingtaine de minutes de parcours -, il faut donc disposer d'une voiture ou bien aller attendre l'autobus sur la route en contrebas, à 3 km ; alors, le passage de la camionnette est un moment attendu. Les nouvelles circulent, les femmes bavardent autour de la caisse de "produits de beauté" dont elles convoitent les étuis brillants du schampoing l'Oréal, les petits pains de savonnettes Cadum, les flacons d'eau de Cologne "de Paris". La camionnette colporte l'image de l'extérieur, les tentations du luxe "made in France", les rêves de beauté imaginaires ou vus à la télévision. Mais la fascination pour ce superflu inaccessible suffit parfois à combler les regards. Sirvart veut échanger une cuvette de blé et des abricots séchés contre de l'eau de javel, du savon et du riz; elle semble indifférente aux envies de sa bru, qui l'accompagne : "on travaille seulement pour gagner le pain quotidien. Plus d'argent, plus de marché, plus rien pour vivre. » Et, sans doute, plus rien pour aider à survivre.*

Dans ce village, les enfants de quelques familles font du porte à porte pour quémander un peu de pain. Comment est-on tombé si bas? Comment une telle détresse est-elle possible ici ? Quelle sinistre réalité quand on a cru connaître "le paradis"!

Le troc se pratique à la fois entre des villages assez proches, pour des échanges à court rayon d'action, et entre des régions éloignées reliées les unes aux autres par ce fil commercial, permettant de diversifier la marchandise selon les productions du lieu et la demande. C'est ce que nous allons observer en suivant l'itinéraire d'un marchand. Exemple de "commerce triangulaire", le parcours Erevan – Vardenis – Meghri traverse tout le pays.

En suivant un itinéraire : une complémentarité d'espaces ou illustration de "commerce triangulaire"

Le chargement de base se fait à Erevan. Le marchand, Vartan, embarque les produits de première nécessité les plus variés et les plus imprévus : bimbeloterie, cordes de nylon, articles d'hygiène, épicerie, produits de droguerie, papier ... Il va d'abord approvisionner les habitants de Vardenis, petit bourg effacé à l'extrémité du lac Sevan, à plus de 3 heures de mauvaise route. Là, il se dirige directement vers ses "clients" des alpages. Les éleveurs échangent le fromage, le beurre, le lait contre le savon, la cellophane, les produits de nettoyage, en particulier pour le lavage des bidons de lait. Il complète ses opérations commerciales dans les rues de Vardenis mais il y a peu de marchandises à échanger, hormis quelques produits du jardin. Une partie des habitants est composée de réfugiés d'Azerbaïdjan qui ont deux ou trois vaches et produisent un peu de lait. Mais comme ils ne savent pas faire le beurre et le fromage, ils troquent leur lait contre du beurre. Stupidité ? Simplement incohérence née de l'actualité post-soviétique.

Puis, la camionnette prend la route du Sud, destination : Meghri. L'été, quand les chemins sont à peu près praticables, elle passe par la voie la plus directe, mais qui n'est pas pour autant la plus rapide avec le franchissement des monts Vardenis, à plus de 2 000 m, par le col de Selim[1]. C'est l'un des plus anciens axes de passage du pays, emprunté jadis par les armées de colonisateurs et les commerçants, comme en témoigne le caravansérail assez bien conservé au bord de la route près du col. Normalement, quand tout se passe bien, marchand et camionnette débouchent ensemble vers Eghegnadzor, une ou deux heures plus tard au bout d'une soixantaine de kilomètres. A Meghri, c'est plus riant. Les jardins, presque luxuriants comparés à l'austère rigueur des bords du Sevan, lui assurent de bonnes tractations : les fruits méridionaux (kakis, grenades, figues, mûres en particulier), le miel, la vodka de mûres trouveront facilement preneur à Erevan. En échange, il propose sa marchandise de base et les produits laitiers qu'il vient d'acquérir, qui manquent ici.

Suivons une de ces tractations singulières, un épisode ordinaire de la vie quotidienne. Marchand et camionnette viennent de stationner dans le chemin qui grimpe jusque chez Chavarch, à Meghri.

Chavarch, à 65 ans, est un étonnant mélange de l'histoire économique de l'URSS. Il fut d'abord ouvrier dans une usine d'accumulateurs à Bakou, puis devint barbier, sans formation préalable, pour le kolkhoze de Meghri. Aujourd'hui, il cultive son lopin, nourrit sa famille et échange

---

[1] D'importants travaux de réfection de la route reliant Martouni, au sud du Sevan, à Eghegnadzor par le col de Sélim, ont été terminés en octobre 2003. Cet itinéraire essentiel permet maintenant d'assurer des relations directes entre le Sud et la région du Sevan.

habituellement fruits, vodka, mûres, framboises, noix, contre des poissons séchés du Sevan, des pommes de terre de Martouni et d'Artashat (Ararat), du fromage de Vardenis et des produits d'entretien : 1 kg de pommes de terre s'échange contre 1,5 kg de kakis. Le troc repose sur une connaissance mutuelle des deux parties ; il faut que s'établisse la confiance. Nul besoin de contrat, chacun dépend de l'autre et chacun le sait bien.

Héritage de pratiques antérieures, dont l'intérêt, à l'époque soviétique, consistait à pallier les difficultés d'approvisionnement des circuits commerciaux officiels, le troc perdure et prend même une importance accrue avec la désagrégation des réseaux de distribution. Il correspond, par ailleurs, à une habitude des petits trafics assurant un revenu occulte aux Soviétiques, habitants de villes et surtout des campagnes, qui avaient une propension certaine pour ce type d'activité parallèle. Mais les effets sur le système économique sont mal maîtrisables. Le développement de cette économie sans circulation monétaire aurait des effets pervers, freinant la mise en place de réseaux commerciaux solides et la création d'emplois "efficaces" pour l'économie nationale. C'est ce qu'expriment nombre d'agriculteurs qui, par ailleurs, continuent à pratiquer le troc.

Pour Gaguo, agriculteur à Griboietov, dans la plaine de l'Ararat, le troc est une pratique détournée, confisquée par des intermédiaires et qui fausse les logiques de production : "A Erevan, le travail consiste à occuper les chômeurs, dit-il. Ils pratiquent le troc dans les villages pour approvisionner le marché de la capitale. C'est leur seul objectif : il n'y a pas de place pour de vrais emplois". Dans ce village, la camionnette vient chercher des poissons, comme ceux que produit la petite pisciculture de Gaguo : des *ichkhans* (truites d'élevage) échangés contre des pattes de poulet congelées, triste troc. De toutes façons, ajoute Hovic, son voisin et ami, le problème de l'agriculture en Arménie c'est avant tout le marché : « sans débouchés pas de production rentable ». Le troc, petit "business", pratique intuitive de la complémentarité d'espaces d'un bout à l'autre du pays, ne sert qu'à masquer les carences de la distribution.

Ainsi, tricotés de "pays" en "pays", les échanges animent les relations dans les campagnes. Comme un fil qui se dévide, le cheminement du marchand avec sa cargaison sert de repère, mieux que n'importe quel indicateur économique, dans ce labyrinthe de l'imparfait.

2.3. LE REVENU DU PAYSAN EST TRIBUTAIRE DES MODES DE COMMERCIALISATION

2.3.1.Sans réorganisation des réseaux commerciaux, les pertes pour le producteur, restent incontrôlables

Pour le paysan, cette désorganisation du marché a des effets néfastes avec des nuances selon qu'il vend à des intermédiaires ou directement. S'il s'adresse à un grossiste, le producteur percevra un revenu plus faible que s'il assure lui-même la vente. C'est logique et, souvent, il n'a pas le choix. Le paysan éloigné d'un grand marché doit assumer des frais de transport élevés s'il veut lui-même apporter sa marchandise à 50 ou 100 km. Il aura alors intérêt soit à traiter avec un intermédiaire - qui groupe ses achats dans la région - quitte à vendre à plus bas prix, soit à se grouper avec d'autres agriculteurs pour limiter les coûts de transport, ou encore à passer un accord avec le conducteur de l'autobus qui dessert le village. Mais ils sont peu nombreux à procéder ainsi faute de capacité à s'organiser.

Le prix d'achat des marchandises au producteur reste bas et ce n'est pas la vente directe, au bord des routes, qui rapporte le plus. Malgré l'absence d'intermédiaire, le paysan tire peu de revenu de ce type de distribution et n'a pas encore assimilé cette notion capitaliste de la valeur du temps : "le temps c'est de l'argent". Le temps passé assis près d'un seau de pommes ou d'abricots, d'une cuvette d'asperges sauvages ou de champignons, ne se rentabilise pas, ne serait-ce que parce que le chaland se fait rare sur les routes ou bien en raison des prix pratiqués, trop élevés le plus souvent. Selon un principe aberrant, vendre cher un seul kilo de fruits est, croit-on, plus rentable que baisser les tarifs pour se débarrasser de sa marchandise. Cette logique, contraire aux intérêts commerciaux du marchand dans l'économie de marché, est indéracinable. On marche toujours la tête à l'envers et il semble vain de démontrer le contraire : demain sera un autre jour.

Ces quelques exemples permettent de se faire une idée de la rentabilité de certaines productions : ainsi, les productions animales rapportent plus que les productions végétales. Par ailleurs, le paysan tire un meilleur revenu en vendant directement sur le marché qu'en passant par un intermédiaire mais encore faut-il apporter quelques nuances : ce n'est pas le cas pour le fromage et cela varie selon la distance en fonction du coût du transport. Ainsi, pour le paysan de Siounik, Lori, Vayots Dzor et Gegharkunik, les frais de déplacement font monter le coût de production compte tenu de la distance vers les principaux marchés (Erevan principalement) et du manque de moyens de transport. Il y a aussi des fluctuations sensibles d'une saison à l'autre. En fait, il n'y a pas de "matelas" pour compenser les surcoûts, ponctuels ou non, et pour limiter les écarts de prix.

Selon l'étude UNDP précitée, le revenu moyen annuel d'une famille rurale serait d'environ 2 200$ sur la base de 4,76 personnes par famille cela représenterait 463$ /personne/an, soit 494[E]. Sachant, par ailleurs, que 91% des familles des campagnes tirent l'essentiel de leurs ressources de l'agriculture, on mesure à quel point la mévente des produits agricoles peut grever considérablement les revenus familiaux.

2.3.2.Microfundium : quel revenu ?

Une estimation plus précise des résultats de l'activité agricole en matière de revenu, a été effectuée en fonction de la taille des exploitations en propriété.

Prix moyen de quelques productions selon les types de commercialisation. 1997.
(en Drams*)

	Vente à des organisations d'achat	Vente à des intermédiaires individuels	Vente directe sur les marchés
Pommes de terre (kg)	50	97,5	109
Céréales (kg)	113,2	108	123
Tomates(kg)	16,3	38,2	45,2
Pommes (kg)	11	55	87,8
Oignons (kg)	70	71,3	95,6
Viande de boeuf (kg)	460	821	864,2
Lait (litre)	88,8	118,5	127
Fromage (kg)	-	904,2	870,2
Oeufs (pièce)	-	50	51,7

*(source : Enquête UNDP, 1999) * 1FF = 74 à 76 Drams en 2001*

: Vente directe nettement plus avantageuse pour le producteur

: Vente à l'intermédiaire plus avantageuse pour le producteur

Etant établis à partir d'une enquête, ces résultats sont censés refléter la situation, sans certitude absolue quant aux valeurs exprimées : ici comme dans bien d'autres cas, les chiffres sont à prendre avec la plus grande précaution et n'ont qu'une valeur indicative très relative. Par contre, les ordres de grandeur vont nous donner une image à peu près fiable de la réalité en comparant différents paramètres

Productivité et revenu des exploitations en 1998

(Source : UNDP, 1999)

Taille de la propriété agricole	Dépenses par exploitation et par hectare. (Dr.)	Revenu des ventes par exploitation et par hectare. (Dr.)	Nombre d'emplois à l'hectare
Moins de 0,5ha	218 300	543 800	6,6
0,5 - 1 ha	121 700	250 600	3,5
1 – 2 ha	85 500	140 200	1,9
2 – 3 ha	53 300	71 400	1,1
3 – 5 ha	37 800	48 400	0,8
5 – 7 ha	37 900	39 500	0,5
7 ha et plus	35 400	26 300	0,4
Moyenne	*69 000*	*114 900*	*1,6*

Il apparaît que dans les plus petites exploitations - moins de 0,5 ha - le nombre de personnes employées est extrêmement élevé : de 6 à 7 à l'hectare, ce qui peut sembler excessif, contre 0,5 à 1 personne dans les exploitations supérieures à 2 ha. Les dépenses y sont aussi plus importantes : 218 000 Drams par ha pour les plus petites exploitations contre 55 000 à 35 000 Drams par ha pour celles qui dépassent 2 ha.

Dans les microfundium ("nanofundium"), la part de la force de travail et celle du capital dépensé pour 1 ha est plus élevée que dans les exploitations les plus grandes (à partir de 2-3 ha). Les raisons sont liées aux types de production et, partant, à la localisation géographique de ces unités. Les plus petites sont situées dans le périmètre irrigué de l'Ararat où la pénurie de terres se fait sentir de manière accrue. C'est une agriculture de type intensif - cultures maraîchères, arboriculture fruitière - qui bénéficie, par ailleurs, de la proximité du grand marché, celui de la capitale, d'accessibilité aisée. C'est aussi une région très densément peuplée où la main-d'œuvre est abondante, une main-d'œuvre inemployée en raison du chômage, et trouve dans le travail des champs - durant quelques périodes de l'année - une certaine utilité économique. En fait, ceci expliquant cela, 36,1% seulement des actifs dans l'agriculture travaillent tout au long de l'année, alors que 39,8% ne sont employés que de 7 à 9 mois par an. Les autres sont occupés saisonnièrement, environ trois à six mois, essentiellement de mai à septembre, période où le niveau d'emploi agricole est le plus élevé. Les plus grandes propriétés (plus de 5 ha) sont situées en altitude et vouées au pastoralisme et à la céréaliculture. L'abondance de terres ne compense pas, au contraire, les conditions plus défavorables : absence de marché et difficultés de communications, sols de qualité inégale, contraintes topographiques qui réduisent l'accessibilité des parcelles. D'où la plus faible rentabilité de ces exploitations.

En agriculture, comme en d'autres secteurs de cette économie en transition, il y a pléthore de main-d'œuvre inemployée (force de travail importante) mais aussi besoin de capitaux. Or, en raison du faible niveau - et faibles capacités - d'investissements, le paysan ne peut prendre que ce que la terre peut produire. Et c'est l'engrenage pervers qui conduit à l'aggravation des conditions de mise en valeur et, par conséquent, à un affaiblissement de la productivité. Ces aspects ont été évoqués dans le chapitre précédent ; éclairés ici sous l'angle du revenu et des conditions de vie dans les campagnes, ils apparaissent encore plus désastreux.

Pour résumer, les déficiences du marché sont causes de non-rentabilité de la production. Les raisons invoquées par les agriculteurs divergent selon les régions et les types de production. Pour le producteur d'Armavir, Ararat, Aragatsotn et Chirak, la cause première tient aux prix d'achat, trop bas, pratiqués par les grossistes : les faibles quantités offertes ne permettent pas de peser sur les prix . Pour le paysan de Siounik, Vayots Dzor, Gegharkunik et Lori, le problème majeur reste les difficultés d'acheminement des marchandises, soit à cause du prix du carburant, soit par absence de moyens de transport. Pour les intermédiaires (individuels ou organisations d'achats en gros), l'insatisfaction vient des bas prix qu'ils doivent pratiquer sur les marchés de gros, d'où leur réticence à payer plus cher au producteur.

Encore une fois, il faut souligner l'absence de régulation du marché intérieur. Les surproductions qui se déversent sur les rares véritables points de vente - marchés de la capitale et quelques autres marchés urbains - accroissent la concurrence au niveau des exploitations et portent préjudice à l'amélioration de la productivité. En réalité, sur 100 exploitations, 18 seulement sont à peu près rentables, 25 sont en équilibre précaire et 57 travaillent à perte. Les prix d'achat trop bas, alors que les coûts de production restent élevés (services et moyens techniques), sont à la base d'une spirale de défaillances qui nuit au développement de la production agricole et à l'amélioration du revenu paysan.

3. ESPACE MARCHAND ET NON MARCHAND

3.1.LA TRAME DES ECHANGES DANS LES CAMPAGNES

Il est utile de rappeler quelques caractéristiques des équipements commerciaux dans les campagnes de l'Union soviétique et, en particulier, les relations entre les centres locaux et les petits villages kolkhoziens situés dans leur périphérie, où la situation apparaît disparate (M.C.Maurel). Si les équipements culturels, scolaires et de santé étaient relativement bien répartis, par contre, la distribution des biens de consommation souffrait de nombreuses carences. A l'exemple choisi à ce propos dans l'oblast de Novgorod, où "faute de moyens nécessaires à leur entretien, ces équipements sont dans un pauvre état", répondent des situations en Arménie qui, à peu de choses près, témoignent des mêmes difficultés. La hiérarchie entre les centres dans l'URSS, se retrouve en Arménie aujourd'hui. Elle correspondait à une organisation fonctionnelle liée à la production agricole et à la transformation des produits. Si la fonctionnalité antérieure, basée sur une économie agricole collectivisée, n'existe plus, la hiérarchie reste en place mais correspond à une autre fonctionnalité, celle de l'économie de marché pour l'approvisionnement et la distribution, d'où la multiplication des petits commerces et des services, non seulement dans les villages mais aussi le long des routes.

Aujourd'hui, l'explosion du tertiaire, en Russie, par exemple, correspond aux mutations d'activités jugées subalternes - et donc peu valorisées - à l'époque soviétique. Dans le monde rural, nettement sous-équipé, les changements actuels témoignent des réels besoins de la population. Dans les campagnes, la consommation moyenne de produits alimentaires par habitant traduit une alimentation plus riche en produits laitiers, en fruits et en légumes que dans les villes.

Ceci renvoie aux données de l'autoconsommation citées précédemment et est confirmé par l'activité croissante des petits commerces, non seulement dans les villages , mais aussi au bord des routes, où les clients automobilistes sont surtout des habitants des villes qui trouvent là une source d'approvisionnement en produits frais.

3.1.1. Le nouveau tertiaire marchand dans les villages : un semis de points

La situation en Arménie ne diffère pas sensiblement de celle que connaissent d'autres anciens pays de l'URSS. Les années 80 marquèrent une phase de développement anarchique des petits commerces "sauvages", s'installant dans les villes, près des carrefours, des arrêts de bus, aux stations de métro. L'apparition de kiosques, d'étals et de cabanons, où l'on vendait de tout, y compris des pièces mécaniques et des vêtements usagés, préfiguraient les changements futurs et révélaient la place de plus en plus grande de ces activités hors du contrôle de l'Etat :"le Goskomstat évalue officiellement à 42% la part du commerce de détail qui passe par des circuits parallèles non pris en compte!" (Radvanyi). Entre villes et campagnes existent cependant des différences notables, avec, pour les campagnes et les petites villes, une baisse d'activité liée à diverses contraintes, par exemple "l'importance des impôts, gourmandise des pouvoirs locaux qui voient dans ces activités une nouvelle "vache à lait", pression des "mafias"...Cette situation, ainsi évaluée pour l'ensemble de l'URSS, trouve aujourd'hui une vigueur spectaculaire, y compris - et plus spectaculaire encore - dans les campagnes, comme en Arménie où cette évolution ressuscite une tradition mercantile qui ne pouvait pas s'exprimer.

Parmi les services, en général, les petits commerces se sont beaucoup développés depuis dix ans : de l'étal sommaire à la boutique ouverte en permanence, tout est possible. Il n'existe pas d'étude exhaustive de la configuration actuelle des services marchands dans les campagnes. Quand bien même existerait-elle, il ne pourrait pas en être tiré de réel enseignement tant cette donnée est fluctuante et parfois impalpable. Mieux vaut, pour cerner la réalité de façon concrète et apprécier "en direct" les frémissements de cette micro-économie, se livrer à des enquêtes sur place, en interrogeant les habitants et les nouveaux commerçants.

L'exemple d'Aragats ou la revillagisation d'un centre urbain

Cet exemple reflète la réalité économique du pays et en particulier des campagnes, mais il illustre aussi l'évolution caractéristique d'une petite ville soviétique de 8 000 habitants. Aragats est l'expression même de la "revillagisation" d'un centre urbain ex-soviétique. La recomposition du tissu économique y est une réalité on ne peut plus concrète. Avec l'industrialisation de l'Arménie, nombre de villages sont devenus des petits centres industriels. Cette petite agglomération située sur le flanc occidental de l'Aragatz, à 1 100 m d'altitude, connaissait une activité industrielle importante : une usine de perlite, une minoterie - la plus grande de Transcaucasie -, un combinat viticole et, tout près, une usine de goudron et une autre pour la taille de pierre. Avec un secteur secondaire dominant - plus de 50% de la population active -, Aragats fut dotée du statut de "ville" en 1973. Avec 7 ou 8 magasins d'Etat, 2 écoles, une maison de la culture, un hôpital et un grand sovkhoze d'élevage - le kolkhoze fut précisément transformé en sovkhoze en 1973 - de plus de 2 000 hectares, sans compter les terrains de parcours, et 20 000 moutons à laine, il s'agissait d'une petite ville active.

Aujourd'hui, pratiquement tout ce qui faisait son animation est fermé : la dernière usine, celle de perlite, s'est arrêtée au cours de l'année 2001. Les commerces anciennement soviétiques sont toujours debout mais vides. Le secteur secondaire n'est plus présent que par un moignon d'usine, celle de ciment, partiellement en activité, soit 5% de la population active. Par contre, 98% des habitants cultivent un bout de jardin ou quelques parcelles : le secteur primaire devient l'activité principale. Le tertiaire fait une timide apparition et représente environ 15 emplois sur cent, mais encore faut-il préciser que la plupart de ces nouveaux emplois sont "doublés" par une activité agricole. Côté commerces, pour remplacer les magasins de type soviétique, moribonds, six petites boutiques privées ont été créées, proposant diverses marchandises. Dans les rues, de petits étalages proposent un choix hétéroclite de produits, au gré des approvisionnements.

Au "centre-ville", à un carrefour de chemins boueux, Abrechoum est installée derrière son misérable étal, les pieds dans la neige. C'est une commerçante innovante qui représente un bon exemple de ces intermédiaires pratiquant à la fois le troc et la vente contre monnaie. Encore un mois auparavant, s'approvisionnant dans les fermes de la région, elle était "spécialisée" dans les fruits et légumes pour la vente aux "citadins" d'Aragats, c'est-à-dire aux habitants qui n'ont pas de lopin ou bien ne savent pas le cultiver. Mais, soudainement mue par un souci de diversification, elle a réussi à troquer sa marchandise agricole contre une caisse de divers produits que lui proposa un autre marchand, près de Erevan, à deux heures d'ici. Aujourd'hui, elle propose donc des nouveautés : trois paires de chaussettes turques, arrivées là par on ne sait quel itinéraire tortueux, à 200 Dr la paire, un pantalon de survêtement "made in Korea", une chemise à carreaux et deux serviettes-éponge de provenance indéfinissable. Petit commerce du désespoir – à moins que ce ne soit de l'espoir - au bord d'une rue balayée par un vent glacial, sur un versant de l'Aragatz.

Photo 5-2. Abrechoum et son étal.

Quel destin et quelle déchéance pour une ville, même petite, que de se voir ainsi rétrogradée au rang de gros village. On ne peut accuser, ici, le départ des habitants, comme c'est parfois le cas, dans la région de Gumri par exemple ; on ne peut, non plus mettre en cause la paresse ou la léthargie face à l'inéluctable déclin de l'économie. Au contraire, on se bat pour s'en sortir ; l'ouverture de petits commerces en témoigne. Pourtant, l'apparence même du centre-ville, ou ce qui en tient lieu, a de quoi faire douter de la dynamique existante ; la voirie s'apparente désormais plutôt au chemin de traverse qu'à ce qu'on a coutume d'appeler une rue, les rares véhicules sont des modèles automobiles antédiluviens dans un état de délabrement indescriptible, les bâtiments d'habitation tombent en ruine, quant au carrefour central il ne faut y voir qu'un cloaque où pataugent les animaux en rentrant à l'étable.

Aragats, petite ville décadente, cherche activités de substitution.

La situation dans d'autres petites villes et villages d'Arménie

Les services marchands remplacent les services concentrés par les kolkhozes et les sovkhozes mais, compte tenu de la faiblesse du pouvoir d'achat, ils se maintiennent avec difficulté. Nombre d'entre eux disparaissent au bout d'un an ou deux, lorsque les dettes de la clientèle finissent par ruiner le commerçant ou l'artisan.

Le boulanger de Semionovka, ce village déshérité au nord du Sevan, a supporté tant d'ardoises qu'il en est pratiquement réduit à offrir le pain à ses clients. Il avoue continuer à faire du pain pour aider "plus pauvre" que lui. A Norabats, village béni des dieux en comparaison du précédent, la situation n'est pas beaucoup plus favorable. A l'époque soviétique, il y avait là un grand magasin d'Etat où l'on trouvait des vêtements, de l'épicerie ainsi qu'un salon de coiffure. Mais, avoue Sveta, il fallait payer plus cher pour obtenir des marchandises "sous le comptoir", de bien meilleure qualité, alors que les fruits produits dans le sovkhoze partaient, pour une grande partie, en Russie. Maintenant, l'essentiel du commerce des produits agricoles se fait par troc. Seuls une boulangerie et un salon de coiffure ont ouvert depuis quelques années. Pour l'épicerie et les produits d'hygiène, on va à Erevan, à 30 mn de Norabats. Il n'y a pas d'artisans : ce sont les anciens tractoristes et mécaniciens du sovkhoze qui font les réparations de matériel agricole ; d'ailleurs, ils avaient ouvert un atelier mais pour ne pas payer d'impôts ont préféré le fermer … et continuer sans avoir pignon sur rue. C'est ce qui se produit un peu partout. Par exemple à Griboietov, près d'Etchmiadzin, le coiffeur et le cordonnier ont dû fermer boutique : quand les clients ne paient plus, il ne reste plus qu'à plier bagages et à partir … pour la Russie ou ailleurs. Voilà le schéma classique de l'inadéquation entre des besoins réels et un faible pouvoir d'achat.

Malgré quelques nuances locales, la situation se reproduit à l'identique dans toutes les régions. Quel que soit le nombre d'habitants, il y a toujours coexistence de petits commerces et de troc. Ne nous y trompons pas : il s'agit bien d'un nouveau tertiaire mais, dans les faits, il s'agit d'économie souterraine. Les "artisans" oeuvrent dans la discrétion : ils redoutent l'imposition et, la plupart du temps, l'insolvabilité de la clientèle finit par avoir raison du prestataire de services. "On rend service" est sans doute la formule qui permet d'éviter toute méprise et, en tous cas, qui exprime au mieux cette forme d'échanges de bons procédés.

Ces exemples ne sont pas isolés : ils sont l'expression de situations qui se reproduisent dans tout le pays. Dans le cadre de l'économie des villages, il s'agit de répondre à une demande locale, aux besoins de première nécessité : comme un semis de points cernés d'auréoles correspondant aux périmètres d'approvisionnement de proximité, le réseau reste étroitement limité aux périphéries villageoises. Mais pour bien comprendre le système qui se met en place dans les campagnes, il est un autre niveau d'approche spatiale : la localisation des services selon la proximité des axes de circulation. Dans le cadre de l'économie "bord de routes", le commerce relève d'une logique étirée, linéaire, pour capter une clientèle potentielle de passage. Pour le petit producteur, pour le "nouveau commerçant", c'est une opportunité à saisir. La route joue donc un rôle attractif dès lors que le trafic est un tant soit peu actif.

Le maillage du commerce se recompose donc ainsi :

- aux anciens magasins d'Etat, dans les villages et les centres urbains, se sont substitués des commerces privés et des échanges ambulants : tramé ponctuel ;

- une autre trame, linéaire, se surimpose à celle des villages : au bord des principales routes et aux carrefours.

3.1.2. La route et son impact dans l'économie des campagnes : une trame linéaire

L'économie du "bord de route" prend toute sa signification dans ce fonctionnement sans repère, le chacun pour soi pour écouler la production familiale. C'est l'économie du hasard, de la "débrouille", des gagne-petit, des naufragés de l'économie socialiste. On apprend sur le tas, quand l'occasion se présente, et si l'on a la chance d'habiter près d'une grande route - il n'y en a qu'une, digne de ce nom - alors on peut devenir presque "riche".

La vente sur les marchés, qui assurait un revenu appréciable dans l'économie du kolkhozien, est source de difficultés. Certes, les petits vendeurs se multiplient sur les trottoirs des villes où ils écoulent la production de leur exploitation : fruits et légumes ainsi que poissons séchés, fromage, lait. Le long des routes, aux croisements, on essaie d'écouler des fruits, des herbes, des champignons, selon le lieu et la saison. Le spectacle de ces groupes accroupis autour d'une bassine d'abricots ou d'asperges reflète bien autre chose que le souci de gagner un peu d'argent : énergies gaspillées, espoirs anéantis, avenir incertain. C'est un comportement teinté d'orientalité : demain sera un autre jour. L'horizon du temps s'arrête là, au bord de la route.

La situation actuelle du paysan arménien pourrait s'apparenter à celle de la petite paysannerie française des XVIIIe et XIXe siècles.

Au long de ses itinéraires en France, Arthur Young décrivait les réalités quotidiennes de la vie paysanne en des termes que l'on pourrait reprendre pour l'Arménie d'aujourd'hui : "Un fait très étrange que l'on voit dans tous les marchés de France : des masses de gens qui perdent régulièrement un jour par semaine pour des objets qui montrent clairement le peu de valeur qu'a le temps pour ces petits cultivateurs. Peut-il y avoir rien de plus absurde qu'un homme robuste et énergique faisant plusieurs milles et perdant une journée de travail, qui vaudrait quinze ou vingt sous, pour vendre une douzaine d'œufs ou un poulet, dont la valeur ne serait pas équivalente au travail de les porter au marché, si les gens étaient utilement employés[1]".

Entre Hermine qui vend ce qu'elle trouve et Emma qui fait du commerce dans un de ces nouveaux bazars des routes, il y a non pas un monde, parce que toutes deux pratiquent une forme de commerce, mais une distance qui exprime tous les tâtonnements du nouveau tertiaire marchand. Entre les deux, il y a de la place pour beaucoup d'autres situations plus ou moins élaborées que nous allons essayer de hiérarchiser afin de mieux comprendre ce que "vendre" signifie dans les campagnes d'Arménie.

La hiérarchie des services marchands le long des routes

Elle obéit à une classification selon quelques critères d'aménagements de ces installations "spontanées", permanentes ou non, construites en "dur" ou sans équipement aucun, avec ou sans toit... Pour faciliter la compréhension de cet "ordre" nouveau, nous avons retenu quatre degrés, pour chacun desquels seront décrites les caractéristiques principales : de la forme de commerce la plus rudimentaire - le niveau zéro -, à la plus élaborée, au niveau 4 de la hiérarchie ainsi construite.

- Niveau zéro : au plus bas de l'échelle, une installation éphémère, la plus élémentaire qui soit. En pleine campagne, un ou plusieurs vendeurs assis près d'un seau essayent de se faire un peu d'argent en vendant des produits de cueillette. Selon la saison et l'endroit ce sont des champignons, des baies ou des asperges sauvages, des fleurs ; bref, tout ce que la nature propose. Les petits marchands sont souvent des enfants mais ils peuvent être aussi tous ceux qui n'ont rien d'autre à faire. Dans la montagne, ils ramassent et, sur la route, proposent aux automobilistes le produit de leur cueillette.

Les situations suivantes illustrent parfaitement cette démarche de vente. Ainsi, sur la route en lacets, à une quarantaine de kilomètres au-dessus de Kapan, Allik et son frère ont étalé un morceau de plastique sur le sol. Sur cet axe, le plus fréquenté d'Arménie, qui conduit à la frontière iranienne, les poids-lourds et les automobiles sont des cibles potentielles pour la vente. Sur

[1] Arthur Young. *Voyages en France en 1787, 1788 et 1789*. Tome II *: Observations générales*. Paris, A. Colin, 1931, p. 757.

le plastique, un tas de champignons attend preneur. Le lot doit coûter environ 500 Drams (à peine 1 euro) pour un bon kilo. Ce soir, peut-être, il sera vendu. Une cinquantaine de kilomètres plus loin, des marchands d'asperges - asperges vertes, sauvages, cueillies près des villages des environs -, assis près de leur seau, ponctuent l'itinéraire dans la longue traversée du haut plateau de Siounik. C'est une autre forme élémentaire du petit commerce qu'illustre Hermine, qui essaie de vendre des bouquets aux rares véhicules de passage sur cette route complètement défoncée qui mène du Sevan à Dilidjan.

- Niveau 1 : La vente « directe » de produits du lopin : le paysan qui vient vendre des productions excédentaires de son jardin. Logique commerciale spontanée mais positionnée en un endroit stratégique : entrée de village, carrefour, fontaine ou espace de stationnement. Les prix pratiqués sont, généralement, prohibitifs tout simplement parce que l'agriculteur est persuadé que "mieux vaut tenir que courir", et tant pis pour les invendus.

Mis à part les fruits et les légumes, on vend aussi du poisson au bord des routes. Dans les villages qui bordent le lac Sevan, les pêcheurs font de grands gestes avec les bras lorsque passe une voiture, pour signifier la taille des poissons à vendre. Ce simple geste pourrait leur coûter cher puisqu'il est interdit de vendre des truites sauvages du lac et, en principe, la période de pêche est réglementée. Or, ce qui frappe c'est la désinvolture avec laquelle les pêcheurs font ces propositions "malhonnêtes" à l'automobiliste qui traverse le village. Car c'est bien d'une vente à la sauvette qu'il s'agit. Mais, en réalité, seul le client peut être inquiété par la police, postée à quelques kilomètres de là, afin de vérifier s'il y a du poisson et de se faire payer un honorable bakchich (les Arméniens disent aussi *papakh*) pour solde de tout compte. Les ventes de poissons se font aussi de façon plus ostentatoire et officielle : dans des cuvettes posées sur un tabouret, devant les habitations des pêcheurs, des *sigs* ou poissons blancs, séchés et fumés sont vendus de la manière la plus honnête qui soit.

- Niveau 2 : des aménagements construits. Caisses de pommes, sur la grande route entre Erevan et Sevan, d'abricots, de raisin, tomates, légumes et fruits frais garnissent les étals de bois dressés pour la journée au bord de la route. Il peut aussi s'agir de produits élaborés, suspendus à des ficelles tendues entre deux poteaux, le long de routes « touristiques » (à Garni, Gueghard, près des monastères) : *soudjours*, figues sèches ou baies enfilées sur un brin de coton. Douceurs orientales, ces fruits séchés ont été préparés et sont présentés de manière attractive mais restent exposés à la poussière, au soleil ou à la pluie. Pourtant, ces étals colorés, tenus par des femmes en général, commencent à ressembler à des infrastructures de commerce;

On vend aussi des produits d'origine animale : fromage ou viande. Des présentoirs de viande, de bêtes pourrait-on plutôt dire, sont installés sur le bas-côté de la route qui mène au Sevan. Les moutons sont parqués dans de petits enclos et, à la demande du client de passage, sont instantanément suspendus à un arbre afin d'être tués et dépecés avec un art remarquable. La logique commerciale est simple : les automobilistes montent de Erevan au Sevan, en fin de semaine par exemple, et font leurs emplettes pour les *kholovatz*, brochettes de viande et de légumes, en vue de barbecues au bord de l'eau. Le mouton sur pied coûte environ 15 000 à 20 000 Drams (environ 35E) pour 10 à 12 kg de viande. Le bois pour le feu sera coupé sur les rives du lac, aggravant encore la déforestation.

Enfin, les marchands de carburant occupent une place tout à fait importante parmi les services marchands de bord de route. Selon l'endroit et la fortune du pompiste, les débits d'essence se présentent différemment. Les formes les plus élémentaires sont le camion-citerne, dont les tuyaux sont branchés directement dans les jerrycans posés sur le sol - et dont il faut bien s'assurer de la contenance -, et le petit édifice cubique avec réservoir ou pompe. Depuis deux à trois ans on voit de plus en plus de vraies stations-service le long des principaux axes routiers. Certaines sont construites en dur, avec des éclairages et des décorations luxueuses - dans Erevan surtout, certaines stations-services sont d'un luxe inouï, en particulier celles du groupe SIL une des plus grosses fortunes du pays -.Un des paradoxes, qui n'en n'est pas un, est la multiplication de ces stations et leur decorum alors que l'on circule moins faute de véhicules en état de marche et en raison, précisément, de la dépense en carburant (1 litre de gas oil coûte 260 Dr, soit 0,55E , en décembre 2001).

- Niveau 3 : les étals qui possèdent un toit. C'est une forme déjà élaborée mais ces "constructions", sommaires restent en permanence ouvertes à tout vent. Depuis dix ans, on assiste à la prolifération de petites constructions précaires, édifiées de matériaux de récupération, du type "paillotte" corse échappant à toute réglementation, et poussant comme des champignons sur le bord de la route. Le branchement électrique est utile mais non indispensable et, dans la plupart des cas, sauvage. L'éventail des services va du débit de boissons, gargotte en plein air protégée sommairement de la pluie et du soleil, avec un banc et une table, au bazar proposant des fruits, des légumes et diverses autres marchandises.

- Niveau 4 : Les formes les plus perfectionnées et le plus haut niveau de la hiérarchie. Cabanes en bois ou en métal, vieux wagons recyclés ou cubes de type "Algeco", avec des parois - à défaut de murs - et une porte, tels sont les nouveaux bazars de plein air. Ces infrastructures illustrent bien l'élan commercial ancré au bord des voies de passage. La prolifération soudaine de ces étals de vente est un fait significatif de l'évolution économique aux effets certains sur l'économie des campagnes. Après l'indépendance, partout, on a vu surgir toutes sortes de constructions pour abriter des points de vente ou des restaurants. Comme dans tous les pays de l'ex-URSS, l'Arménie a accueilli avec empressement l'arrivée de Coca Cola, Malboro, Heineken et autres standards de la consommation capitaliste, dont les enseignes colorées et les parasols ont avantageusement corrigé la grisaille des magasins soviétiques : au bord des routes, ils sont tout de suite repérables.

Parmi ces commerces, on trouve d'abord des restaurants ou, plus modestement, des cabanes où l'on mange. Certains propriétaires font preuve d'imagination pour décorer les abords et pour attirer les automobilistes de passage, familles, touristes. On peut manger pour 2 ou 3 Euros. Pour les agriculteurs, ces restaurants sont un débouché utile : viande de boeuf, de porc ou de mouton pour les brochettes, légumes et fruits, fromage et *matsoun*[1] fabriqués à la ferme.

Un petit commerce de niveau 1.
A même le sol, les paysans proposent leurs légumes ou leurs fruits. Ici, sur un trottoir à Erevan : pommes de terre, oignons, tresses d'oseille séchée et fruits. Les marchandises sont posées par terre, sur une couverture, un morceau de carton ou dans un récipient.

Photo 5-3

[1] Le *matsoun* est une base de l'alimentation des Arméniens. Il s'agit d'une sorte de yaourt liquide, lait fermenté, en général non piquant, qui se mange ou se boit (selon sa consistance) nature ou agrémenté de miel ou d'herbes aromatiques.

Photo 5-4

A l'entrée de Dilidjan, au bord de la route principale, une boucherie, débit de viande, construite en pierre et en bois. Il faut remarquer, ici, l'usage du bois en raison de la présence de forêts dans les monts du Sevan. Assez élaborée, cette installation appartient au type 4 de la hiérarchie.

Photo 5-5

Dans ce néo-caravansérail planté au bord de la grande route Erevan-Iran, près de Eghegnadzor, les bazars poussent comme des champignons, approvisionnés par les stocks de marchandises venant du Golfe ou de Russie. On peut aussi s'y restaurer et manger convenablement.

Le degré d'organisation le plus complet correspond aux grands éventaires construits à des emplacements stratégiques : carrefours, terre-pleins, au bord de l'axe majeur Erevan-Iran. Ces bazars regroupent plusieurs commerçants qui louent un emplacement au propriétaire. L'un des premiers a été édifié en 1997 entre Areni et Eghegnadzor. D'autres ont suivi, en pleine campagne, dès lors qu'il y a de la place pour garer des camions. Voilà comment se créent de nouveaux emplois dans le tertiaire marchand : les vendeurs travaillaient, avant, dans divers secteurs : anciennes institutrices, comme Emma, ouvriers de l'industrie soviétique au chômage, des laissés pour compte du système déchu.

On y trouve de tout : cassettes de musique - où Charles Aznavour, Patricia Kaas, Céline Dion et Claude François occupent une place de choix -, parfums "de Paris", cosmétiques et crème Nivéa, biscuits secs fabriqués en Russie ou en Turquie - très secs, même, faute de beurre – boîtes de chocolat, bière, bouteilles de Fanta et de Coca Cola, bonbons, objets de pacotille "made in China" - comme ces bouées d'enfants colorées suspendues et balancées par le vent, des bouées pour un pays sans mer - camelote venue par l'Iran, par exemple ces horloges clinquantes décorées comme des pâtisseries orientales, ces vrais-faux parfums de l'Orient omniprésent, tout ce joyeux mélange délivre une image désordonnée mais parfaite traduction du désordre qui préside à leur acheminement.

La recomposition de l'espace des campagnes est étroitement liée à l'activité commerciale des bords de route. Avec cette hiérarchie de la vente, apparaît une autre logique commerciale, plus ou moins perfectionnée, qui reflète les nouveaux élans du tertiaire marchand.

3.1.3.La route est un fil conducteur

Si la géographie du troc reflète les flux de commerce à grande échelle au sein du pays, elle est emboîtée dans un réseau plus vaste, celui des échanges internationaux. C'est par la route qu'est acheminée la majeure partie des marchandises, soit 2 076 000 tonnes[1] de marchandises dont 1 775 000 tonnes dans le trafic intérieur. La route, axe de fixation d'activités commerciales, joue un rôle essentiel dans la redéfinition des rapports entre l'espace rural, les marchés urbains et les réseaux d'approvisionnement.

Un arrêt dans un de ces bazars permet de lire, comme sur une carte, les effets de la géopolitique sur les échanges. Comme l'extrémité d'un fil ténu relié aux circuits commerciaux mondiaux et aux mirages de la consommation, les petits commerces privés, objets de géopolitique, symbolisent l'ouverture. L'inventaire des marchandises témoigne de l'engouement pour les produits-phares de la société de consommation occidentale. Les articles estampillés CCCP renvoyaient à l'enfermement économique de la RSS d'Arménie. Aujourd'hui, Coca Cola, cigarettes américaines, gadgets, produits de beauté et autres articles du marché mondial ont envahi les étals au bord des routes et dans les villes, témoignant des nouvelles logiques frontalières.

A l'extrémité du fil qui s'arrête au bazar routier, deux ports et deux mers. Au Nord, Poti, sur la Mer Noire, au bout d'un parcours à risques sur les routes de Géorgie où le racket armé entretient une insécurité croissante. Vers le Sud, comme par le chas d'une aiguille, le fil franchit la frontière entre l'Arménie et l'Iran et se déroule en un itinéraire périlleux, de Bandar Abbas, sur le Golfe persique, à Erevan ; les carcasses de camions accidentés dans

[1] Source "Foreign trade of the Republic of Armenia",1999, National statistical service of the R.A., Yerevan, 2000.

les lacets de la route entre Agarak et Goris témoignent de la dangerosité du parcours. Si tous les chemins mènent à Rome, on peut dire alors que Erevan est sur le chemin de Rome ! Mais comme la ligne droite n'est pas le plus court chemin d'un point à un autre, on ne s'étonnera pas des itinéraires imprévus qui ont fini par aboutir là, sur l'étal d'Emma. Et pour comprendre, il suffit de se persuader que le pays retrouve peu à peu la mémoire de ses traditions mercantiles.

D'Iran arrivent des conteneurs de produits de tous types - aliments, cosmétiques, bimbeloterie, pacotille en tous genres - acheminés depuis le port de Bandar Abbas après une ou deux semaines de route selon les itinéraires et les difficultés douanières. C'est pourtant par là qu'arrive l'essentiel des marchandises qui approvisionnent le commerce des routes. Il faut assister aux péripéties frontalières du poste d'Agarak sur l'Araxe, pour se faire une idée de l'organisation des formalités douanières.

La scène la plus décisive ne se joue pas là, mais à l'intérieur de la zone de transit, quand les camions iraniens qui ont franchi le pont et rempli leurs formalités "officielles", s'acquittent des véritables formalités : de la portière de chaque camion "tombe" entre les mains des douaniers des objets autrement plus utiles que des papiers et leurs visas dûment tamponnés : cartons et sacs emplis de marchandises changent ainsi de main, prestement, déclenchant instantanément l'ouverture de la grille ! Voilà comment on franchit le chas de l'aiguille.

Photo 5-6

L'Araxe à la frontière armeno-iranienne. Là où s'élevait la frontière infranchissable de l'URSS, s'ouvre aujourd'hui un axe routier essentiel pour l'Arménie. Le nouveau pont sur l'Araxe est visible au centre de la photo.

Les circuits d'échanges qui venaient buter contre le rideau de fer, au Sud, sont aujourd'hui réactivés. Ceux qui s'arrêtaient aux portes de l'Union retrouvent une activité. Mais, entre-temps, le fonctionnement des frontières a changé et l'Arménie ne peut compter que sur le mince cordon ombilical routier qui la relie à la Géorgie et à l'Iran. Les transports par avion complètent ce dispositif, pont aérien vital pour désenclaver un Etat étranglé. Mais alors, compte tenu du blocus qui paralyse les relations avec les voisins turcophones, comment expliquer ces biscuits, chaussettes et autres chemises fabriqués à Istanbul.

La nouvelle donne géopolitique explique bien des changements dans l'organisation des axes de transport et, particulièrement, les transports routiers. La carte (*fig. 1-2*) illustrant la situation de l'Arménie dans le contexte régional, fait le point sur l'ouverture des frontières et donc les conditions actuelles des échanges entre l'Arménie et ses voisins, compte tenu du blocus frontalier.

3.1.4.. Les échanges commerciaux ou les extrémités du fil

Les marchandises qui arrivent en Arménie, soit par la route, soit par avion, proviennent essentiellement de la CEI, des Etats-Unis, des pays d'Europe occidentale et des pays d'Asie.

Depuis l'indépendance, les échanges et la répartition des partenaires commerciaux ont changé. Ce qui peut surprendre, c'est la part assez importante de la Turquie dans les échanges avec l'Arménie. Mais ce que les statistiques ne précisent pas et en contradiction avec le blocus, c'est l'existence de réseaux parallèles dont les itinéraires empruntent d'abord la route de Erevan vers Tbilissi puis bifurquent vers Batoumi, un des nouveaux centres de trafic plus ou moins illicites entre la Géorgie et la Turquie. Alors qu'il n'existe pratiquement aucun vol[1] ni aucun transport routier officiels entre l'Arménie et la Turquie, il y a bel et bien des circuits commerciaux, individuels, entre les deux pays. Il suffit, pour s'en convaincre, d'aller à la gare routière de Erevan : de petits groupes d'hommes et de femmes partent avec des sacs vides - ces sacs en plastique écossais de grande contenance que l'on trouve dans tous les bazars de la misère - faire des achats à Istanbul ou dans d'autres villes de Turquie, voire, à la frontière turque à Batoumi. Descendants directs de ces générations de marchands qui ont fait la réputation de leur peuple, ces commis voyageurs arméniens vont chercher des marchandises que l'on va retrouver sur les petits marchés des villes et dans les villages, comme sur l'étal d'Abrechoum à Aragats.

Parmi les principaux partenaires commerciaux, quatre groupes se distinguent :

---

[1] Un vol entre Erevan et Istanbul fonctionne épisodiquement, au gré d'accords fluctuants.

- l'Europe occidentale avec la part importante de la Grande Bretagne, de la Belgique et de l'Allemagne. En ce qui concerne la Belgique, il s'agit principalement des pierres précieuses, c'est-à-dire le diamant pour la taille (79 336 000 $) acheminé de Belgique en Arménie puis réexpédié vers la Belgique ;
- la CEI où la Russie reste le partenaire privilégié ;
- les Etats-Unis, qui contribuent pour une large part à l'approvisionnement alimentaire du pays ;
- des Etats musulmans : l'Iran se place en bonne position compte tenu de l'entente établie avec l'Arménie, mais aussi les Emirats et, plus curieux si l'on considère la donne géopolitique, la Turquie, par territoire géorgien interposé.

L'essentiel des marchandises est acheminé en conteneurs par transport routier. Entre les deux extrémités du fil, quel étonnant cheminement, défiant les obstacles du transit portuaire et des parcours routiers et, plus encore, contournant le blocus frontalier. Parmi les marchandises d'importation, l'on retrouve celles qui approvisionnent les boutiques des villages et les bazars routiers.

IMPORTATIONS 1999. PRINCIPALES MARCHANDISES (milliers de $)
(Source : Foreign Trade of the R.A. 1999.)
Figure 5-4

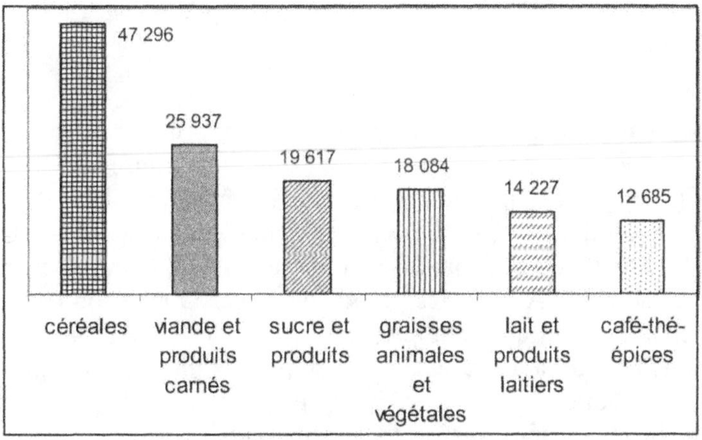

Pour combler les carences de l'agriculture, une part importante des importations est constituée de produits animaux, carnés et laitiers, et de céréales : ils compensent en partie les carences de la production intérieure. D'autres produits alimentaires (boissons, préparations sucrées, biscuiterie, café, thé) représentent des approvisionnements importants ; ce sont ceux que l'on retrouve dans les petits commerces des campagnes. S'y ajoutent les produits pharmaceutiques, produits d'hygiène et de beauté, articles de plastique et de papeterie, correspondant à la demande de la consommation.

PRINCIPALES IMPORTATIONS ALIMENTAIRES : PART DES PRINCIPAUX PAYS FOURNISSEURS

Figure 5-5 A

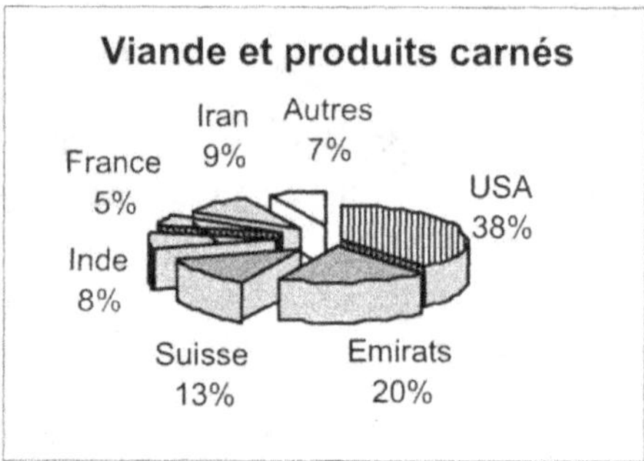

.B

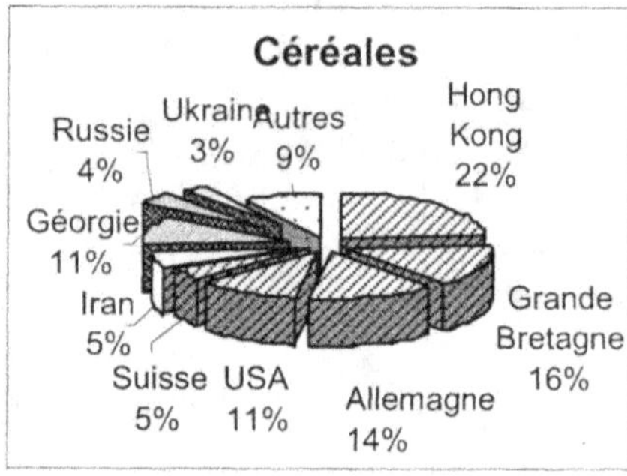

C

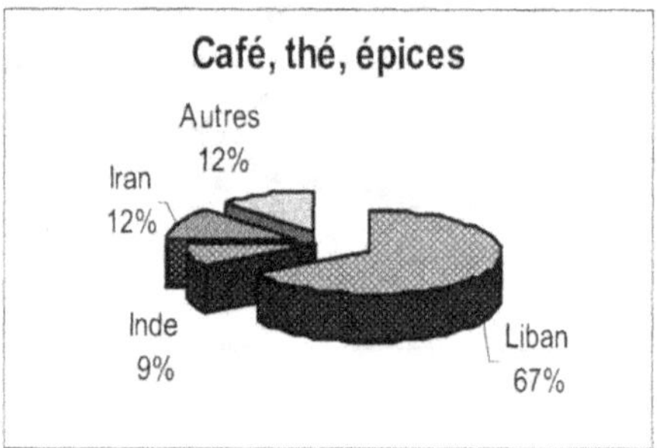

D

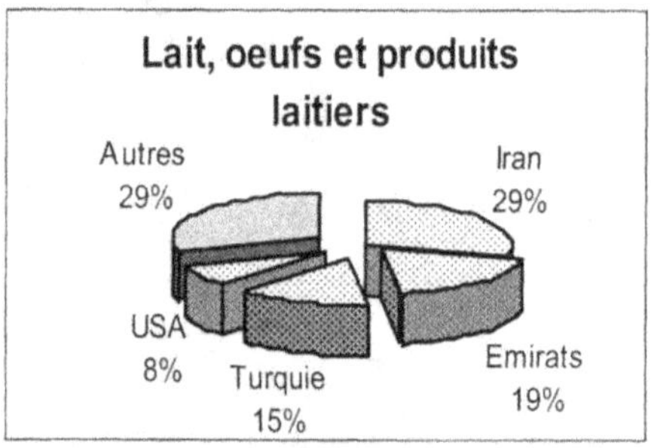

Cependant, une partie de ces produits d'importation, en particulier ceux venant du Golfe ou de Hong- Kong, sont des contrefaçons : copies de grandes marques de la parfumerie de luxe, des cosmétiques et des vêtements. Inondés de produits à bas prix, les marchés sont aussi des lieux où l'on écoule des stocks de marchandises aux étiquettes douteuses, mais fort bien imitées de surcroît. A côté des grands de la parfumerie, ou de la mode, les fausses marques de luxe, comme une vitrine des mirages de la société de consommation, cohabitent avec les vrais produits bas de gamme de la camelote asiatique : pendules surchargées de dorures, tableaux fluorescents et animés, bric-à-brac disparate de montres, réveils, bijoux dorés de pacotille, savonnettes à l'eau de rose, jouets de plastique, téléphones sans fil, bref, un condensé de trésors à faire rêver, si n'était cette fâcheuse propension à l'imposture.

3.2.LES CAMPAGNES ET LE TOURISME : QUELLES REALITES AUJOURD'HUI ?

3.2.1. Quand le tourisme était une récompense pour le repos du travailleur

L'Arménie, pays de montagne, était une des destinations favorites[1] pour le tourisme de type soviétique, synonyme de repos.

Dans la RSS d'Arménie, le tourisme s'appuyait sur la visite organisée de sites culturels dans la capitale essentiellement, à des séjours de repos et de santé dans des sanatoriums de montagne ou au bord du lac Sevan ainsi qu'à Djermouk, centre thermal réputé, ainsi que pour la pratique des sports d'hiver, à la station de Tzaghkadzor, sur l'Aragatz par exemple. Les flux émetteurs étaient limités à une clientèle des républiques soviétiques, qui appréciaient particulièrement cette région montagneuse méridionale, ainsi qu'à des groupes d'étrangers, de la diaspora surtout, ainsi que de sympathisants du régime, étroitement encadrés.

Un dépliant couramment diffusé alors, rédigé en cinq langues - arménien, russe, anglais, français et allemand - illustré d'images en noir et blanc et diffusé par Intourist[2] en 1979 donnait une idée à peu près conforme de ce qu'était le tourisme en Arménie pour les étrangers, sous le titre : "Bari galoust Hayastan" (Bienvenue en Arménie) et le sous-titre : Visitez l'Arménie. Une carte sommaire entraîne les touristes, sur un itinéraire « conseillé » passant par le lac Sevan, les principaux monastères à proximité de la capitale. Une forme de tourisme interne à l'Union, complétait ces chemins balisés, pour les vacances des travailleurs, dans des maisons de repos et de cure, en altitude (Kirovakan, Idjevan, Dilidjan, Kapan).On pouvait faire du ski à Tsakhkadzor, prendre les eaux à Djermouk, se baigner dans le Sevan, ou se reposer, tout simplement. Hormis les datchas, souvent apanage d'une élite, il y avait des résidences pour les écrivains, les peintres, les compositeurs - par exemple autour du lac Sevan, ou à Dilidjan - (c'est là que Katchatourian composa nombre de ses œuvres), ainsi que des campings pour la jeunesse.

Autre temps. La définition du tourisme n'est plus ce qu'elle était : les infrastructures et l'organisation ne correspondent plus aux goûts de la clientèle internationale. Tout est à reconstruire selon les règles de l'économie de marché où la concurrence est impitoyable, mais ici, soit on ne perçoit pas

[1] Le littoral de la Mer noire était une autre grande destination du tourisme à l'époque soviétique.
[2] Edité par le Département du Tourisme étranger de la RSS d'Arménie.

l'intérêt des sites culturels et naturels du pays, soit on les surestime. D'où, l'inadéquation entre les supports touristiques potentiels - organisation, infrastructures, transports et commercialisation - et les réalités matérielles.

Il s'agit d'un secteur totalement embryonnaire et confidentiel dont l'essentiel rayonne autour de Erevan. Alors, tenter une réflexion sur tourisme et campagne tient de la gageure et, en l'état actuel des faits, pourrait se résumer en quelques lignes. Il existe pourtant des perspectives envisageables dans l'objectif d'un tourisme rural, sorte d'agrotourisme adapté au contexte socio-économique dans un pays où les valeurs de l'hospitalité restent un fondement inébranlable.

3.2.2. Les facteurs de développement touristique dans les campagnes

Entre tourisme et campagne, la relation est encore inexistante. Le tourisme n'est pas un secteur intégré à l'espace rural. S'il s'articule sur des composantes qui appartiennent aux campagnes - monastères, sites naturels remarquables, thermalisme, balnéaire lacustre -, en aucun cas il ne génère une économie qui profite au monde rural dont il est, pour ainsi dire, un élément surimposé, télécommandé de la capitale. Les rares déplacements touristiques qui sortent de Erevan agissent comme des flux sans ancrage avec le milieu rural.

Avec un potentiel touristique, naturel et culturel, qui n'est pas unique au monde mais tout de même remarquable, l'Arménie pourrait capter une clientèle internationale qui choisit des destinations fortement commandées par l'offre promotionnelle. Pensons en particulier à la Turquie, toute proche, à la Syrie, au Liban, à la Jordanie, pour n'évoquer que cet ensemble régional. Or, il n'existe pas en Arménie de véritable politique de promotion touristique ; ne parlons pas d'incapacité et, encore moins, d'incompétence, mais il reste que les blocages sont puissants et relèvent de divers paramètres, à commencer par l'absence totale de logique commerciale à propos des transports aériens, seul moyen de se rendre dans ce pays lorsque l'on arrive de l'Occident.

La politique des transports aériens souffre d'incohérences graves

Des avions qui volent à reculons … telle pourrait être l'image de la politique tarifaire de la compagnie nationale Armenian Airlines qui entend garder le monopole de fait des transports aériens, tout au moins garder la maîtrise des prix. La logique de gestion s'appuie sur un principe fort simple et largement éprouvé au temps béni d'avant : puisque la clientèle - la diaspora, principalement - peut payer, et paiera le prix fort pour venir en Arménie, il n'est pas nécessaire de pratiquer des tarifs plus bas. Derrière ce raisonnement transparaît une forme de compensation, autre expression de la logique du court terme. Puisque la raison d'être de toute diaspora est d'aider les amis et la famille restés au pays, il est normal que, par le prix du billet, l'Etat profite aussi de cette aide. Ce principe fondamental, reprenant la certitude selon laquelle "demain sera un autre jour", agit comme un frein dans le développement touristique. Pour mesurer l'ancrage de cette idée, un exemple peut suffire.

En 2001, année de la célébration du 1 700e anniversaire de l'adoption du christianisme par l'Arménie, on attendait une masse exceptionnelle de touristes. La déception fut à la mesure des incohérences dans la gestion médiatique de l'événement et de l'obstination à pratiquer des traifs excessifs. Certes, les attentats du 11 septembre aux USA ont anéanti tout espoir de redresser la barre, mais l'optimisme forcé des autorités au regard du nombre de visiteurs, répond la déception des habitants qui pensaient que l'événement allait assurer un regain d'activité bénéfique pour l'avenir et ouvrir le pays au tourisme international.

A l'encontre des règles commerciales les plus simples, on n'a pas compris que pour s'aligner sur les concurrents, attirer une clientèle nouvelle et la fidéliser, il existe des moyens commercialement bien rôdés. Qui pourrait bien avoir envie de payer plus cher pour un simple vol Paris-Erevan, aller-retour, que pour une semaine tout compris - vol et hébergement en hôtel 3 ou 4 étoiles - en Turquie ou en Tunisie ? Encore une fois, on marche sur la tête. De la part des autorités, c'est une politique suicidaire qui finit d'étrangler le pays. Au lieu d'ouvrir les vannes pour attirer le plus grand nombre, on réduit le sas d'entrée par des tarifs excessifs et on s'étonne que le touriste soit aux abonnés absents.

Les infrastructures touristiques souffrent d'un décalage avec les normes internationales

Ne parlons pas de l'hôtellerie de la capitale qui s'est modernisée en trois ou quatre ans grâce à des investisseurs étrangers (Marriott en particulier et des groupes italiens) : il n'est d'hôtellerie digne de ce nom que dans la capitale.Les chiffres sont évocateurs de la grande détresse des hébergements hors de Erevan :

L'hôtellerie en Arménie. 1998

	hôtels	Capacité (lits)	Nombre de nuitées/an
Total	61	8 923	241 000
dont en zone rurale	5	175	2 000

(Source : Statistical Yearbook of south Caucasus. Ministères de Statistiques et TACIS. 2000)

Il suffit de quelques exemples, au gré d'expériences vécues, pour donner une idée de ce que "hôtel" signifie dans les campagnes arméniennes. Pour trouver et réserver des hébergements, hors de Erevan, il faut affronter bien des obstacles matériels et psychologiques chez les prestataires de services. L'organisation d'un voyage de groupe en Arménie relève à chaque instant du défi. Comme à vouloir braver les lois de la pesanteur, il faut s'attendre à toutes sortes de difficultés dont les plus imprévisibles ne sont pas pires que celles qui étaient préalablement prévues. Cet exercice relève d'un parcours du combattant propre à décourager les plus téméraires.

Totalement embryonnaire, hors des sentiers battus, le tourisme est une activité balbutiante malgré le remarquable potentiel naturel et culturel. En l'état actuel de l'activité touristique, qui concerne presque exclusivement la capitale et sa proche périphérie, on ne peut pas parler d'impacts du tourisme sur l'économie des campagnes. Tout juste peut-on évoquer quelques circuits occasionnels, organisés de manière ponctuelle par des associations - dont des associations confessionnelles ou la diaspora - et qui, le plus souvent, suivent un itinéraire balisé par les monastères et le lac Sevan. Sauf quelques rares exemples de tourisme « de nature », les circuits restent très localisés. Avec la disparition d'Intourist et la liberté de parcourir le pays, émergent quelques initiatives privées dont les officines ayant pignon sur rue se comptent sur les doigts de la main et proposent, en général, des circuits aux visiteurs logés dans les hôtels de Erevan. L'état pitoyable des infrastructures d'hébergement rend difficiles les déplacements éloignés. L'accueil chez l'habitant connaît de timides tentatives mais, pour l'instant, il est prématuré de parler de ce créneau de développement pour les campagnes. Hormis le long de quelques itinéraires vers le Karabagh, le monastère de Tatev ou encore Djermouk, il est rare de voir passer des touristes étrangers dans les villages d'Arménie.

De l'utilité du tourisme et de la valeur des paysages

Quoi de plus naturel, pour tout un chacun, que de porter le regard sur le paysage environnant ? La perception sommaire, spontanée, consciente ou inconsciente, de l'observateur, peut conduire à une contemplation d'esthète ou rester en retrait de toute appréciation d'ordre esthétique ou économique. Le paysage, cadre de vie du paysan d'Arménie, fût-il grandiose, se limite le plus souvent à une impression visuelle fugace, sans manifestation d'intérêt aucune, pour valoriser ou simplement admirer le décor quotidien. Quel peut être l'intérêt, pour le paysan qui se débat dans des problèmes insurmontables, de faire visiter son village et admirer des paysages, pourtant superbes ?

Dans un tel pays, la perception de l'intérêt paysager d'un site naturel est - vue la situation actuelle - un privilège, celui d'une société dégagée des contraintes de survie. La valeur de la beauté d'un paysage ne se révèle que lorsque les sociétés humaines sont libérées de leurs préoccupations vitales. Pourtant, dans ce pays de haute montagne, le paysage change à chaque détour de la route et frappe le regard étranger sensible à l'ouverture de vastes perspectives ou au caractère grandiose de sites naturels remarquables, tels que les gorges profondes des rivières ou la vision majestueuse de l'Ararat.

Laissons, un instant, ces apparences qui, en d'autres lieux, ont déjà fait la fortune d'activités touristiques. En Arménie, comme ailleurs, le paysage est bien, comme le souligne Jean-Robert Pitte dans l'avant-propos de l'Histoire du paysage français[1] "la pellicule de la réalité géographique, la partie émergée de l'iceberg ". Cette pellicule est, ici, fortement impressionnée par une couche de l'Histoire récente et, là aussi, "exprimant les besoins matériels des hommes au travers de leurs techniques plus ou moins efficaces à transformer la nature, le paysage reflète aussi leur culture[2] ".

Si "peu de civilisations sont parvenues à réaliser en totalité le paysage de leurs rêves[3]", il faut bien convenir que le régime soviétique a failli réussir à imprimer, dans les paysages ruraux et urbains, les marques de son emprise. Nulle part, dans les campagnes d'Arménie, il n'est possible d'ignorer l'épisode de la collectivisation : les paysages sont là, omniprésence d'une réalité idéologique, celle de la soviétisation. Reste que, quelque part, subsiste ce "je ne sais quoi" exprimé par Vidal de La Blache, un "je ne sais quoi qui flotte[4]", ici, au-dessus d'un passé émouvant et tragique, subtile imprégnation de l'arménité, détail, sans doute, dans le décor soviétique, mais détail tout de même, qui conserve aux paysages humanisés des campagnes d'Arménie leur substantifique valeur.

Imaginer un développement basé, en partie, sur un petit créneau touristique offert par le potentiel paysager ne relève pas, pour les campagnes, de l'utopie. L'on peut, sans se tromper, affirmer que l'hospitalité arménienne est une valeur sûre qui servirait parfaitement les objectifs d'un tourisme vert. Parmi les éventualités, plus ou moins hypothétiques, deux créneaux pourraient être explorés avec de bonnes chances de réussite : l'hébergement à la ferme de type chambre d'hôte ou gîte rural, sur des itinéraires de découverte comme il en existe quelques-uns, encore trop confidentiels, et le tourisme cynégétique, tel qu'il se pratique dans d'autres régions de montagne comme au Kazakhstan ou en Turquie. La richesse de la faune sauvage - ours, loup, sanglier, lynx, chèvre bézoard, mouflon, grand tétras - pourrait servir une activité basée sur des séjours de chasse en coordination avec les acteurs locaux, encore faudrait-il mettre sur pied une véritable gestion du gibier, avec recensement exhaustif et suivi des espèces. Pour les responsables du Ministère de la Nature, il n'y a pratiquement pas d'ours ni de loups en Arménie, alors qu'il suffit d'un séjour dans les massifs montagneux -

---

[1] J. R. Pitte. *Histoire du paysage français.* Paris, Tallandier, coll. Pluriel, 2 tomes, 1994.

[2] Ces deux citations sont extraites des pages 17 et 18 de l'ouvrage précité, tome 1.

[3] J.R.Pitte, op. cit., p 18.

[4] Paul Vidal de La Blache. *Tableau géographique de la France.* Paris, Hachette, 1903, pp. 51-52.

Zanguezour, en particulier - pour se rendre à l'évidence : les ours existent, quant aux loups, leurs ravages sur les troupeaux sont bien réels, il suffit, pour s'en convaincre, d'entendre les doléances des paysans à la fin de l'hiver. Voilà encore une de ces aberrations qui condamnent, avant toute tentative, des programmes de gestion cynégétique et de régulation du gibier par une chasse raisonnée. Et l'on passe à côté d'une opportunité qui contribue déjà aux recettes des concurrents pour ce créneau porteur dont les retombées économiques profiteraient directement aux habitants - hébergements, transports, pisteurs -, et à l'Etat puisque les taxes permettraient d'améliorer la gestion cynégétique dans le respect des caractères environnementaux.

Ne multiplions pas les exemples de ces incohérences qui finissent par lasser jusqu'au plus obstiné des porteurs de projets. Dans la relation entre campagnes et tourisme, le commun dénominateur reste irréfutablement la force d'inertie.

3.3.LE TERTIAIRE NON MARCHAND

Il s'agit des activités qui contribuent à la vie dans les villages : santé, éducation, culture et sports. Il n'en existe pas d'inventaire détaillé mais les enquêtes auprès de maires et des habitants permettent d'avoir une idée assez claire de l'état de ces services qui, auparavant, étaient gérés collectivement.

Effet d'escalier, la dégradation générale de l'économie affecte aussi les secteurs de la santé et de l'éducation. Ces deux indicateurs peuvent permettre de comprendre la dégradation des conditions de vie.

3.3.1. La santé est un indicateur précieux pour connaître l'évolution socio-économique du pays.

Durant la période 1990-1997, les problèmes de santé s'accroissent en corrélation avec l'accentuation grandissante de la pauvreté : développement de maladies comme la tuberculose, le diabète, les infections, les maladies cardio-vasculaires… Avec les effets, à terme, du tremblement de terre de 1988, de la guerre du Karabagh et ceux de la paupérisation, la santé publique devient une préoccupation majeure, étant donnée la part de plus en plus faible de ceux qui peuvent accéder aux soins, c'est-à-dire payer. Dans les campagnes, on évalue à 20% les patients qui sont en mesure de payer leur traitement médical. Ce n'est pas la qualité des médecins qui est en cause, ou leur nombre, malgré une diminution de leurs effectifs - pour 10 000 habitants on comptait 41 médecins en 1990, mais 34 aujourd'hui, sachant que beaucoup sont partis à l'étranger -, ni même la carence en médicaments – en particulier grâce à des aides humanitaires -, mais la possibilité d'assurer le paiement des soins.

Le témoignage d'un médecin, chirurgien à l'hôpital d'une petite ville, Vayk, révèle un des drames qui touche le secteur de la santé. A l'hôpital les lits restent, pour les trois-quarts, vides. La population de la région n'est pourtant pas d'une santé florissante, mais les patients attendent d'en être à la dernière extrémité avant de venir se faire opérer : "aujourd'hui je n'opère plus que des moribonds. Parfois une appendicite, c'est bien. Mais je rêve de faire de belles opérations, comme avant".

Et puis, beaucoup meurent, faute de traitement : la mère d'Hermine, à Semionovka, morte de n'avoir pu payer les médicaments pour la sauver, et la femme de Stepan, à Vosketap, et combien d'autres ? La santé est devenue un luxe. Fait significatif, dans les rues de Erevan, on est de plus en plus souvent sollicité par des femmes et leurs enfants, demandant de l'argent pour soigner les leurs, sans parler des souffrances qui se cachent dans la dignité.

Parmi les facteurs objectifs qui expliquent cette situation, il y a l'incapacité à se déplacer, physiquement et financièrement, vers un service de santé. Les facteurs subjectifs sont plutôt d'ordre psychologique : la perception de son propre état de santé par l'individu étant un effet indirect – mais un effet tout de même – du désastreux état socio-économique du pays. En l'absence de prise en charge et d'assurance maladie, le malade ne peut assumer les coûts d'une santé qui s'aggrave globalement, compte tenu de la dégradation des conditions de vie. Pour les médecins, qui ne sont plus payés, la ressource financière est directement prélevée sur le patient. D'où une spirale décadente qui conduit à un taux de mortalité de plus en plus élevé, +9% entre 1990 et 1997, toutes causes confondues.

Accroissement de la mortalité 1990-1997

Principales causes et taux d'accroissement

Tuberculose	+ 72,8%
Diabètes	+ 139,2%
Désordres mentaux	+ 131,8%
Hypertension	+ 42,2%
Infarctus	+ 25,5%

(source : UNDP et Ministère des Statistiques de la R.A., Erevan, 1998)

3.3.2. Le secteur de l'éducation est frappé par la désagrégation socio-économique

L'éducation reste une préoccupation majeure dans les familles, malgré l'absence de matériel et de salaire pour les instituteurs dans les écoles des villages. Parmi les principales déficiences du système, le manque de livres est particulièrement souligné : pour 66% des élèves dans les villages, ils coûtent trop cher. Un tiers seulement dispose de tous les livres demandés. Par ailleurs, l'absence à l'école est de plus en plus fréquente. Les motifs d'absence sont révélateurs : maladie (pour 56% des absents), travail, manque de vêtements adaptés, manque de matériel scolaire, mais aussi le froid de l'hiver dans des locaux qu'on ne peut plus chauffer et qui oblige à fermer l'école durant plusieurs semaines. Voilà bien des indices témoignant de la difficulté à vivre et de l'aggravation des conditions de travail pour les instituteurs en particulier : ils touchent environ 8 $ par mois. Si peu payés, ils ont souvent plusieurs emplois, comme Emma, la marchande du grand bazar au bord de la route. D'autres cultivent une parcelle de terre ou donnent des leçons privées à domicile. D'autres, encore, vivent grâce à l'aide humanitaire.

Tous les rapports des organismes officiels convergent pour souligner la gravité de la situation sociale. Les chiffres abondent, dénonçant mille et une raisons, essayant d'expliquer le pourquoi et le comment, préconisant des solutions qui, à défaut de faire des miracles, pourraient au moins stopper la machine. Mais les faits sont là, devant nos yeux, et pour saisir le dramatique engrenage, nous avons mené des enquêtes dans les villages. En réalité, il ne s'agit pas tant d'enquêter pour additionner des chiffres et les ajouter à tous ces autres chiffres qui servent les experts appelés au chevet du malade. C'est plutôt en écoutant les témoignages dans les familles paysannes, en parlant du quotidien avec les enfants, avec les retraités, que la situation apparaît dans tout ce qu'elle a de plus insupportable. Voilà un pays où la vie est dure, certes, mais dont les habitants sont prêts à faire le sacrifice de leur génération pour leurs enfants, prêts à travailler, attachés à leur terre, et pris dans un tel désastre qu'ils n'ont d'autre alternative que de partir. Là est la mesure du gâchis.

3.3.3. La déliquescence des services non marchands

A l'époque soviétique, le kolkhoze et le sovkhoze, en dehors de leur raison d'être pour la production agricole, étaient le cœur de toute l'armature des campagnes, le cadre de vie des paysans et de leur famille et jouaient un rôle important dans l'organisation des rapports sociaux (rapports hiérarchiques et dépendance) autant que dans l'animation culturelle de la société rurale. Or, les blocages dans l'activité agricole, les retards et les carences diverses, ont contribué à la sous-représentation des services dans les campagnes et des équipements socio-culturels en particulier. Ceux-ci se résumaient en général à une maison de la culture, dotée d'une bibliothèque, lieu de réunion, de fêtes et de vie collective.

Aujourd'hui, l'agrarisation de la société, quand la campagne s'installe en ville, est reflétée par l'organisation des services à la population dans les villages et les petits centres urbains où la vie sociale se recrée dans le décor désuet de ces anciennes structures : les services éducatifs, sociaux et médicaux sont les laissés pour compte des nouvelles campagnes et sont les stigmates de l'état de déliquescence généralisé.

Les exemples suivants vont éclairer plusieurs thèmes de la recomposition en cours.

- A Aragats, malgré l'accroissement de la pauvreté, l'essentiel des services se maintient tant bien que mal.

Dans cette petite ville de 8 000 habitants, il y a une polyclinique de 10 lits, trois médecins dont un chirurgien, deux pharmaciens et 23 infirmières, réparties par quartiers. Les deux écoles sont toujours ouvertes et accueillent chacune 250 élèves entre 7 et 17 ans, assurant l'ensemble de la scolarité, mais le jardin d'enfants a dû fermer ses portes car on ne pouvait plus entretenir les locaux, chauffer et payer le personnel. Comme à l'époque soviétique, les habitants sont très attachés aux services culturels ; la bibliothèque, avec 1 500 livres, et la maison de la culture représentent deux symboles forts : la diffusion des valeurs idéologiques qui était, sous le communisme, une base importante du système, et l'attachement aux valeurs de l'éducation et de la culture, qui reste un trait de caractère de la société arménienne. Il n'y a plus de cinéma mais l'école de musique continue à fonctionner ainsi que quelques activités sportives : équipe de football et, orgueil de la commune, une école de karaté et de lutte qui ont formé durant les dernières années 7 champions nationaux.

Que font les jeunes le soir ou le dimanche ? Irena répond qu'elle regarde la télévision où l'on passe beaucoup de films russes et américains, sinon elle se promène avec ses amies, dans les rues défoncées. Son frère Melik a, au moins, la chance d'aimer le football ; quand le cinéma fonctionnait, c'était bien, mais aujourd'hui on n'a plus de loisirs organisés. Pour se déplacer, il y a le bus qui va à Erevan, mais un billet aller coûte 500 Drams (1 Euro) et c'est cher. On peut aussi aller pour la journée à Gumri, en autobus ou bien par le train puisqu' il y a une gare et même des trains qui circulent, fait assez rare en Arménie.

Parmi les services, le maintien d'un bureau de poste et d'un poste de téléphone public est un avantage considérable pour les villages quand on sait ce que se déplacer signifie. Mais disposer d'un poste de téléphone ne garantit pas l'établissement d'une communication. Le téléphone est un sujet sensible : hors de la capitale (et de sa région), il devient très difficile d'obtenir une communication. Parmi les handicaps du quotidien dans les campagnes, il faut faire une place à part pour les problèmes téléphoniques.

Dans tous les villages, il reste des témoignages, parfois émouvants, de l'activité culturelle antérieure.

▪ *A Rind, près d'Areni, la maison de la culture est un vaste bâtiment qui sent la poussière. Dans le hall fermé par une large porte de verre, une exposition de photographies jaunies retrace l'Histoire, toute l'histoire d'un village soviétique d'Arménie : les combattants du village partis en Afghanistan, les cérémonies de décoration pour les travailleurs méritants du kolkhoze, ou pour les soldats de la deuxième guerre, les manifestations et fêtes au village pour l'anniversaire de la Révolution, quelques hauts responsables de Moscou en visite officielle, photographiés avec les enfants du village en liesse, ou, tout simplement, l'équipe sportive et ses exploits au fil des ans. Un émouvant tableau d'honneur des combattants pour le Karabagh complète cette illustration de la vie ordinaire d'un village arménien sans histoire mais dont la mémoire collective s'arrête à l'arrivée des Soviets.*

Dans les campagnes, partout, on passe insensiblement du service marchand au service de survie. La pauvreté a de ces douleurs qui suffisent à tout exprimer de la détresse morale et matérielle. Les nouveaux "services" (mais sont-ils nouveaux ? Ou bien est-ce leur caractère sordide dans cette dérive profonde qui les fait classer au rang de services ? Et avant, comment était considérée cette activité vieille comme le monde ?) surgissent dans les chemins boueux qui descendent au bas du village. Il est des apparitions tellement surréalistes - oserait-on parler de réalisme économique ?- qu'on a l'impression d'être un martien en visite sur terre. Aujourd'hui, au fond des campagnes, on se prostitue pour un repas, pour manger, tout simplement, et pour acheter à manger aux enfants. Descente aux enfers de la misère, perçue comme une trahison des valeurs arméniennes profondes, quand la femme est avant tout la mère et que les valeurs chrétiennes sont la fierté du foyer.

Est-il nécessaire de continuer la liste, l'inventaire des services quotidiens? Ces exemples puisés dans divers types de situations suffisent à montrer la réalité, parfois cruelle, dans les campagnes. En poursuivant les investigations, on trouverait bien quelques nuances, quelques autres illustrations, qui n'ajouteraient pas au fond du problème : tout est question de survie et les services, marchands ou non, sont une base fondamentale dans l'articulation de l'espace des campagnes.

3.4.LA PAUVRETE : ABSOLUE OU RELATIVE ?

Après avoir parcouru les chemins, plus ou moins balisés, de l'organisation des services dans les campagnes, il est une question, obsédante, pesante, qu'on n'ose formuler : comment peut-on vivre dans de telles conditions de précarité ? Autrement dit : être pauvre en Arménie, quand l'insupportable sentiment d'avoir bien vécu, avant, rend encore plus cruelle la tragédie qui se joue.

3.4.1. Mesurer la pauvreté : 55% de la population est considérée comme pauvre

La multiplicité des indicateurs définis par les instances internationales qui veillent à cerner la misère et ses effets, peut donner des valeurs différentes pour évaluer le phénomène, comme nous allons le voir, mais tous les résultats convergent, unanimement, vers une aggravation du processus de paupérisation de la population depuis cinq à six ans. L'accroissement accéléré de la pauvreté est à l'origine – et est la conséquence, tout à la fois - de la gangrène qui sape tous les secteurs sociaux et économiques. Les autorités arméniennes n'ont pas officiellement déterminé les seuils de pauvreté parce qu'il n'y a ni volonté expresse de reconnaître ce qui apparaîtrait comme un signal d'échec des politiques, ni les moyens financiers pour porter assistance à la population confrontée à ce phénomène grandissant.

Plusieurs critères servent à cerner le degré de pauvreté.

- Selon l'indice de vulnérabilité retenu par les autorités, 30% des ménages sont considérés comme pauvres mais les études et enquêtes menées, en particulier par l'UNDP (PNUD), la Banque Mondiale et divers organismes d'aide humanitaire, montrent que les seuils communément retenus sont très largement dépassés. La plupart sont basés sur la mesure de l'apport calorique et le coût de l'alimentation :

  - l'évaluation de la capacité de survie physique s'appuie sur un apport calorique minimum de 2 100 kcal/jour/personne;

  - l'évaluation de l'accès à la ration alimentaire est établi sur la valeur du panier de la ménagère, soit 6 621 Drams (14[E]).

- En appliquant le critère calorique, 27,7% de la population se situe en-dessous du seuil de pauvreté. La B.M. applique aussi un autre critère : une personne qui dispose de moins de 1$ par jour pour les dépenses courantes est considérée comme pauvre. Dans ce cas, en Arménie, 90% des habitants ne disposeraient même pas de cette somme pour leurs dépenses alimentaires et seraient alors considérés comme pauvres, ce qui donne tout son sens à la notion de pauvreté absolue évoquée dans la conclusion du rapport de l'UNDP de 1998[1].

---

[1] *Human development report . The role of the state.* UNDP. Yerevan 1998, p.80-85. Et *Social indicators of poverty*, UNDP, op. cit., p.95.

▪ Un autre critère situe l'apport calorique journalier à 2 412 kcal/personne, ce qui place 70% de la population sous le seuil de pauvreté. Quoi qu'il en soit, le revenu mensuel par habitant qui était en 1997 de 11 964 Drams (24 $) en moyenne, ne permet pas de payer le panier de nourriture, estimé à 15 100 Drams (30 $), équivalant à l'apport calorique de base : les revenus de près de 80% de la population sont devenus trop faibles. Si l'on met en relation la consommation alimentaire actuelle avec les dépenses nécessaires à l'apport calorique minimum journalier - soit de 2 100 kcal, soit de 2 412 kcal -, on peut estimer que la part de la population en-dessous du seuil de pauvreté varie entre 55% et 70%.

Ceci expliquant cela, la majeure partie de la population n'a pas accès au régime calorique de base, ni à des produits alimentaires coûteux. Comme un édifice miné de l'intérieur, l'absence de pouvoir d'achat et donc de consommateurs solvables, limite le développement de la production agricole et le revenu issu de sa commercialisation. Grave constat d'échec qui met en péril non seulement l'évolution même de l'agriculture - productivité, diversité, qualité – mais aussi la survie de l'individu.

3.4.2. Vit-on mieux la pauvreté en ville ou à la campagne ?

Faut-il en déduire qu'on vit mieux à la campagne qu'à la ville ? A l'aune des dépenses alimentaires, sans doute, si l'on considère l'apport vital que représente son ancien lopin - et le produit de son exploitation - pour le paysan, alors que le citadin sans aucune ressource ne peut espérer accéder au minimum alimentaire.

Population en-dessous du seuil de pauvreté (%)

	Total	Urbains	Ruraux
Non pauvres	44,95	41,73	49,24
Pauvres	**32,14**	**35,10**	**28,21**
Très pauvres	**22,91**	**23,17**	**22,55**

(*source : Banque Mondiale et ministère des Statistiques de la R.A. 1998-1999, in Statistical booklet 2001)*

Que dire de cette détresse insondable quand l'appauvrissement est tel que même à la campagne, alors que l'on peut cultiver un petit jardin, le désir de fuir se fait plus fort que l'attachement au pays ? Maison à vendre, voiture sur cales, à vendre aussi, avec une vache et 2 ha de terres. C'est la grande braderie, 1 000 $, valeur dérisoire pour une vie de labeur, en échange d'un billet d'avion, d'un aller pour Moscou par exemple. Une maison et son âme pour le prix d'un aller simple! Ce n'est pas une affaire, pour une famille, c'est le déshonneur. Mais sans autre alternative.

Le processus de paupérisation n'épargne ni les villes, ni les campagnes et, dans cet engrenage, c'est l'activité fondamentale des campagnes qui est durement touchée en raison des liens étroits entre le pouvoir d'achat de la clientèle citadine et la commercialisation de la production agricole. Toutefois, bien que 70% des personnes se considèrent comme pauvres, il y a des nuances dans la répartition spatiale et sociale de la pauvreté :

- la répartition géographique. Dans la zone du tremblement de terre de 1988, axe Leninakan (Gumri) -Spitak - Kirovakan (Vanadzor), les dépenses alimentaires sont inférieures de 33,6% à la moyenne nationale. D'autre part, dans les zones rurales, principalement les régions proches de frontières bloquées, les dépenses sont inférieures de 30,5% à la moyenne nationale. Ce sont là les régions les plus pauvres.

- la structure sociale. Le chômage toucherait 40% des Arméniens avec une allocation chômage de 6 $ par mois. Les 10% les plus pauvres de la population dépensent 81% de leur revenu en produits alimentaires[1] – c'est-à-dire que leur revenu est si faible qu'il ne sert qu'à l'achat de nourriture -, alors que les 10% les plus riches en dépensent 53,5% pour leur alimentation. Encore faut-il souligner que 90% des biens privés sont entre les mains de 10% seulement de la population.

Par ailleurs, s'il n'a pas été expressément souligné, le rôle de la taille des familles semble avoir un impact sur le degré de pauvreté : 40% des familles composées de huit membres ou plus sont extrêmement pauvres ; la présence même d'un seul enfant accroît la pauvreté d'environ 7%.

Il faut toutefois se garder de prendre ces évaluations - issues d'enquêtes réalisées par des organismes officiels tout à fait fiables - pour certitude absolue. Les variables sont infiniment complexes et les chiffres ne livrent que la partie émergée de l'iceberg. Reste que l'essentiel est là, mais à prendre avec précaution et à confronter aux situations dûment constatées. En cette période de transition, un autre problème psychologique majeur est à prendre en considération et pèse lourd sur le processus de paupérisation, avec l'ouverture à l'économie de marché : l'émergence d'une éthique de consommation comme but social. Après des années de relative égalité dans la consommation - toutes proportions gardées compte tenu d'une offre limitée en diversité et en qualité -, la profusion et la variété actuelles des marchandises sont une tentation d'autant plus inaccessible que la majeure partie des consommateurs n'a pas les moyens d'y accéder, d'où un sentiment de frustration alors qu'une mince frange de la société accumule les richesses. La pauvreté, c'est aussi le sentiment d'exclusion.

---

[1] La part de la consommation alimentaire représente en moyenne 64,6% de la consommation totale des foyers en 1997.

4.VIVRE DANS LES CAMPAGNES D'ARMENIE

Vivre dans les campagnes d'Arménie relève à la fois des caractères hérités de l'organisation sociale soviétique et des modes de vie, des références culturelles propres au peuple arménien. Ne l'oublions pas, la nuance est de taille et reste unique : l'Arménie est un pays chrétien, dans sa quasi-totalité[1], et apparaît comme une anomalie dans cet ensemble régional où domine l'islam, d'où les particularismes qui créent un tissu social tout à fait original, particulièrement remarquable dans les campagnes.

Ce qui frappe, pour qui vient de la France rurale, par exemple, où les campagnes profondes sont vides d'hommes, et qui traverse un village d'Arménie, c'est de voir du monde, des gens aller et venir dans les chemins qui mènent aux parcelles, dans le village, de voir les gens s'attrouper pour discuter le soir quand il fait bon, ou à toute heure du jour, au bord des chemins , près des maisons, "sous les murs". Ce sont des hommes surtout mais aussi des enfants et puis des femmes qui vaquent à leurs occupations ménagères. N'était ce décor d'abandon et de rouille, on se croirait dans des villages méditerranéens, quand on sort les chaises, le soir "à la fraîche", pour bavarder. N'était ce décor rouillé. Une animation qui étonne, qui surprend précisément parce qu'elle traduit l'inaction générale dans ces campagnes refuges et parce que cette animation est exactement inversement proportionnelle à la somme de travail fourni et à sa rentabilité.

4.1. LE CADRE DE VIE DOMESTIQUE. LA MAISON, L'HABITAT VILLAGEOIS

4.1.1.L'habitat kolkhozien est le modèle de référence

Malgré quelques nuances selon les régions, l'habitat villageois garde des aspects identiques : c'est le village kolkhozien avec ses maisons cubiques, disposées en ordre régulier le long des voies de circulation du village et entourées de leur jardin potager. Cette image serait incomplète si l'on n'y mentionnait le piquetis des poteaux électriques ponctuant immanquablement le tableau : illustration aujourd'hui délabrée du communisme défini comme le pouvoir des Soviets et l'électricité.

Caractéristiques générales

Dans toute l'URSS, la collectivisation a présidé à de grands bouleversements de l'habitat villageois. P. George rappelle[2] quelques-uns de ces caractères, généralisés d'un bout à l'autre de l'Union, tout en évoquant

---

[1] Les seuls non-chrétiens, les Yézidis, se considèrent comme païens.

[2] P. George, *L'URSS*, op. cit., p. 298.

diverses nuances régionales :"Dans le village kolkhozien ou sovkhozien, il y a séparation entre installations économiques et sociales d'une part et les "logements". Ces logements sont, précisément, édifiés sur la base de normes de construction : maisons individuelles, entourées de leur jardin, et dont l'architecture soviétique diffère peu d'un région à une autre. Toutefois, et c'est un aspect particulier en Arménie, le type d'habitat né de la collectivisation comporte des caractères à la fois standards et régionaux ; par ailleurs, dans les vieux villages – ils sont peu nombreux à avoir conservé leur aspect traditionnel – les habitations ont été aménagées afin d'être en conformité avec le modèle édicté par le système.

Cet habitat se caractérise par un toit de tôles grises, ou ocrées par la rouille, et par l'utilisation de matériaux de construction spécifiques à l'Arménie : pierres de tuf rose, beige ou ocre et basalte noir sont soigneusement taillées et donnent à cette construction standard un je ne sais quoi de l'authenticité arménienne. La superficie habitable par famille varie de 124 m^2 (région Ararat) ou 136,6m^2 (Armavir), à 76 m^2 dans le marz de Lori. Une maison d'habitation compte en moyenne 3 ou 4 pièces, dont un "living" ou pièce principale, d'une surface variant de 18,5m^2 (Lori) à 24 m^2 (Chirak).

Le plan de la maison paysanne

La disposition des pièces est à peu près la même partout, calquée sur le modèle de base, mais correspond tout de même à une forme d'organisation de l'espace de vie. Dans l'Union soviétique, la maison paysanne se différencie par l'utilisation de matériaux propres à chacune des régions. A l'isba de bois des régions de la Russie septentrionale et centrale, et de Sibérie, répond la construction de tuf rose ou de basalte gris des régions volcaniques d'Arménie. De plus, en dehors des standards architecturaux correspondant à l'édification de villages kolkhoziens, et que l'on trouve fréquemment dans les campagnes d'Arménie, "l'habitation paysanne répond aux principaux besoins du groupe domestique".

En général, on pénètre dans la maison après avoir gravi un escalier extérieur de pierre ou de ciment menant à une galerie, généralement de béton, mais parfois en bois, sous auvent qui longe la façade principale, celle qui donne sur le jardin et non sur la "rue". Cette galerie a une double fonction : l'hiver, elle sert d'entrepôt pour le bois, les légumes séchés suspendus en guirlandes entre les piliers ou tous autres objets utiles, et dès le printemps, elle devient pièce à vivre quand la température s'adoucit, mais c'est surtout l'été qu'elle prend toute son importance : on y place des lits pour passer la nuit au frais, les yeux dans les étoiles ; c'est aussi un excellent moyen pour ventiler les pièces intérieures.

A l'étage, les pièces intérieures sont assez souvent séparées les unes des autres par une demi-cloison de bois vitrée. La première salle est la suite de la galerie, sorte d'antichambre aux larges vitres, sas de protection contre le froid de l'hiver où la lumière peut quand même éclairer les pièces contiguës. La salle à manger, ou ce qui en tient lieu, est généralement au centre de l'habitation, qui comporte, selon la taille de la famille, trois ou quatre chambres assez vastes (environ 16 à 20 m^2). L'hiver, l'on y dresse un petit poêle, parallélépipède de tôle posé sur quatre pieds, qui tient lieu de chauffage pour toute la maison. Alimenté par du bois ou, plus généralement, par des bouses séchées, ce petit calorifère remplace le chauffage central défunt, dont seuls les radiateurs de fonte rappellent qu'il y eut un "avant" meilleur. Car, avant, chaque habitation était pourvue d'un chauffage, au gaz ou au fuel, et d'une chaudière ; le chauffage ne coûtait rien. Aujourd'hui, se chauffer coûte très cher si l'on utilise, quand on le peut, du bois. C'est un combustible rare et souvent hors de prix, de l'ordre de 8 000 à 10 000 Drams. Alors, la plupart du temps, on brûle des bouses que l'on fait sécher sur les murs ou dans de petits enclos près de la maison. Dans la situation de pénurie énergétique où se trouve le pays, l'approvisionnement en combustible est une préoccupation prioritaire pour les foyers domestiques.

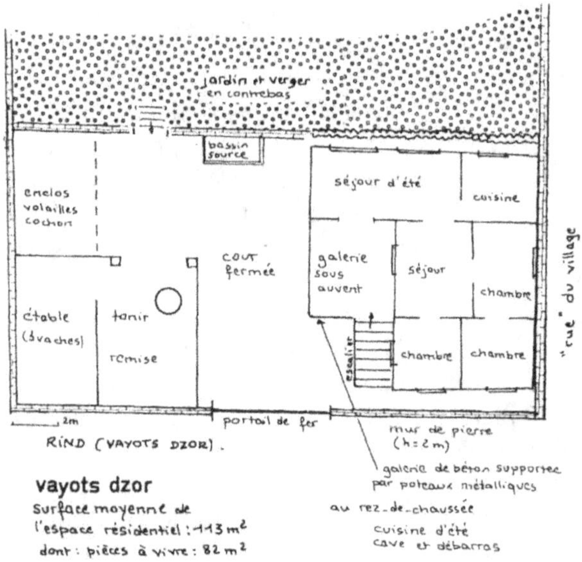

Figure 5-6

Entre tonir et lopin, malgré les standards imposés par la collectivisation, le plan des habitations possède quelques variantes. Ici, à Rind, chaque maison se dissimule derrière de lourdes portes de fer. Mais partout, la maison ressemble à un cube au toit de tôle et est agrémentée d'une galerie orientée généralement Sud/Sud-Est. (Croquis à la plume. Auteur)

Pour les "commodités", il faut aller dans la cabane au fond du jardin, ce qui, on en conviendra, relève de l'héroïsme quand le thermomètre descend en-dessous de moins 10°. Quant à la cuisine, elle est réduite généralement à sa plus stricte expression : une table et des chaises près d'un réchaud posé sur une paillasse, voisinant avec un évier dont le robinet a oublié sa fonction première. La réalité, aujourd'hui, contraint à des prodiges pour faire la cuisine quand le gaz n'arrive plus et qu'on a perdu jusqu'au souvenir d'un robinet qui coule.

Les cheminements quotidiens dans et autour de l'habitation suivent donc un rituel dont le *tonir* occupe la place principale : du jardin aux dépendances où l'on entrepose les réserves de nourriture, du sous-sol et des caves aux pièces à vivre à l'étage. Le cœur de la maison, la raison d'être du foyer, c'est le *tonir*[1], là où la flamme donne tout son sens à la vie familiale.

Le *tonir* est un four vertical en brique réfractaire. L'on y fait le pain "lavash" et l'on y grille les *kholovatz*, ou *chachliks* longues brochettes de viande et de légumes enfilées le long d'une tige de fer et plongées dans le four, au-dessus de la braise.

Photo 5-7

Dans la maison, la décoration ne reflète rien d'un passé attachant

On trouve rarement de ces vieux meubles qui donnent une âme à un intérieur, rien de ces bibelots anciens, transmis au long des générations ... et pour cause : nombreux sont les habitants arrivés ici en fuyant le génocide et, par ailleurs, à l'époque soviétique il valait mieux se débarrasser des souvenirs du passé ; selon des témoignages divers, on adoptait les signes de la modernité du moment. Ce qui frappe c'est la standardisation totale des éléments de décoration, fidèlement reproduits d'un bout à l'autre de l'Union, au gré des combinats de fabrication : tapis mécaniques sans personnalité,

[1] "A l'endroit même où se trouve aujourd'hui votre tonir, Hayk – le premier Arménien- s'arrêta et dit : Un de mes descendants s'établira ici, il creusera un trou pour le feu et ce trou s'appellera tonir.(...) Le tonir est sacré. Construis une maison au-dessus du tonir. Et prends femme et fais sceller ton union devant le tonir." Edgar Hilsenrath. *Le conte de la pensée dernière*. Paris, Albin Michel, 1992, cité dans *Guide littéraire de l'Arménie*. Paris, Favre, 2000, p.35.

faits de grands motifs floraux, d'un genre assez grossier, de couleur beige, grenat et brun. Partout les mêmes tables d'acajou verni, les mêmes vitrines où s'alignent des tasses de porcelaine, parfois quelques livres ou des bibelots de verre, les mêmes lustres à pampilles au même endroit d'un plafond décoré de stucs, comme des meringues au ton pastel collées autour des portes, dans l'encadrement des cloisons. Ces arabesques de crème chantilly font comme un décor Grand siècle, incongru mais curieusement répandu, comme si ces références "bourgeoises" pouvaient s'accorder avec la standardisation soviétique. La monotonie est telle qu'il est impossible de discerner, quand on entre dans un intérieur paysan, une once de fantaisie dans ce décor convenu.

Pourtant, il est des exceptions. Dans l'habitat yézidi de Fayzo, parmi les standards de la décoration soviétique, heureuse surprise : des tapis fabriqués à la main, dans sa tribu : les "*kilims*" magnifiques que l'on foule aux pieds après avoir ôté ses souliers, recouvrent le plancher de l'entrée et des pièces principales. On retrouve là l'art du tapis, emblématique de l'artisanat arménien, représentatif des différentes régions de production selon les motifs qui les capitale. Voilà donc l'exception qui confirme la règle : il y eut donc un "avant".

Mais il y a aussi, le piano, autre élément significatif de la vie quotidienne. Dans la plupart des intérieurs paysans, y compris dans les villages les plus isolés, le piano occupe une place essentielle dans la pièce principale. A Chaqui, c'est Artsroun, la fille de Vahan, qui joue du piano; à Griboietov, Suzan, la femme de Gaguo, chante des airs traditionnels en s'accompagnant au piano. La musique fait partie de l'éducation des enfants, de la tradition familiale et reste un moyen d'entretenir la mémoire d'un peuple. Les chants rappellent toujours le départ, le retour, la plainte de l'exilé, celle de ceux qui l'attendent au pays, la douleur d'être éloigné de la mère-patrie; *mayrik* est à la fois la mère et la patrie perdue, le refuge et la terre des ancêtres, le port d'attache et le rempart contre l'adversité. Cette *saudade (mélancolie)* à l'arménienne entretient une mélancolie poignante, thème récurrent des poèmes et des chants traditionnels, qui, accompagnés du son grave et nostalgique du *doudouk*, expriment toujours les mêmes angoisses et les mêmes désespoirs d'un peuple déchiré par l'Histoire.

Des nuances régionales

Selon les régions, il existe cependant quelques nuances dans l'organisation de l'espace du village et dans l'apparence du bâti. A partir de quelques exemples, nous allons essayer de cerner les particularités régionales : la plaine de l'Ararat, la région de Meghri, les contreforts du Zanguezour, la région Vayots Dzor et celle de Dilidjan.

Dans chacune des ces régions, l'organisation du village correspond à un milieu spécifique et à des schémas socio-économiques et culturels divers.

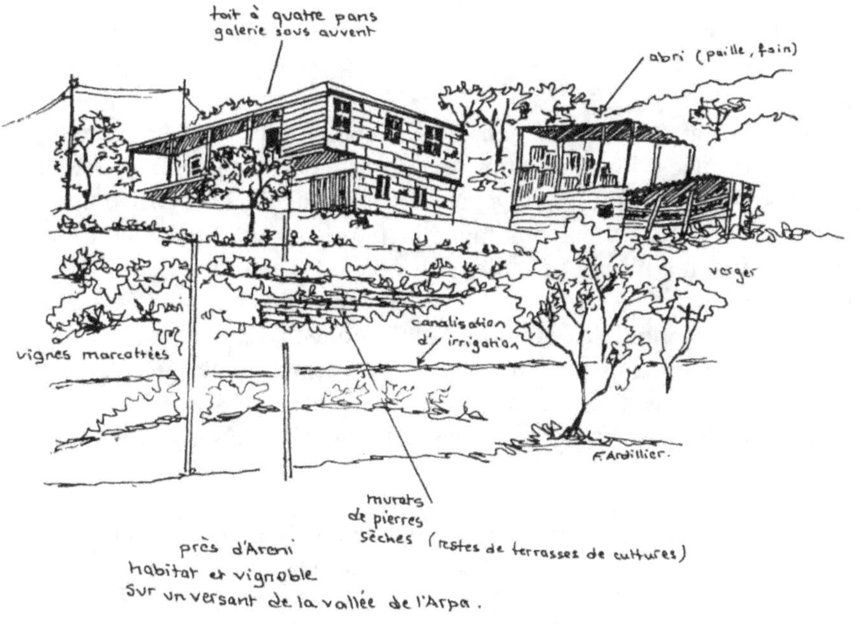

Figure 5-7 Areni : un habitat viticole
Près d'Areni, habitat et vignoble s'étagent sur les versants de la vallée de l'Arpa, parmi les vignes et les arbres fruitiers. C'est là que vit Gviton, vigneron installé ici depuis des générations. (Dessin à la plume. Auteur)

▪ Dans la région de Meghri, les habitations sont accrochées aux versants de part et d'autre de la vallée de la Meghriked. Au printemps, elles disparaissent dans l'exubérance de la végétation des arbres fruitiers. Les villages se disposent en un dédale de chemins étagés jusqu'à la ligne horizontale du canal d'irrigation desservant les parcelles. On retrouve le même type d'étagement dans la vallée de l'Arpa, à Areni, où les habitations se dissimulent dans un fouillis végétal de vigne et d'arbres fruitiers étagés jusqu'à mi-pente au-dessus de l'Arpa.

▪ Tout près de là, à Vardanadzor, la maison d'Ivan Grigor est bâtie comme une isba, tout en bois, en haut du village sur une sorte de terrasse noyée dans la verdure. On pénètre dans l'habitation par un escalier qui donne sur une galerie couverte, en bois, où l'on vit durant l'été. La cuisine se fait alors ici, sur un petit poêle de fer, alimenté par des bûches, bien rangées contre le mur, protégées par l'avancée de toit. Tout est propre malgré le dénuement de ce couple de réfugiés d'Azerbaïdjan. La pièce principale sert de séjour pendant l'hiver et donne accès à deux chambres. La maison est adossée contre la pente et l'on accède au potager par un étroit sentier bordé par un petit canal d'irrigation. Au-delà, se trouve une parcelle pour cultiver un peu de blé et de luzerne.

▪ Dans l'Ararat, l'habitat est dense et groupé en gros villages au milieu des parcelles irriguées. Les habitations se disposent selon un plan géométrique le long de chemins défoncés. Devant les maisons, bien alignées, une treille disposée en pergola vient ombrager la façade et crée une petite tonnelle sous laquelle on a placé une table et des bancs. Ces festons de verdure, que l'on trouve aussi dans la région d'Areni, confèrent une note de fantaisie à l'architecture standard de ces villages de la collectivisation.

Ces quelques exemples ne peuvent exprimer toutes les variantes de l'habitat. Ils reflètent une certaine diversité dans le standard de l'habitat villageois mais aussi bien des caractères communs, tels que nous les avons décrits.

4.1.2.L'équipement domestique en éléments de confort est très sommaire

Si la presque totalité des habitations paysannes ont fini par être à peu près équipées, durant la période soviétique, aujourd'hui tout cela est obsolète. Avec la réduction du pouvoir d'achat – et, surtout, l'augmentation des prix -, l'acquisition de biens de consommation a été radicalement réduite. A la pénurie constante qui prévalait à l'époque soviétique, succède l'abondance de l'offre, rendue inaccessible par l'augmentation des prix et le faible pouvoir d'achat.

Dans l'ex-URSS, la production d'électro-ménager reposait encore et toujours sur la quantité et la standardisation des biens d'équipement ménager dont les canons technologiques et esthétiques restaient figés. D'une part, malgré le remarquable pouvoir de conviction des statistiques du Plan, l'offre restait désespérément inférieure à la demande ; mais, par ailleurs, les carences techniques contribuaient à renforcer la frustration du consommateur. Ainsi, entre 1976 et 1980, l'accroissement de la production des biens de consommation n'est que de 14% alors que celle des salaires atteint 16%, d'où l'insatisfaction du client potentiel. En 1981, pour le mobilier, 71% seulement des demandes d'achat sont satisfaites, 83,6% pour les téléviseurs et 77% pour les machines à laver. Il en est de même pour l'habillement et autres biens ménagers. Durant les années 80, dans l'industrie soviétique, la fabrication de ces appareils est si réduite que lorsqu'on vit au fond de l'Union soviétique et, de plus, au fond d'un village arménien, une telle affaire risque de rester dans le domaine du rêve pendant de longues années. Il fallait tout autant de patience et d'audace pour trouver un réfrigérateur ou une cuisinière à gaz, grâce à des ventes confidentielles. Et puis, il y a cette remarquable institution du *brak*, ou malfaçon, qui gangrène toute la production. C'est un secteur d'intérêt "illimité" contre lequel le régime, par ailleurs complice, a essayé de lutter en instaurant une commission chargée de contrôler les produits sortant des usines. C'est ainsi qu'en 1980, 20% des réfrigérateurs, soupçonnés de malfaçon, ont été mis au rebut, comme 18% des machines à laver et 10% des articles de confection.

Aujourd'hui, dans les foyers paysans - mais aussi en ville - la problématique est la même avec, toutefois, quelques règles particulières aux pays de l'ex-URSS. En effet, il est frappant de constater, lors de visites dans les villages, une impression de bien être, apparence peut-être, mais réalité tout de même. Dans n'importe quelle maison rurale, on a la certitude qu'il y eut une certaine aisance, y compris au fin fond des campagnes. Une fois entrés dans l'habitation – il ne faut pas se laisser impressionner par l'extérieur des bâtiments, souvent très délabrés -, on pourrait se croire dans une ferme française des années 60, quand le confort pénétrait dans les foyers paysans. Dans les villages d'Arménie, les intérieurs conservent un je ne sais quoi qui rend le décor confortable. On a le sentiment d'un confort qui a existé, mais qui s'est dégradé en raison des conditions actuelles, d'une part, mais aussi du retard dans la modernisation des équipements ménagers à l'époque soviétique ; les machines à laver ou les réfrigérateurs en sont restés au modèle des années 60. Ces objets sont obsolètes, inadaptés aux techniques de lavage moderne et sont irrémédiablement voués à l'état de meuble. Les réfrigérateurs peuvent fonctionner puisqu'il n'y a pratiquement plus de coupures d'électricité, mais les compresseurs, vétérans d'une technologie complètement épuisée, sont capricieux et n'assurent plus leur fonction, ce qui fait que le frigo devient un placard comme un autre. La télévision est encore en activité et très sollicitée. C'est d'ailleurs un des seuls éléments de confort qui ait bénéficié d'un renouvellement. Dès que le foyer dispose d'un peu de ressources financières, on achète un téléviseur moderne, en général de marque japonaise ou coréenne dont le marché est envahi. Pour le possesseur d'un tel appareil, c'est aussi une manière de se poser socialement, de paraître, lorsque les invités entrent chez lui : signe extérieur de non misère ou de relative aisance.

Hormis les publications des sociologues soviétiques pour décrire la vie dans les villages à l'époque des kolkhozes et des sovkhozes, il n'y a pas de travaux récents sur l'évolution de l'espace rural en Arménie. Pourtant, s'il est un domaine où les permanences et les mutations sont particulièrement significatives de la transition post-collectiviste, c'est bien celui de l'organisation sociale dans les campagnes. C'est là que se retrouvent les valeurs fondamentales de l'arménité, de la famille et ses règles immuables.

4.2 L'HOSPITALITE ET L'ACCUEIL : TEMOIGNAGES DE RESPECT

Le respect du code des valeurs, patrimoine culturel d'un peuple marqué par l'Histoire, est un fait étonnant pour qui vient de l'Occident où l'on a oublié bien des préceptes d'une morale familiale et religieuse. Quel étonnement, lorsque l'on parcourt les campagnes d'Arménie, que de trouver des repères socio-culturels aussi profondément enracinés, ayant survécu aux perturbations brutales et durables de ce dernier siècle. La connaissance profonde de la vie des villages parvient aussi au travers des œuvres littéraires d'écrivains russes, arméniens - d'Arménie ou de la diaspora - ou encore d'Européens qui ont visité le pays.

"Tout dans les Arméniens des campagnes annonce la bienveillance et la douceur. C'est vraiment parmi eux qu'on retrouve la simplicité patriarcale et l'heureuse innocence des premiers âges[1]". Alberto Moravia, Arthur Koestler, Louis Aragon ou Simone de Beauvoir n'ont pas manqué de chanter les louanges du régime mais sont aussi tombés sous le charme du peuple arménien. Dans les témoignages des écrivains et des voyageurs, fussent-ils antérieurs à la période des soviets, on retrouve les mêmes caractères de l'attachement d'un peuple à son pays, les mêmes descriptions de la famille et de l'hospitalité. Ils n'ont pas perdu en intensité et reflètent toujours les réalités d'aujourd'hui : "Vous êtes chez vous. Ecoutez ceci et tenez-le pour dit : Au Caucase, et par tout le Caucase, vous pourrez entrer dans la première maison venue en disant :"Je suis étranger et viens vous demander l'hospitalité." L'homme à qui vous ferez cette faveur vous abandonnera sa maison, se retirera lui et sa famille dans la plus petite chambre, veillera chaque jour à ce que vous ne manquiez de rien; et, quand au bout de huit jours, quinze jours, un mois que vous serez resté chez lui, vous quitterez la maison, il vous attendra au seuil pour vous dire :"Prolongez d'un jour l'honneur que vous me faites et ne partez que demain". Ce qu'exprime ainsi Alexandre Dumas[2] est resté si vrai que nous pourrions continuer sa phrase en rappelant simplement les paroles d'accueil de cette famille de Yézidis, lors d'une de nos enquêtes. Après avoir tué un mouton, marque de respect pour ces hôtes qui venaient de si loin, on remercia les étrangers de rendre visite à la tribu : "nous sommes très honorés de partager votre repas. Nous disons que nous mangeons le pain de l'invité; c'est le pain et la nourriture de l'invité que nous mangeons et nous l'en remercions".

---

[1] Amédée Jaubert. *Voyage en Arménie. Le Tour du monde*, Paris,Hachette, 1821.

[2] *Voyage au Caucase*, ,Paris, F. Bourin/Julliard, 1859. Cité dans *Guide littéraire de l'Arménie*, op.cit., p.36.

4.2.1. La famille : une institution

C'est dans les campagnes que perdurent les traditions les plus vivaces : la cohésion familiale reste une force et la famille fonctionne comme un clan dont chacun des membres est solidaire des autres. Le noyau familial est constitué des ascendants et descendants immédiats, mais la famille élargie aux cousins, oncles et neveux, fonctionne encore comme un clan, même si une partie de ses membres sont dispersés vers la ville ou à l'étranger.

Dans un foyer paysan cohabitent généralement quatre générations
Compte tenu de l'âge précoce du mariage à la campagne - vers 17 ans pour les filles - il n'est pas rare de trouver sous le même toit toute la lignée familiale. Bien que des changements profonds se soient produits depuis le début du XXe siècle, sous l'influence des modes de vie urbains ; puis, en raison de la collectivisation qui transforma les rapports familiaux en séparant les générations :"la mutation a été favorisée par la possibilité d'établir chaque nouveau feu kolkhozien sur un lopin indépendant"(Maurel). Plus récemment, malgré les effets de l'ouverture vers une société de consommation et les modèles occidentaux, dans les campagnes, nombre de valeurs restent inchangées, en particulier le respect des enfants envers leurs parents et celui de la hiérarchie. La génération de ceux qui ont connu le génocide s'éteint peu à peu, mais les grands-parents, nés dans les années 1926-1940, témoignent encore des mutations sociales engendrées par la soviétisation ; ils ont vécu toute leur existence dans le cadre du collectivisme, des politiques familiales soviétiques qui ont conduit à une réduction de la taille des familles en réduisant le nombre d'enfants à 3 ou 4. Ceux-là conservent des repères en porte-à-faux avec les réalités actuelles. Les parents, âgés d'une quarantaine d'années, sont à la charnière de deux mondes, chargés de transmettre l'héritage culturel mais aussi de suivre l'évolution sociale que leurs enfants vont immanquablement leur enseigner.

D'où un virage déjà bien engagé dans les villes mais qui touche peu à peu le monde rural. Pour les jeunes générations, pas question d'avoir 6 ou 7 enfants, mais pas question non plus de se limiter à un seul ; la famille arménienne idéale dans les campagnes se composerait de 3 enfants et des grands parents dont la présence au foyer n'est pas contestée, au contraire, ils sont garants de la tradition familiale et chargés de transmettre les valeurs culturelles aux petit-enfants. Par ailleurs, compte tenu des difficultés actuelles, alors qu'un retraité perçoit à peine 6^{E} par mois, les enfants ont le devoir d'assurer la nourriture et le logement de leurs parents âgés. La vie en commun de plusieurs générations est régie par des codes et des règles que ni la soviétisation, ni l'influence des modèles occidentaux ne peuvent modifier, même si l'on constate chez les adolescents, gagnés par une certaine modernité, une tendance à vouloir se dégager de ce schéma traditionnel. Soulignons cependant que ces remarques, issues d'observations au cours de nos enquêtes dans les villages, ne sauraient être étendues aux foyers citadins et s'appliquent diversement selon les régions et les familles. Mais le rétrécissement de l'espace de vie et les difficultés qui contraignent les membres de la famille à quitter la ville pour revenir vivre à la campagne ont pour effet un resserrement des liens familiaux et une certaine tendance à retrouver les codes ancestraux, du moins pour la génération des 30-40 ans. Les plus jeunes sont tentés de copier les modèles citadins, eux-mêmes influencés par les modèles occidentaux.

Insidieuse est aussi cette inquiétude face à l'avenir pour les enfants et le pays. Pour ceux qui veulent construire leur vie ici, qui résistent aux sirènes du départ, une des préoccupations, argument pour ne pas partir, reste bien l'intégrité territoriale, la sauvegarde d'un territoire national :" si nous quittons nos terres, si tout le monde quitte le pays, alors la place est libre ; qui résistera à ceux qui veulent notre disparition ?" C'est le message qu'ils délivrent à leurs enfants, c'est celui qu'ils ont reçu de leurs parents : cette sourde anxiété de voir le pays découpé en lambeaux par les Etats voisins devient parfois une obsession. On comprend alors, au-delà du devoir d'entraide filial, les motivations profondes qui entretiennent la communauté familiale soudée autour des aïeux.

Photo 5- 8

Image de la famille arménienne, Hermine veille sur ses petits-enfants, à Anguerakot, et leur transmet l'héritage culturel de l'arménité.

Les enfants sont l'objet de toutes les attentions

Ils représentent l'image que la famille veut donner à l'extérieur. Nous avons maintes fois vérifié que lors de notre arrivée, le plus souvent inopinée faute de pouvoir prévenir, les mères s'empressent d'attraper leur progéniture pour les rendre présentables aux hôtes de passage et montrer que là est la vraie richesse du foyer, l'orgueil de la famille. Même dans la détresse et le dénuement, jamais, absolument jamais, nous n'avons vu d'enfants en guenilles ou, tout simplement, vêtus pauvrement et mal lavés. Il est comme un point d'honneur de ne jamais montrer le moindre signe de misère. La dignité est bien la marque de la famille arménienne qui, en aucun cas, ne s'abaisserait à souligner la pauvreté du foyer pour faire pitié à l'étranger. Et c'est bien de dignité qu'il s'agit lorsque Sirvart entraîne précipitamment Narine, sa petite-fille, pour troquer son "jean" et son "sweat-shirt" contre sa plus belle robe en satin rose volanté. C'est encore au nom de la dignité et de l'orgueil que le petit Valodia, 8 ans, se trouve prestement habillé d'un complet veston et chemise blanche pour accueillir les invités. Comment expliquer autrement que par ce souci de ne pas paraître pauvre cette soudaine animation, dans la maison d'Armenak, pour enfiler aux petits leurs habits de fête. Et quand on sait que, dans ces maisons, on n'a ni machine à laver, ni même l'eau en permanence, et encore moins de l'eau chaude, on mesure ce que "propreté" veut dire et toutes les complications domestiques pour les femmes de la maison.

Le rôle des femmes dans la famille

C'est un point essentiel, qui doit être souligné en raison de la nette différence existant entre leur statut en Arménie - dans ce pays chrétien, les femmes ne sont pas considérées comme inférieures à l'homme - et celui des femmes dans les pays d'islam, les voisins par exemple. "Le soir, quand il fait frais, elles mettent leurs plus beaux atours et se montrent à la porte. Elles ont toutes un visage avenant et une tenue extrêmement propre et soignée (...) certaines jeunes personnes - beaucoup, dirais-je - sont même très belles"; c'est ainsi que Marc Twain voyait les Arméniennes[1]. C'est aussi, au-delà de leur beauté dont de nombreux voyageurs et poètes ont vanté l'éclat, une perception significative qui ne se dément pas, même dans les villages les plus éloignés. Lorsque l'on croise de ces jeunes filles ou femmes au bord des chemins défoncés, dans les villages les plus déshérités, on peut être surpris par le soin qu'elles mettent à s'habiller et se maquiller, comme pour tenir tête à la grisaille ambiante, image de la dignité dans la détresse.

---

[1] Marc Twain. *Le voyage des Innocents*. Paris, F. Maspero, 1982. Cité dans le Guide littéraire de l'Arménie, op.cit., p.54.

Dans la société arménienne, la femme[1] est entourée et respectée, à la fois comme la mère des enfants du foyer et en tant que femme. Elle est gardienne des traditions familiales et des valeurs chrétiennes. Bien qu'elle doive obéissance à son mari, dans la société traditionnelle, celle des campagnes d'aujourd'hui, la femme arménienne a droit au chapitre et est officiellement considérée comme égale de l'homme. C'est bien en cela qu'elle se différencie fondamentalement de ses voisines musulmanes ; le statut de la femme dans ce pays chrétien, n'est guère comparable à celui des pays voisins, où l'islam impose sa loi. Certes, de tous temps, y compris à l'époque soviétique, la femme doit assurer les tâches ménagères et veiller à l'éducation des enfants. Elle doit aussi effectuer les travaux agricoles, en particulier cultiver le jardin. Pourtant, en Arménie, la femme a une position sociale et un rôle certain dans l'équilibre du foyer. Les femmes tiennent souvent les cordons de la bourse et veillent à collecter tous les revenus du foyer, y compris ceux des belles-filles, afin de gérer financièrement totalement le ménage. Par contre, ce sont les hommes qui gèrent les emprunts et les achats pour l'exploitation.

Les mères de famille sont aussi chargées de marier leurs enfants. "Les mariages selon la volonté des mères qui ne consultent ordinairement que leurs maris (...). Cependant cela s'appelle en bon français acheter "chat en poche." Ainsi s'exprimait J. Pitton de Tournefort. Depuis le XVIIIe siècle, si ces pratiques se sont assouplies, elles restent bien vivaces dans les campagnes.

A Rind, Sirvart va bientôt marier son fils, Karen, qui vient de finir son service militaire au Karabagh. Elle a choisi, en accord avec Dimitri, une jeune fille du village, qui est étudiante à l'Institut polytechnique à Erevan. Les jeunes gens se connaissent mais Karen n'a que le droit d'acquiescer. L'année suivante, après accord avec l'autre famille, il se mariera et vivra, avec sa femme, ici, à Rind, près de ses parents. Ses deux sœurs ont été mariées très jeunes, à 16 ans pour l'une et 17 pour l'autre. Le choix maternel a été sans appel. Les filles sont maintenant mères de famille, mais Sirvart les encourage à avoir d'autres enfants et entend bien être obéie.

Là se situe une sorte de conflit des générations : les filles souhaitent limiter leur progéniture. Une autre question se pose alors : sans moyen contraceptif (aujourd'hui trop cher et dans le passé soviétique trop peu répandu), comment fait-on pour limiter les naissances ? C'est un autre débat, douloureux pour les femmes qui doivent vivre à la fois les héritages soviétiques (le confort de la "féminité" n'était pas une priorité pour les politiques d'alors) et les carences actuelles en médicaments et autres avantages que connaissent toutes les femmes d'Occident, sans parler du poids des traditions morales et familiales. Les jardins familiaux recèlent de

[1] "La femme est la prêtresse du tonir; elle est une sorte de vestale du culte du Feu". Avetis Aharonian. *Les anciennes croyances arméniennes.* 1913. Paris, ed. Parenthèses, 1980.

ces plantes qui guérissent et qui viennent en aide au planning familial, mais il est aussi des pratiques indicibles qui ont fait et font encore des dégâts et mettent en péril la santé et la vie des femmes ; selon les estimations que nous avons pu faire au travers de confidences mesurées, il semblerait qu'une femme âgée aujourd'hui d'une quarantaine d'années, donc vraisemblablement mariée depuis 20 à 25 ans, ayant trois enfants - la norme-, ait pu subir jusqu'à 5 avortements, voire davantage. Voilà une autre grande détresse des femmes, ces oubliées de la féminité officielle.

Parmi les minorités vivant actuellement en Arménie, la place de la femme au foyer est marquée par diverses nuances. Chez les Yézidis, par exemple, le fonctionnement clanique s'appuie sur l'autorité du patriarche. Nous l'avons déjà évoqué, ces adorateurs du soleil ont une très puissante idée de la hiérarchie familiale et les femmes ont un statut particulier. Ainsi, elles ne se montrent pas beaucoup en présence d'étrangers et le rôle dévolu à la femme est à la fois empreint de respect et de soumission pour le chef de famille. Cependant, elles conservent une certaine liberté dans l'organisation des tâches du foyer et une place reconnue au sein de la tribu.

C'est le cas de Porsor, qui a 30 ans et est mère de 4 enfants. Lors de notre visite, à l'occasion de laquelle on tua le mouton - c'était la première fois que l'on voyait des Français au village -, elle resta constamment debout dans l'ombre de la pièce, entourée de ses enfants. Le service du repas était effectué par son mari, ou par un des cousins, qui déposaient sur la table les plats qu'elle avait préparés. A aucun moment elle n'osa s'approcher, sinon après en avoir été invitée par l'un des membres de la tribu, n'osant jamais regarder l'oncle, le cheikh, autorité respectée. Mais l'organisation matérielle de la maison reste un domaine réservé où elle dispose d'une certaine autonomie.

Toutes ces nuances font l'extrême diversité de la condition des femmes en Arménie. Retenons simplement que les valeurs ancestrales de la famille sont peut-être encore plus prégnantes aujourd'hui, au moins dans les campagnes, qu'au cours de l'épisode de la soviétisation.

4.2.2. Les tables arméniennes font partie intégrante de l'hospitalité

Au risque de trahir en ne restituant pas parfaitement l'ambiance d'une table, on ne peut évoquer les campagnes d'Arménie sans décrire ce qui compose le plaisir de l'accueil.

La table et les traditions alimentaires

"Je ferme les yeux et je revois cette table … les tomates, si rondes et si rouges (…) la petite boule rude de fromage rustique, avec l'empreinte de la gaze. La ciboulette avec ses longues flèches intactes saupoudrées de gouttes d'eau. Les herbes, herbes vertes, herbes bleues, herbes rouges, une charrette d'herbes, une meule (…). Et la pile de lavash. Tel un manuscrit ancestral, sans âge. Le lavash est le père du pain, le premier pain, le pain éternel." (Andréï Bitov[1]).

Qu'ajouter de plus à cette description de la table traditionnelle, à cette évocation du pain quotidien, tant de fois reprise par ceux qui furent les hôtes respectés de familles arméniennes ? Le pain *lavash,* pain sans levain, est véritablement le symbole du foyer, la nourriture biblique dont on n'a jamais perdu le savoir faire. Sa fabrication est un moment particulier de la vie dans les villages.

"Le *lavash,* c'est une assiette dit-il en mettant de l'herbe dessus, le lavash c'est une serviette conclut-il en s'essuyant la bouche avec et en mangeant la serviette" (A. Bitov). Ce type de pain est répandu dans tout le Moyen-Orient, de même que la présence du *tonir*, et l'on relève diverses descriptions qui témoignent de cette tradition. A propos des chrétiens du Hakkâri, Michel Chevalier décrit cette pratique ancienne :"La pièce d'habitation, très peu [1] meublée, se caractérise par la présence du foyer, *tanura*, équivalent du *horsi* kurde, sorte de cavité creusée au centre de la pièce qui sert en même temps de four à pain (minces galettes appliquées sur les parois du *tanura*)".[2]

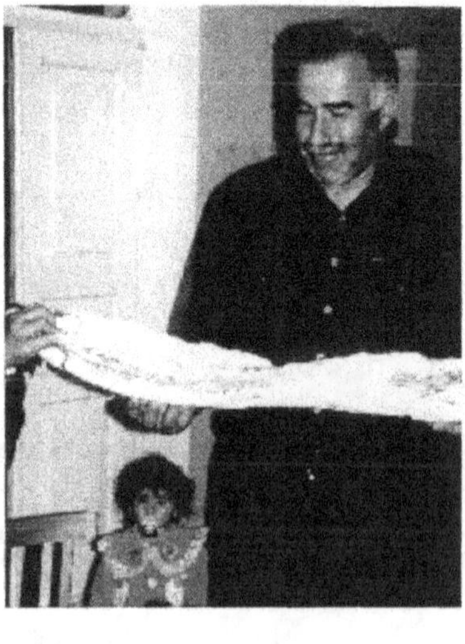

"On nous présenta un goûter assez splendide composé d'olives, de fruits secs et d'une certaine espèce de pain qu'ils appellent le lavach. Il est aussi plat qu'une grosse serviette et peut se plier de même. Le goût en est excellent. " Jean Potocki[1]. Ali, Yézidi du village de Férik, présente le pain qui va accompagner le repas.

Photo 5-9

[1] Andréï Bitov. *Un Russe en Arménie. Souvenirs d'un pays qui fut.* A. Michel, Paris,1990. Cité dans le *Guide littéraire de l'Arménie.* Paris, Favre, 2000, p. 68.

[2] M. Chevalier, Op. cit. p. 143.

Photo 5-10

Des toasts.
L'honnêteté était un sujet particulièrement apprécié lors de ce repas où se trouvaient réunis des "amis de 30 ans": l'ex-directeur de l'énergie de la région, celui d'une carrière de pierres, celui de l'ancien sovkhoze et un autre ex-responsable de l'agriculture.

La cérémonie du toast est un grand moment autour de la table

Le toast se décline en un grand nombre de variantes mais reste toujours un rite, tout autant qu'une occasion de boire une rasade d'alcool, vodka ou "cognac" en Arménie. Ce rite, autour de la table, est orchestré par le *tamada*[1] ou chef de table désigné comme celui à qui revient la fonction d'animer le repas par des toasts. Un bon *tamada* se reconnaît à sa capacité à déclamer tous les thèmes symboliques de l'hospitalité et de l'honneur en les adaptant aux invités présents. La permanence de cette tradition, du savoir vivre autour de la table, est tout aussi vivace à la ville qu'à la campagne. Toutefois, c'est au cours de repas dans les villages qu'apparaît véritablement l'attachement aux valeurs culturelles et sociales, le culte de l'hôte et le respect du moment privilégié qu'est le partage d'un repas.

La cérémonie du toast pourrait être peinte comme un tableau enchanteur et coloré, telle une composition impressionniste aux tons chauds, saupoudrés de brume, à la manière des pointillistes. Si cette composition devait s'animer, les gestes seraient lents, amples, et les mots se poseraient parmi les mets garnissant la table en de petites touches fines, donnant au tableau un aspect onirique, hors du temps. Moment privilégié contrastant avec les dures réalités quotidiennes qu'il faudrait alors peindre comme un cubiste, en traits marqués et rigides.

Parmi les thèmes animant les toasts, portés un verre à la main, le succès, la famille, la santé, les amis sont des valeurs sûres. Un bon *tamada* saura lancer les idées qui seront invariablement reprises par l'assemblée. Dans un repas bien dirigé, le rythme des toasts s'accélère à mesure que l'atmosphère se réchauffe. On peut raisonnablement affirmer que le temps passé à manger se réduit à mesure que s'accroît celui passé à porter des toasts, à vider le verre et à le faire remplir aussitôt.

[1] Le tamada est aussi une institution dans d'autres pays, en particulier en Géorgie.

Petit lexique du toast

A l'usage des visiteurs, voici toute la saveur des toasts portés en l'honneur des invités d'une famille d'Arménie. Il y a là une vivante évocation de toutes les subtilités des rapports sociaux, teintés de poésie orientale, à décrypter avec attention tant ils révèlent l'âme d'un peuple et servent à le comprendre.

Les valeurs sûres des toasts les plus appréciés servent le lyrisme des invités :

- le succès, les études, l'éducation des enfants et leur avenir
- la santé et la prospérité
- la famille, le bonheur en famille
- l'amitié, l'amitié entre les peuples
- le souvenir des ancêtres
- l'honnêteté des amis
- la vie et les douceurs de la vie

Le toast porté aux enfants, à leur avenir, au succès dans les études - de même que celui qui fait les louanges d'un des invités ayant gravi les échelons d'une carrière, réussi des examens, hommage à son intelligence – rejoint l'attachement à la promotion sociale par le savoir, fierté de tout Arménien.

Le toast aux parents, au souvenir, reste un grand classique :"à ceux qui sont là et à ceux qui ne sont plus, pour ce qu'ils nous ont donné." Les visages sont graves, les pensées vont vers ceux dont on célèbre la mémoire et le verre se vide dignement.

Tout autre est le toast porté aux amis. Les visages s'éclairent, les yeux brillent et le contenu du verre est avalé gaiement. "Pour les amis qui sont ici présents, les amis invités, qui sont d'honnêtes personnes parce que l'hôte de cette maison est honnête et n'a donc que des amis honnêtes". Le thème de l'honnêteté est particulièrement apprécié. Les amis ainsi concernés se doivent de reprendre le même refrain par d'autres toasts qui vont, si besoin est, confirmer qu'ils accordent effectivement leur confiance et leur amitié à l'homme si honnête, leur ami, qui les a aujourd'hui conviés à sa table. Preuve, s'il en est, qu'ils s'accordent tous pour se reconnaître réciproquement honnêtes gens.

Souvent, en présence d'invités étrangers, Français en particulier, on lève son verre en l'honneur du pays des hôtes, pour souligner l'immense attachement des Arméniens à la France :"trinquons à notre amitié, à l'amitié des Français et des Arméniens. La France est l'amie fidèle qui ne nous a jamais abandonnés et vient de reconnaître le génocide (les invités inclinent alors la tête pour manifester leur émotion). Arméniens et Français, nous sommes des frères. Que ce repas partagé soit à l'image de notre amitié. Parfois, on ajoute "à nos amis français qui reviennent toujours nous voir et ne nous oublient pas".

Il arrive aussi qu'un convive, une main sur le cœur, l'autre tenant le verre, déclame avec lyrisme les valeurs de la famille et le bonheur souhaité :"qu'une colombe blanche passe au-dessus de vos têtes, qu'elle vous apporte le bonheur et la félicité".

Rarement, tout au moins lors des repas auxquels nous avons été convié, on ne porte un toast à la cuisinière, aux femmes de la maison qui, en général, ne siègent pas à la table mais se tiennent dans la pièce voisine. En général ce toast vient de l'invité étranger et est alors accepté par tous, y compris par la maîtresse de maison rougissante.

Rares sont aussi les toasts portés à la puissance divine. Si l'on veut rendre hommage à la bonté de Dieu, on utilise des formules poétiques qui évoquent le bonheur ou un fatalisme mesuré. Les formules se terminent alors par l'interjection *Astvatz,* si Dieu le veut, prononcée les yeux levés vers le ciel.

Parfois on rend hommage aux jolies femmes ou jeunes filles de l'assemblée, invitées autour de la table, hommage teinté de poésie orientale, rendu à leur beauté et à leur fraîcheur : "elles sont comme un rayon de soleil ou des rayons de miel et leur lumière éclaire ce repas". On trinque alors en louant leur grâce et leur sourire "qui sont comme des fleurs dans le parterre des amis invités".

Cet art de vivre se transmet ainsi dans la société des villes et des campagnes mais reste plus ancré dans les familles villageoises. Certes, la tradition du toast n'est pas propre à l'Arménie mais elle s'y perpétue avec l'énergie du désespoir, comme pour s'ancrer davantage encore dans la terre de la mère patrie.

Le café arménien

Nulle visite, nul repas ne peut se faire sans la cérémonie du café à l'arménienne. "Dans une petite bouilloire en cuivre, étranglée au col, enflée au ventre, et présentée au bout d'une longue tige (...), à tout coup se renouvellent et se mêlent le café réduit au cylindre[1] en une poudre qui file entre les doigts et la poussière de sucre. (...). A l'ébullition, on verse dans des tasses minuscules, puis la poudre descend au fond, et sur ce lit boueux viennent reposer quelques gorgées de la plus exquise essence[2]." Rappelons qu'en 1672, Pascal, un Arménien, vendait du café dans une boutique, rue de

---

[1] Petit moulin de forme cylindrique qui assure une mouture d'une grande finesse.

[2] Alexandre Hepp. *Minutes d'Orient* .Paris, Ed. IMEC/Koehler, 1997. Cité dans *Guide littéraire de l'Arménie*, Paris, Favre, 2000, p. 55.

Tournon à Paris, qui devint le café Procope. Dans la vie des campagnes d'Arménie, le café reste toujours un symbole de l'hospitalité.

Le café se prend à tout moment, en toute occasion, comme un acte de bienvenue alors même qu'on n'a pas encore échangé les premiers propos. Il est un trait d'union, assure une fonction sociale, une invitation à entrer dans la maison et dans la famille, pour faire connaissance : "il n'y a pas d'heure pour lui, pour lui il n'y a ni opulence ni misère, il accompagne les cérémonies comme les rêves, les jouissances aussi bien que les soucis et les corvées ; on le prend pour avoir une excuse à regarder s'avancer quelque belle Arménienne aux longs cils". (A. Hepp).

Après plus de dix années d'indépendance, les campagnes souffrent. Au-delà des douloureuses remises en cause du système déchu, des mutations sans doute trop brutales, des inhibitions de tous types qui freinent le développement des campagnes, la souffrance s'exprime dans les déchirures sociales et économiques comme des accrocs dans un tissu fragile.

Le processus de transformation a, avant même l'effondrement du communisme, commencé à infiltrer la trame de l'espace rural. Nous pourrions parler de campagnes vivantes si nous devions prendre en compte la dimension sociale et les liens étroits et actifs qui unissent entre eux les gens des campagnes. Mais alors, une campagne où l'on ne vit que par l'agriculture, et si mal, peut-elle être qualifiée de vivante dès lors que cette activité n'entraîne pas d'autres dynamiques salutaires ? Par ailleurs, il serait vain de vouloir appliquer des schémas de développement de la ruralité fragile, tels qu'ils sont élaborés par nos politiques européennes : après tant d'années de collectivisme, le moule est brisé. Il ne reste plus rien de la paysannerie antérieure à la soviétisation, ni reliques foncières, ni tradition agraire, ni logique d'autonomie telle que la connaissent les sociétés rurales européennes. Il faut tout reconstruire et tout réapprendre.

Comme frappées de dyslexie, les campagnes d'Arménie ne manquent pourtant pas d'intelligences, mais elles fonctionnent comme un mécanisme grippé : on sait lire parfaitement bien, mais on ne comprend plus le texte.

Redonner vie à ces campagnes ne consiste pas à insuffler quelques énergies ponctuelles, aides matérielles de type humanitaire, pour combler les vides, répondre à l'urgence et renflouer provisoirement le navire à la dérive.

Redonner vie à des campagnes en souffrance post-soviétique c'est, d'abord et avant tout, impulser un développement endogène, donner des outils pour travailler, des moyens pour produire et un sens au travail.

CONCLUSION GENERALE

Finissons-en avec le temps des regrets. Sans oublier le passé ni renier les sacrifices de leurs ancêtres et le lourd tribut payé à l'Histoire contemporaine, les jeunes Arméniens regardent vers d'autres horizons, vers l'Occident, mais veulent rester en Arménie et aider à la reconstruction de leur pays. Cela est une certitude, trop de témoignages le confirment. Nous avons parlé d'inertie, d'incapacité à s'organiser, d'immobilisme. Nous avons dit l'irresponsabilité, les pratiques de fraude, le gaspillage et l'incohérence des comportements. Rien de tout ceci n'est exagéré, mais rien n'est plus fluctuant qu'une trajectoire individuelle parmi les obstacles de la transition en cours.

Les parcours dans les campagnes et les témoignages collectés sont des marques incontournables dans cette quête de vérité. Les situations ont été décrites, sans masquer quoi que ce soit des réalités, mais il y a la tentation de hiérarchiser, de classer, de faire entrer chacun des cas dans une grille de valeurs dressée, précisément, après analyse des termes du débat : y aurait-il plusieurs interprétations pour chacune des situations ? Nous ne le croyons pas. Nos interlocuteurs ont été écoutés avec attention et à plusieurs reprises. La vérité est complexe et fluctuante et les situations décrites ne sont que des instantanés, saisis à un moment précis, au milieu des turbulences.

Et pourtant, sans tomber dans un optimisme prématuré, force est de constater que les valeurs montantes, les petites lueurs entrevues au gré des parcours, tous ces signes presque imperceptibles au premier abord, sont en train de se multiplier, car l'essentiel est bien là, avec Armen, Gaguo, Hovik, Gourguen, Simon, Gnell et tant d'autres. Ils sont le nouveau visage de l'agriculture et l'avenir des campagnes d'Arménie. Faudrait-il oser affirmer qu'au bout de plusieurs années de recherches et de doutes profonds sur les capacités de ce pays à s'en sortir, nous avons maintenant la certitude - parce qu'il y a des signaux qui ne trompent pas - que le naufrage est évité pour les campagnes d'Arménie ? Non, l'esprit d'entreprise n'est pas oublié. Les capacités à réagir, la force de vaincre l'inertie, la curiosité intelligente des Arméniens pour "apprendre" ; tout cela, nous en sommes convaincue au terme de cette étude, fait réellement partie des réalités et trace la voie d'un avenir assuré.

Le bilan de cette étude n'est pas une fin en soi. Il permet, toutefois, de tirer quelques conclusions sur des points essentiels et d'esquisser les lignes de perspectives encore incertaines, dans un cadre général trop instable ; les indicateurs des difficultés économiques (*figure6*) schématiquement exprimés, rappellent que l'agriculture n'est qu'un des volets de la transition, mais aussi que ce secteur est ligoté par toute une série de facteurs imbriqués.

Premier point, l'agrarisation de la société. Cette tendance doit être comprise comme un sas de sécurité, situation provisoire qui assure une existence à peu près satisfaisante. Mais, ne nous y trompons pas, l'équilibre reste précaire dans un environnement politico-socio-économique totalement instable. C'est une solution transitoire, la moins mauvaise, pourrait-on dire, mais qui n'est envisagée que de manière passagère. On ne s'installe pas dans la précarité du moment, on l'adopte, provisoirement, en lui associant des activités complémentaires. L'agriculteur arménien est un véritable pluri-actif, sans se préoccuper du sens à donner à ce terme qui, en d'autres campagnes, revêt une signification institutionnelle n'ayant que peu de rapports avec la situation des campagnes post-collectivistes. C'est ce qui, actuellement, assure l'intérim.

Deuxième point, le microfundium généralisé issu de la réforme agraire de 1991. Est-il un danger pour l'avenir de l'agriculture ? Est-ce, là aussi, une situation de transit ? Certes, il est, actuellement "subi" plutôt que voulu, mais il évolue vite ; ce qui correspondait, au départ, aux structures de propriété, se transforme, selon les possibilités de location de terres, en structures d'exploitation. Vivre sur une très petite exploitation représente un exercice difficile, a fortiori plus périlleux encore lorsque l'on n'a toujours eu qu'un seul modèle, celui de grosses structures foncières, collectives, de surcroît. Dans bien des campagnes au monde - pensons à la petite propriété paysanne du monde méditerranéen - on a fait la preuve qu'il est parfaitement possible de vivre sur un microfundium. En Arménie, l'atomisation du foncier n'est pas, loin s'en faut, un handicap : les sols sont, en majorité, d'excellente qualité, les conditions climatiques de continentalité en montagne n'engendrent pas nécessairement des inconvénients, bien au contraire, surtout quand on bénéficie des avantages d'un château d'eau. Les cultures à forte valeur ajoutée – fruits, légumes, vignoble – sont celles-là même qui s'accomodent le mieux des structures de taille réduite : les pratiques jardinatoires des périmètres irrigués de type "huertas" en sont un exemple parmi d'autres. Et puis, ne l'oublions pas, le lopin soviétique était, en son temps, une forme de microfundium, s'il en est, et a toujours fait la preuve de son efficacité. D'autre part, l'obstacle de l'exiguïté peut être contourné, comme en témoignent bien des exemples, par l'organisation entre exploitants sous la forme de groupements ou de "coopératives" et, depuis 2003 ou 2004, la confirmation de tendances à la concentration foncière, notamment dans les domaines viticole et fruitier : sociétés, groupements d'exploitants. Ceci est, en partie, lié à la création d'unités d'agro-alimentaire et témoigne aussi de mouvements de fond en termes d'occupation de la SAU.

Alors ? Le vrai débat se situe plutôt sur le plan de l'organisation du travail, de l'adaptation du matériel, de l'aide à la gestion financière et des capacités individuelles. L'évolution qui s'amorce va générer progressivement un nouveau cadre - y compris avec la disparition d'une partie des paysans - : agrandissement dans les régions de montagne (productions céréalières, élevage) et consolidation, par acquisition de quelques hectares complémentaires, d'un minifundium, dans les zones basses et les vallées pour les productions fruitières, maraîchères, viticoles. Voilà un schéma, tel qu'il ressort des frémissements actuels qui, pour s'amplifier, devront cependant s'accorder avec une relance plus complète de l'agro-alimentaire et l'ouverture de nouveaux marchés via des réseaux d'échanges. Ceci relève, bien évidemment, d'autres logiques où les tensions géopolitiques et les caractères de la gouvernance du pays sont éminemment décisifs.

Troisième point, indissociable, l'éducation et le haut degré de formation des Arméniens : nombre d'habitants des campagnes sont des gens cultivés, qui ont suivi des formations spécialisées et qui mettent un point d'honneur à ce que leurs enfants suivent le même chemin, pour leur avenir. Il ne s'agit pas d'un peuple sous-développé, loin de là. Parmi les ruraux - pour ne parler que de ceux-là - qui sont à peu près tous des agriculteurs "par défaut" ou non, il y a tant de têtes bien pleines qu'il est permis de souligner ici à nouveau la situation particulière de l'Arménie. Compte-tenu de son Histoire, l'évolution ne sera jamais identique à celle d'autres anciennes républiques de l'URSS, précisément parce que les valeurs de l'Arménien intègrent efficacement et profondément la nécessité de faire des études et d'acquérir un bon niveau de formation pour s'élever dans l'échelle sociale.

Voilà en quels termes on peut, véritablement, présager de l'avenir pour l'Arménie, et pour ses campagnes en particulier. La conjugaison de l'aide extérieure, l'intelligence de ce peuple et... la petitesse du territoire, restent les meilleurs atouts pour sauver l'édifice.

Figure 6

ARMENIE. INDICATEURS DE L'EVOLUTION ECONOMIQUE

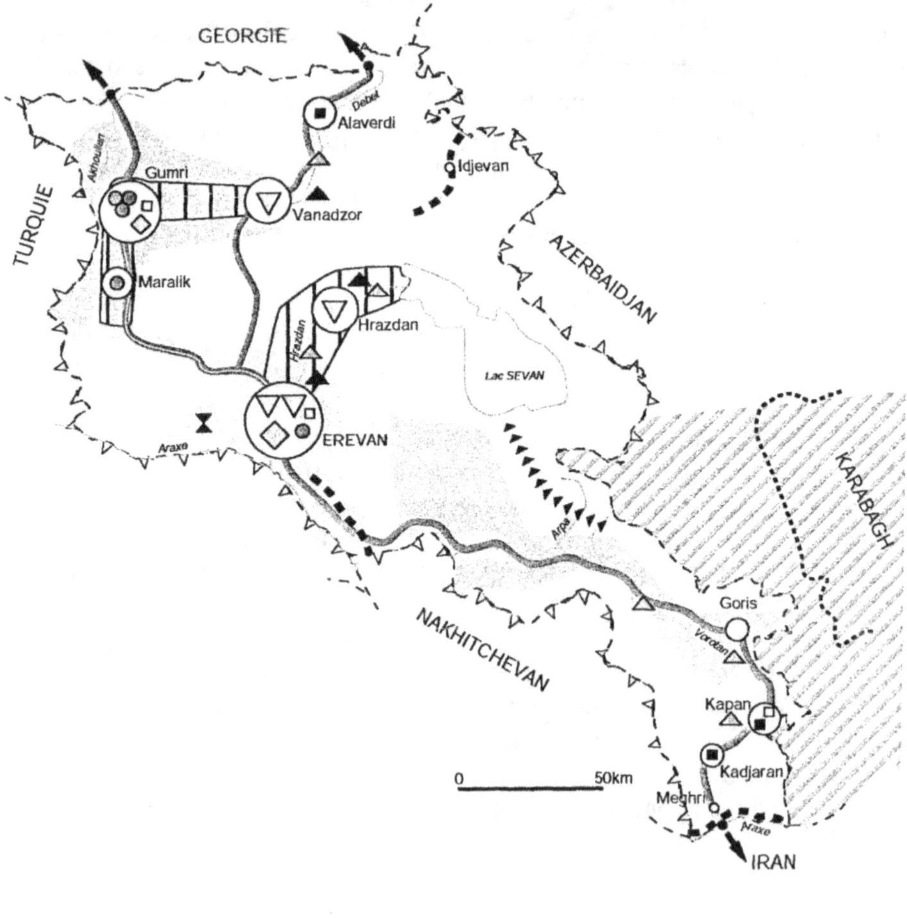

Réalisation : F. Ardillier-Carras, Y. Guiet. Laboratoire de cartographie-Université de Limoges, 2003

LES ACTIVITES SINISTREES

INDUSTRIE

Principaux centres industriels

Friches industrielles - Principaux secteurs d'activité
Usines fermées ou fonctionnant à moins de 15-20% de leur capacité

- Textile
- Mécanique. Machines-outils
- Agro-alimentaire
- Chimie
- Extraction et traitement de minerai. Métallurgie des non-ferreux

Principales régions anciennement industrialisées

AGRICULTURE

Principaux périmètres irrigués et productions

Cultures fruitières et légumières, arboriculture, vignoble
déclin de la production et délabrement des réseaux d'irrigation

Céréaliculture d'altitude
abandon de surfaces et diminution de la production (-20 à -50% en 10 ans)

Pastoralisme d'altitude

Principales régions d'élevage bovin et ovin
réduction du cheptel et dégradation des performances et de la génétique

TRANSPORTS

Principal axe routier Iran-Géorgie

Tronçon Erevan-Gumri : trafic réduit de 90% depuis 10 ans

Axes ferroviaires abandonnés. Ancien réseau de l'URSS

Accès transfontaliers

LES FACTEURS DE RISQUES ET DE TENSIONS

Energie

- Centrale nucléaire de Medzamor
- Principales centrales hydroélectriques
- Principales centrales thermiques

Ressource en eau

Lac Sevan. Graves dommages écologiques

Transferts de bassins en cours ou en projet

Géostratégie : la question territoriale du Haut-Karabagh

Frontières fermées. Double blocus

Territoires occupés par l'Arménie depuis 1994

ARMENIE. CHIFFRES CLES

Superficie	29 800 km^2	
Population totale*	3 215 800 habitants (estimation 2005)	
Densité	116,23 hab./km^2	
Population urbaine	64 % dont Erevan : 53,5% (et 34 % de la population totale)	
Population active	2001 61,3% dont :	Secteur primaire : 38% Secteur secondaire : 25% Secteur tertiaire : 37%
Taux d'accroissement naturel de la population	2002 : 2,1 ‰	2004 : 3,7 ‰
Taux de natalité	2000 : 9,0 ‰	2004 : 11,7 ‰
Taux de mortalité :	2000 : 6,3 ‰	2004 : 8,0 ‰
Taux de mortalité infantile	2000 : 15,6 ‰	2004: 11,6 ‰
Espérance de vie moyenne	2004. Hommes : 70,3 ans -Femmes : 76,4 ans	
Indice de fécondité	2002 : 1,5	
Population en-dessous du seuil de pauvreté	55% (estimations 2001) (base 2 100 kcal/jour)	

ECONOMIE	
Taux de chômage	20% (1998)
Taux de croissance du PIB	2001-2004 : + 38 %
PIB en USD courants)	1,9 Mds (1998), 2,37 Mds (2002), 3,55 Mds (2004)
PIB (en USD per capita)	560 (1998), 739,9 (2002), 1 106 (2004)
Balance commerciale	-723,6 millions USD (2004)
Part du secteur privé (2000) - dans le PIB - dans la production agricole - dans l'emploi	 75% 98% 60%

Mise à jour des données : Statistical Yearbook of Armenia 2005
République d'Arménie, World Bank indicators Database,
FAO, CIA world factbook 2000.

EPILOGUE

Les résultats des recherches de Françoise ARDILLIER sont de nature à redonner confiance et espoir en l'avenir de l'Arménie. Il apparaît, en effet, que les campagnes arméniennes se révèlent être un excellent poste d'observation pour apprécier la réactivité du peuple arménien face aux difficultés.

Pendant la décennie, terrible, qui a suivi l'indépendance, l'adversité s'est acharnée sur ce petit peuple enclavé dans la haute montagne du Sud Caucase, isolé et encerclé d'ennemis mortels au sens propre du terme. Les campagnes sont alors devenues un refuge et, surtout, l'agriculture, la solution de survie au quotidien. Les autorités arméniennes, dès les lendemains de l'indépendance, ont eu le courage de prendre les bonnes décisions: en particulier en réalisant, en un temps record, une réforme agraire parcellisante.

Désormais, et en dépit de toutes les difficultés et tous les obstacles, la situation du pays s'est stabilisée. A l'instar de l'économie arménienne, les structures agraires évoluent et la production agricole - qui est en cours de redressement, tout en visant la qualité - permet à une industrie agro-alimentaire performante de se développer et de se diversifier.

En définitive, et Françoise ARDILLIER le souligne bien dans sa conclusion, la principale richesse de l'Arménie ce sont les Arméniens. Or, ceux-ci ont, de tous temps, y compris dans le cadre de l'empire ottoman, pris au sérieux le problème de l'éducation et de la formation de leurs enfants, garçons et filles. Cet effort s'est poursuivi dans le cadre de l'URSS. Aujourd'hui, l'Arménie récolte le produit de ces investissements. En dépit de tant et tant de difficultés, ce qui est remarquable dans les campagnes arméniennes, c'est le désir de tout un chacun d'apprendre, d'évoluer, d'innover; c'est la quête d'idées nouvelles, c'est le refus de céder au pessimisme.

L'ouvrage de Françoise ARDILLIER nous éclaire parfaitement sur la véritable richesse de l'Arménie, l'éducation de son peuple, au grand bénéfice des campagnes comme des villes. Cela devrait avoir, à nos yeux, valeur universelle.

Olivier BALABANIAN
Professeur. Université de Limoges

BIBLIOGRAPHIE INDICATIVE

OUVRAGES ET ARTICLES (par nom d'auteur)

- **Achdjian, G**. *La Transcaucasie*. Le Courrier des pays de l'Est. Paris, Documentation française, n° 423, 1997
- **Alem, J.P**. *L'Arménie*. Paris, PUF, Que sais je, n° 851, 1972, 126 p.
- **Aliev, G. et Vartanov**. *Augmentation des surfaces irriguées en URSS. Problèmes posés par la conservation quantitative et qualitative de l'eau.* Moscou, Water resource n° 5, 1978, pp. 689-694. (En anglais. Traite des problèmes dus à l'intensification de l'agriculture avec l'irrigation dans l'ensemble de l'URSS).
- **Ardillier-Carras, F.** Sud-Caucase. *Diversités et complémentarités des campagnes*. Le Courrier des Pays de l'Est, Paris, La Documentation française, n°1 034, avril 2003.
- **Ardillier-Carras, F.** *L'Arménie, le choc d'une transition*. Paris, Acta geographica, n°124, 2000. pp.38-58.
- **Ardillier-Carras, F. et Balabanian, O.** *L'Arménie. Avant-poste chrétien dans le Caucase.* Album de la Société de Géographie. Paris, Glénat, 2003, 185 p. 220 ill.
- **Ardillier-Carras, F. et Balabanian, O.** *Arménie, au coeur du Caucase. Les difficultés de la transition post-collectiviste.*Limoges, éd.CAP, 2002, 32p.
- **Aslanian, A., Bagdassarian, A., Valessian, L., Doulian, S**. *L'Arménie soviétique*. Moscou, éditions du Progrès, 1972, 262 p.
- **Bédrossian, G. et Priollaud, N**. *Arménie, j'écris ton nom*. Paris, Liana Levi, 1990,184 p.
- **Belitchenko, S**. *Principes de la gestion du patrimoine hydraulique et sa protection en URSS*. Paris, Assises internationales de l'Environnement, 1976, 21 p. (utile pour comprendre les bases de la législation sur l'eau à l'époque soviétique : textes législatifs sur la propriété de l'eau en URSS)
- **Berelowitch, A. et Radvanyi, J**. *Les 100 portes de la Russie*. Paris, Les éditions de l'atelier, points d'appui, 1999, 303 p.
- **Beroutchachvili, N.** *Atlas géopolitique du Caucase*, Paris, INALCO, 1996.
- **Bitov, A**. *Un Russe en Arménie.Souvenirs d'un pays qui fut*. Paris, Albin Michel, 1990,
- **Blanchard, R**. *Asie occidentale*. Géographie universelle, Dir. P. Vidal de la Blache. Paris, A.Colin, 1929, tome VIII, 394p.
- **Bonnet, P.** *Description géologique de la Transcaucasie méridionale.*Paris, Mémoires de la société géologique de France, 1947.
- **Borissov, A.A**. *Climates of the USSR*. Londres, ed. Oliver and Boyd, 1965, 256p.

- **Bournand, F.** L'empire des Tzars. Paris, éd. Lefort, 1894.
- **Bournoutian, G**. *Armenians and Russia, 1626-1796*. Costa Mesa, Mazda Publ., 2001, 511p.
- **Bournoutian, G**. *The khanat of Erivan at the end of the Persan domination*. Mazda Publ.,1982.
- **Bournoutian, G.** *Russia and the Armenians of Transcaucasia, 1797-1889*. A documentary record. Mazda Publ., 1998, 578 p.
- **Bruneau, M. (Dir.)** *Les Grecs pontiques. Diaspora, identité, territoires*. Paris, éd CNRS, 2000, 250 p.
- **Carrère d'Encausse, H**. *La Russie inachevée*. Paris, Fayard, 2000, 341 p.
- **Carrère-d'Encausse, H**. *L'empire éclaté*. Paris, Flammarion, 1978, 314 p.
- **Chantre, B.** *A travers l'Arménie russe*. Paris, Revue Le Tour du Monde, 1893.
- **Chauprade, A**. *Géopolitique. Constantes et changements dans l'histoire*. Paris, Ellipses, 2001, 912 p.
- **Chevalier, M**. *Les montagnards chrétiens du Hakkâri et du Kurdistan septentrional*. Publications du Département de Géographie de l'Université de Paris-Sorbonne, n°13, 1985, 418 p.
- **Crosnier, M.A**, Dir. *Arménie, Azerbaïdjan, Géorgie. L'an V des indépendances*. Paris, La Documentation française, 1996, 203 p.
- **Dedeyan, G.** ***Histoire des Arméniens.***Paris, éd. Privat, 1982 (rééd. 1986), 700 p.
- **De Planhol, X**. *Minorités en Islam*. Paris, éd. Flammarion, Géographes, 1997, 524 p.
- **Derruau, M.** *L'Arménie soviétique*. Acta Geographica, 1971, p.145-147.
- **Dieulafoy, Jane**. *La Perse, la Chaldée et la Susiane (Tiflis, Erivan, Nakhitchevan, Etchmiadzin)*. Paris, 1887.
- **Dubois de Montperreux, F**. *Voyage autour du Caucase, en Géorgie, en Arménie, en Crimée*. Paris, 1839-1843.
- **Dulaurier.** *LesArméniens au XIXe s.* Revue des Deux Mondes, 1854.
- **Edilian, R**. *Les terres disponibles dans la RSS d'Arménie. Leur amélioration et leur utilisation*. Erevan, 1ère Conférence sur l'Agriculture dans les républiques de Transcaucasie, ed. Hayastan, 1972, pp. 33-58. (en russe)
- **Ferrari, A**. *Alla frontera dell'imperio. Gli armeni in Russia, 1801-1917*. Milan, Mimesis-Simory, 2000, 352p.
- **Flandin**. *L'Arménie*. Revue des Deux Mondes, 1851.
- **Foucher, M**. *Fronts et frontières. Un tour du monde géopolitique*. Paris, Fayard, 1988, 527 p.
-**Galichian, R.** *Historic maps of Armenia. The cartographic heritage*. London, I.B.Tauris, 2003.
- **George, P**. *Géographie de l'URSS*. Paris, PUF, Qsje n° 1079, 1966, 126 p.

- **George, P**. *L'économie de l'URSS*. Paris, PUF, Qsje n° 179, 1981, 127 p.
- **George, P**. *L'U.R.S.S*. Paris, PUF, Coll. Orbis, 1962, 497 p.
- **Girault, R. et Ferro M.** *De la Russie à l'URSS*. Paris, Nathan Université, 1989, 256 p.
- **Goloboutskiy, V.A**. *Tchernomorskoé kazatchestvo*. Kiev, 1956 (en russe) à propos des Cosaques de la mer Noire.
- **Gregory, J.S.** *Russian land. Soviet people*. Londres, Toronto, Wellington, Sydney, Harrap, 1968, 947 p.
- **Hayrapetian, E.** *Classification des terres de culture du territoire de montagne dans l'objectif de la lutte contre l'érosion des sols*. Erevan, 1ère Conférence sur l'agriculture dans les républiques de Transcaucasie, "Hayastan", 1972, pp. 120-127 (en russe).
- **Hovannissian, R.G.** *Armenia on the road of independence, 1918.*, Berkeley, Los Angeles, London, University of Californian Press,1967, 364p.
- **Jan, M**. *Le voyage en Asie centrale et au Tibet*. Paris, R. Laffont, Cool. Bouquins, 1992.
- **Jaubert, A.*Voyage en Arménie.*** Paris, 1821.
- **Kahn, M.** *Conjonctures économiques. L'Arménie*. Courrier des pays de l'Est. Les pays de la C.E.I. : des marchés émergents. Paris, La documentation française, N°417, mars 1997.
- **Kahn, M**. *Arménie 1997. Une progression inférieure aux espérances*. Courrier des pays de l'Est, Paris, Documentation française, n° 428-429, 1998.
- **Kahn, M.** *Les pays de la CEI en 1998-1999*. Courrier des pays de l'Est. Paris, La documentation française, n° 439, avril-mai 1999
- **Kasbarian-Bricout, B**. *Coutumes et traditions arméniennes*. Paris, L'Harmattan, 1990,192 p.
- **Kasbarian-Bricout, B**. *Les Arméniens au XXe siècle*. Paris, L'Harmattan, 1984, 254 p.
- **Kazanchian, A.** *Les grandes lignes pour la défense des villages, des localités inhabitées, des immeubles, entreprises et terres cultivables, contre les glissements de terrains, les tremblements de terres, les avalanches sur le territoire de la RSS d'Arménie jusqu'en 2000*. Erevan, Institut ARMGIPROZEM, 1982, p. 209-218 (en russe).
- **Kerblay, B. H.** *L'évolution des modèles familiaux dans les pays de l'Est européen et en URSS*. Cultures et sociétés de l'Est, Paris, Institut d'Etudes slaves, 1988.
- **Kerblay, B.H.** *Les marchés paysans en URSS*. Paris, La Haye, Mouton and Co, 1968, 517 p.
- **Kevorkian, R.H. et Paboudjian, B**. *Les Arméniens dans l'empire ottoman à la veille du génocide*. Paris, Art et histoire, Arhis, 1992, 605p.

- **Kevorkian, R.H. et Mahé, J.P.** Arménie : 3000 ans d'Histoire. Ed. Maison arménienne de la jeunesse et de la culture de Marseille, 1988, 395p.
- **Lacoste, Y. et all.** *Les Marches de la Russie.* Revue Hérodote. N° 54-55. 1989.
- **Leroy-Beaulieu, A.** *L'Empire des tsars et les Russes.1898.* Paris, R. Laffont, Coll. Bouquins, 1990,1392 p.
- **Levesque, P. Ch.** *Histoire de Russie et des principales nations de l'empire russe.* Tome 8. Paris, ed. Malte-Brun, 1812.
- **Lewin Moshe.** *La paysannerie et le pouvoir soviétique, 1928-1930.* Paris, Mouton and Co et Ecole Pratique des Hautes Etudes, 1966, 480p.
- **Libaridian, G.** *La construction de l'Etat en Arménie. Un enjeu caucasien.* Paris, Karthala, 2000,189p.
- **Lynch, H.F.B.** *Armenia. Travels and Studies.* 2 vol., Vol 1: The russian provinces, 470p. London, New York, Bombay, Longmans, Greens and Co. 1901. Rééd. Beyrouth, 1965. Rééd. New York, 1990.
- **Mantran, R.** *Histoire de la Turquie.* Paris, PUF, Qsje, 1961, 126 p.
- **Marchand, P.** *L'agriculture post-soviétique : la crise sans mutation ?* Paris, Annales de Géographie n° 597, 1997, p. 459-479.
- **Maurel, M. Cl.** *La campagne collectivisée. Société et espace rural en Russie.* Paris, Anthropos, 1980, 300 p.
- **Maurel, M. Cl.** *La transition postcollectiviste.* Paris, L'Harmattan, 1994, 355p.
- **Maurel, M. Cl.***Décollectivisation agraire et mutations des espaces ruraux en Europe centrale.* Poitiers, Norois n° 173, 1997, p.39-60.
- **Maurel, M.Cl.** *Territoire et stratégies soviétiques.* Paris, Economica, 1982, 196 p.(en particulier Chap. IV sur la hiérarchie des espaces régionaux, où, parmi les "périphéries", manque cependant le Caucase).
- **Mikhailov, N.** *Nouvelle géographie de l'URSS.* Paris, Payot, 1936, 268 p.
- **Mikirtichian, L.** *Lake Sevan development projects in the Soviet Union.* Studies on the USSR, Munich, 1962.
- **Mouradian, Cl.** L'Arménie. *De Staline à Gorbatchev.* Paris, Ramsay, 1990, 477 p.
- **Mouradian, Cl.** L'Arménie. Paris, PUF, Que sais-je ?, 2002, 128p.
- **Mouradian, Cl.** *Le Caucase des indépendances.* Paris, Documentation française, n° 718, 1993, 66p.
- **Mouradian, Cl.,Gordadzé Th.** *Etats et Nations en Transcaucasie.* Paris, Documentation française n° 827, 1999, 82 p.
- **Mousaelian, S.** Les ressources en eau de la RSS d'Arménie. Erevan, Académie des Sciences, 1989, pp. 88-93 (en russe).
- **Mutafian, Cl. et Van Lauwe, E.** *Atlas historique de l'Arménie. Proche-Orient et Sud-Caucase.* Paris, ed. Autrement, Coll. Atlas/Mémoires, 2001, 143 p.

- **Petrossian, G**. *Utilisation rationnelle des ressources pédologiques de la RSS d'Arménie.* Erevan, Académie des Sciences d'Arménie, 1965 (en russe).
- **Pitton de Tournefort J**. *Voyage d'un botaniste. Tome II La Turquie, la Géorgie, l'Arménie.* Paris, F.Maspero La Découverte, 1982, 329 p.
- **Poghossian, D.** *Evaluation de l'orientation et des pentes dans le Zanguezour.* Erevan, Izvestia selskokhozianastvennykh nauk, n°8, 1965, pp. 71-80 (en russe).
- **Poghossian, D.** *La répartition des ressources naturelles dans les districts du territoire de la RSS d'Arménie pour les besoins agricoles.* Erevan, Département de Géographie, Académie des Sciences, 1982, pp. 209-213 (en russe).
- **Radvanyi, J**. *Le géant aux paradoxes.* Paris, ed. Sociales-Notre temps/Monde, 1982, 425p.
- **Radvanyi, J. Coord.** *De l'URSS à la CEI. 12 Etats en quête d'identité.* Paris, Ellipses1997, 208 p.
- **Radvanyi, J. et Rey, V.** *Régions et pouvoirs régionaux en Europe de l'Est et en URSS.* Paris, Masson, 1989, 190 p.
- **Reclus, E.** *L'Asie russe. Chap. II, La Caucasie*, T. VI, Nouvelle géographie universelle, Paris, Hachette, 1881, 920 p.
- **Rey, V**. *Les nouvelles campagnes de l'Europe de l'Entre Deux.* Agricultures et campagnes dans le monde. Dossiers Images économiques du monde, Paris, SEDES, 1997, p. 163-192.
- **Rey, V. , Brunet, R.** *Europes orientales, Russie, Asie centrale.* Géographie universelle. Paris, Belin/Reclus, tome VIII, 1996
- **Richard,Y**. *La Biélorussie. Une géographie historique.* Paris, L'Harmattan, coll. Géographie et Cultures, 2002.
- **Sellier, J.et A**. *Atlas des peuples d'Orient.* Paris, La Découverte,1999.
- **Schakhatouni**. *Description de l'Arménie et des districts de l'Ararat.* 2 vol., 1842.
- **Slonim, M.** *Les onze républiques de l'Union soviétique.* Paris, Payot, 1937, 291p.
- **Stoliaroff, I.** *Un village russe.* Paris, Terre Humaine, 1992, 404 p.
- **Tamazian, A.** *Les eaux souterraines.* Erevan, éd. géographiques de la RSS d'Arménie, 1981, pp. 142-152 (en russe).
- **Tavernier, J.B**. *Six voyages au Levant, En Turquie, en Perse et aux Indes.1630-1670.* Paris, Maspero/La Découverte, 1981.
- **Ter Minassian, A.** *L'Arménie soviétique.* Paris, Historiens et Géographes n° 327, mars-avril 1990, p.331-371.
- **Ter Minassian, A.** *La diaspora arménienne.*L'espace géographique, n°2, 1994.
- **Thual, F.** *Le Caucase.* Paris, Flammarion, Dominos, 2001,126 p.

- **Valessian, L., Barseghian, N., Poghossian, D**. *Evaluation du relief montagneux comme facteur d'intégration économique*. Leningrad, 6e Congrès de la Société de Géographie de l'URSS, 1975, pp. 11-14 (en russe).
- **Valessian, L.** *Environmental problems in the Yerevan region*. Soviet geog. Review, 1990.
- **Werfel, F.** *Les quarante jours du Musa Dag*. Paris, Albin Michel, 1936 (rééd.1986).
- **Yerasimos, St.** *Questions d'Orient. Frontières et minorités des Balkans au Caucase*. Paris, La Découverte / Hérodote, 1993, 247 p.
- **Zrinscak,** G. *Mutations des campagnes tchèques, une décollectivisation pragmatique*. Paris, Belin, coll. Mappemonde, 1996, 252 p.

ENCYCLOPEDIES, CARTES ET ATLAS

- *Atlas de F. Dubois de Montperreux,*4 séries, Neuchâtel, 1840-1843.
- *Atlas de l'Arménie soviétique*. Moscou, Erevan, 1984
- *La Grande Encyclopédie soviétique*, 3e éd., Moscou, 1970, t.3, 1885-1902.
- *Haykakan Sovetakan hanraguitaran*, Erevan, 1975, t.5 (en arménien): Encyclopédie Soviétique de l'Arménie. N.B. Cette Encyclopédie a permis de traiter, en particulier, l'histoire des minorités et des anciens villages.
- *Annuaire de l'U.R.S.S.* Paris, CNRS, 1969, 820 p.
- *Atlas de l'agriculture de la RSS d'Arménie*. Moscou-Erevan, ed. GUGK, 1984. (en russe)
- *Atlas des peoples d'Orient*, J. et A. Sellier. Paris, La découverte, 1999, 200p.
- *Atlas historique de l'Arménie*. Mutafian, Cl. Et Van Lauwe, E. Paris, Autrement, 2001, 143 p.
- La seule carte récente de l'Arménie est éditée par International Travel maps, Vancouver, Canada, 1997. Carte N° 30, *Arménie et Azerbaïdjan*, échelle 1/650 000. Cette carte reprend les grandes lignes de la topographie, les voies de communications et les agglomérations. Malheureusement, elle utilise une transcription turcophone (ce qui ne respecte pas la dénomination exacte des toponymes arméniens, voire les modifie) et comporte beaucoup d'erreurs.
- Couverture *image satellite Landsat de l'Arménie*,United States geological survey. Reston, Virginia, USA et Ministère de l'Environnement, Erevan, Arménie. Landsat, missions 1984 et 1989.

PARMI LES REVUES

- Hérodote. *Les marches de la Russie*. N°54-55, 4e trimestre1989. Paris.
- Hérodote. *Géopolitique des diasporas*. N° 53, 1989. Paris.
- Le Monde Diplomatique, Janv.fev.2000.Cheteria Vicken. *Succession sur fond d'impasse en Azerbaïdjan.*

Parmi les publications de la Documentation française, les numéros les plus directement liés à la question sont les suivants :
- Notes et études documentaires. *Les années Gorbatchev, l'URSS de 1985 à 1991*. N° 4971, 1993-6.
- Notes et études documentaires. *Les pays de la C.E.I.*. N° 5102-03, 1999.
- Notes et études documentaires. *L'ex-URSS : les Etats du divorce.* Article de M.A.Crosnier. N°4982, 1993-17.
- Problèmes politiques et sociaux. *Fondements de la législation de l'eau pour l'URSS et les républiques fédérées.* N° 59-60, 1971.
- Problèmes politiques et sociaux. *Etats et nations en Transcaucasie*. N° 827, septembre 1999.
- *Arménie, Géorgie, Azerbaïdjan, l'an V des indépendances*, 1996.
- Le courrier des pays de l'Est. *Douze nouveaux Etats indépendants issus de l'URSS . la CEI.* N° 397 398, mars-avril 1995.
- Le courrier des pays de l'Est. *Principales productions industrielles et agricoles de la CEI en 1991*. N° 379, mai 1993.
- Le courrier des pays de l'Est.*L'axe Caspienne-mer Noire.* N° 423, mars 1997.
- Le courrier des pays de l'Est. *Les pays de la CEI : des marchés émergents. N° 417, mars 1997.*
- Le courrier des pays de l'Est. *Agricultures à l'Est. Entre archaïsme et innovations. N°1 034, avril 2003.*

Autres revues et journaux
- Les Nouvelles d'Arménie, mensuel, Paris
- Azad magazine, mensuel, Lyon
- France-Arménie, mensuel, Lyon
- Revue du monde arménien moderne et contemporain. Paris

PARMI LES RAPPORTS D'ETUDE

- *Biodiversity of Armenia, First national report.* Yerevan, Ministry of Nature Protection,1999, 130 p.
- *Biogeographical and ecological aspects of desertification process in arid and semiarid environments*. International Geographical Union (UGI),State University, Yerevan, 2000, 119 p.(en russe et en anglais)
- *Foreign trade of the Republic of Armenia.* Yerevan, National statistical service of the R.A.,1999, 210 p.
- *Human development report. The role of the State.* Yerevan, UNDP, Armenia 1998, 105 p.
- *Human settlements development in the ECE region.* New York and Geneva, Economic commission for Europe, United Nations, 1998, 80 p.

- *Labour market in Armenia. Analysis and policy.* Astghik Mirzakhanian, Yerevan, 1999, 72 p.
- *Lake Sevan. Problems and strategies of action.* Ministry of Environment of the Republic of Armenia. UNDP. Embassy of France in Armenia. *on.* International conference. October 1996, Sevan, Armenia, 155 p.
- *Major trends characterizing human settlements development in ECE Region.* Geneva, Economic commission for Europe. U.N.publications, September 1998, 80 p.
- *Social indicators of poverty.* Yerevan, Ministry of Statistics / UNDP, 1998.
- *Socio-economic condition of rural farms and indices of agricultural goods in the Republic of Armenia.* Yerevan, United Nations Development Programme (UNDP) and Ministry of Statistics of the R.A. 1999, 110 p (en arménien et en anglais).
- *Statistical Yearbook of South Caucasus. Armenia, Georgia, Azerbaijan.* Miinistère des Statistiques des trios Etats, TACIS, 2000, 430 p. (en russe et en anglais).
- *Tableau statistique de l'Agriculture de la R.A.1990-1999.* Erevan, Service National des Statististiques/ Ministère de l'Agriculture de la R.A., 1999, 170 p. (en arménien).

Banque Mondiale. Rapports concernant l'Arménie.

-Agricultural reform support project. N°17 141, dec.1997
-Highway project. N° 13040, août 1995
-Irrigation rehabilitation project. N° 12811, nov.1994
-Agriculture and food sector review (2 t.). N° 13034, fev. 1995
-Irrigation development project. N° 19362, mai 2001.

Sites internet

-www.armenweb.com
-www.armenews.com
-www.arminfo.am
-www.netarmenie.com
-www armeniaforeignministry.com

TABLE DES ILLUSTRATIONS

Table des illustrations photographiques		Page
0.1	Jeunes moissonneurs soviétiques	13
0.2	Statue de Mère Arménie	18
1.1	Engins rouillés dans un village d'Arménie	21
1.2	Molokanes	37
1.3	Village dans le Zanguezour	40
1.4 A	Giroussi. Gravure	42
1.4 B	Tegh, village troglodyte	42
1.5	Sis et Massis vus de la plaine de l'Ararat	61
1.6	Orgues basaltiques	64
1.7	Gumri.L'église en ruines	64
1.8	Déboisement autour du lac Sevan	85
2.1	Bâtiments de l'ancien sovkhoze de Spandarian	95
2.2	Alidzor, village kolkhozien près de Tatev	98
2.3	Rosa dans un champ de coton de la plaine de l'Ararat en 1960	114
2.4	L'usine Yerevan Brandy Company	118
2.5	Petit troupeau familial	144
2.6	Matériel agricole dans un village	149
2.7	Femmes à la bêche dans une parcelle de tomates (Ararat)	149
2.8	Portrait d'agriculteur : Grigor	162
2.9	Un vigneron d'Areni	162
3.1	Le lac Sevan	189
3.2	Conduites d'irrigation (Mkhtchian)	203
3.3	Une vanne dans la plaine de l'Ararat	203
3.4	Buses en mauvais état	214
3.5 à 3.8	Transferts de bassin en images	227
3.9	La nouvelle pompe à Aralez	237
4.1	La céréaliculture sur les hauts plateaux de Siounik	257
4.2	Gviton et ses jarres	269
4.3	Tonneaux de chêne à Erevan Brandy Company	274
4.4	Le marché central à Erevan	283
4.5	Un campement de Yézidis sur l'Aragatz	287
4.6	Transhumance sur la grande route du Sud	289
4.7	Moutons sur les hauts plateaux de Chirak	293
4.8	Une dynastie familiale : la charcuterie G.G.G.	306
5.1	Le troc. Chargement de choux dans une voiture	331
5.2	Abrechoum et son étal à Aragats	342
5.3	Petit étalage en bord de route	348
5.4	Une boucherie près de Dilidjan	349
5.5	Emma dans le grand bazar routier	349
5.6	La frontière armeno-iranienne : l'Araxe du côté arménien	351
5.7	Tonir et kholovatz chez Dimitri	371
5.8	Grand-mère et petits-enfants dans un village de Siounik	378
5.9	Le pain lavash présenté par Ali, un yézidi	382
5.10	Toast au cours d'un festin réunissant de nombreux amis	383

Crédits photographiques. *Bibliothèque Nubar : 1.2 (photo de P.Bonnet, 1910). O. Balabanian : 4.3,4.8, 5.6, 5.10.. J. Soumagne : 4.5 Archives familiales d'Arménie : 2.3 .Les autres clichés sont de l'auteur.*
Cartographie *: Auteur en collaboration avec Y. Guiet.. Réalisation et mise en page des cartes : collab. R. Crouzevialle et J. Eyssidieux. (Laboratoire de cartographie. Université de Limoges).*
E. Van Lauwe cartes 0.1 et 1.1. Reproduction de cartes : avec l'aimable autorisation de Cl. Mouradian (1.1.) et de L. Touchartet R. Létolle (3.3)..

TABLE DES MATIERES

REMERCIEMENTS

Rien de tout cela n'aurait pu voir le jour sans la présence, l'aide constante et totale, et le soutien indéfectible du professeur Olivier Balabanian. Je le remercie pour ses encouragements et son appui si précieux sur ce terrain qu'il m'a fait découvrir, que nous avons appris, ensemble, à parcourir et à déchiffrer.

Mes remerciements vont aussi à mon directeur de recherche, le professeur Jean-Robert Pitte pour ses conseils et la relation constructive qui s'est établie au cours de nos discussions.

Infiniment utile me fut la présence de Mariam Gasparian, mon interprète, qui m'accompagna partout en Arménie. Difficile d'évoquer chacun de ceux qui, en France et en Arménie, m'ont aidée et encouragée : responsables des services administratifs, de bibliothèques et d'archives, directeurs d'entreprises et, avec une place toute particulière, les paysans d'Arménie qui m'ont ouvert leur porte, avec lesquels a pu s'établir une vraie relation de confiance.

Que tous ceux qui ont croisé ma route, au cours de ces travaux sur les campagnes d'Arménie, trouvent, ici, l'expression de ma reconnaissance.

www.ingramcontent.com/pod-product-compliance
Lightning Source LLC
LaVergne TN
LVHW010644051026
849532LV00001B/170
9782747564120